LE visuel junior

LE visuel junior

DICTIONNAIRE FRANÇAIS • ANGLAIS

Québec Amérique

REMERCIEMENTS

Nous tenons à remercier les personnes qui ont contribué à la réalisation des diverses éditions du *Visuel* :

Jean-Yves Ahern, Danielle Bader, Sophie Ballarin, Stéphane Batigne, Jean Beaumont, Sylvain Bélanger, Manuela Bertoni, Pascal Bilodeau, Marthe Boisjoly, Yan Bohler, Mélanie Boivin, Guy Bonin, Catherine Briand, Julie Cailliau, Myriam Caron Belzile, Érica Charest, Jessie Daigle, Serge D'Amico, Jeanne Dompierre, Margot Froehlich, Éric Gagnon, Jocelyn Gardner, Hélène Gauthier, Catherine Gendreau, Mélanie Giguère-Gilbert, Pascal Goyette, Benoît Grégoire, Guillaume Grégoire, Nathalie Guillo, Any Guindon, François Hénault, Anik Lafrenière, Claude Laporte, Martin Lemieux, Alain Lemire, Rielle Lévesque, Hélène Mainville, Raymond Martin, Émilie McMahon, Philippe Mendes Campeau, Patrick Mercure, Tony O'Riley, Carl Pelletier, Johanne Plante, Martine Podesto, Sylvain Robichaud, Kathe Roth, Anne Rouleau, Michel Rouleau, Claude Thivierge, Gabriel Trudeau-St-Hilaire, François Turcotte-Goulet, Gilles Vézina, Jordi Vinals, Kathleen Wynd.

Québec Amérique tient de plus à souligner l'apport de François Fortin, directeur éditorial des trois premières éditions du *Visuel*, ainsi que de Jean-Claude Corbeil et d'Ariane Archambault, auteurs de la terminologie originale en langue française, terminologie dont une partie figure dans le présent ouvrage.

Enfin, nous remercions chaleureusement les enseignants de l'école Louis-Cyr et du Collège Lionel-Groulx qui ont révisé gracieusement le contenu scolaire du présent ouvrage.

DIRECTION
Président : Jacques Fortin
Vice-présidente : Caroline Fortin

RÉDACTION
Projet dirigé par : Marie-Anne Legault
Anne-Julie Boucher
Audrey Chapdelaine
Myriam Groulx

ILLUSTRATIONS
Direction artistique : Anouk Noël
Laurie Pigeon

DIRECTION DE LA PRODUCTION
Véronique Loranger

MISE EN PAGE, BASE DE DONNÉES ET PRÉPRESSE
Marylène Plante-Germain

PROGRAMMATION
John Sebastián Díaz Álvarez

COUVERTURE
Nicolas Ménard

RECHERCHE TERMINOLOGIQUE
Carole Brunet

RÉVISION DU CONTENU SCOLAIRE
Sébastien Barbeau
Sébastien Gendron
Maxime Lord
Émilie Martin
Sean Mathieu Constantineau
Sandra Pelle
Louis-Philippe Richard

RÉVISION LINGUISTIQUE
Anglais : Idem. Traduction Communication
Français : Sabrina Raymond

Le Visuel junior a été créé et conçu par
QA International, une division de
Les Éditions Québec Amérique inc.
7240, rue Saint-Hubert
Montréal (Québec) H2Y 2E1 Canada
T : 514 499-3000 F : 514 499-3010
quebec-amerique.com
qa-international.com

Nous reconnaissons l'aide financière du gouvernement du Canada.

Les Éditions Québec Amérique inc. tiennent également à remercier l'organisme suivant pour son appui financier :

Gouvernement du Québec – Programme de crédit d'impôt pour l'édition de livres – Gestion SODEC.

Imprimé et relié en Inde.
Printed in India.

6 5 4 3 2 1 23 22 21 20 19
733 version 1.0.0

Catalogage avant publication de Bibliothèque et Archives nationales du Québec et Bibliothèque et Archives Canada

Titre : Le visuel junior : dictionnaire français-anglais.
Noms : Corbeil, Jean-Claude, Dictionnaire visuel junior français-anglais.
Description : Mention de collection : Référence | Publié antérieurement sous le titre : Dictionnaire visuel junior français-anglais / Jean-Claude Corbeil. ©1989. | Texte en français et en anglais.
Identifiants : Canadiana 20190019131F | ISBN 9782764438404
Vedettes-matière : RVM : Dictionnaires illustrés pour la jeunesse français. | RVM : Dictionnaires illustrés pour la jeunesse anglais. | RVM : Français (Langue)—Dictionnaires pour la jeunesse anglais. | RVM : Anglais (Langue)—Dictionnaires pour la jeunesse français.
Classification : LCC PC2640 C68 2019 | CDD j423/.41 — dc23

Dépôt légal, Bibliothèque et Archives nationales du Québec, 2019
Dépôt légal, Bibliothèque et Archives du Canada, 2019

CRÉDITS PHOTOGRAPHIQUES

19 © Hannah Johnson (to be bald)

Shutterstock.com :

10 © George Rudy, © VH-studio, © exopixel, © LightField Studios, © Pressmaster, © Flamingo Images, © Yakobchuk Viacheslav, © Evgeny Atamanenko, © Diana Reentovich, © pixelheadphoto digitalskillet, © Jennifer Lam

11 © Anna Om, © Jesus Cervantes, © Djomas, © Milles Studio, © wavebreakmedia, © Tatyana Vyc, © Djomas, © ESB Professional, © George Rudy, © Ruslan Guzov, © Ljupco Smokovski

14 © Jacob_09, © sirtravelalot

15 © LeManna, © Semmick Photo, © Izf, © Aleksei Potov, © Olesia Bilkei, © rdonar

16 © aastock, © Volodymyr Baleha, © Dean Drobot, © Alberto Zornetta, © Ozgur Coskun, © kurhan, © icsnaps, © Djomas, © Filip Warulik, © kurhan, © sanneberg, © Ebtikar, © Valua Vitaly, © polya_olya, © Anastasia Shilova, © Andrey Arkusha

17 © Mandy Godbehear, © michaeljung, © Halfpoint, © Monkey Business Images, © Monkey Business Images, © Media Whalestock

18 © Nestor Rizhniak, © iordani, © Ranta Images, © Nina Buday, © Olena Yakobchuk, © Alexander_IV, © Alan Poulson Photography, © Microgen, © Yupa Watchanakit, © Africa Studio, © sruilk, © paffy, © LDWYTN, © Vladimir Gjorgiev, © travelview, © Djomas, © mlasaimages

19 © ALEXSTAND, © ALEXSTAND, © Inked Pixels, © Inked Pixels, © AJR_photo, © kimberrywood, © OHishiapply, © Djomas, © Dmitry_Tsvetkov, © StockLite, © Irina Bg, © Nesolenaya Alexandra, © Kozlovskaya Ksenia, © takayuki, © Fotos593

20 © wavebreakmedia, © Antonio Guillem, © WAYHOME studio, © VaLiza, © WAYHOME studio, © Patrick Foto, © Cookie Studio, © Luis Molinero, © Halfbottle, © lithian, © cheapbooks, © Africa Studio, © WAYHOME studio, © traveliving, © pathdoc, © Antonio Guillem, © WAYHOME studio, © Diego Cervo, © Sharomka, © kazoka, © Dean Drobot, © Cookie Studio, © file404, © Tom Wang

21 © TijanaM, © Ljupco Smokovski, © WAYHOME studio, © evrymmnt, © pathdoc, © Billion Photos, © Ann Haritonenko, © Hans Kim, © WAYHOME studio, © Ozgur Coskun, © Samuel Borges Photography, © WAYHOME studio, © postolit, © Yakobchuk Viacheslav, © Aila Images, © Dean Drobot

22 © Dimitrina Lavchieva, © YusufOzluk, © Ruth Black, © Africa Studio, © HomeStudio, © Volodymyr Burdiak, © Gil.K, © Montana Isabella, © Grigorita Ko, © Tomsickova Tatyana, © frankie's, © frankie's, © Okssi

23 © RollingFishays, © Dimitris Leonidas, © Abramova Elena, © kubais, © Kristo Robert, © Hong Vo, © macka, © marguerite35

24 © Ljupco Smokovski, © Romariolen, © Africa Studio, © Dynamicfoto, © Djomas, © pikselstock, © takayuki, © Kamenetskiy Konstantin, © Denis Radovanovic, © iordani, © Tatyana Vyc, © Ljupco Smokovski, © eelnosiva, © Ljupco Smokovski, © absolutimages, © Ami Parikh, © Damir Khabirov, © Undrey, © stockyimages, © HQuality

25 © Yuganov Konstantin, © 4 PM production, © Rawpixel.com, © Maryna Pleshkun, © sirtravelalot, © Toey Toey, © Käfer photo, © Ermolaev Alexander, © hxdbzxy, © Evgeny Atamanenko, © Littlekidmoment, © Ramona Heim, © Zodiacphoto, © mirtmirt, © sebra, © leungchopan, © Focus and Blur, © D-Krab, © NeonShot, © Monkey Business Images

26 © Dmytro Balkhovitin, © Dmitry Lobanov, © Milleflore Images, © PHOTOCREO Michal Bednarek, © DenisNata, © LightField Studios, © Mike Flippo, © Suzanne Tucker, © OPOLJA, © KieferPix, © wavebreakmedia, © hxdbzxy, © Monkey Business Images, © guruXOX, © Africa Studio, © HDesert, © Natalia Deriabina

38 © beerkoff, © Milos Batinic, © franz12

39 © Dmytro Zinkevych, © Bork, © Elnur, © Alcks Gudenko, © Minerva Studio, © SFIO CRACHO, © Maridav, © Sabphoto, © Africa Studio, © Monkey Business Images

80 © Gergely Zsolnai, © Africa Studio, © Nomad_Soul, © Nejron Photo, © BELL KA PANG

94 © Andrey_Popov, © Andrey_Popov, © LightField Studios, © Antonio Guillem, © Sergey Nivens, © Mauro Rodrigues, © Brian A Jackson, © Roman Pelesh, © Dzha33, © Ilona Baha, © Militarist

95 © Photographee.eu, © Pises Tungittipokai, © Willem Havenaar

104 © Rawpixel.com, © Tyler Olson, © Elena Rostunova, © PickOne, © Kzenon, © stockfour, © Elena Kharichkina, © Syda Productions, © Jirat Teparaksa, © Stephen Finn, © Engin Sezer, © Iakov Filimonov

107 © hedgehog94, © Iakov Filimonov, © Jacob Lund, © Roman Kosolapov, © frantic00, © Africa Studio, © Robert Przybysz, © Nestor Rizhniak, © imtmphoto, © puhhha

109 © Jonas Petrovas, © LightField Studios, © kojoku, © Elnur

110 © Everett Collection, © Everett Collection, © Everett Collection, © Pavel Chagochkin, © zef art

113 © Robert Kneschke, © ESB Professional, © Monkey Business Images, © adriaticfoto, © antoniodiaz, © SpeedKingz, © SAPhotog, © Mega Pixel

117 © ESB Professional, © Syda Productions, © BestPhotoStudio, © crazystocker, © Oleg Troino, © Dean Drobot, © Syda Productions, © ESB Professional

152 © pedrosala, © Mikbiz, © LeManna, © sunsetman, © Aleksandar Karanov, © iva, © Mendenhall Olga, © Francesco Scatena

217 © Vlad G, © posztos, © travelview, © HUANG Zheng, © lunamarina, © Andy Copeland, © Sieradzki, © Balakate, © Gary Blakeley

224 © F8 studio, © goodluz, © ESB Professional, © Stokkete, © Monkey Business Images, © Mark Herreid, © ESB Professional, © Antonio Guillem, © Tom Wang, © Sergi Lopez Roig, © KPG_Payless, © michaeljung

225 © John Roman Images, © Dmitry Kalinovsky, © withGod, © Prath, © areebarbar, © Dmitry Kalinovsky, © Angelo Giampiccolo, © Sonsedska Yuliia, © Africa Studio, © Dmitry Kalinovsky, © Rido, © Kzenon, © takayuki, © wavebreakmedia, © goodluz, © sirtravelalot, © Lisa S., © Phovoir

226 © Pressmaster, © Andrey_Popov, © Sebastian Gauert, © wavebreakmedia, © LDprod, © fongbeerredhot, © Syda Productions, © Monkey Business Images, © michaeljung, © sirtravelalot, © ESB Professional, © wavebreakmedia, © ESB Professional, © Africa Studio, © PhotoSky, © AstroStar, © EHStockphoto, © Pressmaster

227 © Irina Magrelo, © Evgeny Haritonov, © Rawpixel.com, © wavebreakmedia, © Minerva Studio, © michaeljung, © ouh_desire, © REDPIXEL.PL, © wavebreakmedia, © violetblue, © Mix and Match Studio, © guruXOX

245 © Syda Productions, © Dusan Petkovic, © Lordn, © Ermolaev Alexander, © mimagephotography, © stockfour, © Syda Productions, © Dragon Images

Présentation

Le sous-thème

Les thèmes sont divisés en sous-thèmes.

74 **transport^{M} routier** | road transport

L'introduction

Un court texte encyclopédique introduit chaque sous-thème.

L'invention de la roue a permis à l'être humain de se déplacer plus loin et plus vite, que ce soit à bicyclette, en moto ou en voiture. Depuis l'arrivée des véhicules motorisés au 19e siècle, ceux-ci n'ont cessé d'évoluer et de gagner en popularité. À tel point qu'on encourage aujourd'hui l'usage du vélo ou du transport en commun (autobus, train) pour réduire la pollution et les embouteillages.

Le titre

Le titre réunit un groupe d'illustrations traitant d'un même sujet.

transport^{M} cycliste
cycling transport

bicyclette^{F}
bicycle

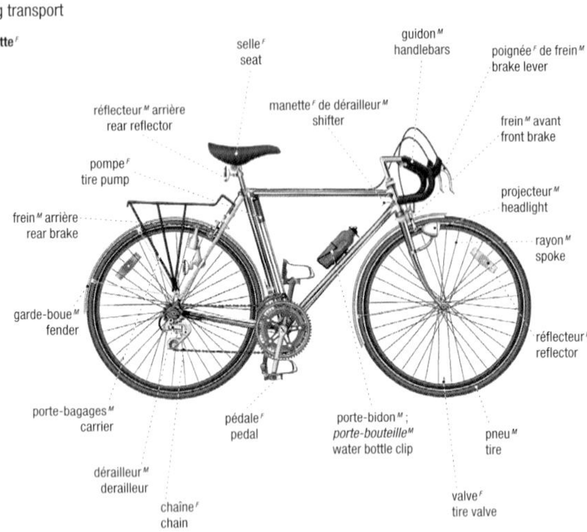
selle^{F} seat
guidon^{M} handlebars
poignée^{F} de frein^{M} brake lever
réflecteur^{M} arrière rear reflector
manette^{F} de dérailleur^{M} shifter
frein^{M} avant front brake
pompe^{F} tire pump
projecteur^{M} headlight
frein^{M} arrière rear brake
rayon^{M} spoke
garde-boue^{M} fender
réflecteur^{M} reflector
porte-bagages^{M} carrier
pédale^{F} pedal
porte-bidon^{M} ; *porte-bouteille^{M}* water bottle clip
pneu^{M} tire
dérailleur^{M} derailleur
valve^{F} tire valve
chaîne^{F} chain

Le thème

Le contenu du livre est divisé en 10 thèmes. Sur la tranche, un repère de couleur identifie et accompagne chaque thème pour faciliter l'accès rapide à la section correspondante du livre.

Les transports

casque^{M} de protection^{F}
helmet

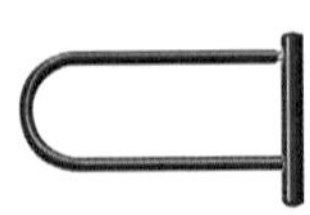

cadenas^{M}
lock

trousse^{F} de dépannage^{M}
tool kit

sacoche^{F}
bicycle bag

location^{F} de vélo^{M}	bike rental
réparation^{F} de vélo^{M}	bike repair
parc^{M} à vélos^{M}	bicycle parking
bicyclette^{F} de ville^{F}	city bicycle
bicyclette^{F} tout-terrain	mountain bike
veste^{F} de sécurité^{F}	safety vest
sonnette^{F} de vélo^{M}	bicycle bell
béquille^{F}	kickstand
chambre^{F} à air^{M}	inner tube
faire de la bicyclette	to ride a bicycle
freiner	to brake
changer de vitesse	to shift gears
gonfler un pneu	to inflate a tire
réparer une crevaison	to fix a flat tire

L'indication du genre

F : féminin
M : masculin
M/F : masculin ou féminin

Le genre de chaque nom commun d'un terme est indiqué dans les langues où un tel concept existe. Lorsque le terme est composé de plusieurs noms, le genre de l'ensemble est celui du premier nom. Ainsi, *casque^{M} de protection^{F}* est masculin en raison du genre de *casque*.

Le terme

Chaque terme figure dans l'index avec renvoi aux pages où il apparaît. Le singulier a été privilégié, sauf exception, lorsque l'emploi au pluriel est plus courant (dans le cas de *jumeaux^{M}*, par exemple).

L'illustration ou la photo

Elle sert de définition visuelle à chacun des termes qui y sont associés.

transport[M] routier | road transport 75

autobus[M] scolaire
school bus

feux[M] intermittents
flashing lights

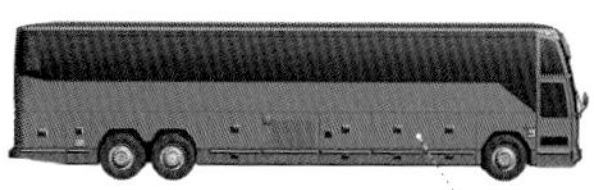

autocar[M]
bus

soute[F] à bagages[M]
baggage compartment

ticket[M] d'autobus[M]
bus ticket

bouton[M] d'arrêt[M]
stop button

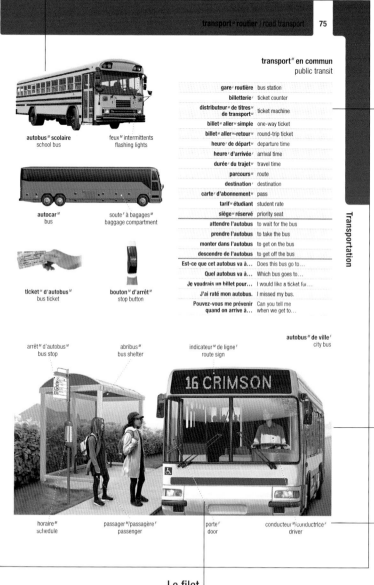

transport[M] en commun
public transit

gare[F] routière	bus station
billetterie[F]	ticket counter
distributeur[M] de titres[M] de transport[M]	ticket machine
billet[M] aller[M] simple	one-way ticket
billet[M] aller[M]-retour[M]	round-trip ticket
heure[F] de départ[M]	departure time
heure[F] d'arrivée[F]	arrival time
durée[F] du trajet[M]	travel time
parcours[M]	route
destination[F]	destination
carte[F] d'abonnement[M]	pass
tarif[M] étudiant	student rate
siège[M] réservé	priority seat
attendre l'autobus	to wait for the bus
prendre l'autobus	to take the bus
monter dans l'autobus	to get on the bus
descendre de l'autobus	to get off the bus
Est-ce que cet autobus va à…	Does this bus go to…
Quel autobus va à…	Which bus goes to…
Je voudrais un billet pour…	I would like a ticket for…
J'ai raté mon autobus.	I missed my bus.
Pouvez-vous me prévenir quand on arrive à…	Can you tell me when we get to…

Transportation

L'encadré

Il bonifie l'ouvrage de termes, d'expressions et de phrases-clés.

autobus[M] de ville[F]
city bus

arrêt[M] d'autobus[M]
bus stop

abribus[M]
bus shelter

indicateur[M] de ligne[F]
route sign

16 CRIMSON

horaire[M]
schedule

passager[M]/passagère[F]
passenger

porte[F]
door

conducteur[M]/conductrice[F]
driver

La scène

Certains termes sont réunis dans la représentation d'une scène de la vie quotidienne.

Le genre d'un personnage

À moins qu'une appellation ne soit épicène (identique pour les deux genres), les deux formes (masculine et féminine) figurent sous l'image et apparaissent dans l'index.

Le filet

Il relie un terme à ce qu'il désigne.

Table des matières

Les sports 244

Les symboles 262

Index 265

Au gré des étapes de la vie, nous nous retrouvons dans différentes situations sociales qui nécessitent certaines formalités. En français, par exemple, le vouvoiement (Excusez-moi !) est une marque de politesse ou de respect, tandis que le tutoiement (Excuse-moi !) en est une de familiarité. Il est important de savoir comment se comporter et s'exprimer selon le contexte et les gens qui nous entourent.

présentations[F]
introduction

se présenter
to introduce each other

se serrer la main
to shake hands

rencontre[F]/réunion[F]
meeting

saluer
to greet

nouvelle venue[F]
new girl

nouveau venu[M]
new boy

se sentir bien
to feel good

se sentir mal
to feel bad

bise[F]; *bec*[M]
kiss

baiser[M]
kiss

accolade[F]
hug

révérence[F]
bow

Bienvenue !	Welcome!
Salut !	Hello!/Hi!
Bonjour !	Good morning!
Bon après-midi !	Good afternoon!
Bonsoir !	Good evening!
Bonne nuit !	Good night!
Au revoir !	Goodbye!
À bientôt !	See you soon!
À demain !	See you tomorrow!
Quel est votre nom ?/ Quel est ton nom ?	What is your name?

Je m'appelle…	My name is…
Ravi(e) de vous rencontrer./ Ravi(e) de te rencontrer.	Nice to meet you.
Comment allez-vous ?/ Comment vas-tu ?	How are you?
Je vais bien, merci.	I'm fine, thank you.
D'où venez-vous ?/ D'où viens-tu ?	Where are you from?
Je suis de/du…	I'm from…
Quel âge avez-vous ?/ Quel âge as-tu ?	How old are you?
J'ai… ans.	I'm… years old.

identité[F] et étapes[F] de la vie[F]
identity and stages of life

garçon[M]
boy
fille[F]
girl
bébé[M]
baby

enfance[F]
childhood

adolescent[M]
teenage boy
adolescente[F]
teenage girl

adolescence[F]
adolescence (teenage years)

femme[F]
woman

homme[M]
man

écolier[M]
schoolboy

écolière[F]
schoolgirl

monsieur[M]
mister
madame[F]
madam

adulte[M/F]
adult

travailleur[M]
working man

travailleuse[F]
working woman

retraité[M]/retraitée[F]
retired

personne[F] âgée
senior citizen

pièce[F] d'identité[F]	identification paper
passeport[M]	passport
prénom[M]	first name
nom[M] de famille[F]	last name
âge[M]	age
nationalité[F]	nationality
date[F] de naissance[F]	birth date
adresse[F]	address
numéro[M] de téléphone[M]	telephone number
signature[F]	signature
oui[M]/non[M]	yes/no
Excusez-moi./Excuse-moi.	Excuse me.
S'il vous plaît./S'il te plaît.	Please.
Merci !	Thank you!

De rien !	You're welcome!
Pardon !	Sorry!
Pouvez-vous m'aider ?/ Peux-tu m'aider ?	Can you help me?
D'accord.	All right.
Je me sens mal.	I feel sick.
Où sont les toilettes ?	Where's the toilet?
Je suis perdu.	I'm lost.
Au secours !	Help!
Attention !	Watch out!
Appelez les secours d'urgence !	Call emergency services!
Je ne comprends pas.	I don't understand.
Pouvez-vous répéter ?/ Peux-tu répéter ?	Can you repeat?

Les chiffres et les nombres, ainsi que les expressions associées au temps, sont des notions-clés de l'apprentissage d'une nouvelle langue, car ce sont des mots utilisés dans nos conversations quotidiennes. « Quelle heure est-il ? », « Il fait beau ce matin ! », « Quelle est la température extérieure ? »... Voilà doc questions et des expressions de tous les jours.

météo^{F}
weather

soleil^{M}
sun

nuage^{M}
cloud
arc-en-ciel^{M}
rainbow
éclair^{M}
lightning

orage^{M}
thunderstorm

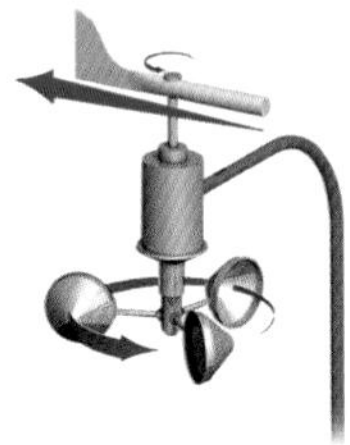

vent^{M}
wind

pluie^{F}
rain

neige^{F}
snow

brouillard^{M}
fog

sécheresse^{F}
drought

printemps^{M}
spring

été^{M}
summer

automne^{M}
autumn

hiver^{M}
winter

ciel^{M} gris	gray sky
ciel^{M} bleu	blue sky
humidité^{F}	humidity
gel^{M}	frost
averse^{F}	shower
tempête^{F} de neige^{F}	snowstorm
tonnerre^{M}	thunder
beau temps^{M}	nice weather
mauvais temps^{M}	bad weather
temps^{M} doux	warm weather
temps^{M} chaud	hot weather
temps^{M} froid	cold weather
temps^{M} nuageux	cloudy weather
temps^{M} humide	humid weather

temps^{M} sec	dry weather
température^{F}	temperature
degrés^{M} Celsius	degrees Celsius
degrés^{M} Fahrenheit	degrees Fahrenheit
avoir chaud	to be hot
avoir froid	to be cold
être trempé	to get wet
Quel temps fait-il ?	What's the weather like?
Va-t-il pleuvoir ?	Is it going to rain?
Il pleut.	It's raining.
Il vente.	It's windy.
Il fait beau.	It's a beautiful day.
Il fait chaud.	It's hot.
Il fait froid.	It's cold.

chiffres^M et nombres^M
figures and numbers

0	**1**	**2**	**3**
zéro^M zero	**un**^M one	**deux**^M two	**trois**^M three
4	**5**	**6**	**7**
quatre^M four	**cinq**^M five	**six**^M six	**sept**^M seven
8	**9**	**10**	**11**
huit^M eight	**neuf**^M nine	**dix**^M ten	**onze**^M eleven
12	**13**	**14**	**15**
douze^M twelve	**treize**^M thirteen	**quatorze**^M fourteen	**quinze**^M fifteen

seize^M	sixteen
dix-sept^M	seventeen
dix-huit^M	eighteen
dix-neuf^M	nineteen
vingt^M	twenty
vingt et un^M	twenty-one
vingt-deux^M	twenty-two
trente^M	thirty
quarante^M	forty
cinquante^M	fifty
soixante^M	sixty
soixante-dix^M	seventy
quatre-vingts^M	eighty
quatre-vingt-dix^M	ninety

cent^M	one hundred
mille^M	one thousand
un million^M	one million
un milliard^M	one billion
premier^M**/première**^F	first
deuxième^M/F	second
troisième^M/F	third
quatrième^M/F	fourth
dernier^M**/dernière**^F	last
aucun/rien	none/nothing
peu	few/little
quelque	some
plusieurs	several
beaucoup	much/many

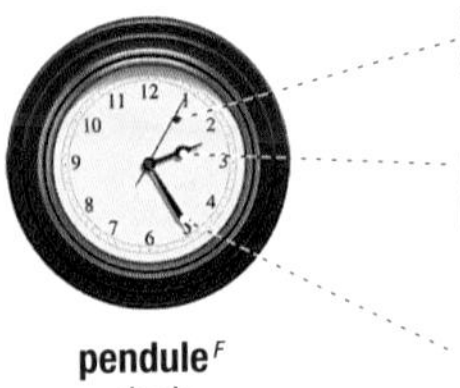
seconde F
second
heure F
hour
minute F
minute

penduleᶠ
clock

midiᴹ
noon

minuitᴹ
midnight

une heure
one o'clock

deux heures dix
ten after two

deux heures et quart
quarter after two

trois heures et demie
three thirty

quatre heures moins le quart
quarter to four

six heures moins vingt
twenty to six

tôt
early

tard
late

du matin M	a.m./in the morning
de l'après-midi M/F	p.m./in the afternoon
du soir M	p.m./at night
quart M **d'heure** F	quarter-hour
trois quarts M **d'heure** F	three quarters of an hour
vingt-cinq minutes F	twenty-five minutes
demi-heure F	half an hour
décalage M **horaire**	time difference/jet lag
réveil M	alarm clock
montre F	watch

avant	before
pendant	during
après	after
en même temps	at the same time
depuis	since
jusqu'à	until
plus tard	later
bientôt	soon
en retard	late
à l'heure	on time
maintenant	now

à l'heure actuelle	at the moment
d'une minute à l'autre	any minute now
parfois	sometimes
souvent	often
toujours	always
tous les jours	every day
une fois par jour/semaine/mois	once a day/week/month
passer à l'heure d'été/d'hiver	to put the clocks forward/back

Quand ?	When?
À quelle heure ?	What time?
Combien de temps ?	How long?
Avez-vous l'heure ?/ As-tu l'heure ?	What time is it?
Il est (dix) heures.	It's (ten) o'clock.
Il est (dix) heures et demie.	It's half past (ten).
À tout à l'heure !	See you later!
Tout de suite !	Right away!
J'arrive bientôt.	I'll be there soon.
Je suis en avance.	I'm early.
Je suis en retard.	I'm late.

jour[M]
day
clarté[F]
brightness

nuit[F]
night
obscurité[F]
darkness

année[F]
year
mois[M]
month
semaine[F]
week
MAI – MAY
2019
D S
L M
M T
M W
J T
V F
S S
1 2 3 4
5 6 7 8 9 10 11
12 13 14 15 16 17 18
19 20 21 22 23 24 25
26 27 28 29 30 31
jour[M]
day

calendrier[M]
calendar

lever[M] du soleil[M]
sunrise

matin[M]
morning

soir[M]
evening

coucher[M] du soleil[M]
sunset

janvier[M]	January
février[M]	February
mars[M]	March
avril[M]	April
mai[M]	May
juin[M]	June
juillet[M]	July
août[M]	August
septembre[M]	September
octobre[M]	October
novembre[M]	November
décembre[M]	December
lundi[M]	Monday
mardi[M]	Tuesday
mercredi[M]	Wednesday
jeudi[M]	Thursday
vendredi[M]	Friday
samedi[M]	Saturday
dimanche[M]	Sunday
passé[M]	past
présent[M]	present
futur[M]	future

aube[F]	dawn
crépuscule[M]	dusk
emploi[M] du temps[M]	schedule
après-midi[M/F]	afternoon
hier	yesterday
avant-hier	day before yesterday
aujourd'hui	today
demain	tomorrow
après-demain	day after tomorrow
journalier/quotidien	daily
hebdomadaire	weekly
mensuel	monthly
annuel	yearly
la semaine dernière/prochaine	last/next week
le mois dernier/prochain	last/next month
l'année dernière/prochaine	last/next year
Quel jour sommes-nous ?	What day is it?
Quelle date ?	What date?
Quelle année ?	What year?
Le quatre juin 2020 (deux mille vingt).	June fourth 2020 (two thousand twenty).

Les membres de notre famille sont les principales personnes qui nous entourent lors des premières années de vie, c'est pourquoi ils influencent grandement notre personnalité et nos valeurs. En grandissant, nous faisons la connaissance de bien d'autres gens, comme des voisins, des amis, des enseignants et plus tard des collègues de travail, un amoureux ou une amoureuse. Tous ont une forte influence sur notre bien-être.

famille^F de Sophia
Sophia's family

grand-père^M
grandfather
grand-mère^F
grandmother
mère^F
mother
père^M
father
oncle^M
uncle
tante^F
aunt
cousin^M
cousin
cousine^F
cousin
frère^M
brother
sœur^F
sister
Sophia
conjoint^M/conjointe^F
spouse
neveu^M
nephew
nièce^F
niece
fils^M
son
fille^F
daughter

The Basics

famille[F]
family

petite amie[F]
girlfriend

petit ami[M]
boyfriend

couple[M] (amoureux[M])
couple (lovers)

époux[M]
husband

épouse[F]
wife

couple[M] marié
married couple

parents[M]
parents

benjamin[M]/benjamine[F]
youngest child

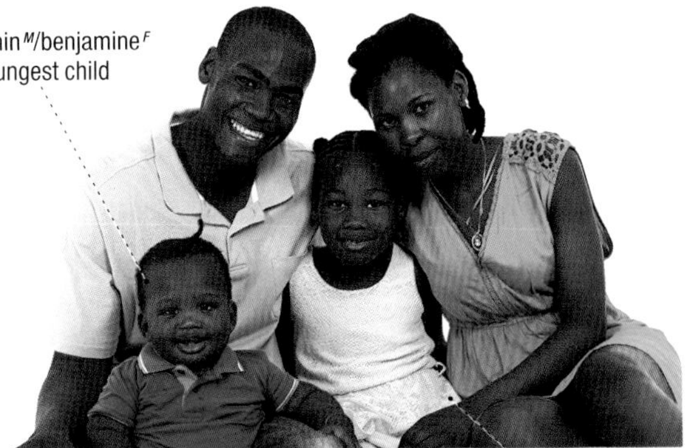

enfants[M]
children

aîné[M]/aînée[F]
elder child

ami[M]/amie[F]
friend

voisin[M]/voisine[F]
neighbor

grands-parents[M]
grandparents

petite-fille[F]
granddaughter

petit-fils[M]
grandson

petits-enfants[M]
grandchildren

arrière-grands-parents[M]	great-grandparents
arrière-grand-père[M]	great-grandfather
arrière-grand-mère[F]	great-grandmother
arrière-petits-enfants[M]	great-grandchildren
arrière-petit-fils[M]	great-grandson
arrière-petite-fille[F]	great-granddaughter
beau-père[M]	father-in-law
belle-mère[F]	mother-in-law
beau-fils[M]	son-in-law
belle-fille[F]	daughter-in-law
beau-frère[M]	brother-in-law
belle-sœur[F]	sister-in-law
demi-frère[M]	half-brother
demi-sœur[F]	half-sister

conjoint[M] **de la mère**[F]	stepfather
conjointe[F] **du père**[M]	stepmother
frère[M] **par alliance**[F]	stepbrother
sœur[F] **par alliance**[F]	stepsister
parrain[M]	godfather
marraine[F]	godmother
filleul[M]	godson
filleule[F]	goddaughter
arbre[M] **généalogique**	family tree
jumeaux[M]**/jumelles**[F]	twins
Voici mon/ma/mes…	This is my…
Je suis enfant unique.	I'm an only child.
Mes parents sont séparés.	My parents are separated.

La taille, le teint, la couleur des yeux ou des cheveux… Nous utilisons les caractéristiques de l'aspect physique pour décrire une personne au premier coup d'œil. À la base, nous ne choisissons pas ces caractéristiques, même s'il est possible d'y ajouter sa touche personnelle (maquillage, coiffure, tatouage). Quoi qu'il en soit, notre personnalité et les émotions que nous vivons nous représentent encore plus.

aspect^M physique
physical appearance

être jeune
to be young

être vieux
to be old

âge^M
age

être grand
to be tall

être petit
to be short

taille^F
height

porter des lunettes
to wear glasses

porter un appareil dentaire
to wear braces

être corpulent
to be stout

être mince
to be thin

poids^M
weight

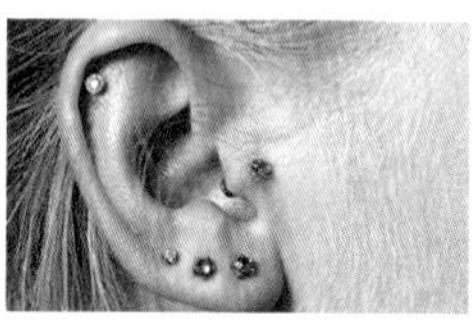

perçage^M
piercing

tatouage^M
tattoo

être musclé
to be muscular

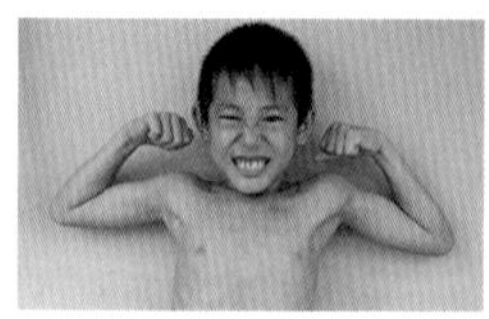

être frêle
to be frail

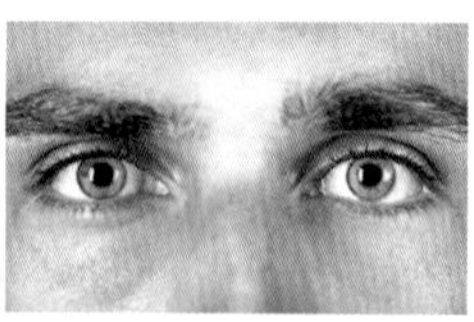

yeux^M bleus
blue eyes

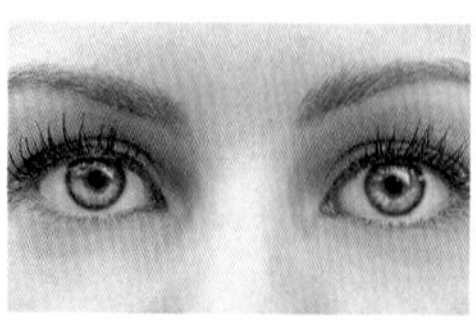

yeux^M verts
green eyes

yeux^M marron
brown eyes

se maquiller
to wear makeup

teint^M basané
dark-skinned

teint^M clair
fair-skinned

porter la barbe
to have a beard

porter la moustache
to have a mustache

chevelure^{F}
hair

cheveux^{M} roux
red hair

cheveux^{M} blonds
blond hair

cheveux^{M} châtains
brown hair

cheveux^{M} noirs
black hair

cheveux^{M} grisonnants
gray hair

cheveux^{M} blancs
white hair

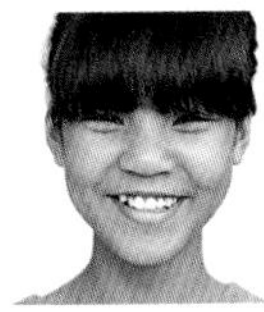

cheveux^{M} lisses
smooth hair

cheveux^{M} frisés
curly hair

cheveux^{M} ondulés
wavy hair

être chauve
to be bald

cheveux^{M} courts
short hair

cheveux^{M} longs
long hair

cheveux^{M} teints
dyed hair

cheveux^{M} tressés
braided hair

queue^{F} de cheval^{M}
ponytail

chignon^{M}
bun

être beau	to be handsome
être belle	to be beautiful
être laid	to be ugly
être mignon	to be cute
être joli	to be pretty
être poilu	to be hairy
être maigre	to be skinny
être gros/obèse	to be fat/obese
être fort	to be strong
être faible	to be weak
être élégant	to be elegant
être négligé	to be untidy
être bronzé	to be tanned
être blême	to be pale

avoir une cicatrice	to have a scar
avoir des fossettes	to have dimples
avoir un grain de beauté	to have a mole
avoir une tache de naissance	to have a birthmark
avoir des rides	to get wrinkles
Mes cheveux sont…	My hair is…
Mes yeux sont…	My eyes are…
J'ai… ans.	I'm… years old.
Je mesure… mètre(s).	I'm… meter(s)/feet tall.
Je pèse… kilogrammes.	I weigh… kilograms/pounds.
Je porte des lunettes.	I wear glasses.
Je porte des lentilles de contact.	I wear contact lenses.
Je me maquille.	I wear makeup.

émotionsF et personnalitéF
feelings and personality

être heureux
to be happy

être malheureux
to be unhappy

être effrayé
to be scared

être excité
to be excited

être fâché
to be angry

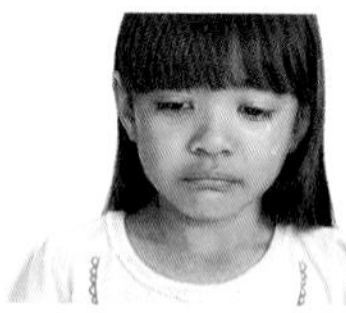

être triste
to be sad

être embarrassé
to be embarrassed

être fier
to be proud

s'ennuyer
to be bored

se sentir seul
to be lonely

être timide
to be shy

être sûr de soi
to be self-confident

être surpris
to be surprised

être nerveux
to be nervous

être inquiet
to be worried

être déprimé
to be depressed

être stressé
to be stressed

être dégoûté
to be disgusted

être drôle
to be funny

être sérieux
to be serious

se réjouir
to be delighted

bâiller
to yawn

être fatigué
to be tired

être épuisé
to be exhausted

être détendu
to be relaxed

émotions[F] et personnalité[F]
feelings and personality

être généreux
to be generous

être gentil
to be kind

être reconnaissant
to be grateful

être déçu
to be disappointed

être intelligent
to be clever

être confus
to be confused

faire la grimace
to make a face

faire un clin d'œil
to wink

faire la moue
to pout

froncer les sourcils
to frown

sourire
to smile

rire
to laugh

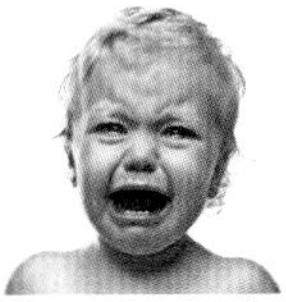
pleurer
to cry

chuchoter
to whisper

crier
to shout

bavarder
to chat

être honnête/malhonnête	to be honest/dishonest
être curieux	to be curious
être patient/impatient	to be patient/impatient
être tolérant/intolérant	to be tolerant/intolerant
être paresseux	to be lazy
être jaloux	to be jealous
être calme	to be calm
être chanceux/malchanceux	to be lucky/unlucky
être poli/impoli	to be polite/impolite
être discipliné	to be disciplined
être indiscipliné	to be undisciplined
être fou	to be crazy
être irrité	to be annoyed
être idiot	to be silly

être égoïste	to be selfish
être sympathique	to be friendly
être émerveillé	to be amazed
être indifférent	to be indifferent
être distrait	to be distracted
soupirer	to sigh
Je suis satisfait.	I'm satisfied.
Je suis insatisfait.	I'm unsatisfied.
Je suis intéressé.	I'm interested.
Je ne suis pas intéressé.	I'm not interested.
J'aime…	I like…
Je n'aime pas…	I don't like…
Je suis de bonne humeur.	I'm in a good mood.
Je suis de mauvaise humeur.	I'm in a bad mood.

L'essentiel

Tout comme l'aspect physique d'une personne, la description d'une réalité ou d'un objet se fait avant tout par ce que nous voyons. C'est loin ou c'est près d'ici ? Quelle couleur ? Nous pouvons accoler de nombreux qualificatifs à un objet ou à une réalité pour définir, par exemple, sa dimension, sa position ou sa couleur. Ces mots sont utilisés régulièrement pour décrire les choses avec précision.

dimensions*F*
dimensions

large
wide

étroit
narrow

gros
big

moyen
medium

taille*F*
size

petit
small

mince
thin

épais
thick

épaisseur*F*
thickness

court
short

longueur*F*
length

long
long

position*F*
position

proche/près
close/near

loin
far

à gauche de
to the left of

à droite de
to the right of

gauche*F*/droite*F*
left/right

au milieu de
in the middle of

en arrière de
behind

en avant de
in front of

devant/derrière
front/behind

en haut de
at the top of

en bas de
at the bottom of

haut/bas
high/low

dans/à l'intérieur de
in/inside

hors de/à l'extérieur de
out/outside

au-dessus de
above

en dessous de
under

sur/sous
on/below

couleurs[F]
colors

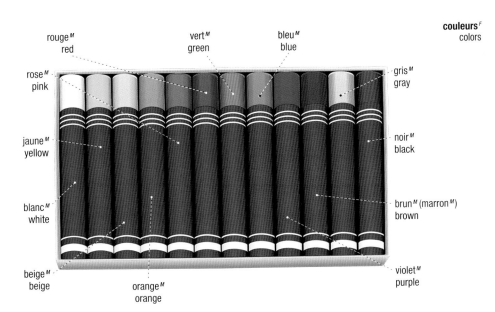

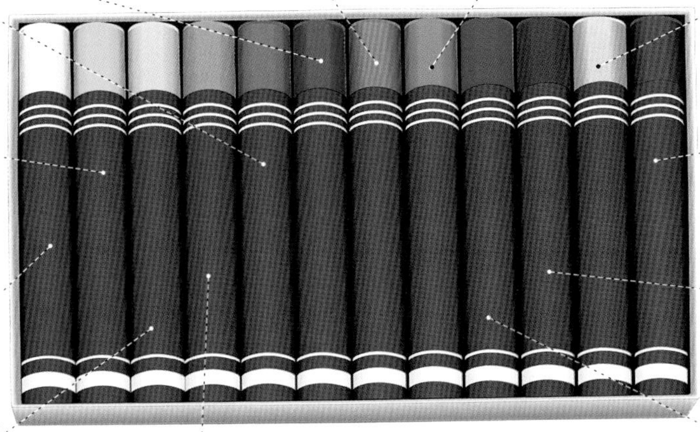
rouge[M]
red
vert[M]
green
bleu[M]
blue
rose[M]
pink
gris[M]
gray
jaune[M]
yellow
noir[M]
black
blanc[M]
white
brun[M] (marron[M])
brown
beige[M]
beige
orange[M]
orange
violet[M]
purple

vieux/usé
old/worn

neuf
new

solide[M]
solid

liquide[M]
liquid

léger
light
lourd
heavy

poids[M]
weight

mou
soft

dur
hard

chaud
hot
froid
cold

température[F]
temperature

rugueux/rude
rough
doux
soft

texture[F]
texture

vide	empty
plein	full
ordonné	tidy
désordonné	untidy
clair	light
sombre	dark
énorme	huge

minuscule	tiny
ample	loose
serré	tight
égal	equal/even
inégal	unequal/uneven
tranquille	quiet
bruyant	noisy

Certains gestes ou actions sont appris dès le plus jeune âge, comme marcher, manger et parler. Ils paraissent si naturels que nous les faisons sans même y réfléchir. D'autres demandent plus de temps ou d'efforts, mais font quand même partie de notre quotidien, car ils sont importants à notre développement et à notre bien-être. Par exemple, se laver et aller à l'école. Enfin, certaines activités varient selon les préférences de chacun.

marcher
to walk

courir
to run

sauter
to jump

ramper
to crawl

être debout
to be standing

être assis
to be sitting

être couché/allongé
to be lying down

se pencher
to bend

parler
to talk

chanter
to sing

danser
to dance

porter
to carry

tirer
to pull

pousser
to push

lancer
to throw

attraper
to catch

tenir
to hold

utiliser un appareil
to use a device

envoyer/recevoir un message
to send/receive a message

chercher
to search/research

se lever
to get up

se coucher
to go to bed

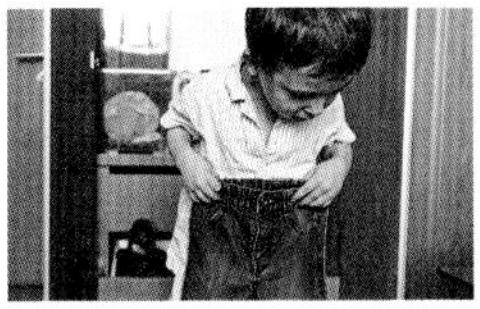
s'habiller
to get dressed

se déshabiller
to undress

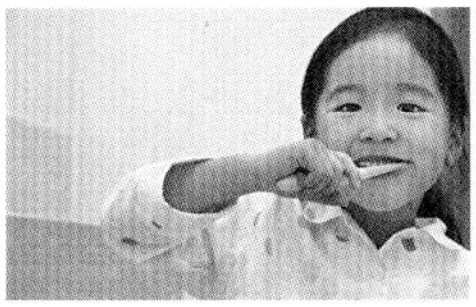
se brosser les dents
to brush one's teeth

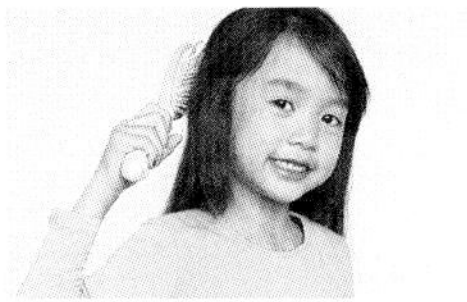
se brosser les cheveux
to brush one's hair

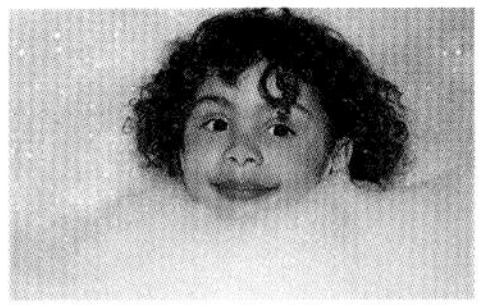
prendre un bain
to take a bath

prendre une douche
to take a shower

se laver les mains
to wash one's hands

manger
to eat

boire
to drink

dormir
to sleep

aller à l'école
to go to school

faire ses devoirs
to do homework

lire
to read

écrire
to write

dessiner
to draw

écouter de la musique
to listen to music

freedom
prendre une photo
to take a picture

35
5
jouer
to play

jouer ensemble	to play together
jouer aux cartes	to play cards
regarder la télévision	to watch television
regarder un film	to watch a movie
faire du sport	to do sports
jouer à des jeux vidéo	to play video games
peindre	to paint

jouer d'un instrument de musique	to play a musical instrument
ranger	to tidy up/clean up
J'ai besoin d'aller aux toilettes.	I need to go to the bathroom.
Nous allons au cinéma.	We are going to the movies.
Nous allons jouer à/au…	We are going to play…
Nous allons faire des courses.	We are going shopping.

Les étapes et les évènements importants de la vie sont célébrés de diverses façons d'une culture à l'autre dans le monde, qu'il s'agisse d'un anniversaire, d'une réussite, d'une union ou de tout autre fait marquant. Ces évènements donnent parfois lieu à des cérémonies qui peuvent être religieuses ou, au contraire, laïques. Chaque fête est l'occasion de se réunir en famille ou entre amis.

feux^{M} d'artifice^{M}
fireworks

Nouvel An^{M}
New Year

arbre^{M} de Noël^{M}
Christmas tree
cadeau^{M}
gift

Noël^{M}
Christmas

Saint-Valentin^{F}
Valentine's Day

Pâques^{F}
Easter

costume^{M}
costume
citrouille^{F}
pumpkin

Halloween^{F}
Halloween

Action^{F} de grâce^{F}
Thanksgiving

carnaval^{M}
carnival

fanfare^{F}
brass band
drapeau^{M}
flag

fête^{F} nationale
National Day

fête^{F}
party

naissance^{F}
birth

premier jour^{M} d'école^{F}
first day of school

remise^{F} des diplômes^{M}
graduation ceremony

déménagement^{M}
moving

tomber amoureux
to fall in love

fiançailles^{F}
engagement

mariage^{M}
marriage

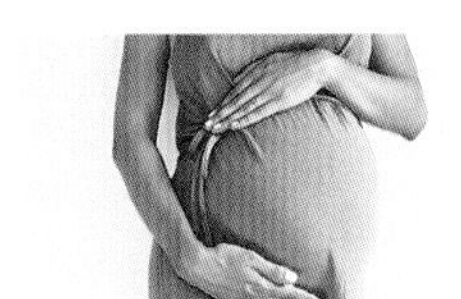

grossesse^{F}
pregnancy

anniversaire^M de naissance^F
birthday

décoration^F
decoration
ballon^M
balloon
piñata^F
piñata
guirlande^F de papier^M
paper garland
chapeau^M
hat
invité^M/invitée^F
guest
flûte^F
flute
ruban^M
ribbon
confettis^M
confetti
sac^M cadeau^M
gift bag
gâteau^M d'anniversaire^M
birthday cake
cadeaux^M
gifts
papier^M d'emballage^M
gift wrap
carte^F de vœux^M
greeting card
bougie^F
candle

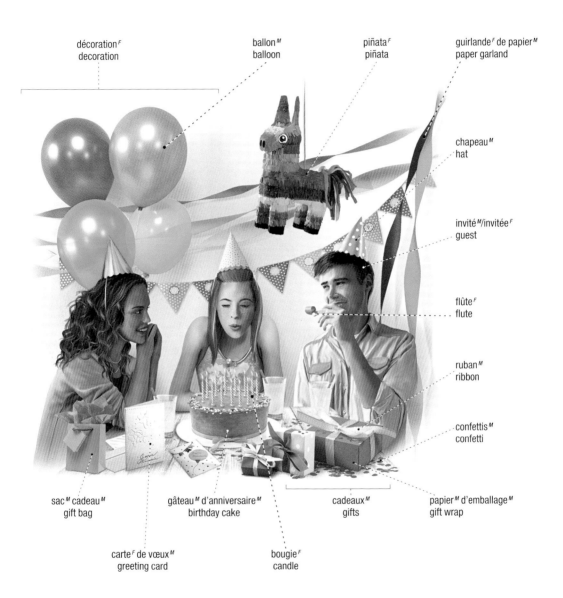

jour^M férié	public holiday
fête^F des Mères^F	Mother's Day
fête^F des Pères^M	Father's Day
Ramadan^M	Ramadan
Yom Kippour^M	Yom Kippur
Divali	Diwali
Vesak^M	Wesak

séparation^F/divorce^M	separation/divorce
décès^M/funérailles^F	death/funeral
Joyeux anniversaire !	Happy birthday!
Joyeuses fêtes !	Happy holidays!
Félicitations !	Congratulations!
Tous mes vœux !	Best wishes!
Mes condoléances.	My condolences.

Comme le corps de nombreux animaux, celui des humains présente une symétrie bilatérale, c'est-à-dire que plusieurs parties se répètent de chaque côté. En effet, la moitié gauche et la moitié droite du corps sont symétriques. Même s'ils sont bâtis sur le même modèle, tous les corps sont uniques. Les formes, la taille et les proportions du corps humain varient énormément d'un individu à l'autre.

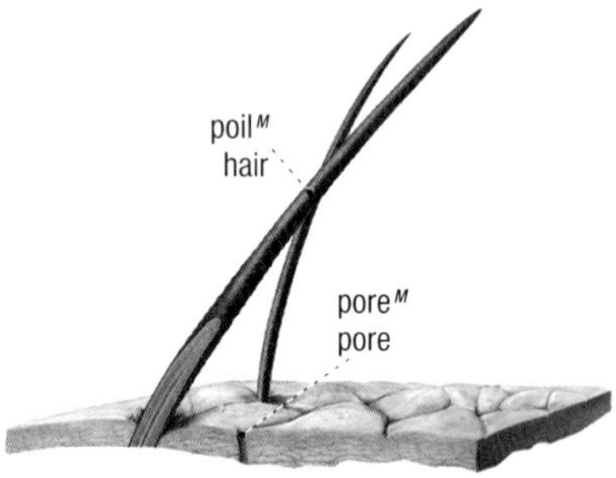
poil[M]
hair
pore[M]
pore

peau[F]
skin

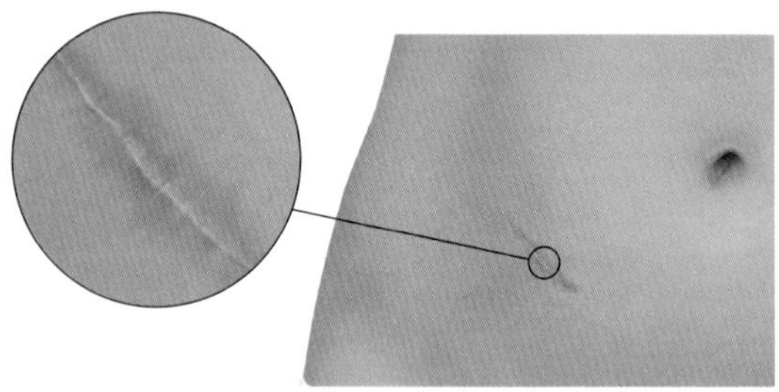

cicatrice[F]
scar

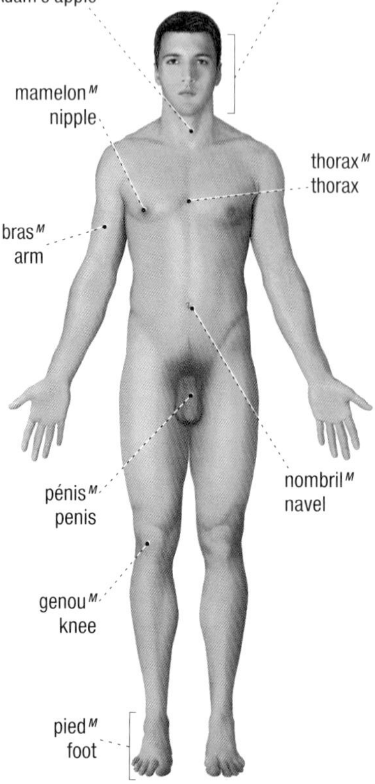
pomme[F] d'Adam
Adam's apple
visage[M]
face
mamelon[M]
nipple
thorax[M]
thorax
bras[M]
arm
pénis[M]
penis
nombril[M]
navel
genou[M]
knee
pied[M]
foot

homme[M] **(vue**[F] **de face**[F]**)**
man (anterior view)

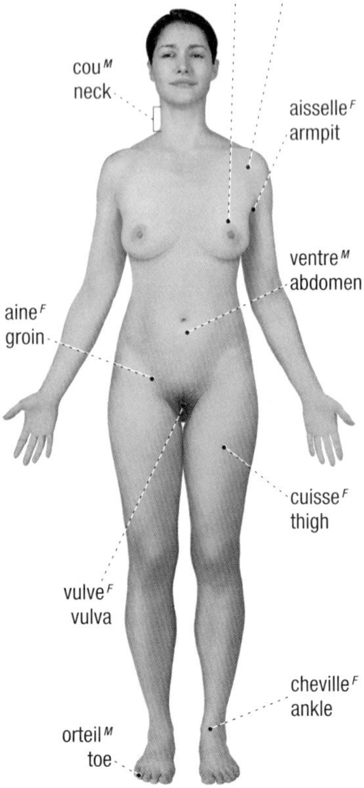
sein[M]
breast
épaule[F]
shoulder
cou[M]
neck
aisselle[F]
armpit
ventre[M]
abdomen
aine[F]
groin
cuisse[F]
thigh
vulve[F]
vulva
cheville[F]
ankle
orteil[M]
toe

femme[F] **(vue**[F] **de face**[F]**)**
woman (anterior view)

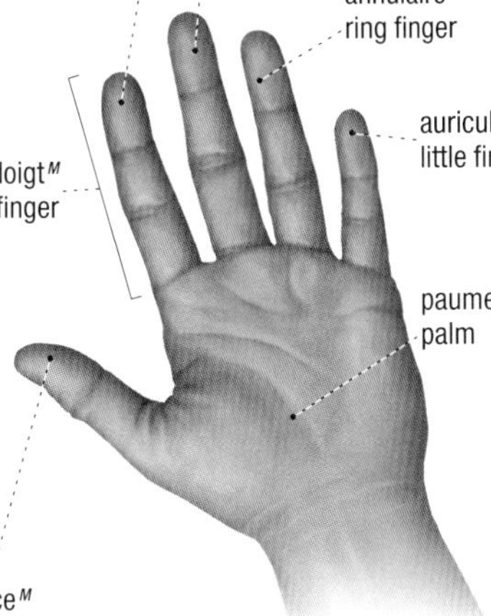
majeur[M]
middle finger
index[M]
index finger
annulaire[M]
ring finger
auriculaire[M]
little finger
doigt[M]
finger
paume[F]
palm
pouce[M]
thumb

main[F]
hand

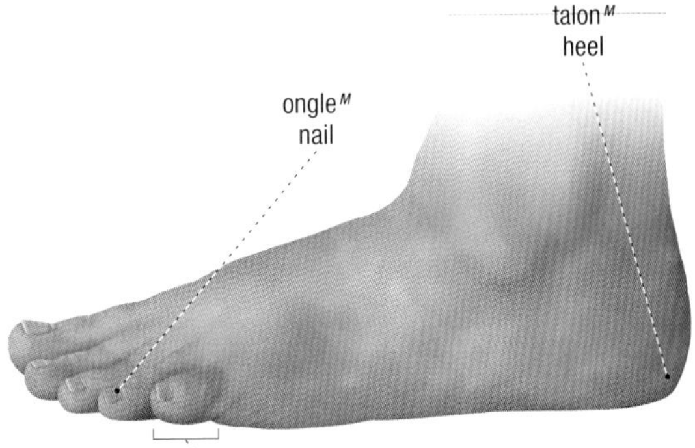
talon[M]
heel
ongle[M]
nail
orteil[M]
toe

pied[M]
foot

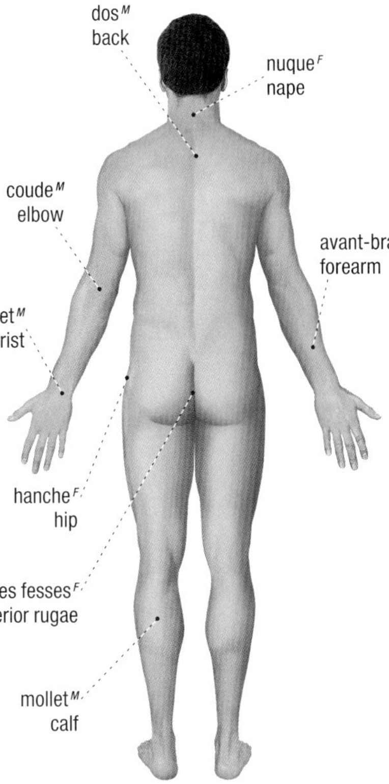
dos[M]
back
nuque[F]
nape
coude[M]
elbow
avant-bras[M]
forearm
poignet[M]
wrist
hanche[F]
hip
raie[F] des fesses[F]
posterior rugae
mollet[M]
calf

homme[M] (vue[F] de dos[M])
man (posterior view)

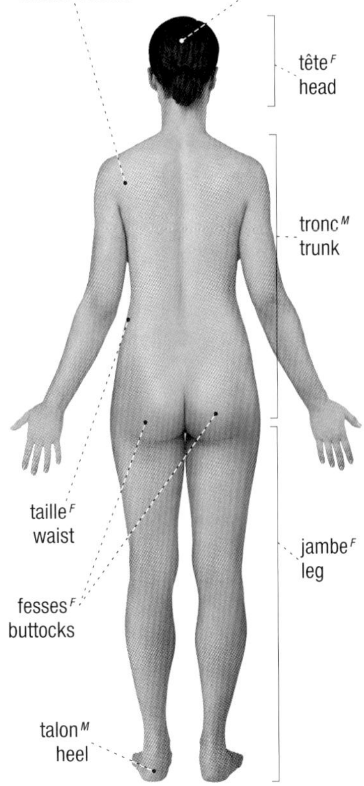
omoplate[F]
shoulder blade
cheveux[M]
hair
tête[F]
head
tronc[M]
trunk
taille[F]
waist
jambe[F]
leg
fesses[F]
buttocks
talon[M]
heel

femme[F] (vue[F] de dos[M])
woman (posterior view)

tête[F]
head

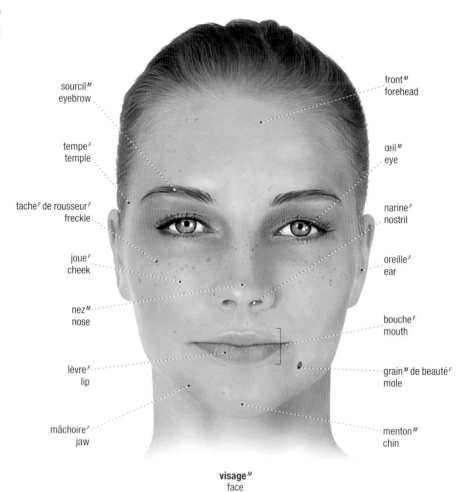

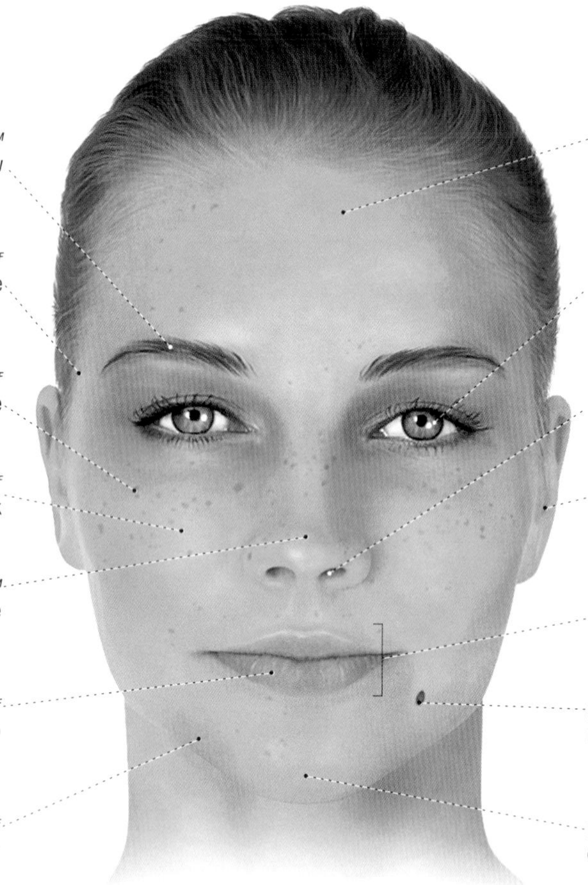
sourcil[M]
eyebrow
tempe[F]
temple
tache[F] de rousseur[F]
freckle
joue[F]
cheek
nez[M]
nose
lèvre[F]
lip
mâchoire[F]
jaw
front[M]
forehead
œil[M]
eye
narine[F]
nostril
oreille[F]
ear
bouche[F]
mouth
grain[M] de beauté[F]
mole
menton[M]
chin

visage[M]
face

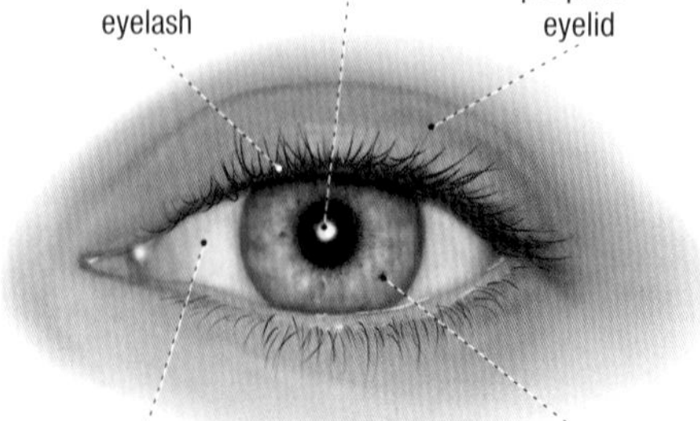
pupille[F]
pupil
cil[M]
eyelash
paupière[F]
eyelid
conjonctive[F]
conjunctiva
iris[M]
iris

œil[M]
eye

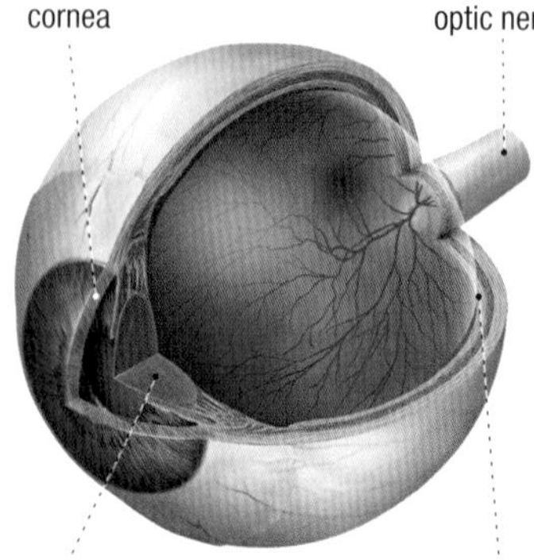
cornée[F]
cornea
nerf[M] optique
optic nerve
cristallin[M]
lens
rétine[F]
retina

globe[M] oculaire
eyeball

tête^F
head

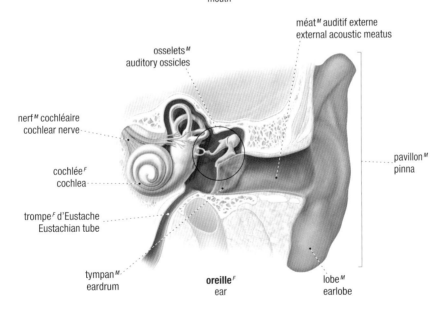

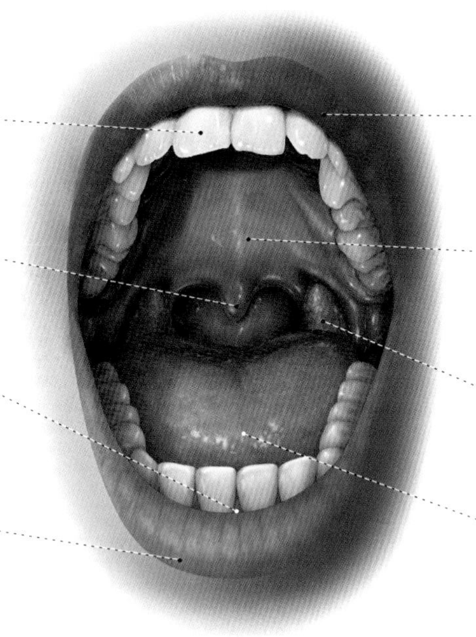
dent^F
tooth
lèvre^F supérieure
upper lip
luette^F
uvula
palais^M
palate
gencive^F
gum
amygdale^F
tonsil
lèvre^F inférieure
lower lip
langue^F
tongue

bouche^F
mouth

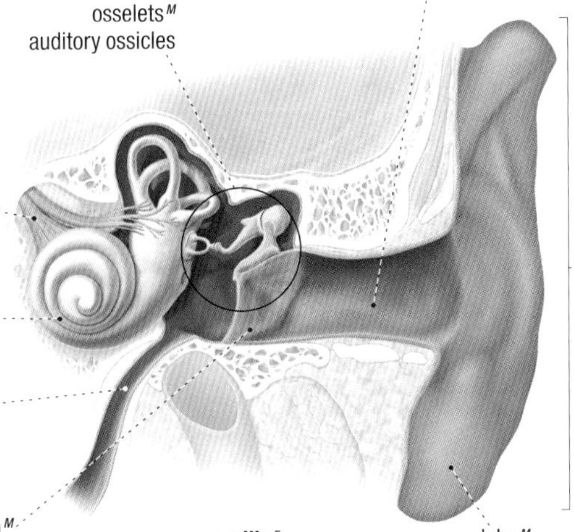
méat^M auditif externe
external acoustic meatus
osselets^M
auditory ossicles
nerf^M cochléaire
cochlear nerve
pavillon^M
pinna
cochlée^F
cochlea
trompe^F d'Eustache
Eustachian tube
tympan^M
eardrum
lobe^M
earlobe

oreille^F
ear

sens^M	sense
sensation^F	sensation
lumière^F	light
son^M	sound
odeur^F	smell
saveur^F	flavor
équilibre^M	balance

vue^F **(voir)**	sight (to see)
ouïe^F **(entendre)**	hearing (to hear)
odorat^M **(sentir)**	smell (to smell)
goût^M **(goûter)**	taste (to taste)
toucher^M **(toucher)**	touch (to touch)
ressentir	to feel
penser/réfléchir	to think

anatomie F
anatomy

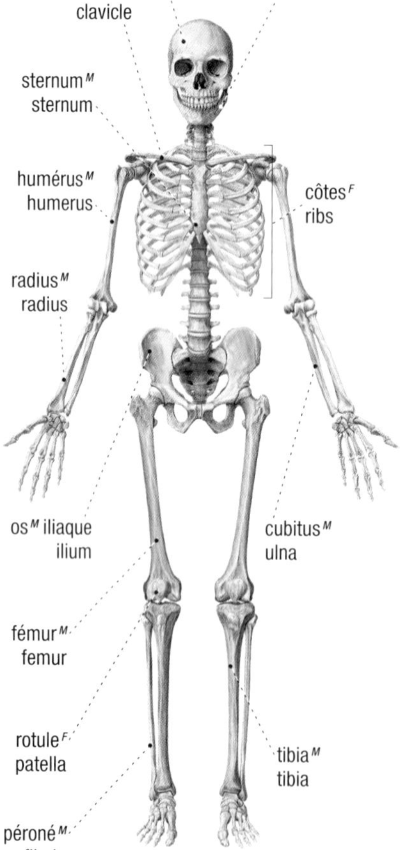
crâne M
skull
mandibule F
mandible
clavicule F
clavicle
sternum M
sternum
humérus M
humerus
côtes F
ribs
radius M
radius
os M iliaque
ilium
cubitus M
ulna
fémur M
femur
rotule F
patella
tibia M
tibia
péroné M
fibula

squelette M
skeleton

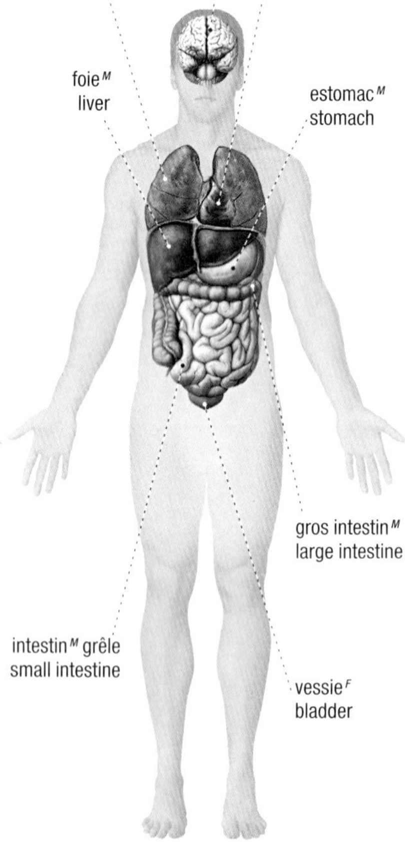
cerveau M
cerebrum
poumon M
lung
cœur M
heart
foie M
liver
estomac M
stomach
gros intestin M
large intestine
intestin M grêle
small intestine
vessie F
bladder

principaux organes M
main organs

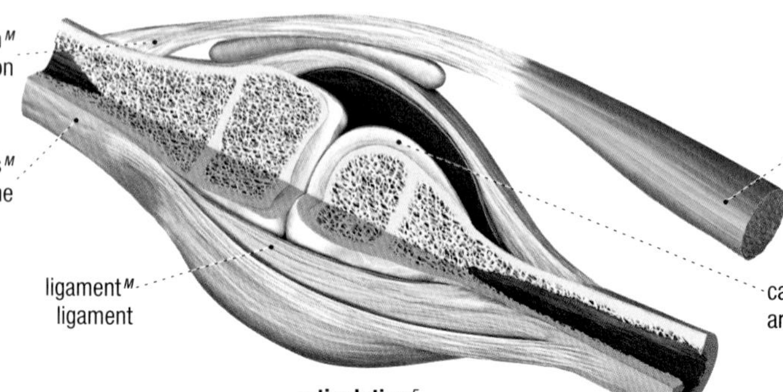
tendon M
tendon
muscle M
muscle
os M
bone
ligament M
ligament
cartilage M articulaire
articular cartilage

articulation F
joint

anatomie^{F}
anatomy

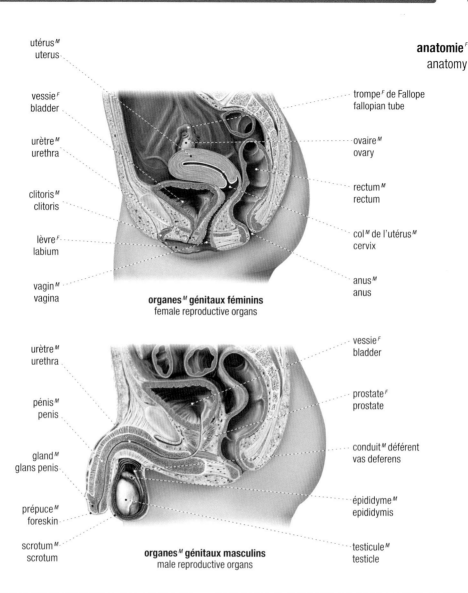

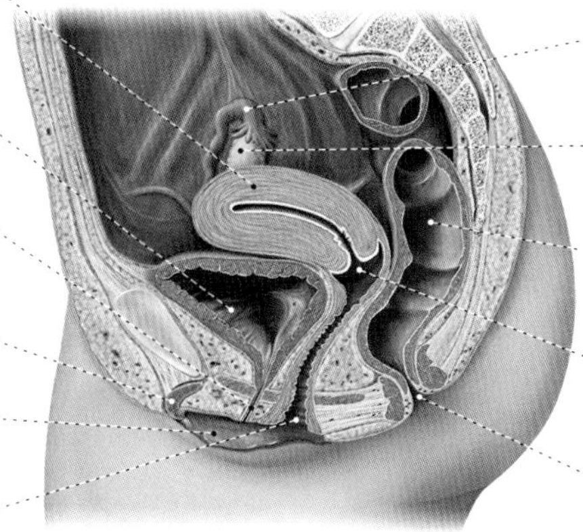
utérus^{M}
uterus
vessie^{F}
bladder
urètre^{M}
urethra
clitoris^{M}
clitoris
lèvre^{F}
labium
vagin^{M}
vagina
trompe^{F} de Fallope
fallopian tube
ovaire^{M}
ovary
rectum^{M}
rectum
col^{M} de l'utérus^{M}
cervix
anus^{M}
anus

organes^{M} génitaux féminins
female reproductive organs

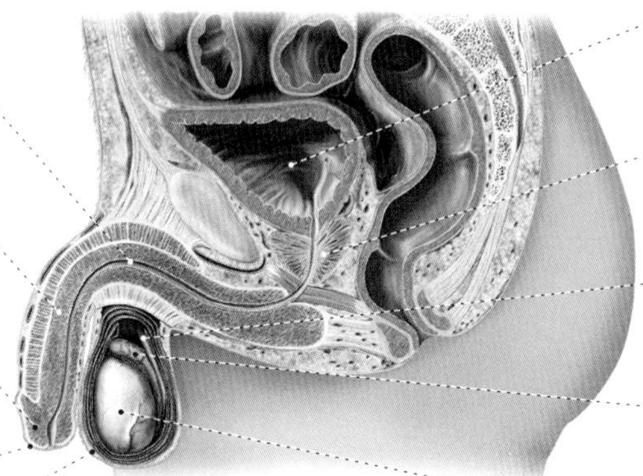
urètre^{M}
urethra
pénis^{M}
penis
gland^{M}
glans penis
prépuce^{M}
foreskin
scrotum^{M}
scrotum
vessie^{F}
bladder
prostate^{F}
prostate
conduit^{M} déférent
vas deferens
épididyme^{M}
epididymis
testicule^{M}
testicle

organes^{M} génitaux masculins
male reproductive organs

colonne^{F} vertébrale	spinal column
appareil^{M} digestif	digestive system
salive^{F}	saliva
digestion^{F}	digestion
œsophage^{M}	esophagus
pancréas^{M}	pancreas
système^{M} endocrinien	endocrine system
glande^{F}	gland
hormone^{F}	hormone
sueur^{F}	sweat
appareil^{M} respiratoire	respiratory system
respiration^{F}	breathing
pharynx^{M}	pharynx
corde^{F} vocale	vocal cord

larynx^{M}	larynx
trachée^{F}	trachea
bronche^{F}	bronchial tube
système^{M} cardiovasculaire	cardiovascular system
circulation^{F} sanguine	blood circulation
veine^{F}	vein
artère^{F}	artery
système^{M} nerveux	nervous system
encéphale^{M}	brain
moelle^{F} épinière	spinal cord
nerf^{M}	nerve
système^{M} lymphatique	lymphatic system
appareil^{M} urinaire	urinary system
rein^{M}	kidney

La prévention et les progrès en médecine permettent aujourd'hui d'éviter ou de soigner un grand nombre de maladies et de vivre beaucoup plus longtemps que nos ancêtres. Certains maux sont accidentels ou inévitables, mais de saines habitudes de vie contribuent à maintenir le corps en santé. Parmi celles-ci, une alimentation équilibrée et des exercices physiques réguliers.

maladies^F et blessures^F
illness and injuries

être malade
to be sick

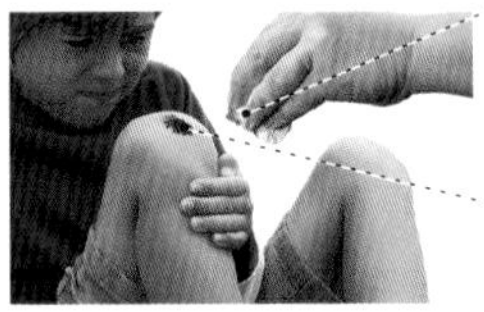
soigner
to treat
plaie^F
wound

blessure^F
injury

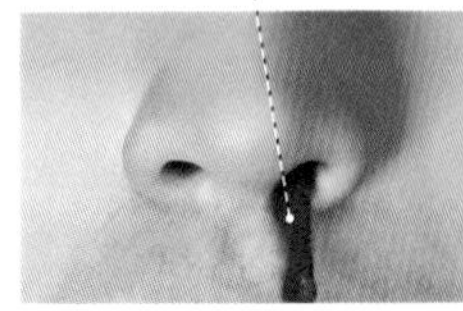
sang^M
blood

hémorragie^F (saignement^M)
hemorrhage (bleeding)

fièvre^F
fever

étourdissement^M
dizziness

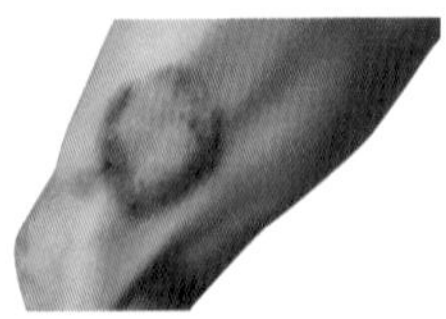

ecchymose^F
bruise

fracture^F
fracture

toux^F
cough

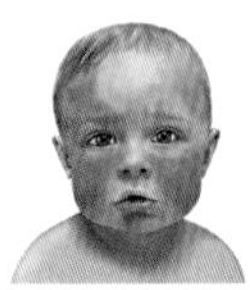

rougeur^F
redness

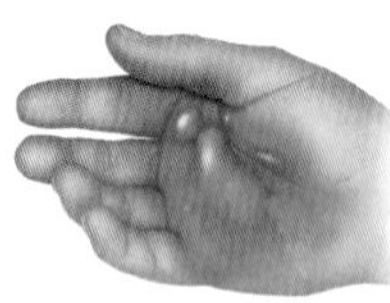

brûlure^F
burn

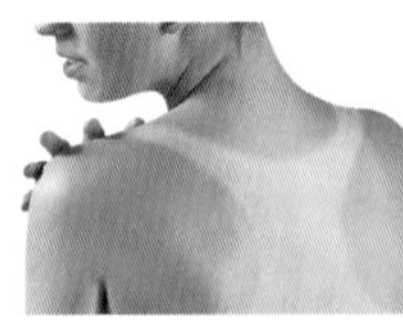

coup^M de soleil^M
sunburn

mal^M de tête^F/migraine^F
headache/migraine

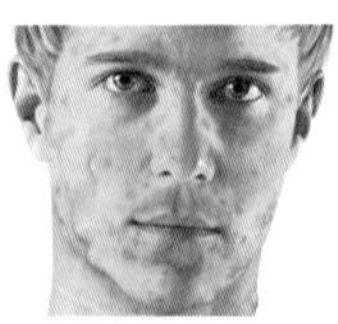

acné^F
acne

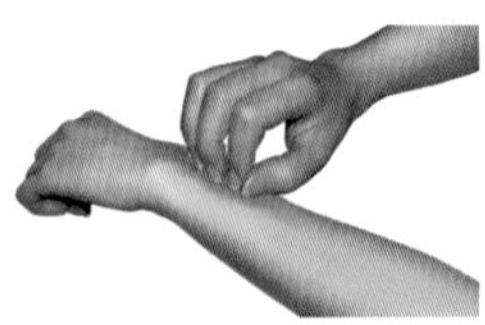

démangeaison^F
itching

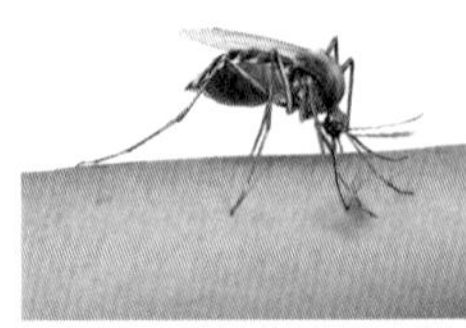

piqûre^F
insect sting

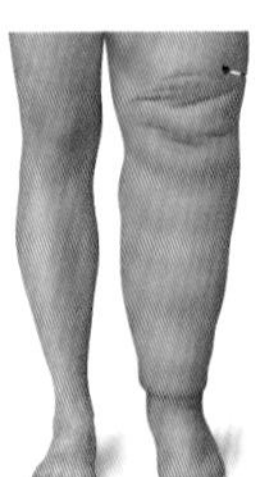
enflure^F
swelling

œdème^M
edema

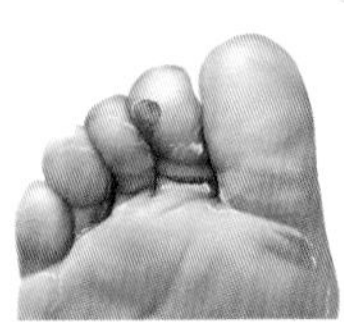

ampoule^F (cloque^F)
blister

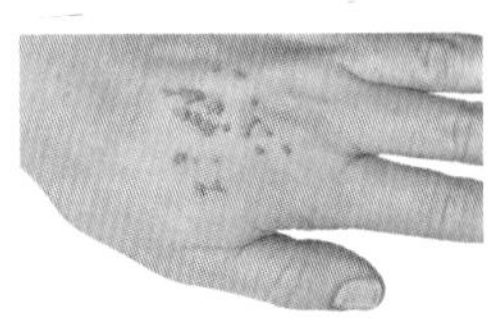

verrue^F
wart

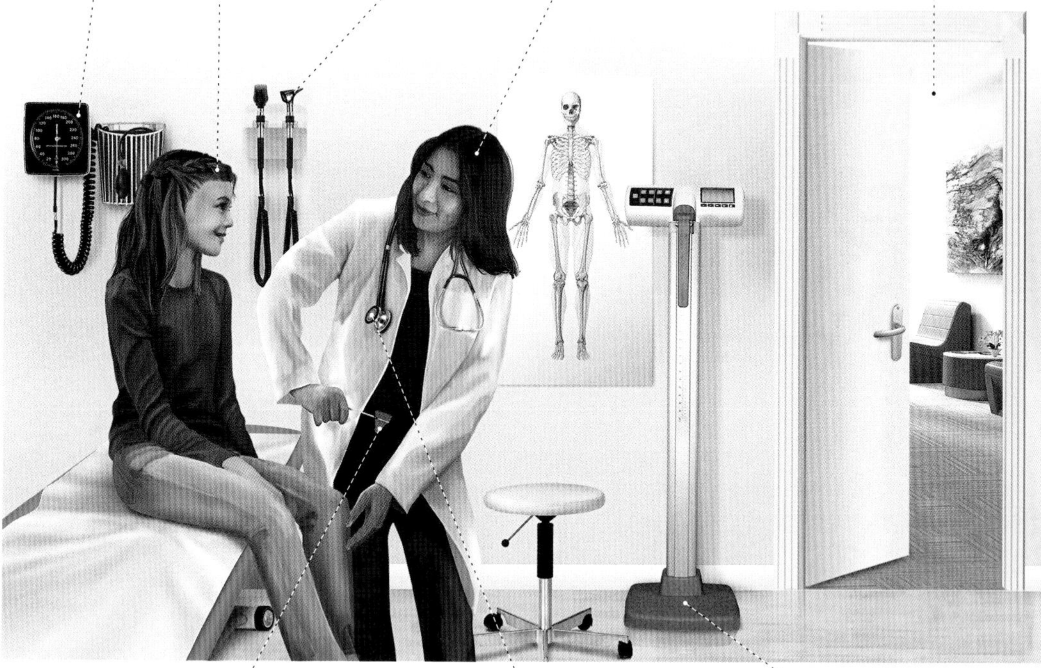
cabinet M de médecin M/F
doctor's office
patient M/patiente F
patient
tensiomètre M
blood pressure monitor
otoscope M
otoscope
médecin M/F
physician
salle F d'attente F
waiting room
marteau M à réflexes M
reflex hammer
stéthoscope M
stethoscope
pèse-personne M
weigh scale

morsure F	bite
gelure F	frostbite
inflammation F	inflammation
infection F	infection
congestion F **nasale**	nasal congestion
mal M **de gorge** F	sore throat
éternuement M	sneeze
nausée F	nausea
vomissement M	vomiting
diarrhée F	diarrhea
constipation F	constipation
allergie F	allergy
intolérance F **alimentaire**	food intolerance
mal M **de dos** M	back pain
mal M **d'estomac** M	stomachache
varicelle F	chickenpox
oreillons M	mumps
rougeole F	measles
diabète M	diabetes

grippe F	flu
épilepsie F	epilepsy
asthme M	asthma
infection F **transmissible sexuellement (ITS)**	sexually transmitted infection (STI)
rendez-vous M	appointment
examen M	examination
symptôme M	symptom
diagnostic M	diagnosis
ordonnance F	prescription
prélèvement M **sanguin**	blood sample
attraper un rhume	to catch a cold
s'absenter de l'école	to be absent from school
prendre des médicaments	to take medicine
se reposer	to rest
Je dois voir un médecin.	I need to see a doctor.
Je me sens mal.	I feel sick.
J'ai mal ici.	It hurts here.
Je suis allergique à…	I'm allergic to…

pharmacie^F
pharmacy

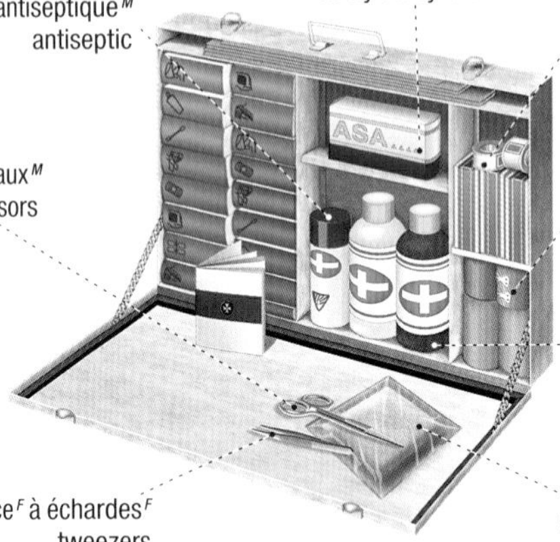
acide^M acétylsalicylique
acetylsalicylic acid
ruban^M de tissu^M adhésif
adhesive tape
antiseptique^M
antiseptic
ciseaux^M
scissors
bande^F de tissu^M élastique
elastic support bandage
eau^F oxygénée ; *peroxyde^M*
hydrogen peroxide
compresse^F stérilisée
sterile pad
pince^F à échardes^F
tweezers
ASA

trousse^F de secours^M
first aid kit

pansement^M adhésif
adhesive bandage

bande^F de gaze^F
gauze roller bandage

sirop^M
syrup

comprimé^M
tablet

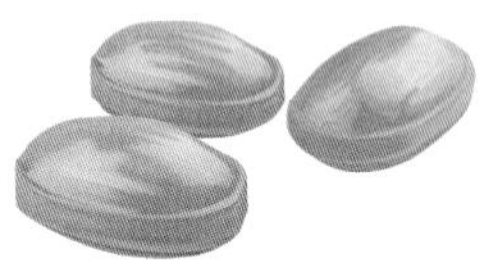

pastille^F
lozenge

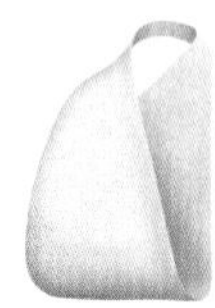

bandage^M triangulaire
triangular bandage

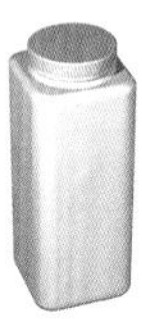

talc^M
talcum powder

gouttes^F
drops

inhalateur^M-doseur^M
inhaler

auto-injecteur^M
auto-injector

pharmacien^M/pharmacienne^F	pharmacist
posologie^F	dosage
effets^M secondaires	side effects
douleur^F	pain
crampes^F	cramps
règles^F	menstruation
contraceptif^M	contraceptive
analgésique^M	analgesic
antinauséeux^M	anti-nausea medication
anti-inflammatoire^M	anti-inflammatory
désinfectant^M	disinfectant
antihistaminique^M	antihistamine
vitamine^F	vitamin
insuline^F	insulin

écran^M solaire
sunscreen

hydratant^M
moisturizer

coton^M hydrophile
absorbent cotton

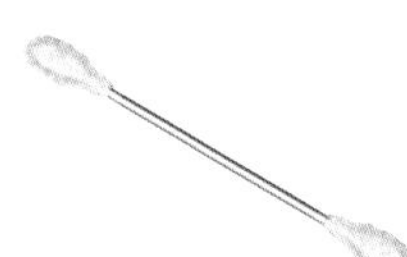

coton^M-tige^F
cotton swab

hôpital^{M}
hospital

ambulance^{F}
ambulance

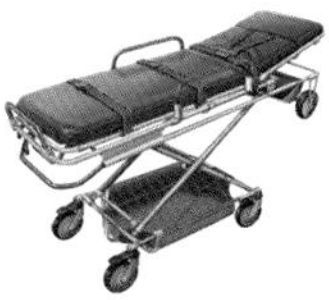

civière^{F}
stretcher

chambre^{F} d'hôpital^{M}
patient room

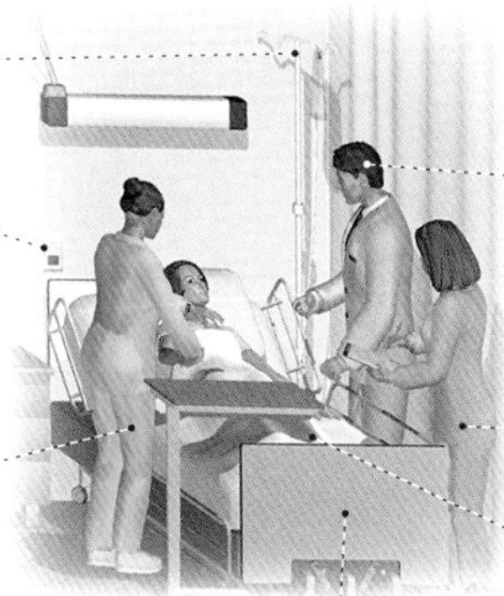
pied^{M} à perfusion^{F}
intravenous stand
prise^{F} d'oxygène^{M}
oxygen outlet
infirmier^{M}/infirmière^{F}
nurse
médecin$^{M/F}$
physician
interne$^{M/F}$; *résident^{M}/résidente^{F}*
resident
patient^{M}/patiente^{F}
patient
lit^{M} d'hôpital^{M}
hospital bed

orthèse^{F}
orthotic

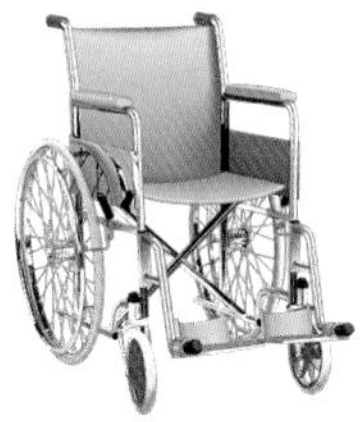

fauteuil^{M} roulant
wheelchair

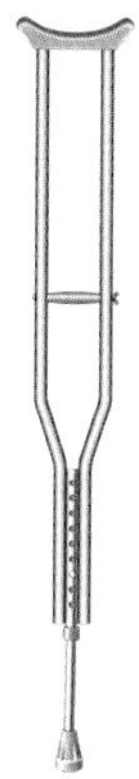

béquille^{F}
crutch

canne^{F}
walking stick

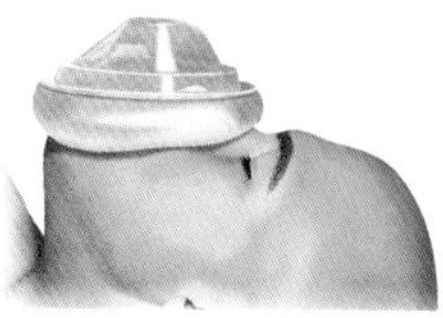

anesthésie^{F} générale
general anesthesia

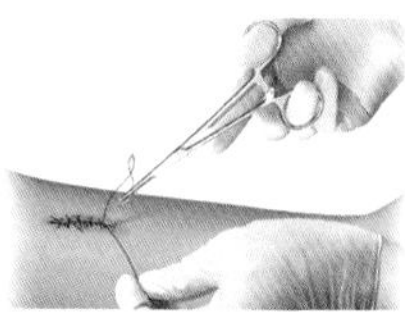

suture^{F}
suture

radiographie^{F}
X-ray

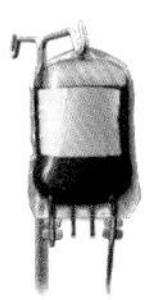

transfusion^{F} de sang^{M}
blood transfusion

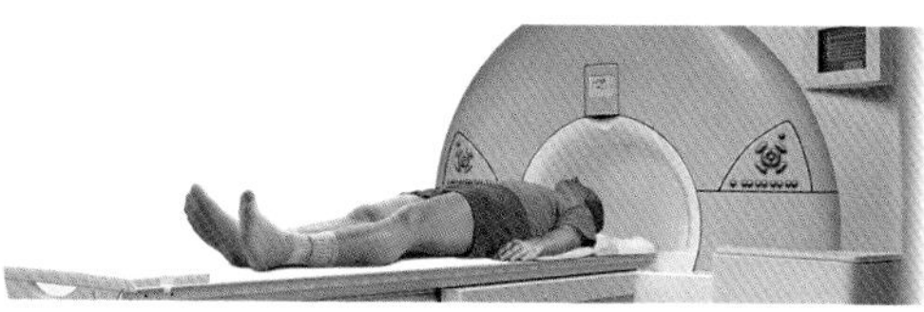

imagerie^{F} par résonance^{F} magnétique (IRM)
magnetic resonance imaging (MRI)

accident^{M}	accident
évanouissement^{M}	fainting
intoxication^{F}	intoxication
infarctus^{M}	heart attack
AVC^{M}	stroke
hospitalisation^{F}	hospital admission
chirurgie^{F}	surgery
anesthésie^{F} locale	local anesthesia
plâtre^{M}	plaster cast
dialyse^{F}	dialysis
soins^{M} intensifs	intensive care
don^{M} d'organe^{M}	organ donation
guérison^{F}	recovery
réadaptation^{F}	rehabilitation

soins^M dentaires
dental care

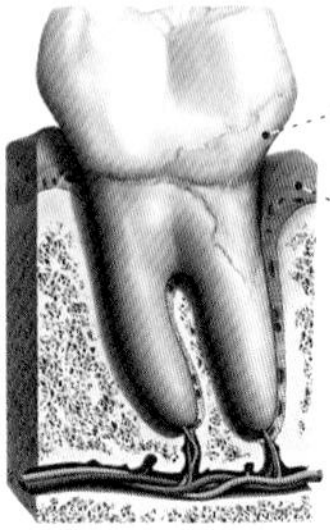
tartre^M
tartar
inflammation^F
inflammation

gingivite^F
gingivitis

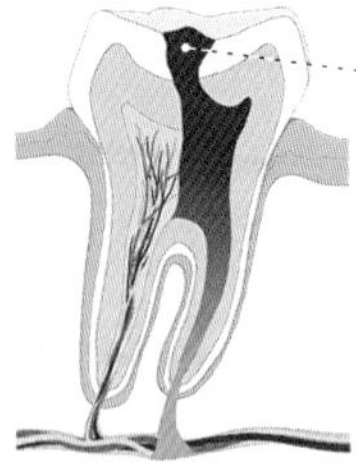
carie^F
decay

abcès^M
abscess

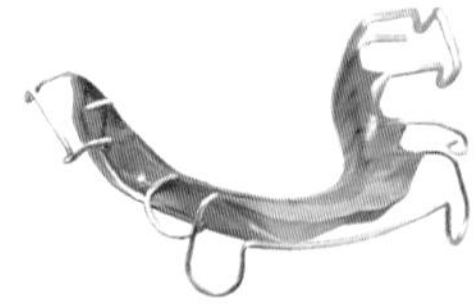

appareil^M orthodontique
orthodontic appliance

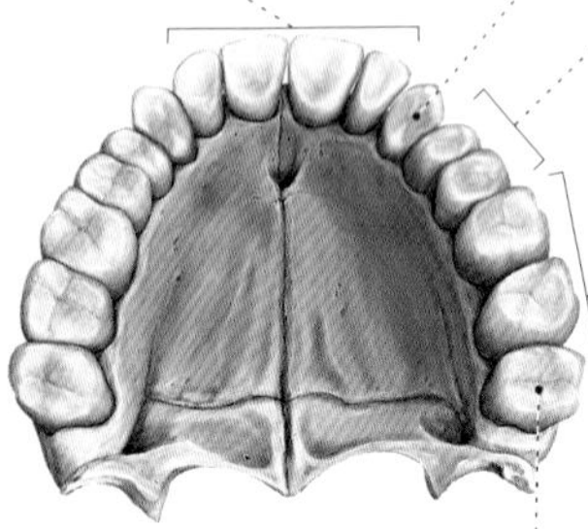
incisives^F
incisors
canine^F
canine
prémolaires^F
premolars
molaires^F
molars
dent^F de sagesse^F
wisdom tooth

denture^F humaine
human denture

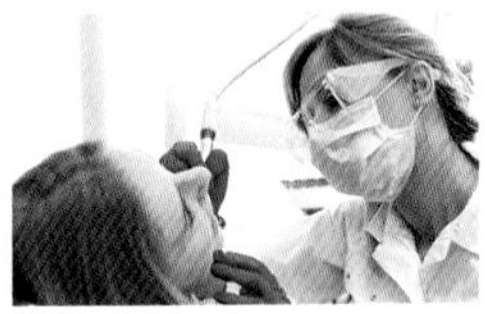

nettoyage^M dentaire
dental cleaning

soigner une carie
to fill a cavity

dentiste^M/F
dentist
radiographie^F
radiograph

examen^M dentaire
dental examination

soins^M oculaires
eye care

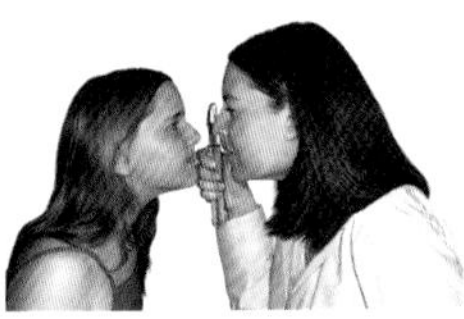

examen^M de l'œil^M
eye examination

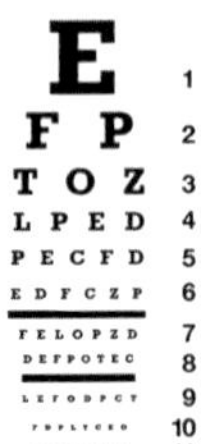
E 1
F P 2
T O Z 3
L P E D 4
P E C F D 5
E D F C Z P 6
7
8
9
10
11

échelle^F d'acuité^F visuelle
visual acuity chart

monture^F
frames
verre^M correcteur
corrective lens

lunettes^F
eyeglasses

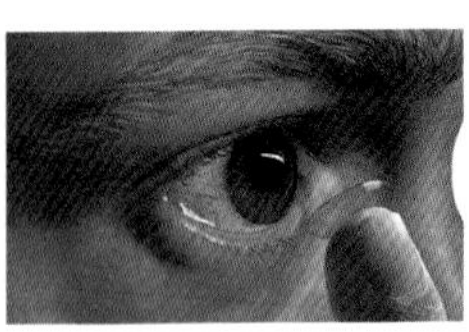

lentille^F de contact^M
contact lens

braille^M
braille

hygiéniste^M/F dentaire	dental hygienist
détartrage^M	scaling
dent^F cariée	decayed tooth
dent^F cassée	broken tooth
dent^F sensible	sensitive tooth
assurance^F dentaire	dental insurance
opticien^M/opticienne^F	optician
ophtalmologiste^M/F	ophthalmologist
optométriste^M/F	optometrist
myopie^F	myopia
presbytie^F	presbyopia
hypermétropie^F	hyperopia
astigmatisme^M	astigmatism
vision^F trouble	blurred vision
irritation^F de l'œil^M	eye irritation
sécheresse^F de l'œil^M	eye dryness
larme^F	tear
personne^F aveugle	blind person
chien^M-guide^M	guide dog
J'ai mal à une dent.	I have a toothache.
J'ai besoin de lunettes.	I need glasses.

soins^{M} auditifs
ear care

test^{M} auditif
hearing test

audiologiste$^{M/F}$
audiologist

prothèse^{F} auditive
hearing aid

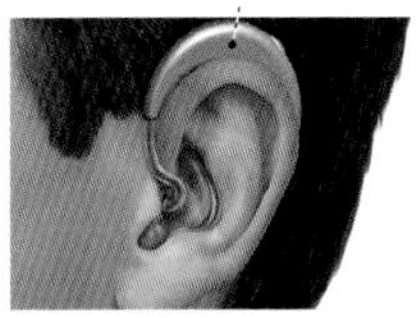

personne^{F} malentendante
hard of hearing person

langage^{M} des signes^{M}
sign language

thérapie^{F}
therapy

physiothérapie^{F}
physiotherapy

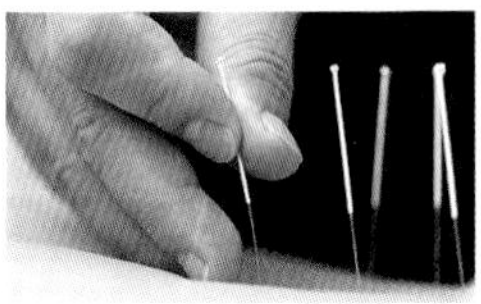

acuponcture^{F}
acupuncture

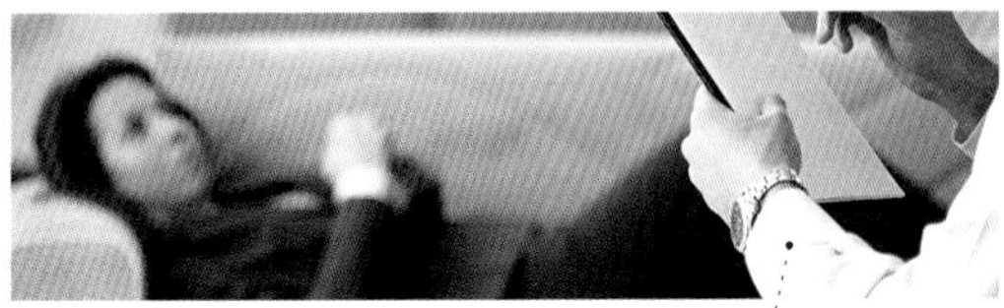

séance^{F} de psychothérapie^{F}
psychotherapy session

psychologue$^{M/F}$
psychologist

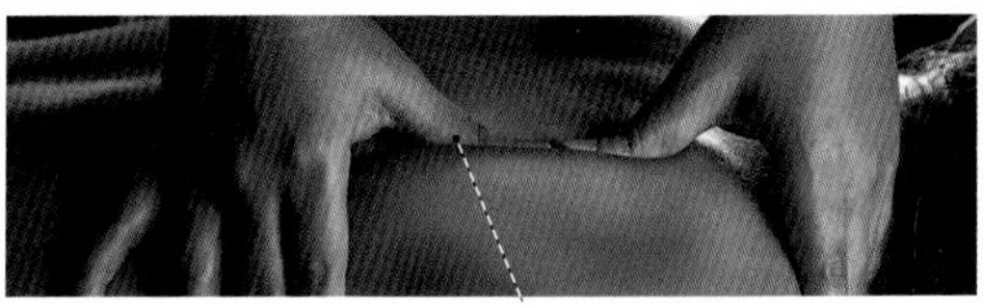

massothérapie^{F}
massage therapy

massage^{M}
massage

hydrothérapie^{F}
hydrotherapy

yoga^{M}
yoga

prévention^{F}
prevention

perte^{F} d'audition^{F}	hearing loss
otite^{F}	otitis/ear infection
surdité^{F}	deafness
acouphène^{M}	tinnitus
médecine^{F} traditionnelle	traditional medicine
thérapie^{F} de groupe^{M}	group therapy
désintoxication^{F}	detoxification
chiropractie^{F} ; *chiropratique*^{F}	chiropractic
ostéopathie^{F}	osteopathy
luminothérapie^{F}	light therapy
J'ai mal à l'oreille.	My ear hurts.
Je n'entends pas bien.	I have trouble hearing.
Je suis une thérapie.	I'm in therapy.

exercice^{M} physique
physical exercise

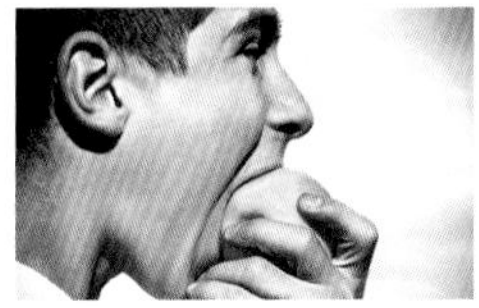

alimentation^{F} saine
healthy diet

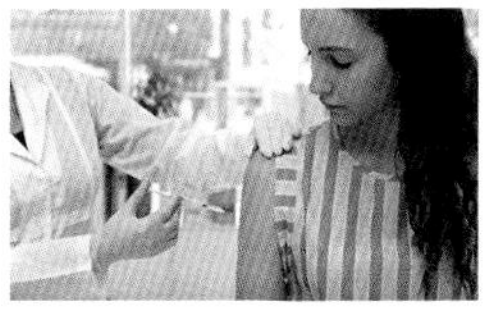

vaccination^{F}
vaccination

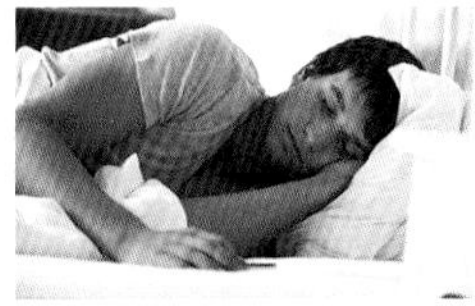

repos^{M}
rest

Les matériaux de revêtement, la forme plate ou en pignon d'un toit, la présence d'un garage ou le nombre d'étages sont autant de facteurs déterminant l'aspect extérieur d'une maison. Le terrain entourant la maison est aussi un élément important, qu'il se résume à une toute petite plate-bande de fleurs ou qu'il soit assez vaste pour accueillir une piscine, un jardin potager et une remise.

extérieurM d'une maisonF
exterior of a house

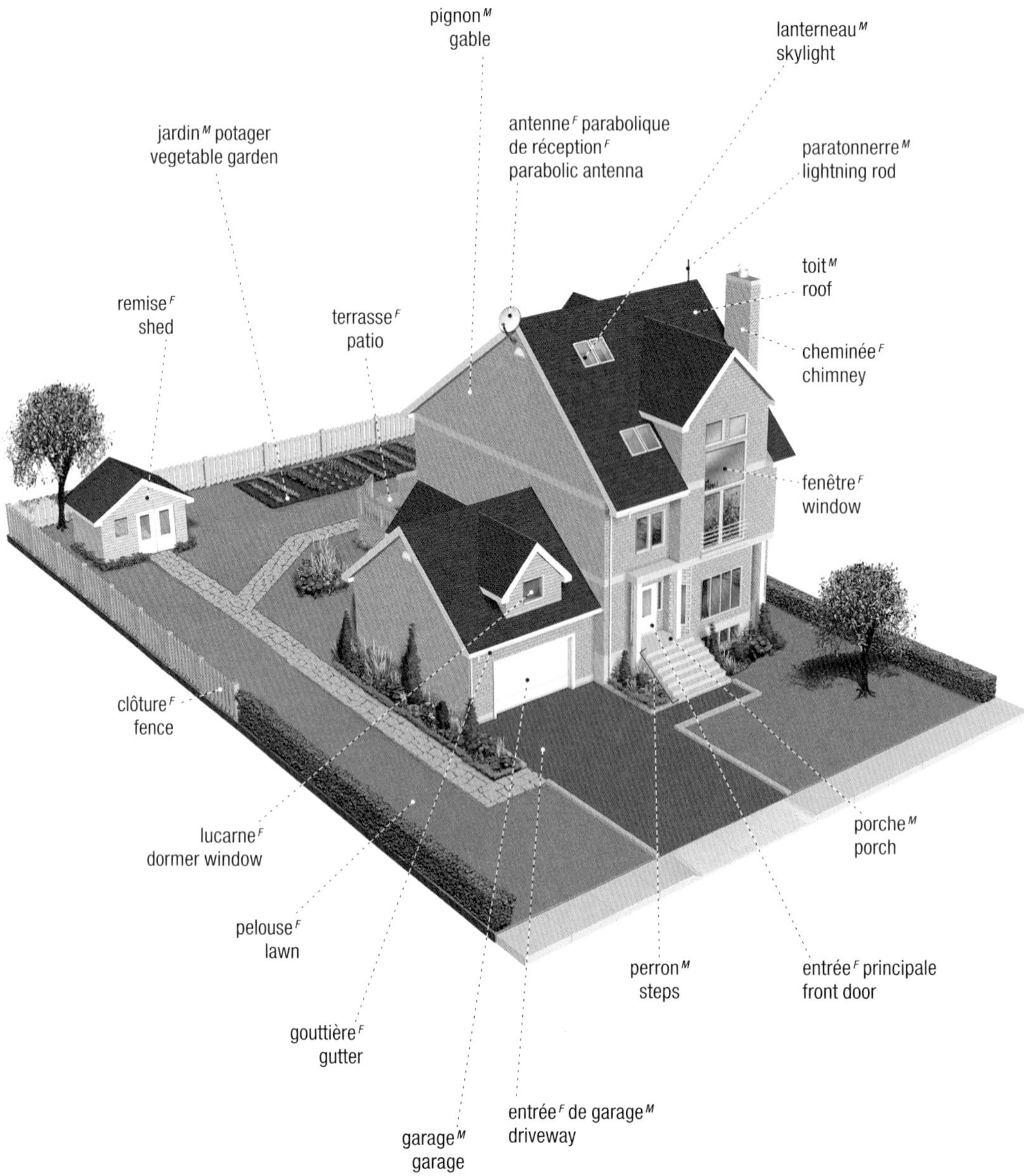
pignonM
gable
lanterneauM
skylight
jardinM potager
vegetable garden
antenneF parabolique
de réceptionF
parabolic antenna
paratonnerreM
lightning rod
toitM
roof
remiseF
shed
terrasseF
patio
cheminéeF
chimney
fenêtreF
window
clôtureF
fence
lucarneF
dormer window
porcheM
porch
pelouseF
lawn
perronM
steps
entréeF principale
front door
gouttièreF
gutter
entréeF de garageM
driveway
garageM
garage

maisons[F] de ville[F]
city houses

tour[F] d'habitation[F]
high-rise apartment

maison[F] de plain-pied[M]
one-story house

maison[F] à étage[M]
two-story house

maison[F] jumelée
semidetached cottage

maisons[F] en rangée[F]
town houses

appartements[M] en copropriété[F]
condominiums

maisons[F] traditionnelles
traditional houses

igloo[M]
igloo

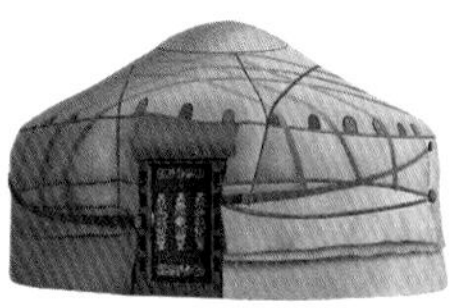

yourte[F]
yurt

hutte[F]
hut

maison[F] en adobe[M]
adobe house

case[F]
hut

isba[F]
isba

tipi[M]
tepee

maison[F] sur pilotis[M]
pile dwelling

propriétaire[M/F]	owner
locataire[M/F]	tenant
loyer[M]	rent
clé[F]	key
serrure[F]	lock
concierge[M/F]	janitor
numéro[M] **de maison**[F]	house number
boîte[F] **aux lettres**[F]	mailbox
interphone[M]	intercom
sonnette[F]	door bell

ascenseur[M]	elevator
système[M] **d'alarme**[F]	alarm system
chauffage[M]	heating
climatisation[F]	air conditioning
thermostat[M]	thermostat
à vendre	for sale
à louer	for rent
habiter en ville	to live in town
habiter en banlieue	to live in the suburbs
habiter à la campagne	to live in the country

Les pièces d'une maison sont ou bien situées sur un même niveau, ou bien réparties sur plusieurs. Dans notre monde moderne, le nombre de pièces varie beaucoup d'une maison à l'autre selon les besoins et le budget de la famille. Toute maison de taille importante compte parmi ses pièces principales une cuisine, une salle à manger, un salon, une salle de bains et au moins une chambre.

principales pièces^F d'une maison^F
main rooms

rez-de-chaussée^M
first floor

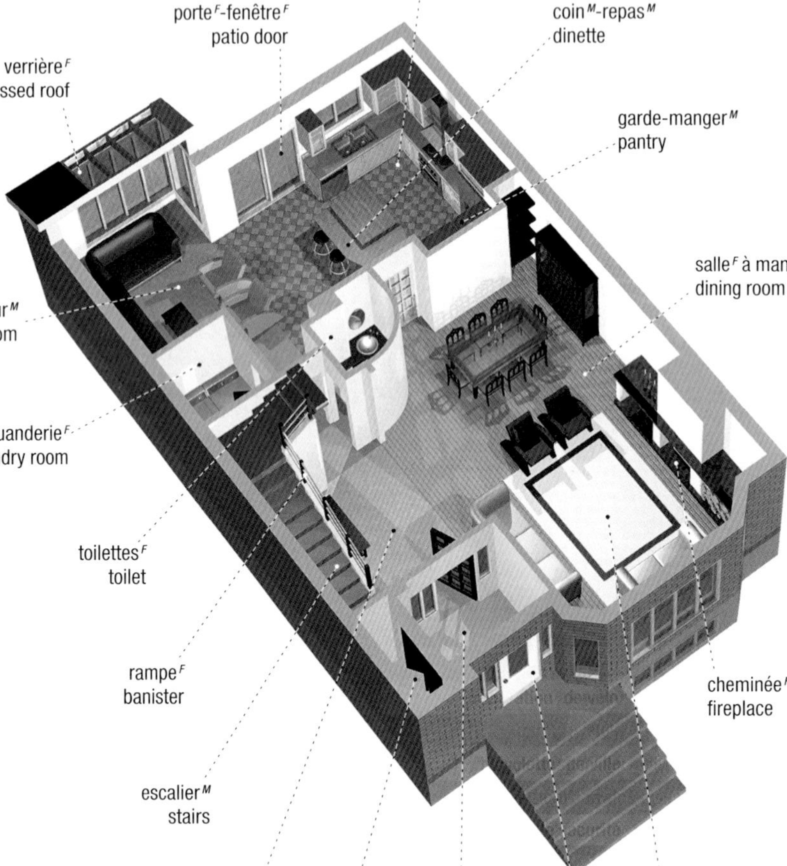
cuisine^F
kitchen
porte^F-fenêtre^F
patio door
coin^M-repas^M
dinette
verrière^F
glassed roof
garde-manger^M
pantry
salle^F à manger
dining room
salle^F de séjour^M
family room
buanderie^F
laundry room
toilettes^F
toilet
rampe^F
banister
cheminée^F
fireplace
escalier^M
stairs
hall^M d'entrée^F
hall
salon^M
living room
vestiaire^M
closet
vestibule^M
vestibule
entrée^F principale
front door

mezzanine[F]
mezzanine floor

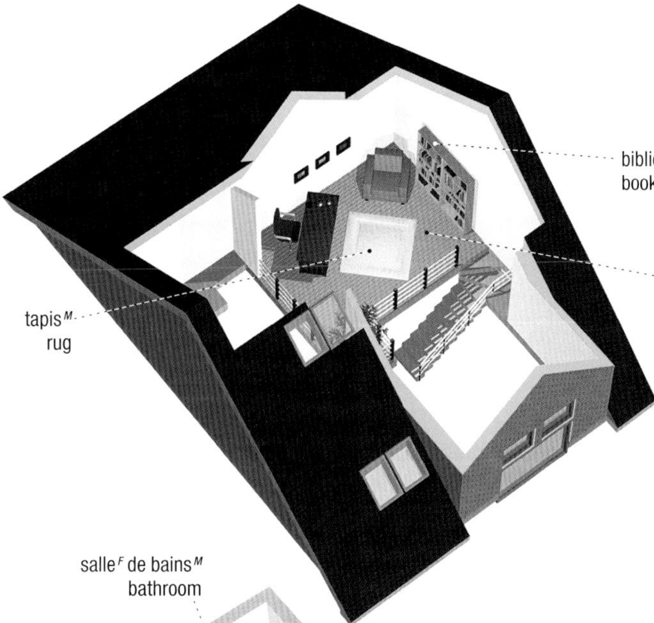
bibliothèque[F]
bookcase
bureau[M]
study
tapis[M]
rug

étage[M]
second floor

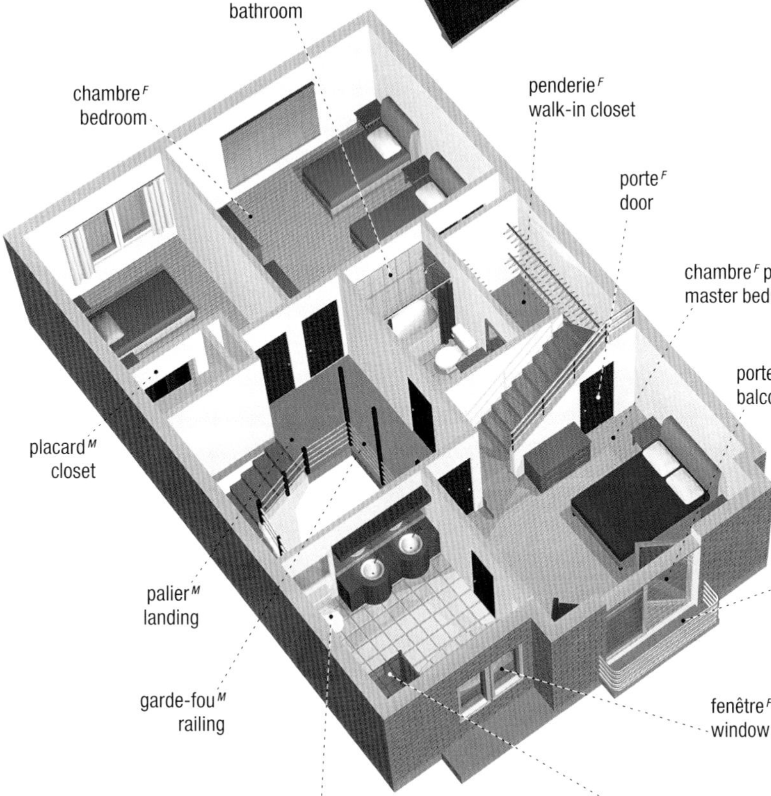
salle[F] de bains[M]
bathroom
chambre[F]
bedroom
penderie[F]
walk-in closet
porte[F]
door
chambre[F] principale
master bedroom
porte[F]-fenêtre[F]
balcony door
placard[M]
closet
balcon[M]
balcony
palier[M]
landing
garde-fou[M]
railing
fenêtre[F]
window
w.-c.[M]; *toilette*[F]
toilet
douche[F]
shower

plafond[M]	ceiling	**sous-sol**[M]	basement
mur[M]	wall	**plomberie**[F]	plumbing
plancher[M]	floor	**électricité**[F]	electricity
grenier[M]	attic	**rénover la maison**	to renovate the house

La chambre est la pièce où l'on dort. Sa décoration peut varier beaucoup selon la personnalité de chacun, mais le lit en est souvent le meuble central. Près de celui-ci, un placard, une armoire ou une commode permettent de ranger les vêtements et autres effets personnels. La chambre est généralement un espace intime, confortable. On s'y retire pour trouver repos et tranquillité.

ameublement[M]
furnishings

tablette[F]
shelf
cintre[M]
hanger
tiroir[M]
drawer

armoire[F]**-penderie**[F]
wardrobe

album[M] de photos[F]
photo album
livre[M]
book

bibliothèque[F]
bookcase

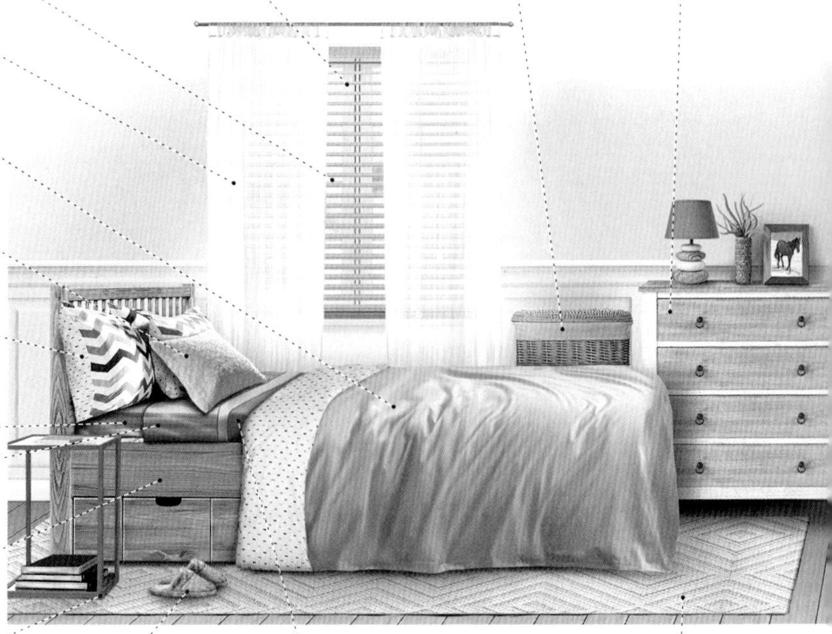
fenêtre[F]
window
store[M]
blind
panier[M] à linge[M]
laundry basket
commode[F]
dresser
rideau[M]
curtain
édredon[M]
comforter
coussin[M]
cushion
oreiller[M]
pillow
matelas[M]
mattress
drap[M]
sheet
lit[M]
bed
table[F] de chevet[M]
bedside table
pantoufle[F]
slipper
couverture[F]
blanket
tapis[M]
rug

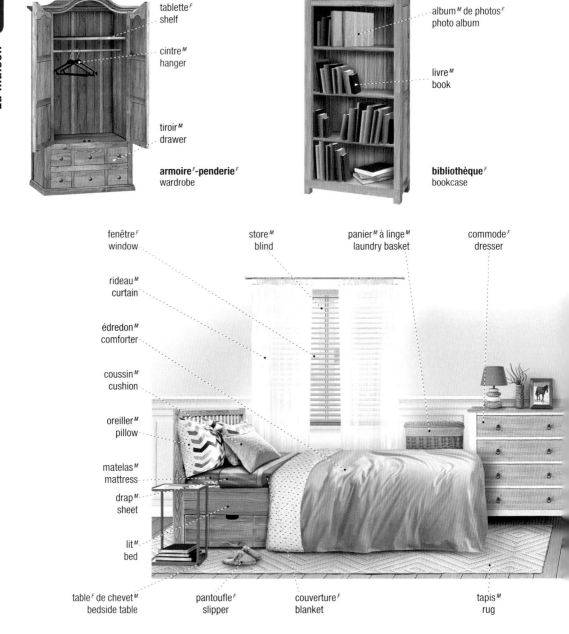

ronflement[M]	snore
insomnie[F]	insomnia
rêve[M]	dream
cauchemar[M]	nightmare
mettre le réveil	to set the alarm
se coucher	to go to bed
s'endormir	to fall asleep
dormir	to sleep
se réveiller	to wake up
se lever	to get up
faire le lit	to make the bed
changer les draps	to change the sheets
ranger la chambre	to clean the room
faire la grasse matinée	to sleep in

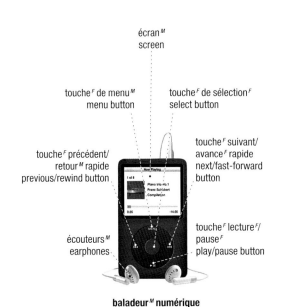

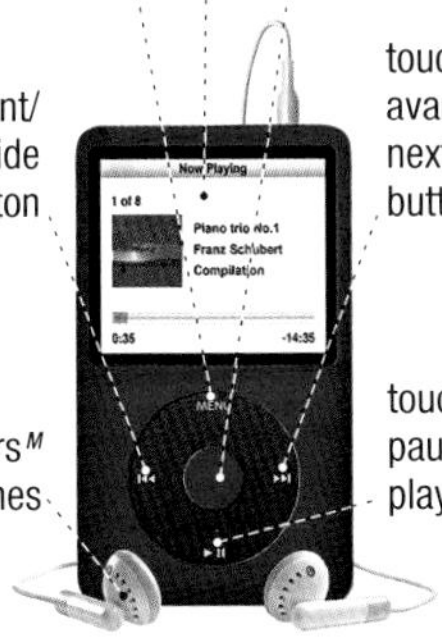
écran[M]
screen
touche[F] de menu[M]
menu button
touche[F] de sélection[F]
select button
touche[F] précédent/ retour[M] rapide
previous/rewind button
touche[F] suivant/ avance[F] rapide
next/fast-forward button
touche[F] lecture[F]/ pause[F]
play/pause button
écouteurs[M]
earphones
Now Playing
Piano trio no.1
Franz Schubert
Compilation
MENU

baladeur[M] **numérique**
portable player

12:00

réveil[M]
alarm clock

minichaîne[F] **stéréo**
mini stereo sound system

poignée[F] de porte[F]
doorknob
interrupteur[M]
switch
patère[F]
coat hook
affiche[F]
poster
lampe[F]
lamp
bureau[M]
desk
chaise[F]
chair
miroir[M]
mirror
porte[F]
door
fauteuil[M]-sac[M]
beanbag chair

sous-vêtements [M] **et vêtements** [M]
underwear and clothing

culotte [F]
briefs

soutien-gorge [M]
bra

chaussette [F]
sock

pyjama [M]
pajamas

caleçon [M]
boxer shorts

collant [M]
panty-hose

short [M]
shorts

débardeur [M] ; ***camisole*** [F]
camisole

pantalon [M]
pants

robe [F]
dress

jupe [F]
skirt

T-shirt [M]
T-shirt

bouton [M]
button
braguette [F]
fly

jean [M]
jeans

col [M]
collar
poche [F]
pocket
manche [F]
sleeve

chemise [F]
shirt

tricot [M]
sweater

chemisier [M]
blouse

capuchon [M]
hood
fermeture [F] à glissière [F]
zipper

manteau [M]
coat

imperméable [M]**/anorak** [M]
raincoat/anorak

veste [F]
jacket

blouson [M]
jacket

accessoires^{M} **et chaussures**^{F}
accessories and shoes

gant^{M}
glove

moufle^{F} **;** ***mitaine***^{F}
mitten

montre^{F}
watch

lunettes^{F}
eyeglasses

écharpe^{F} **;** ***foulard***^{M}
scarf

cravate^{F}
necktie

ceinture^{F}
belt

portefeuille^{M}
wallet

casquette^{F}
cap

bonnet^{M} **;** ***tuque***^{F}
stocking cap

bijoux^{M}
jewelry

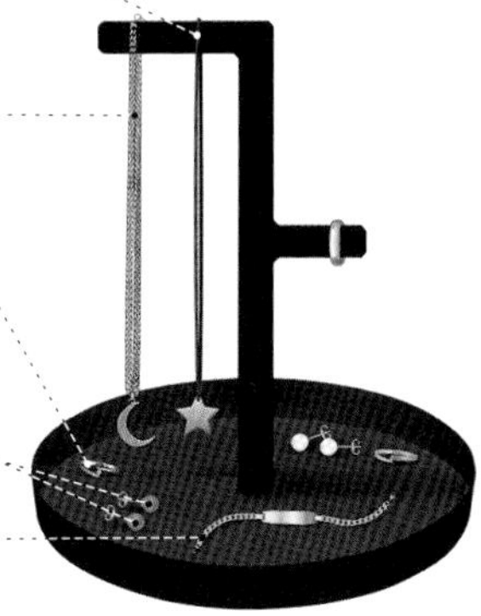

collier^{M}
necklace
chaîne^{F}
chain
bague^{F}
ring
boucles^{F} d'oreille^{F}
earrings
bracelet^{M}
bracelet

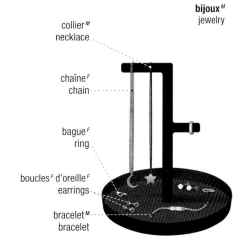

fichu^{M} **(foulard**^{M}**)**
head scarf

chapeau^{M}
hat

parapluie^{M}
umbrella

sac^{M}
bag

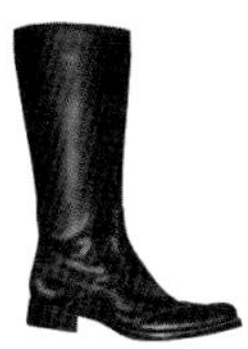

botte^{F}
boot

bottine^{F} **d'hiver**^{M}
winter boot

lacet^{M}
shoelace
semelle^{F} d'usure^{F}
outsole

chaussure^{F}
shoe

chaussure^{F} **de sport**^{M}
running shoe

sandale^{F}
sandal

Prendre un bain est une activité vieille comme le monde. Il a toutefois fallu attendre jusqu'a 19e siècle pour voir apparaître la première salle de bains avec eau courante. Dans les maisons modernes, cette pièce est souvent équipée d'une toilette, d'un lavabo, d'une douche et d'une baignoire. Petite ou grande, simple ou luxueuse, la salle de bains est avant tout un endroit consacré à l'hygiène.

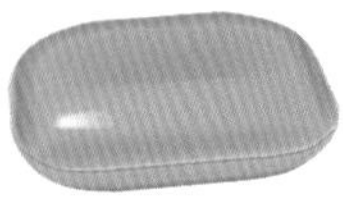

savon^{M} de toilette^{F}
toilet soap

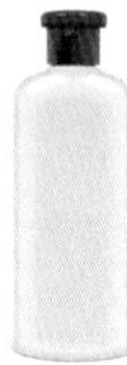

shampooing^{M}
shampoo

revitalisant^{M} capillaire
conditioner

gant^{M} de toilette^{F}
washcloth

salle^{F} de bains^{M}
bathroom

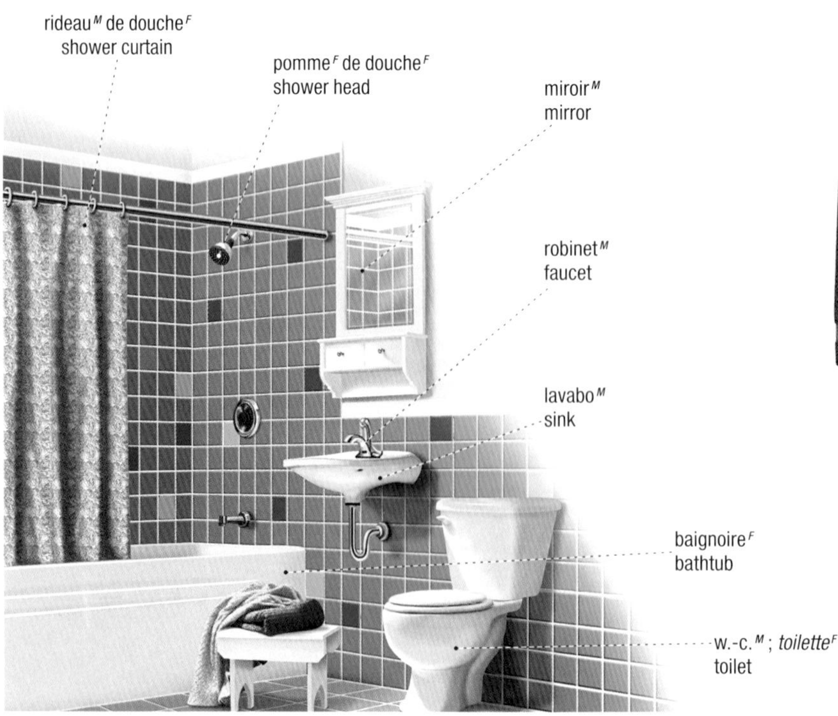

rideau^{M} de douche^{F}
shower curtain
pomme^{F} de douche^{F}
shower head
miroir^{M}
mirror
robinet^{M}
faucet
lavabo^{M}
sink
baignoire^{F}
bathtub
w.-c.^{M} ; *toilette*^{F}
toilet

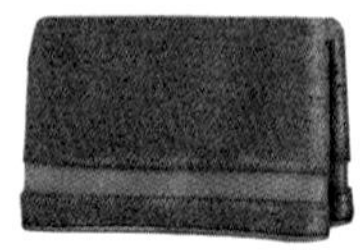

débarbouillette^{F}
washcloth

serviette^{F}
towel

cabine^{F} de douche^{F}	shower stall
tapis^{M} de bain^{M}	bath mat
armoire^{F} à pharmacie^{F}	medicine cabinet
savon^{M} pour les mains^{F}	hand soap
gel^{M} pour la douche^{F}	shower gel
aller aux toilettes	to use the bathroom
tirer la chasse	to flush

faire sa toilette	to have a wash
prendre une douche	to take a shower
prendre un bain	to take a bath
se brosser les dents	to brush teeth
se coiffer	to do hair
se maquiller	to put on makeup
se raser	to shave

soins^M du corps^M
body care

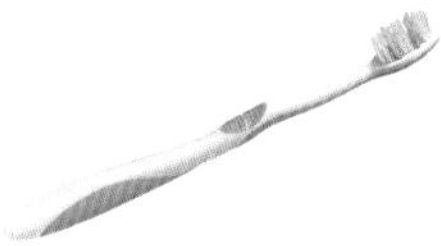

brosse^F à dents^F
toothbrush

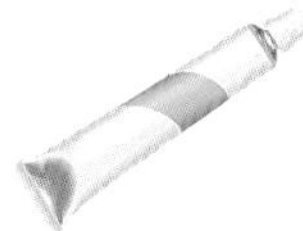

dentifrice^M
toothpaste

fil^M dentaire
dental floss

eau^F dentifrice^M ; ***rince-bouche^M***
mouthwash

baume^M pour les lèvres^F
lip balm

bain^M moussant
bubble bath

déodorant^M
deodorant

parfum^M
perfume

papier^M hygiénique
toilet paper

papier^M-mouchoir^M
paper tissue

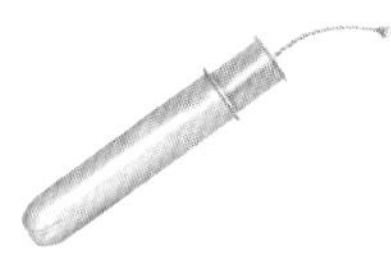

tampon^M hygiénique
tampon

serviette^F hygiénique
sanitary napkin

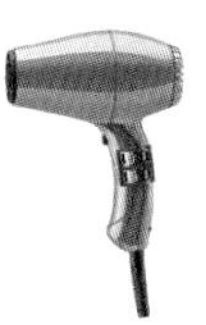

sèche-cheveux^M
hair dryer

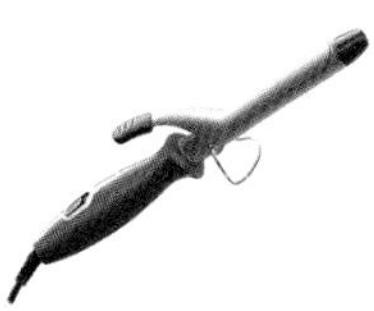

fer^M à friser
curling iron

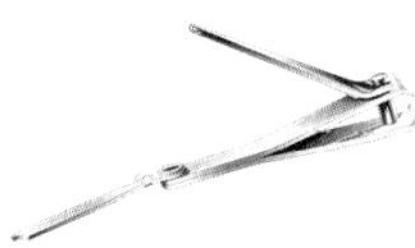

coupe-ongles^M
nail clippers

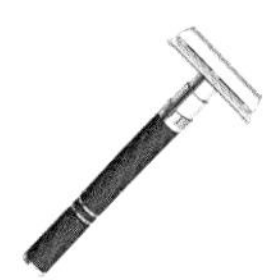

rasoir^M
razor

coiffure^F
hairdressing

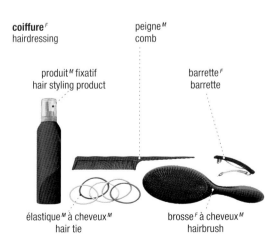

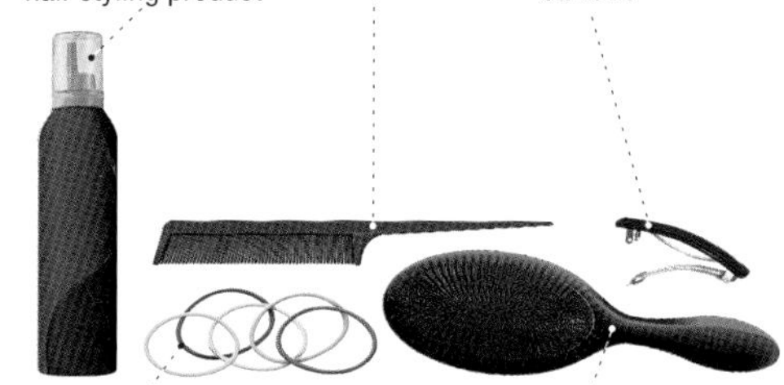
peigne^M
comb
produit^M fixatif
hair styling product
barrette^F
barrette
élastique^M à cheveux^M
hair tie
brosse^F à cheveux^M
hairbrush

maquillage^M
makeup

rouge^M à lèvres^F
lipstick
ombre^F à paupières^F
eyeshadow
vernis^M à ongles^M
nail polish
mascara^M
mascara
fard^M à joues^F
blush

La salle de séjour, qui réunit le salon et la salle à manger, est généralement la pièce principale d'une maison. C'est l'endroit idéal pour se réunir en famille, partager un repas, regarder la télévision, utiliser un appareil de communication ou encore s'amuser à un jeu, seul ou en groupe.

jeux[M]
games

jeu[M] **de dames**[F]
checkers

échecs[M]
chess

dé[M]
die
pion[M]
playing piece

jeu[M] **de plateau**[M]
board game

cartes[F] **à jouer**
playing cards

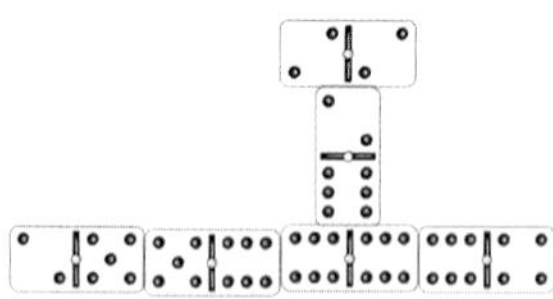

dominos[M]
dominoes

puzzle[M] **;** ***casse-tête***[M]
jigsaw puzzle

briques[F]
blocks

salle[F] **de séjour**[M]
living room

lampadaire[M]
floor lamp
fauteuil[M]
armchair
ventilateur[M]
fan
coussin[M]
cushion
canapé[M]
sofa
lampe[F] de table[F]
table lamp
table[F] basse
coffee table
salon[M]
living room

canapé[M] convertible	sofa bed
équipe[F]	team
gagnant[M]/gagnante[F]	winner
perdant[M]/perdante[F]	loser
petit déjeuner[M] ; *déjeuner*[M]	breakfast
déjeuner[M] ; *dîner*[M]	lunch
dîner[M] ; *souper*[M]	dinner

s'asseoir au salon	to sit down in the living room
regarder la télévision	to watch television
recevoir des invités	to receive guests
servir le repas	to serve the meal
dresser/débarrasser la table	to lay/clear the table
Jouons à un jeu.	Let's play a game.
C'est l'heure de manger.	It's time to eat.

baby-foot[M]
foosball

jeu[M] de fléchettes[F]
darts

pinceau[M]
brush
pastilles[F] d'aquarelle[F]/gouache[F]
watercolor/gouache cakes
crayons[M] de couleur[F]
colored pencils
taille-crayon[M]
pencil sharpener
papier[M]
paper
bâtonnet[M] de colle[F]
glue stick
pastels[M]
pastel
ciseaux[M]
scissors
carton[M]
cardboard

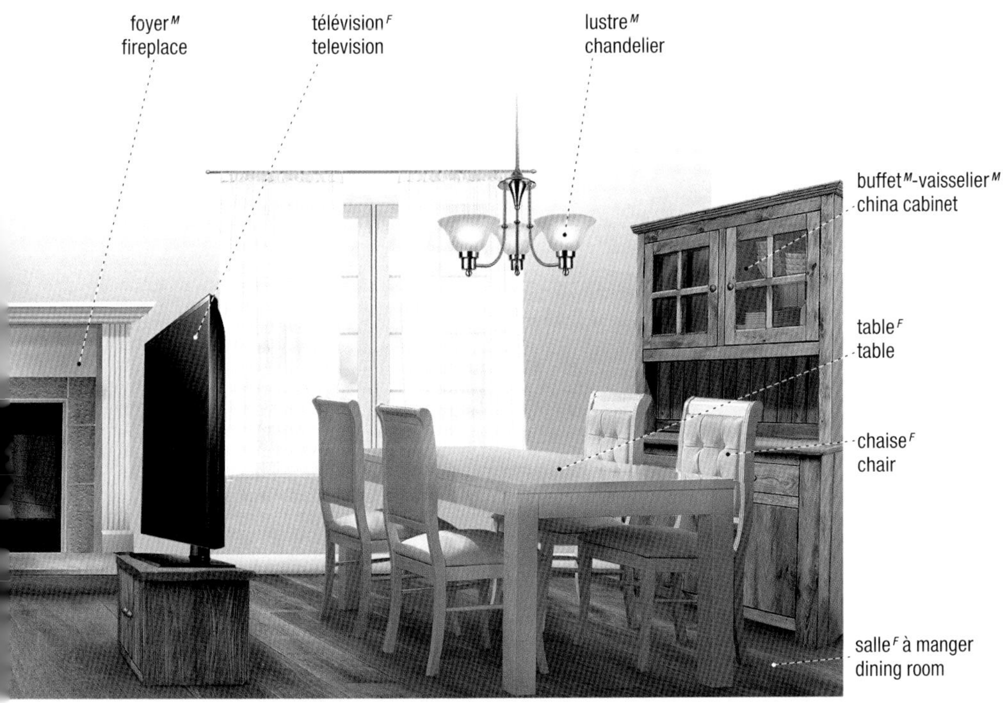
foyer[M]
fireplace
télévision[F]
television
lustre[M]
chandelier
buffet[M]-vaisselier[M]
china cabinet
table[F]
table
chaise[F]
chair
salle[F] à manger
dining room

Le téléphone demeure, avec la télévision et la radio, un des plus importants modes de télécommunication. La technologie entourant ces appareils ne cesse de se perfectionner. De même, Internet, qui est un vaste système de communication international, offre de plus en plus d'options et révolutionne le monde des médias en mettant en relation des millions de personnes, d'organismes et d'entreprises.

téléphone[M] multifonction
smartphone

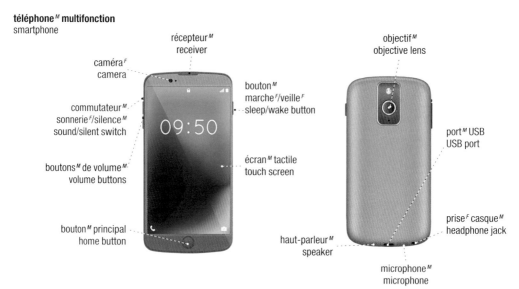

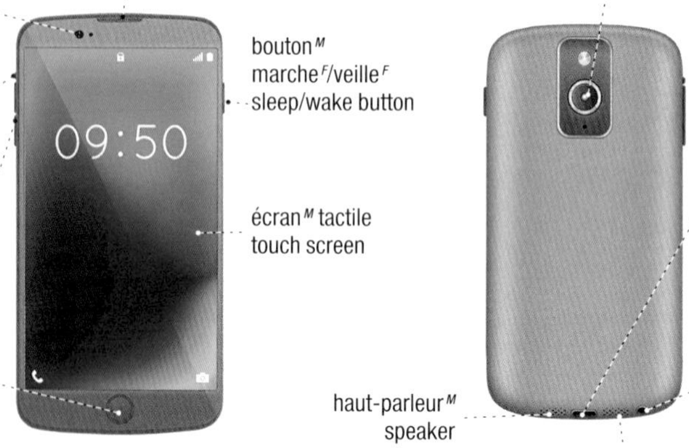
récepteur[M]
receiver
caméra[F]
camera
commutateur[M] sonnerie[F]/silence[M]
sound/silent switch
boutons[M] de volume[M]
volume buttons
bouton[M] principal
home button
bouton[M] marche[F]/veille[F]
sleep/wake button
09:50
écran[M] tactile
touch screen
objectif[M]
objective lens
port[M] USB
USB port
prise[F] casque[M]
headphone jack
haut-parleur[M]
speaker
microphone[M]
microphone

téléphone[M] mobile ; *cellulaire*
mobile phone

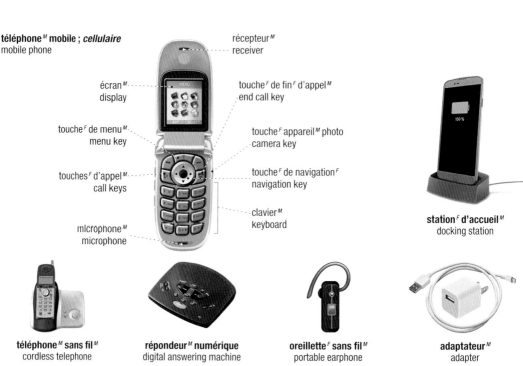

récepteur[M]
receiver
écran[M]
display
touche[F] de fin[F] d'appel[M]
end call key
touche[F] de menu[M]
menu key
touche[F] appareil[M] photo
camera key
touches[F] d'appel[M]
call keys
touche[F] de navigation[F]
navigation key
clavier[M]
keyboard
microphone[M]
microphone

station[F] d'accueil[M]
docking station

téléphone[M] sans fil[M]
cordless telephone

répondeur[M] numérique
digital answering machine

oreillette[F] sans fil[M]
portable earphone

adaptateur[M]
adapter

tablette^{F} numérique
tablet computer

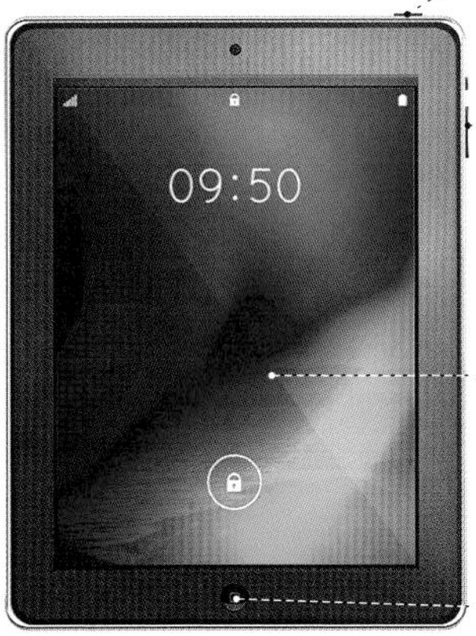

bouton^{M} marche^{F}/veille^{F}
sleep/wake button

boutons^{M} de volume^{M}
volume buttons

écran^{M} tactile
touch screen

bouton^{M} principal
home button

casque^{M} d'écoute^{F}
headphones

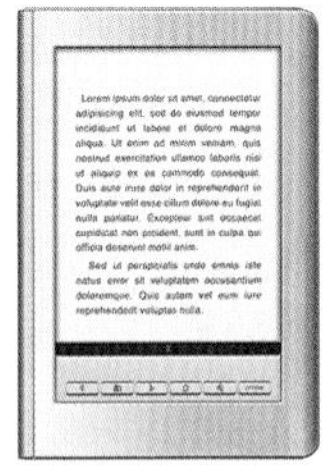

lecteur^{M} de livres^{M} numériques
digital book reader

casque^{M} d'écoute^{F} sans fil^{M}
wireless headphones

baladeur^{M} numérique
portable player

stylet^{M}
stylus

console^{F} de jeux^{M} vidéo portable
portable game console

lecteur^{M} de DVD^{M} portatif
portable DVD player

haut-parleur^{M} sans fil^{M}
wireless speaker

montre^{F} intelligente
smart watch

écran^{M}
display

console^{F} de jeu^{M}
game console

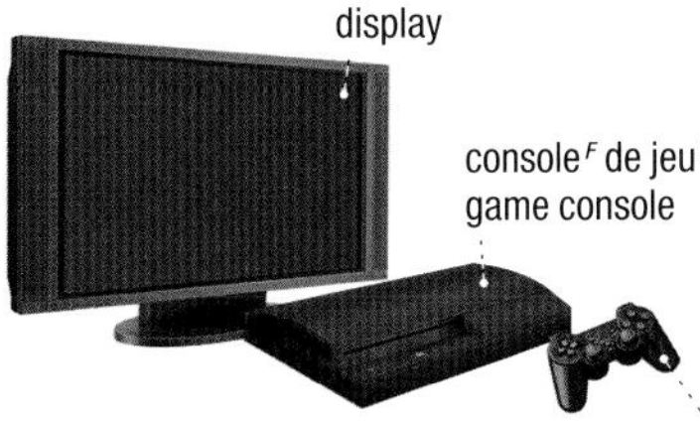

manette^{F} de jeu^{M}
controller

système^{M} de jeux^{M} vidéo
video entertainment system

boîte^{F} vocale	voice mail
sonnerie^{F}	ringing
faux numéro^{M}	wrong number
téléphoner	to make a call
répondre	to answer
raccrocher	to hang up
prendre/laisser un message	to take/leave a message
envoyer/recevoir un texto	to send/receive a text message (SMS)
écouter de la musique	to listen to music
jouer à des jeux vidéo	to play video games

lecteur^{M} de disque^{M} compact
compact disc player

port^{M} USB
USB port

enceinte^{F} acoustique
loudspeaker

minichaîne^{F} stéréo
mini stereo sound system

télécommande^{F}
remote control

téléviseur^{M}
television set

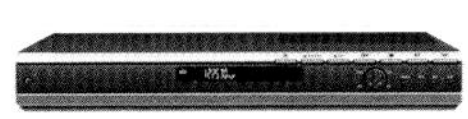

récepteur^{M}/ enregistreur^{M} numérique
digital video recorder/receiver

Home

réseau[M] Internet
Internet network

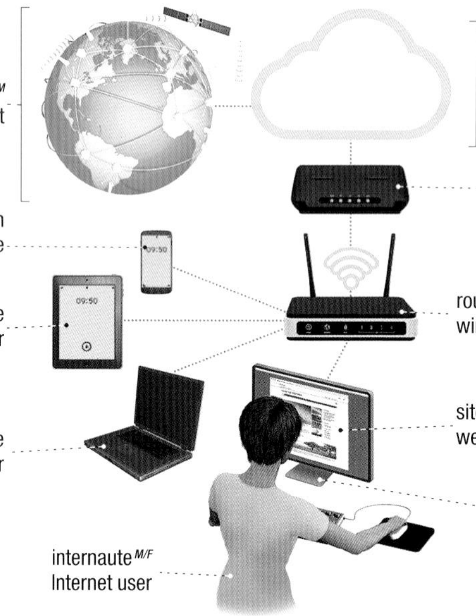

Internet[M]
Internet
fournisseur[M] de services[M] Internet[M]
Internet service provider
modem[M]
modem
téléphone[M] multifonction
smartphone
tablette[F] numérique
tablet computer
routeur[M] sans fil[M]
wireless router
site[M] Web[M]
website
ordinateur[M] portable
laptop computer
ordinateur[M] de bureau[M]
desktop computer
internaute[M/F]
Internet user

site[M] Web[M]
website

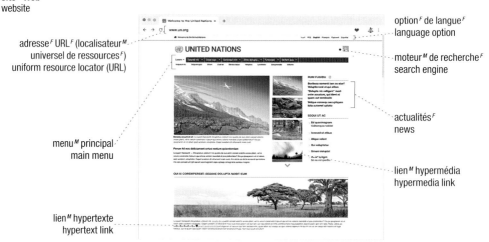

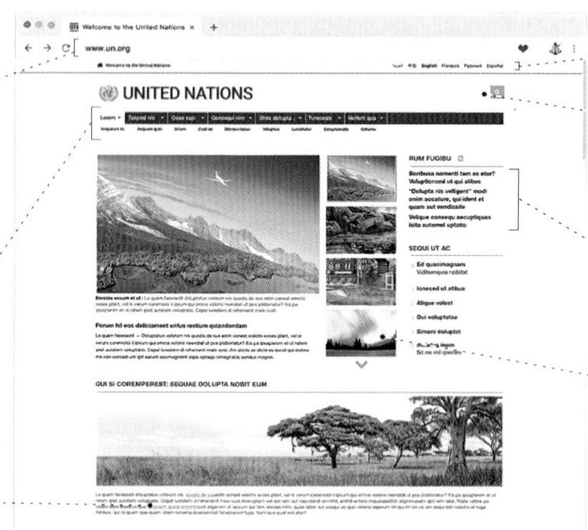

adresse[F] URL[F] (localisateur[M] universel de ressources[F])
uniform resource locator (URL)
option[F] de langue[F]
language option
moteur[M] de recherche[F]
search engine
actualités[F]
news
menu[M] principal
main menu
lien[M] hypermédia
hypermedia link
lien[M] hypertexte
hypertext link
www.un.org
UNITED NATIONS

en ligne[F]/en direct[M]	online
hors ligne[F]/en différé[M]	offline
réponse[F]	reply
pourriel[M]	spam
adresse[F] électronique	email address
accès[M] sans fil[M] à l'Internet[M] (Wi-Fi)	wireless Internet access (Wi-Fi)
fausse nouvelle[F]	fake news
cyberintimidation[F]	cyberbullying
piratage[M] informatique	hacking
sélectionner	to select
naviguer	to browse

envoyer en fichier joint	to send as an attachment
mettre en signet	to bookmark
envoyer un message/ document	to send a message/document
télécharger un fichier	to download a file
transférer	to forward
s'abonner	to subscribe
se désabonner	to unsubscribe
avoir/ouvrir un compte	to have/open an account
ouvrir une session/ se connecter	to log in/log on
fermer une session/ se déconnecter	to log out/log off

utilisations^F d'Internet^M
Internet uses

réseautage^M social
social networking

messagerie^F instantanée
instant messaging

blogage^M et microblogage^M
blogging and microblogging

courrier^M électronique
email

jeux^M en ligne^F
online game

baladodiffusion^F
podcasting

recherche^F
search

banque^F de données^F
database

commerce^M électronique
e-commerce

opération^F bancaire
bank transaction

visiophonie^F
videotelephony

visioconférence^F
videoconferencing

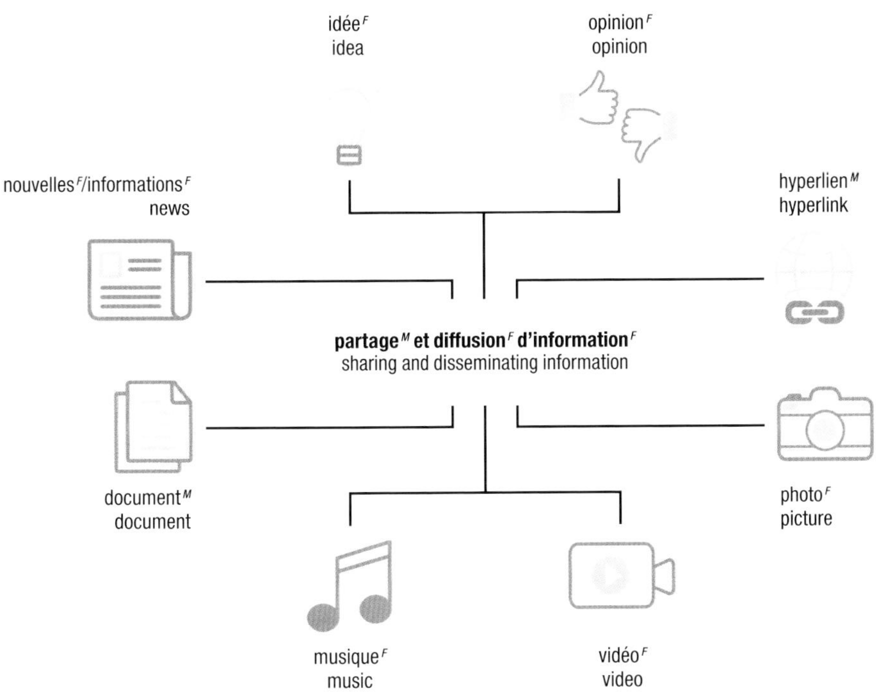
idée^F
idea
opinion^F
opinion
nouvelles^F/informations^F
news
hyperlien^M
hyperlink
partage^M et diffusion^F d'information^F
sharing and disseminating information
document^M
document
photo^F
picture
musique^F
music
vidéo^F
video

La cuisine est l'endroit où l'on prépare et entrepose la nourriture. Elle peut comprendre ou non un coin-repas. La cuisine moderne est équipée d'un réfrigérateur, d'une cuisinière et de toute une gamme de petits appareils électroménagers et ustensiles divers. Les cuisiniers ont maintenant à leur disposition des outils variés les aidant à préparer et à cuire des aliments de façon rapide et efficace.

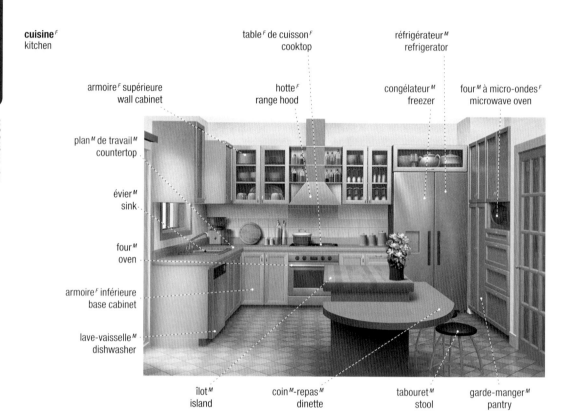

cuisine^F
kitchen

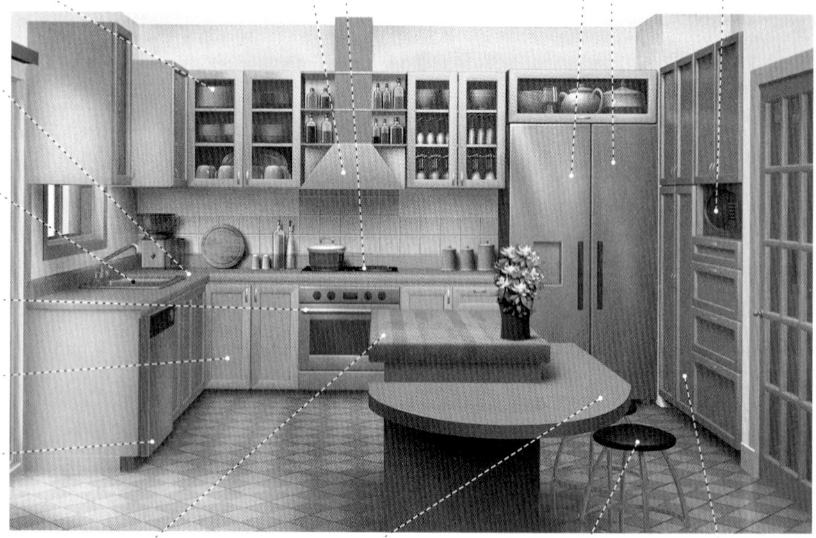
table^F de cuisson^F
cooktop
réfrigérateur^M
refrigerator
armoire^F supérieure
wall cabinet
hotte^F
range hood
congélateur^M
freezer
four^M à micro-ondes^F
microwave oven
plan^M de travail^M
countertop
évier^M
sink
four^M
oven
armoire^F inférieure
base cabinet
lave-vaisselle^M
dishwasher
îlot^M
island
coin^M-repas^M
dinette
tabouret^M
stool
garde-manger^M
pantry

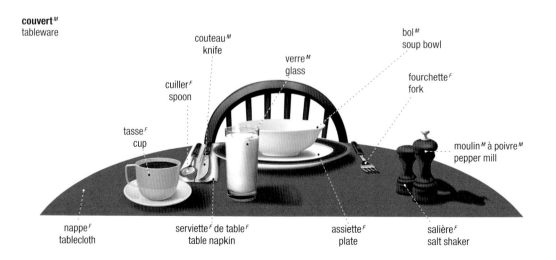

couvert^M
tableware

couteau^M
knife
bol^M
soup bowl
verre^M
glass
cuiller^F
spoon
fourchette^F
fork
tasse^F
cup
moulin^M à poivre^M
pepper mill
nappe^F
tablecloth
serviette^F de table^F
table napkin
assiette^F
plate
salière^F
salt shaker

équipement[M] de cuisine[F]
kitchen equipment

ustensiles[M] de cuisine[F]
kitchen utensils

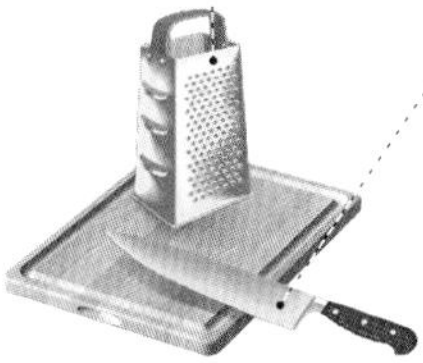
râpe[F]
grater
couteau[M] de cuisine[F]
kitchen knife

planche[F] à découper
cutting board

passoire[F]
colander

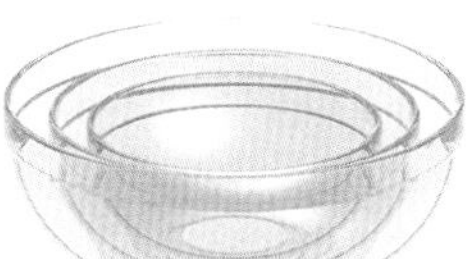

bols[M] à mélanger
mixing bowls

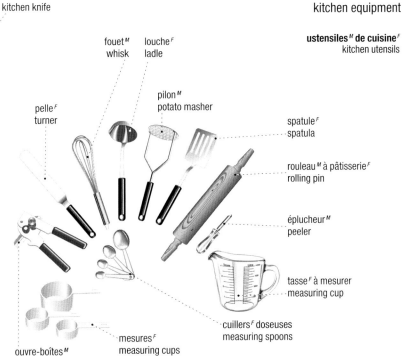

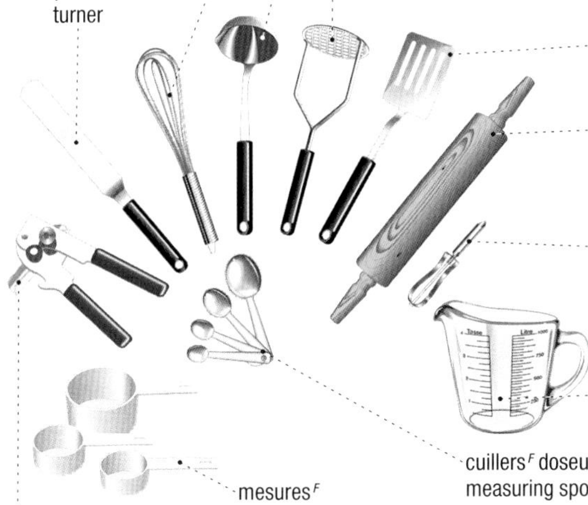
fouet[M]
whisk
louche[F]
ladle
pilon[M]
potato masher
pelle[F]
turner
spatule[F]
spatula
rouleau[M] à pâtisserie[F]
rolling pin
éplucheur[M]
peeler
tasse[F] à mesurer
measuring cup
cuillers[F] doseuses
measuring spoons
mesures[F]
measuring cups
ouvre-boîtes[M]
can opener

casserole[F]
saucepan

poêle[F] à frire
frying pan

moules[M]
pans

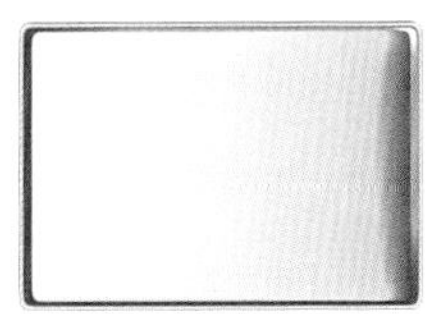

plaque[F] à pâtisserie[F]
baking sheet

robot[M] de cuisine[F]
food processor

mélangeur[M]
blender

batteur[M]
mixer

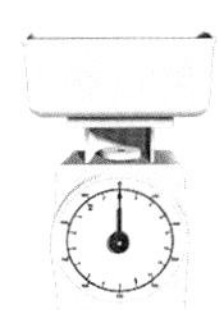

balance[F] de cuisine[F]
kitchen scale

bouilloire[F]
kettle

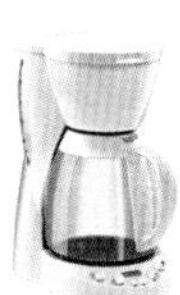

cafetière[F]
coffeemaker

grille-pain[M]
toaster

mijoteuse[F]
slow cooker

Les repas se composent d'aliments qui varient selon l'endroit du globe et le moment de la journée où ils sont consommés. La plupart des aliments appartiennent aux grandes familles alimentaires comme les fruits et les légumes, les produits céréaliers ou les produits protéinés. Chaque aliment fournit au corps des éléments nutritifs différents (protéines, glucides, vitamines, minéraux, etc.).

légumineuses[F]
legumes

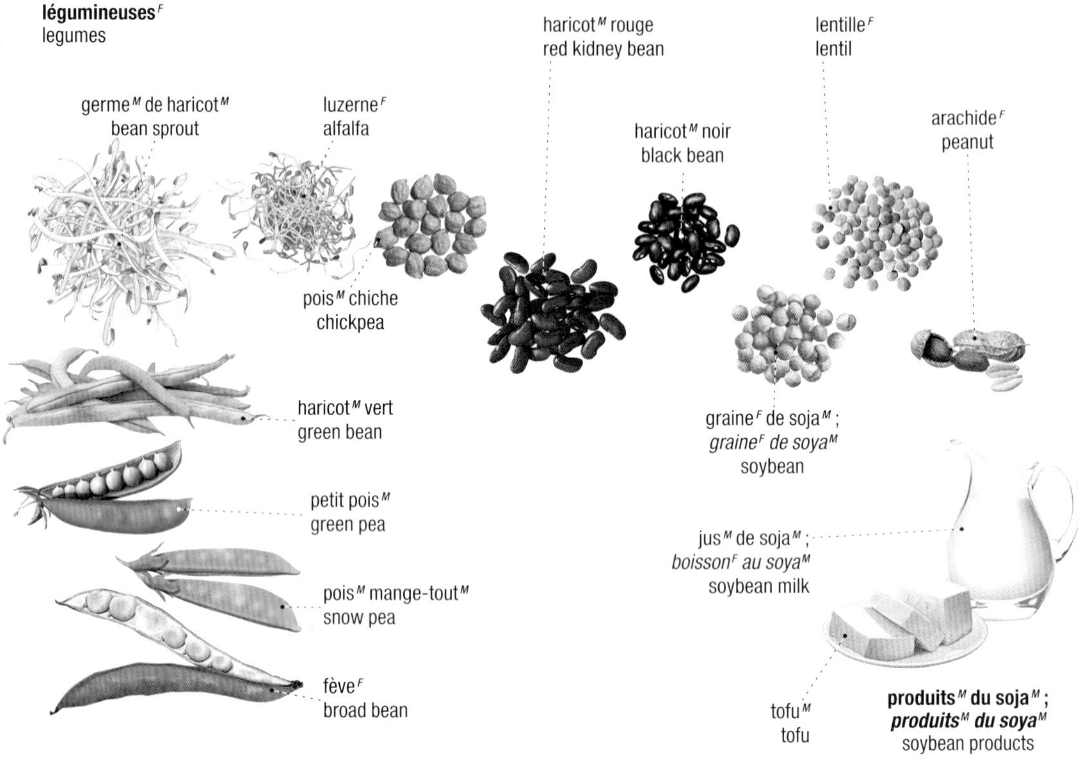
germe[M] de haricot[M]
bean sprout
luzerne[F]
alfalfa
haricot[M] rouge
red kidney bean
lentille[F]
lentil
haricot[M] noir
black bean
arachide[F]
peanut
pois[M] chiche
chickpea
haricot[M] vert
green bean
graine[F] de soja[M] ;
graine[F] de soya[M]
soybean
petit pois[M]
green pea
jus[M] de soja[M] ;
boisson[F] au soya[M]
soybean milk
pois[M] mange-tout[M]
snow pea
fève[F]
broad bean
tofu[M]
tofu
produits[M] du soja[M] ;
produits[M] du soya[M]
soybean products

champignons[M]
mushrooms

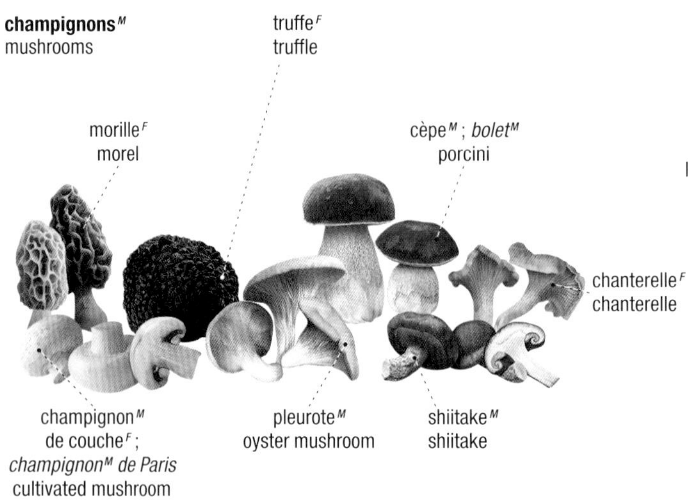
truffe[F]
truffle
morille[F]
morel
cèpe[M] ; *bolet[M]*
porcini
chanterelle[F]
chanterelle
champignon[M]
de couche[F] ;
champignon[M] de Paris
cultivated mushroom
pleurote[M]
oyster mushroom
shiitake[M]
shiitake

algues[F]
seaweed

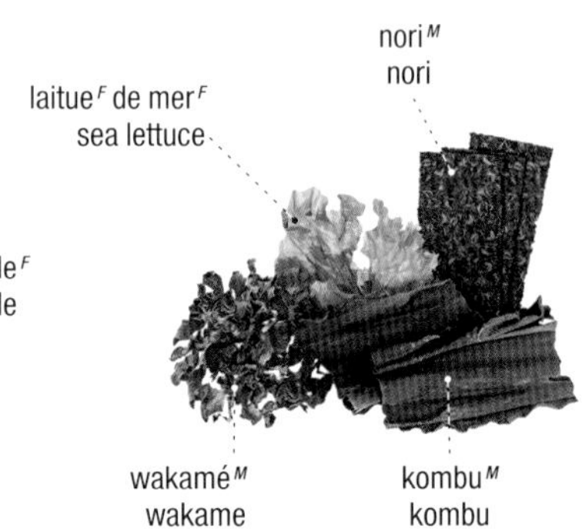
nori[M]
nori
laitue[F] de mer[F]
sea lettuce
wakamé[M]
wakame
kombu[M]
kombu

légumes^M bulbes^M
bulb vegetables

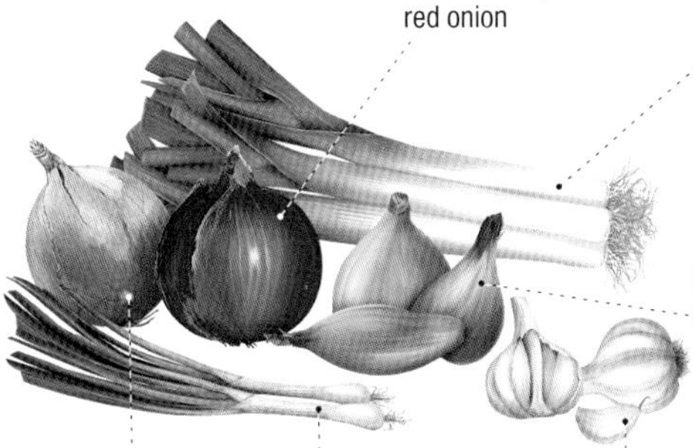
oignon^M rouge
red onion
poireau^M
leek
échalote^F
shallot
oignon^M jaune
yellow onion
oignon^M vert
green onion
ail^M
garlic

légumes^M tubercules^M
tuber vegetables

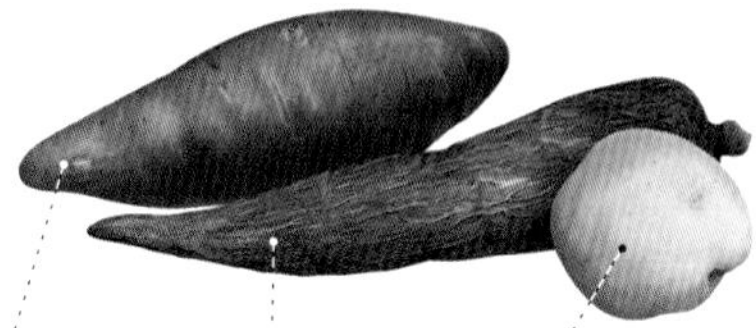
patate^F
sweet potato
pomme^F de terre^F
potato
manioc^M
cassava

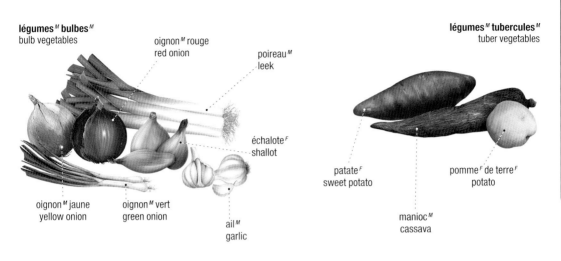

légumes^M racines^F
root vegetables

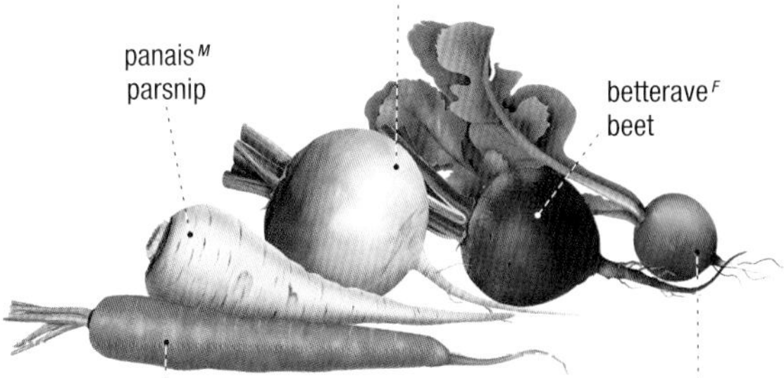
navet^M
turnip
panais^M
parsnip
betterave^F
beet
carotte^F
carrot
radis^M
radish

légumes^M fleurs^F
inflorescence vegetables

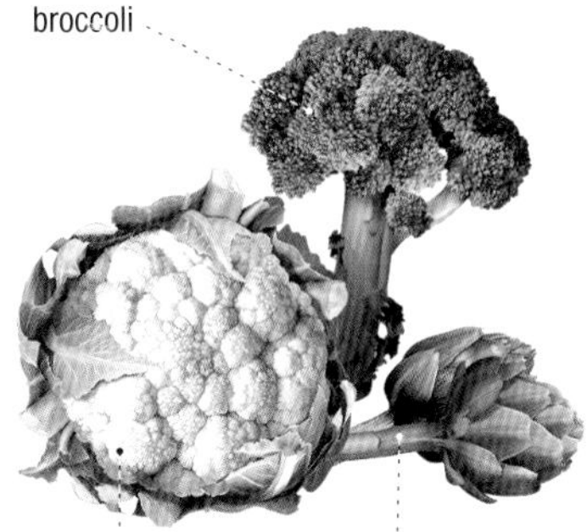
brocoli^M
broccoli
chou^M-fleur^F
cauliflower
artichaut^M
artichoke

légumes^M tiges^F
stalk vegetables

chou^M-rave^F
kohlrabi
cardon^M
cardoon
bette^F à carde^F
Swiss chard
asperge^F
asparagus
céleri^M
celery
rhubarbe^F
rhubarb
fenouil^M
fennel

légumes[M] feuilles[F]
leaf vegetables

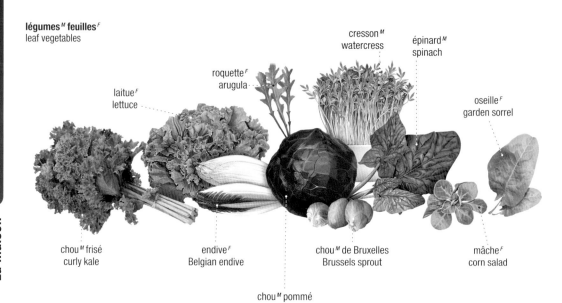

cresson[M]
watercress
épinard[M]
spinach
roquette[F]
arugula
laitue[F]
lettuce
oseille[F]
garden sorrel
chou[M] frisé
curly kale
endive[F]
Belgian endive
chou[M] de Bruxelles
Brussels sprout
mâche[F]
corn salad
chou[M] pommé
cabbage

légumes[M] fruits[M]
fruit vegetables

poivron[M] rouge
red sweet pepper
poivron[M] vert
green sweet pepper
tomate[F] en grappe[F]
vine tomato
avocat[M]
avocado
tomate[F]
tomato
olive[F]
olive
piment[M]
hot pepper

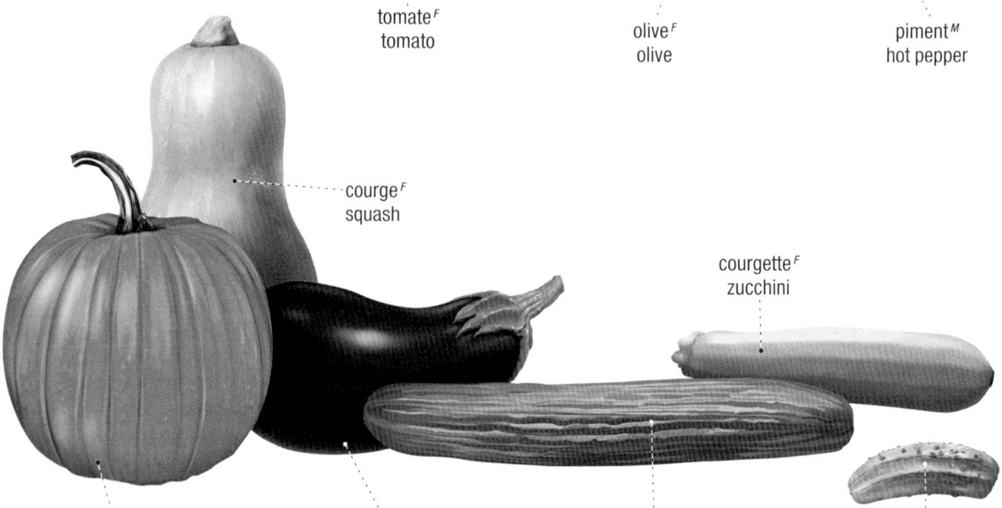
courge[F]
squash
courgette[F]
zucchini
citrouille[F]
pumpkin
aubergine[F]
eggplant
concombre[M]
cucumber
cornichon[M]
gherkin

fruits^{M} **à pépins**^{M}
pome fruits

poire^{F}
pear
pomme^{F}
apple

baies^{F}
berries

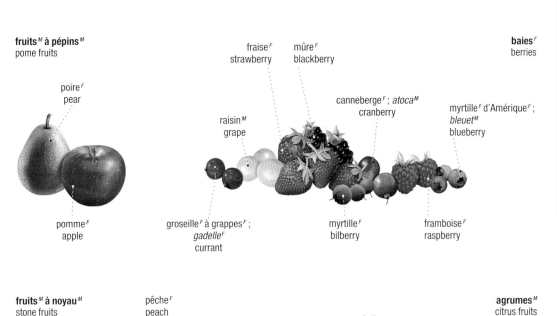

fraise^{F}
strawberry
mûre^{F}
blackberry
canneberge^{F} ; *atoca*^{M}
cranberry
raisin^{M}
grape
myrtille^{F} d'Amérique^{F} ;
bleuet^{M}
blueberry
groseille^{F} à grappes^{F} ;
gadelle^{F}
currant
myrtille^{F}
bilberry
framboise^{F}
raspberry

fruits^{M} **à noyau**^{M}
stone fruits

pêche^{F}
peach
prune^{F}
plum
nectarine^{F}
nectarine
cerise^{F}
cherry
abricot^{M}
apricot
datte^{F}
date

agrumes^{M}
citrus fruits

pomelo^{M}
grapefruit
citron^{M}
lemon
clémentine^{F}
clementine
lime^{F}
lime
orange^{F}
orange

melons^{M}
melons

melon^{M}
melon
pastèque^{F} ; *melon*^{M} *d'eau*^{F}
watermelon

fruits^{M} **tropicaux**
tropical fruits

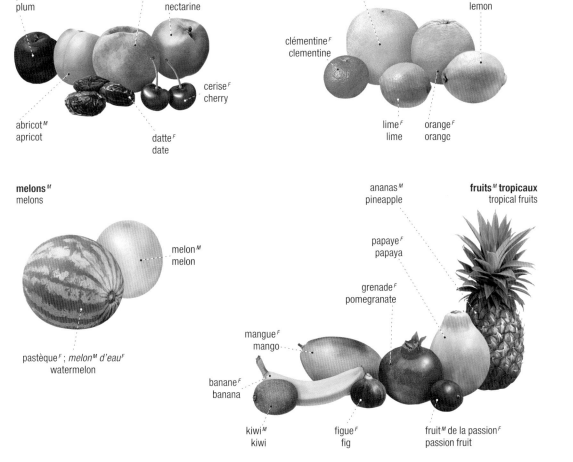

ananas^{M}
pineapple
papaye^{F}
papaya
grenade^{F}
pomegranate
mangue^{F}
mango
banane^{F}
banana
kiwi^{M}
kiwi
figue^{F}
fig
fruit^{M} de la passion^{F}
passion fruit

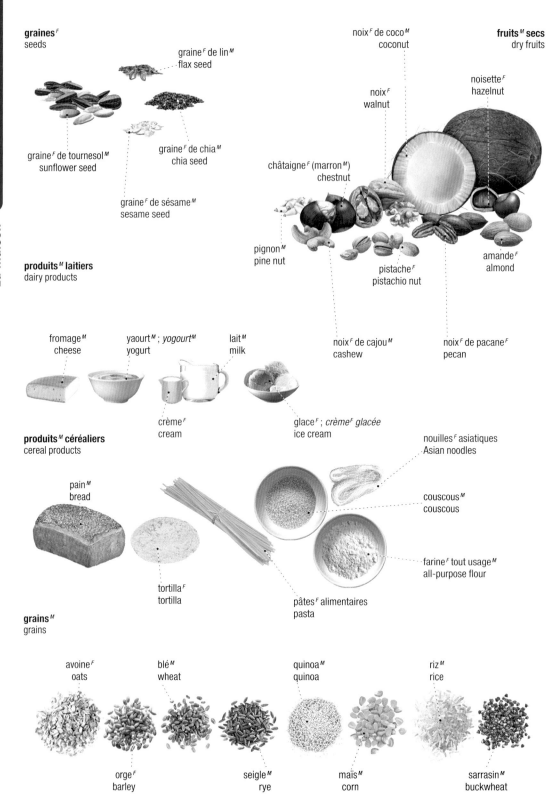

graines^{F}
seeds

graine^{F} de lin^{M}
flax seed
graine^{F} de tournesol^{M}
sunflower seed
graine^{F} de chia^{M}
chia seed
graine^{F} de sésame^{M}
sesame seed

fruits^{M} **secs**
dry fruits

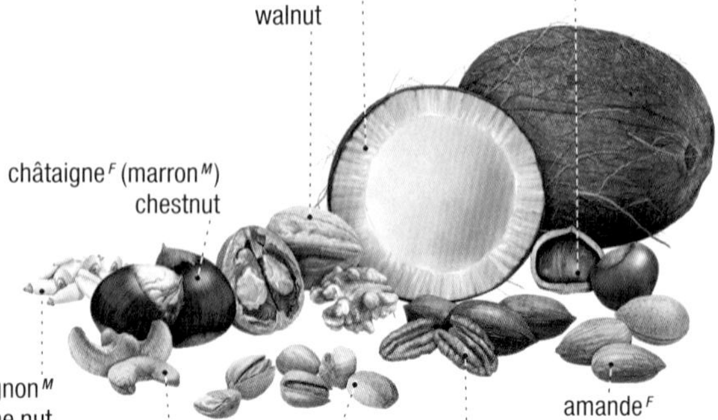
noix^{F} de coco^{M}
coconut
noisette^{F}
hazelnut
noix^{F}
walnut
châtaigne^{F} (marron^{M})
chestnut
pignon^{M}
pine nut
amande^{F}
almond
pistache^{F}
pistachio nut
noix^{F} de cajou^{M}
cashew
noix^{F} de pacane^{F}
pecan

produits^{M} **laitiers**
dairy products

fromage^{M}
cheese
yaourt^{M} ; *yogourt*^{M}
yogurt
lait^{M}
milk
crème^{F}
cream
glace^{F} ; *crème*^{F} *glacée*
ice cream

produits^{M} **céréaliers**
cereal products

nouilles^{F} asiatiques
Asian noodles
pain^{M}
bread
couscous^{M}
couscous
farine^{F} tout usage^{M}
all-purpose flour
tortilla^{F}
tortilla
pâtes^{F} alimentaires
pasta

grains^{M}
grains

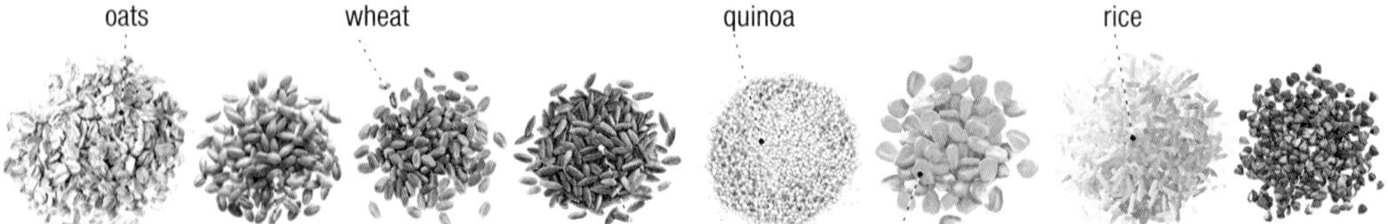
avoine^{F}
oats
blé^{M}
wheat
quinoa^{M}
quinoa
riz^{M}
rice
orge^{F}
barley
seigle^{M}
rye
maïs^{M}
corn
sarrasin^{M}
buckwheat

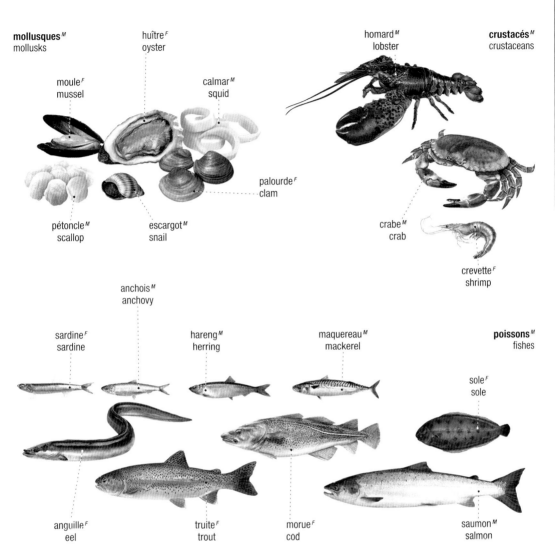

mollusques M
mollusks

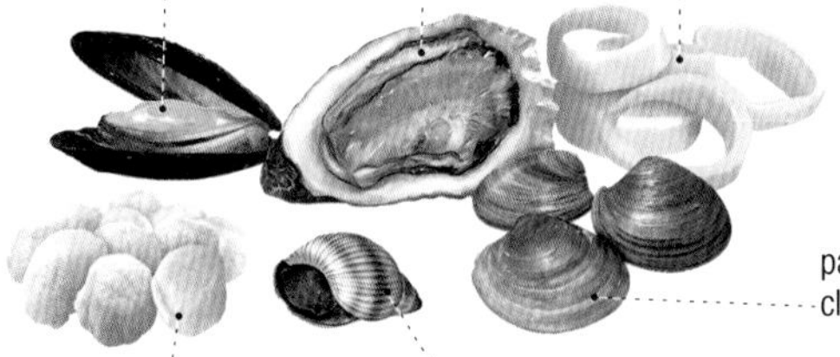
huître F
oyster
moule F
mussel
calmar M
squid
palourde F
clam
pétoncle M
scallop
escargot M
snail

crustacés M
crustaceans

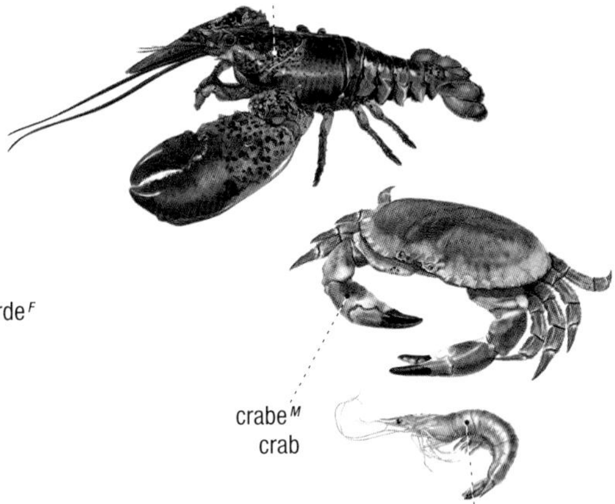
homard M
lobster
crabe M
crab
crevette F
shrimp

poissons M
fishes

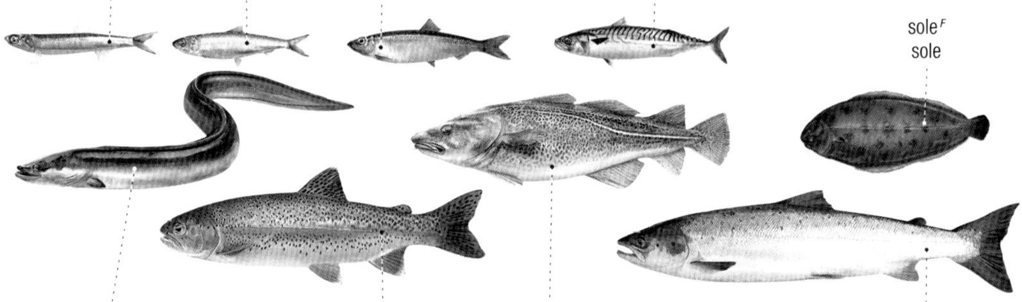
anchois M
anchovy
sardine F
sardine
hareng M
herring
maquereau M
mackerel
sole F
sole
anguille F
eel
truite F
trout
morue F
cod
saumon M
salmon

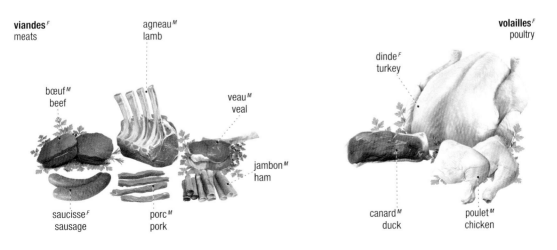

viandes F
meats

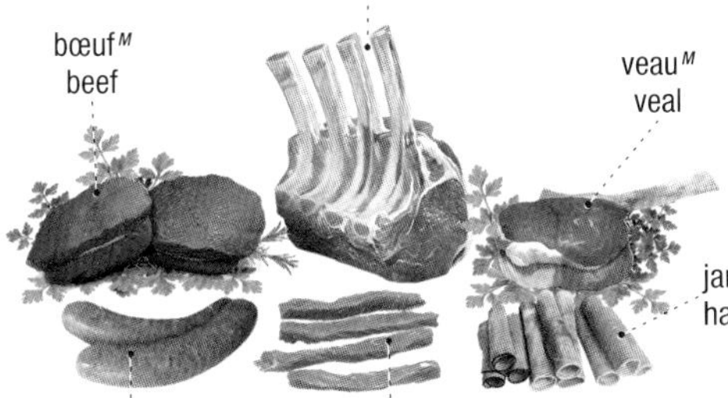
agneau M
lamb
bœuf M
beef
veau M
veal
jambon M
ham
saucisse F
sausage
porc M
pork

volailles F
poultry

dinde F
turkey
canard M
duck
poulet M
chicken

fines herbes[F]
herbs

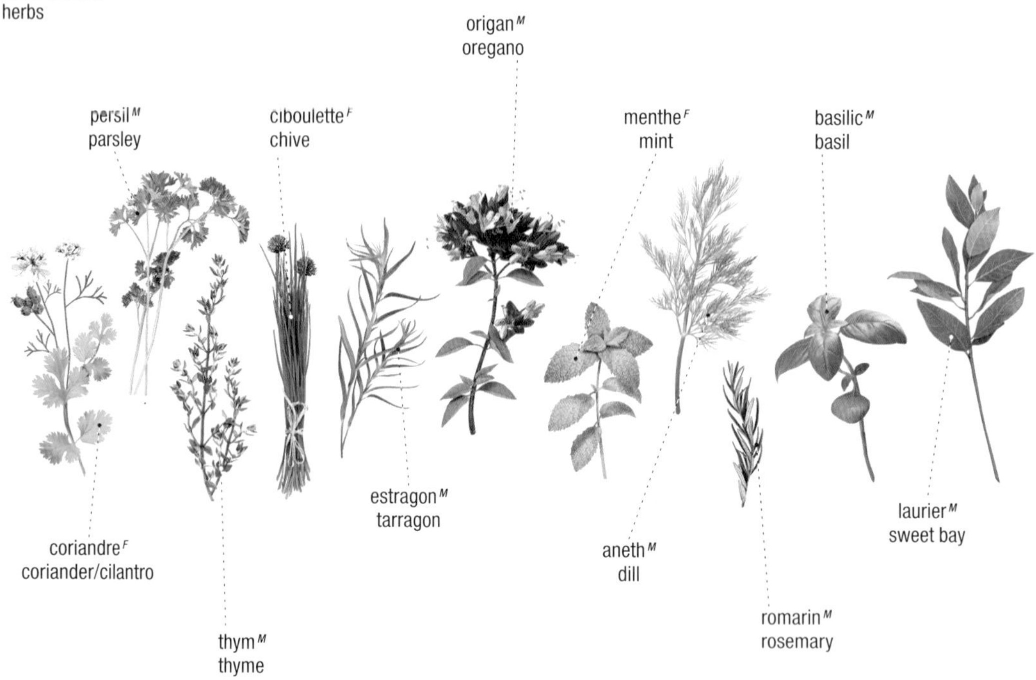
origan[M]
oregano
persil[M]
parsley
ciboulette[F]
chive
menthe[F]
mint
basilic[M]
basil
estragon[M]
tarragon
laurier[M]
sweet bay
coriandre[F]
coriander/cilantro
aneth[M]
dill
romarin[M]
rosemary
thym[M]
thyme

épices[F]
spices

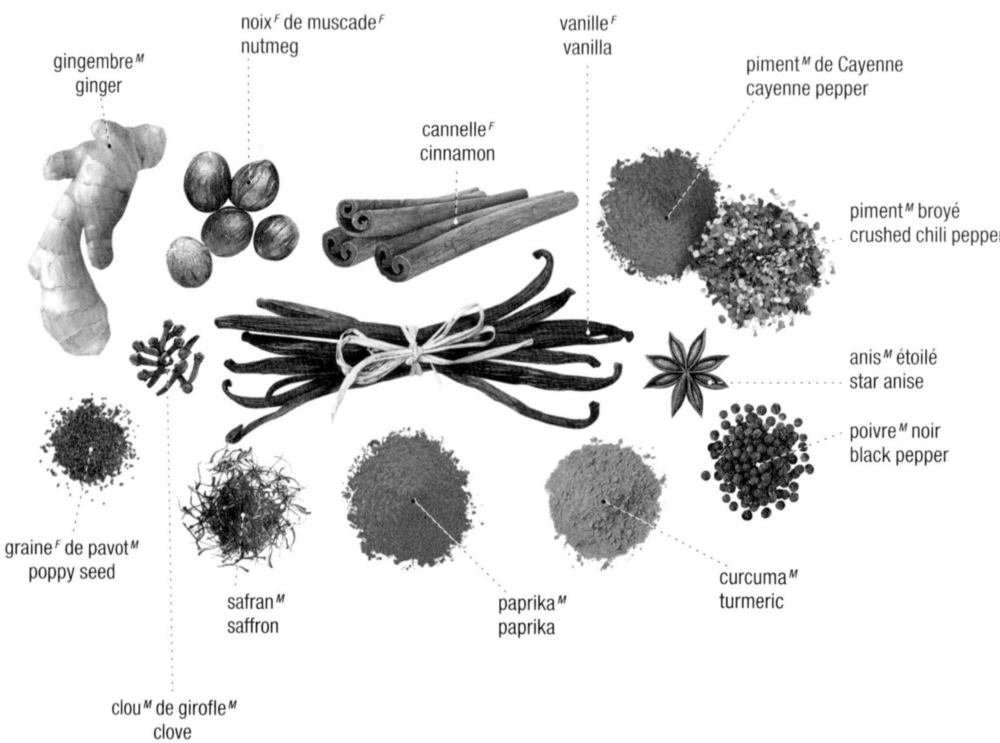
noix[F] de muscade[F]
nutmeg
vanille[F]
vanilla
gingembre[M]
ginger
piment[M] de Cayenne
cayenne pepper
cannelle[F]
cinnamon
piment[M] broyé
crushed chili pepper
anis[M] étoilé
star anise
poivre[M] noir
black pepper
graine[F] de pavot[M]
poppy seed
curcuma[M]
turmeric
safran[M]
saffron
paprika[M]
paprika
clou[M] de girofle[M]
clove

condiments^{M} et ingrédients^{M} de cuisson^{F}
condiments and cooking ingredients

huile^{F}
oil

vinaigre^{M} **blanc**
white vinegar

vinaigre^{M} **balsamique**
balsamic vinegar

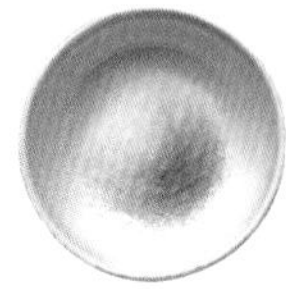
sel^{M} **fin**
table salt

moutarde^{F}
mustard

mayonnaise^{F}
mayonnaise

ketchup^{M}
ketchup

relish^{F}
relish

câpre^{F}
caper

raifort^{M}
horseradish

sauce^{F} **piquante**
hot sauce

sauce^{F} **soja**^{M} **;** ***sauce***^{F} ***soya***^{M}
soy sauce

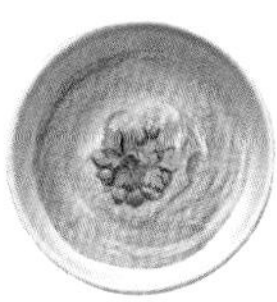
hoummos^{M}
hummus

beurre^{M}
butter

margarine^{F}
margarine

sucre^{M}
sugar

cassonade^{F}
brown sugar

miel^{M}
honey

mélasse^{F}
molasses

sirop^{M}
syrup

cacao^{M}
cocoa

caroube^{M}
carob

levure^{F} **chimique ;**
poudre^{F} ***à lever***
baking powder

bicarbonate^{M} **de soude**^{F}
baking soda

Home

techniques[F] culinaires
cooking techniques

couper
to cut

peler
to peel

rincer
to rinse

verser
to pour

râper
to grate

moudre
to grind

mélanger
to mix

fouetter
to whip

cuire
to cook

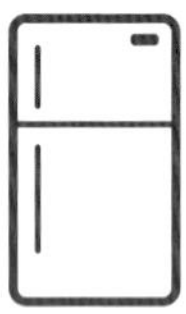

réfrigérer
to refrigerate

congeler
to freeze

décongeler
to thaw/defrost

régimes[M] particuliers
special diets

sans gluten[M]
gluten-free

sans lactose[M]
lactose-free

sans œuf[M]
egg-free

sans sucre[M] ajouté
no added sugar

sans sel[M]
salt-free

sans gras[M] trans
trans fat free

sans viande[F]
meat free

végétarien/végétalien
vegetarian/vegan

modes^{M} de cuisson^{F}
cooking methods

bouillir
to boil

frire/poêler
to fry/pan fry

griller
to grill

rôtir
to roast

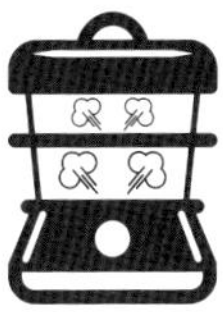

cuisson^{F} à la vapeur^{F}
steam cooking

cuisson^{F} lente
slow cooking

cuisson^{F} à feu^{M} vif
high heat cooking

cuisson^{F} à feu^{M} doux
low heat cooking

contenants^{M} et produits^{M} d'emballage^{M}
containers and wraps

contenants^{M}
containers

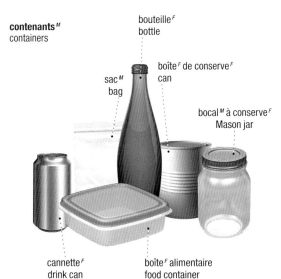

bouteille^{F}
bottle
boîte^{F} de conserve^{F}
can
sac^{M}
bag
bocal^{M} à conserve^{F}
Mason jar
cannette^{F}
drink can
boîte^{F} alimentaire
food container

produits^{M} d'emballage^{M}
wraps

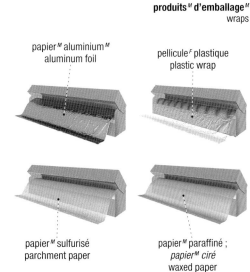

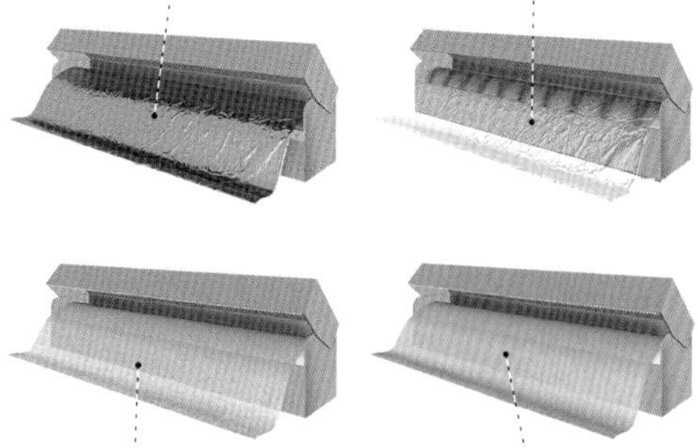
papier^{M} aluminium^{M}
aluminum foil
pellicule^{F} plastique
plastic wrap
papier^{M} sulfurisé
parchment paper
papier^{M} paraffiné ;
papier^{M} ciré
waxed paper

alimentation^{F} saine	healthy diet
intolérance^{F}/allergie^{F}	intolerance/allergy
tablier^{M}	apron
gant^{M} de cuisine^{F}	oven mitt
essuie-tout^{M}	paper towel
cuisiner	to cook
préchauffer le four	to preheat the oven

mijoter	to simmer
servir	to serve
assaisonner	to season
réchauffer un plat	to reheat a dish
J'aime…	I like…
Je n'aime pas…	I don't like…
Je suis allergique à/au…	I'm allergic to…

mets[M] courants
everyday dishes

soupe[F]
soup

sandwich[M]
sandwich

vinaigrette[F]
salad dressing
pain[M]
bread

salade[F]
salad

pâtes[F]
pasta

pizza[F]
pizza

hamburger[M]
hamburger

pommes[F] de terre[F] frites
French fries

sauce[F]
sauce

poulet[M] frit
fried chicken

bifteck[M]
steak

ragoût[M]
stew

tourte[F] ; *pâté*[M]
pie

riz[M]
rice

cari[M]
curry

omelette[F]
omelet

kebab[M] ; *brochette*[F]
kabob

petit déjeuner[M] ; *déjeuner*[M]
breakfast

cracker[M] ; *craquelin*[M]
cracker
jus[M] d'orange[F]
orange juice
pain[M] grillé ; *rôtie*[F]
toast
viennoiseries[F]
pastries
céréales[F]/musli[M]
cereals/muesli
yaourt[M] aux fruits[M] ;
yogourt[M] *aux fruits*[M]
fruit yogurt
confiture[F]
jam
beurre[M]
butter
œuf[M]
egg
fruits[M] frais
fresh fruit

en-cas^{M} et desserts^{M}
snacks and desserts

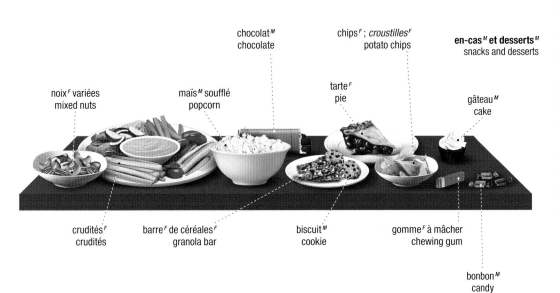

chocolat^{M}
chocolate
chips^{F} ; *croustilles^{F}*
potato chips
noix^{F} variées
mixed nuts
maïs^{M} soufflé
popcorn
tarte^{F}
pie
gâteau^{M}
cake
crudités^{F}
crudités
barre^{F} de céréales^{F}
granola bar
biscuit^{M}
cookie
gomme^{F} à mâcher
chewing gum
bonbon^{M}
candy

boissons^{F}
drinks

thé^{M} glacé
iced tea
jus^{M} de légumes^{M}
vegetable juice
jus^{M} de fruits^{M}
fruit juice
citronnade^{F} ; *limonade^{F}*
lemonade
soda^{M}/cola^{M}
soda/cola
lait^{M}
milk
chocolat^{M} chaud
hot chocolate
tisane^{F}
herbal tea
café^{M}
coffee
thé^{M}
tea
eau^{F}
water

aliment^{M} cru/cuit	raw/cooked food
petite/grosse portion^{F}	small/large portion
mets^{M} préparés	prepared meal
service^{M} de livraison^{F}	delivery service
heure^{F} du repas^{M}	meal time
repas^{M} léger	light meal
repas^{M} copieux	hearty meal
repas^{M} équilibré	balanced meal

prendre un repas	to have a meal
manger	to eat
boire	to drink
inviter	to invite
partager	to share
J'ai faim !	I'm hungry!
Bon appétit !	Enjoy your meal!
C'est délicieux !	It's delicious!

Jusqu'à l'invention de l'électricité, l'exécution des tâches et des travaux ménagers dépendait de la force musculaire. Le moteur électrique a permis le développement d'appareils et d'outils tels que le lave-linge et la perceuse-visseuse, qui facilitent l'entretien ménager. S'il y a des animaux dans la maison, il est important d'en prendre soin et de nettoyer leurs accessoires.

équipement^{M} ménager
household equipment

lave-linge^{M} ; *laveuse*^{F}
washer

sèche-linge^{M} ; *sécheuse*^{F}
dryer

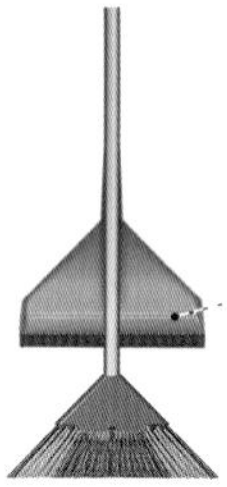
pelle^{F} à poussière^{F} ;
porte-poussière^{M}
dustpan

balai^{M}
broom

balai^{M} à franges^{F} ; *vadrouille*^{F}
mop

fer^{M} à vapeur^{F}
steam iron

interrupteur^{M}
on-off switch

aspirateur^{M}
vacuum cleaner

gants^{M} en caoutchouc^{M}
rubber gloves

seau^{M}
pail

brosse^{F}
brush

poubelle^{F}
trash can

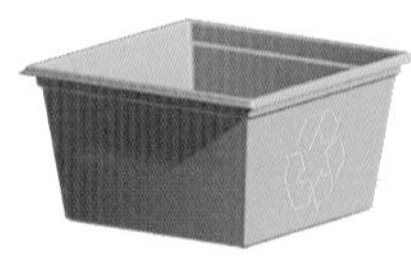

bac^{M} de recyclage^{M}
recycling bin

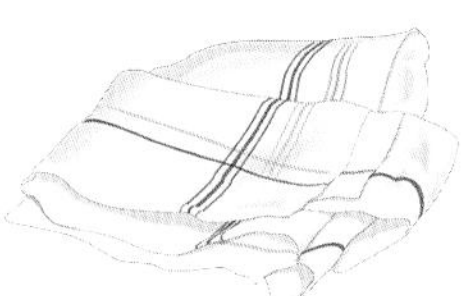

torchon^{M}
kitchen towel

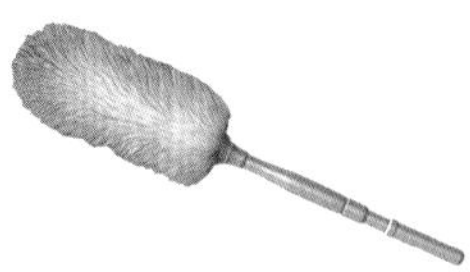

plumeau^{M}
feather duster

éponge^{F} à récurer
scouring pad

détergent^{M}
detergent

tâches^{F} ménagères	household chores
panier^{M} à linge^{M}	laundry basket
sac^{M}-poubelle^{F}	garbage bag
planche^{F} à repasser	ironing board
animal^{M} de compagnie^{F}	pet
nettoyer	to clean
essuyer	to wipe
passer l'aspirateur	to vacuum
ranger la chambre	to clean the room
faire la lessive	to do the laundry
étendre/plier/repasser le linge	to hang/fold/iron the laundry
laver/essuyer la vaisselle	to wash/dry the dishes
sortir la poubelle/ le bac de recyclage	to take out the trash/ recycling bin

travaux^{M} et réparations^{F}
home maintenance and repairs

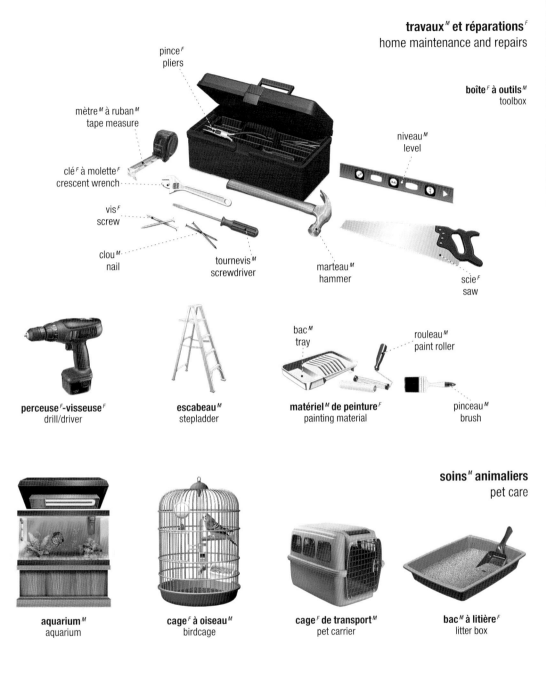

boîte^{F} à outils^{M}
toolbox

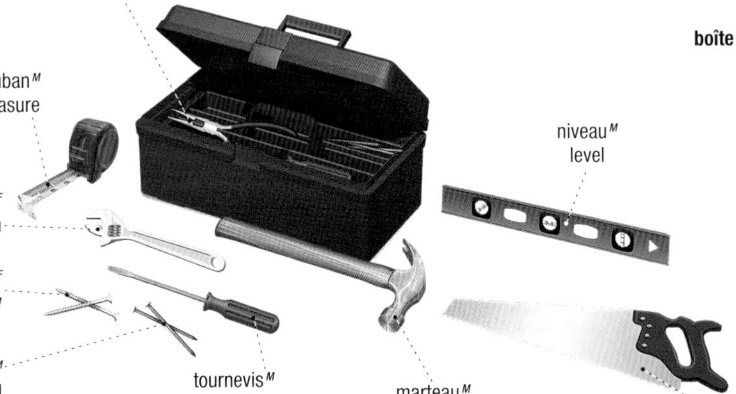
pince^{F}
pliers
mètre^{M} à ruban^{M}
tape measure
clé^{F} à molette^{F}
crescent wrench
vis^{F}
screw
clou^{M}
nail
tournevis^{M}
screwdriver
marteau^{M}
hammer
niveau^{M}
level
scie^{F}
saw

perceuse^{F}-visseuse^{F}
drill/driver

escabeau^{M}
stepladder

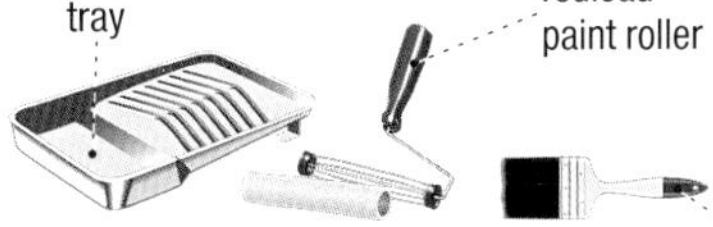
bac^{M}
tray
rouleau^{M}
paint roller
pinceau^{M}
brush

matériel^{M} de peinture^{F}
painting material

soins^{M} animaliers
pet care

aquarium^{M}
aquarium

cage^{F} à oiseau^{M}
birdcage

cage^{F} de transport^{M}
pet carrier

bac^{M} à litière^{F}
litter box

mangeoire^{F}
bowl
abreuvoir^{M}
water dispenser

cage^{F} pour rongeur^{M}
small animal cage

bol^{M}
bowl

médaille^{F}
tag

collier^{M}
collar

laisse^{F}
leash

Qu'il s'agisse de la culture d'un jardin ornemental, d'un potager ou d'une modeste jardinière, le jardinage est un passe-temps populaire. Selon les goûts, l'espace disponible et les conditions du milieu, le jardin prendra différents aspects. Une bonne connaissance des plantes cultivées et un choix judicieux d'outils permettent de tirer le meilleur parti de son bout de terrain.

jardin[M]
garden

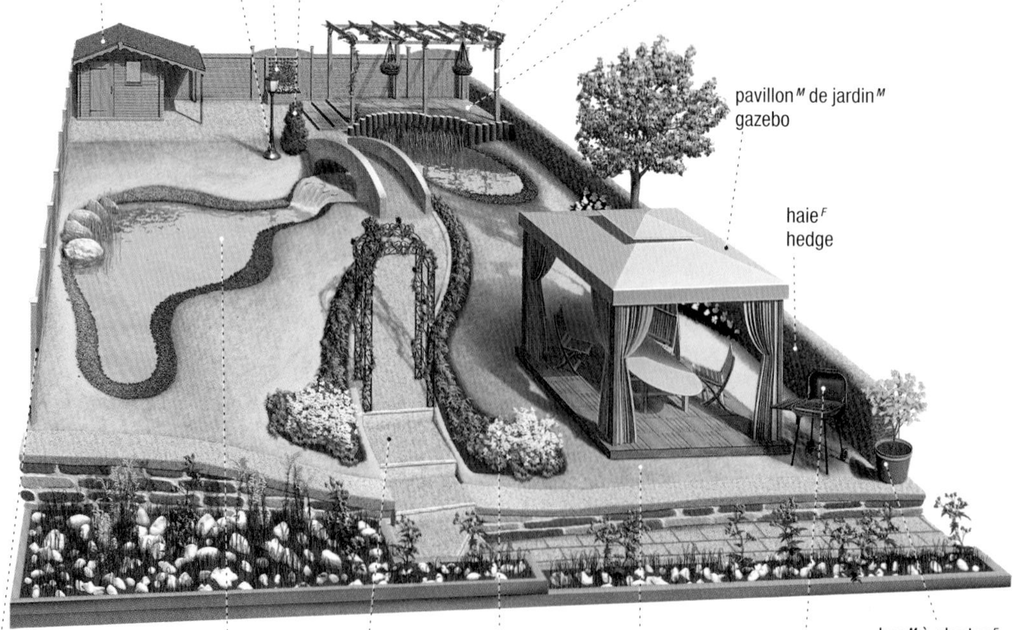
plante[F] grimpante
climbing plant
treillis[M]
trellis
lanterne[F]
lantern
pergola[F]
pergola
arbuste[M]
bush
remise[F]
shed
terrasse[F]
patio
pavillon[M] de jardin[M]
gazebo
haie[F]
hedge
bac[M] à plantes[F]
planter
clôture[F]
fence
allée[F]
path
gazon[M]
lawn
bassin[M]
artificial pond
plate-bande[F]
flower bed
barbecue[M]
barbecue

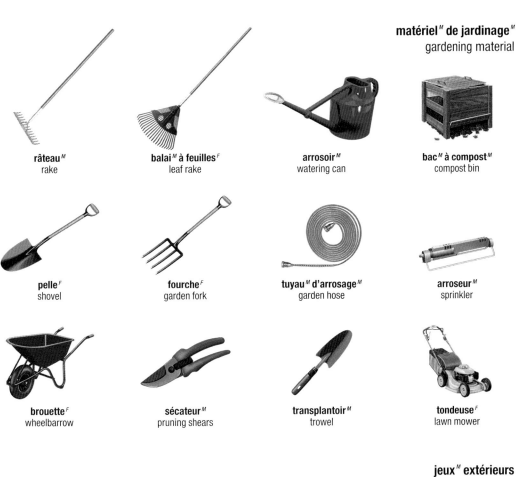

matériel[M] de jardinage[M]
gardening material

râteau[M]
rake

balai[M] **à feuilles**[F]
leaf rake

arrosoir[M]
watering can

bac[M] **à compost**[M]
compost bin

pelle[F]
shovel

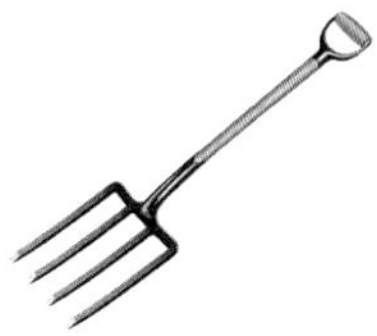

fourche[F]
garden fork

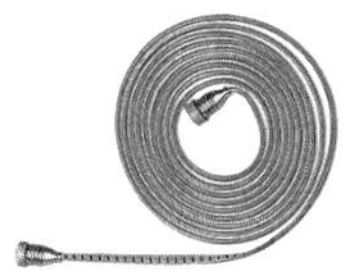

tuyau[M] **d'arrosage**[M]
garden hose

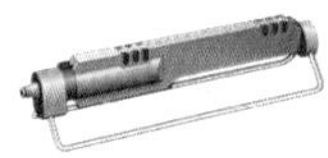

arroseur[M]
sprinkler

brouette[F]
wheelbarrow

sécateur[M]
pruning shears

transplantoir[M]
trowel

tondeuse[F]
lawn mower

jeux[M] extérieurs
outdoor playgrounds

balançoire[F]
swing

toboggan[M] ; *glissoire*[F]
slide

tremplin[M]
diving board

piscine[F]
pool

spa[M]
hot tub

balle[F]
ball

bac[M] **à sable**[M]
sandbox

ballon[M]
ball

panier[M]
basket

jardin[M] **potager**	vegetable garden
jardiner	to garden
semer/planter	to sow/plant
cueillir	to pick
tondre la pelouse	to mow the lawn
jouer dehors	to play outside
se baigner dans la piscine	to swim in the pool

L'invention de la roue a permis à l'être humain de se déplacer plus loin et plus vite, que ce soit à bicyclette, en moto ou en voiture. Depuis l'arrivée des véhicules motorisés au 19e siècle, ceux-ci n'ont cessé d'évoluer et de gagner en popularité. À tel point qu'on encourage aujourd'hui l'usage du vélo ou du transport en commun (autobus, train) pour réduire la pollution et les embouteillages.

transport[M] cycliste
cycling transport

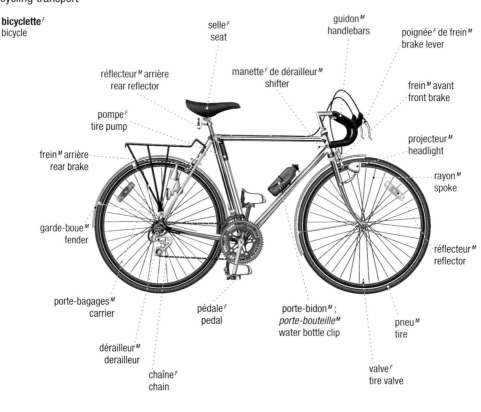

bicyclette[F]
bicycle

selle[F]
seat
guidon[M]
handlebars
poignée[F] de frein[M]
brake lever
réflecteur[M] arrière
rear reflector
manette[F] de dérailleur[M]
shifter
frein[M] avant
front brake
pompe[F]
tire pump
projecteur[M]
headlight
frein[M] arrière
rear brake
rayon[M]
spoke
garde-boue[M]
fender
réflecteur[M]
reflector
porte-bagages[M]
carrier
pédale[F]
pedal
porte-bidon[M] ;
porte-bouteille[M]
water bottle clip
pneu[M]
tire
dérailleur[M]
derailleur
chaîne[F]
chain
valve[F]
tire valve

casque[M] de protection[F]
helmet

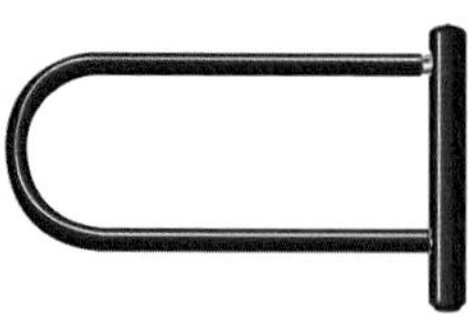

cadenas[M]
lock

trousse[F] de dépannage[M]
tool kit

sacoche[F]
bicycle bag

location[F] de vélo[M]	bike rental
réparation[F] de vélo[M]	bike repair
parc[M] à vélos[M]	bicycle parking
bicyclette[F] de ville[F]	city bicycle
bicyclette[F] tout-terrain	mountain bike
veste[F] de sécurité[F]	safety vest
sonnette[F] de vélo[M]	bicycle bell
béquille[F]	kickstand
chambre[F] à air[M]	inner tube
faire de la bicyclette	to ride a bicycle
freiner	to brake
changer de vitesse	to shift gears
gonfler un pneu	to inflate a tire
réparer une crevaison	to fix a flat tire

autobus^{M} scolaire
school bus

feux^{M} intermittents
flashing lights

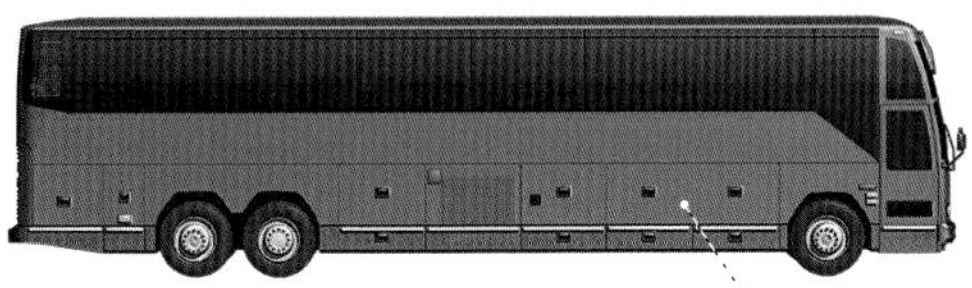

autocar^{M}
bus

soute^{F} à bagages^{M}
baggage compartment

ticket^{M} d'autobus^{M}
bus ticket

STOP

bouton^{M} d'arrêt^{M}
stop button

transport^{M} en commun
public transit

gare^{F} routière	bus station
billetterie^{F}	ticket counter
distributeur^{M} de titres^{M} de transport^{M}	ticket machine
billet^{M} aller^{M} simple	one-way ticket
billet^{M} aller^{M}-retour^{M}	round-trip ticket
heure^{F} de départ^{M}	departure time
heure^{F} d'arrivée^{F}	arrival time
durée^{F} du trajet^{M}	travel time
parcours^{M}	route
destination^{F}	destination
carte^{F} d'abonnement^{M}	pass
tarif^{M} étudiant	student rate
siège^{M} réservé	priority seat
attendre l'autobus	to wait for the bus
prendre l'autobus	to take the bus
monter dans l'autobus	to get on the bus
descendre de l'autobus	to get off the bus
Est-ce que cet autobus va à…	Does this bus go to…
Quel autobus va à…	Which bus goes to…
Je voudrais un billet pour…	I would like a ticket for…
J'ai raté mon autobus.	I missed my bus.
Pouvez-vous me prévenir quand on arrive à…	Can you tell me when we get to…

autobus^{M} de ville^{F}
city bus

arrêt^{M} d'autobus^{M}
bus stop

abribus^{M}
bus shelter

indicateur^{M} de ligne^{F}
route sign

16 CRIMSON
16
54
125
133

horaire^{M}
schedule

passager^{M}/passagère^{F}
passenger

porte^{F}
door

conducteur^{M}/conductrice^{F}
driver

Transportation

transport^M routier automobile
automobile road transport

automobile^F
automobile

rétroviseur^M extérieur
outside mirror
toit^M ouvrant
sliding sunroof
glace^F
window
essuie-glace^M
windshield wiper
pare-brise^M
windshield
poignée^F
door handle
coffre^M
trunk
capot^M
hood
serrure^F
door lock
volet^M de réservoir^M
fuel tank flap
pare-chocs^M
bumper
feu^M clignotant
turn signal
phare^M
headlight
enjoliveur^M
wheel cover
pneu^M
tire
portière^F
door

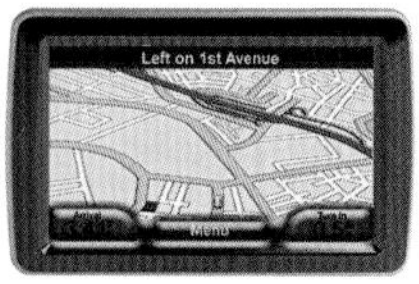
Left on 1st Avenue
Menu

récepteur^M **GPS**
GPS receptor

siège^M **d'auto**^F **pour enfant**^M
child car seat

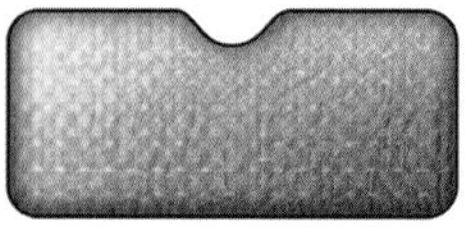

pare-soleil^M
sun visor

balai^M **à neige**^F **à grattoir**^M
snow brush with scraper

porte-vélos^M
bike carrier

porte-skis^M
ski rack

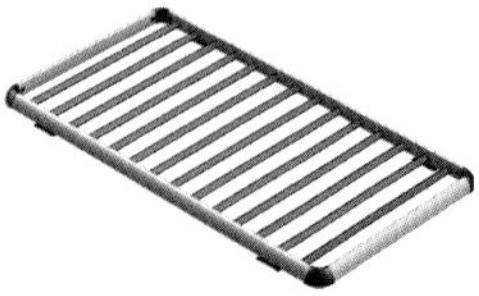

porte-bagages^M
luggage rack

cric^M
jack

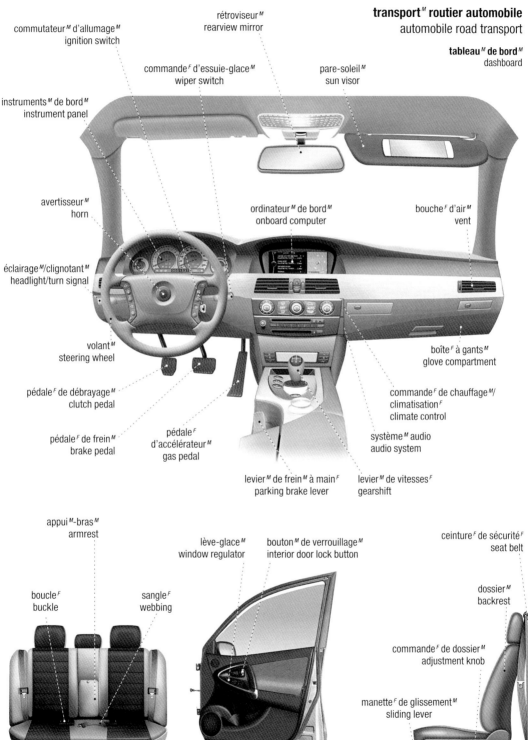

transport^{M} routier automobile
automobile road transport

tableau^{M} de bord^{M}
dashboard

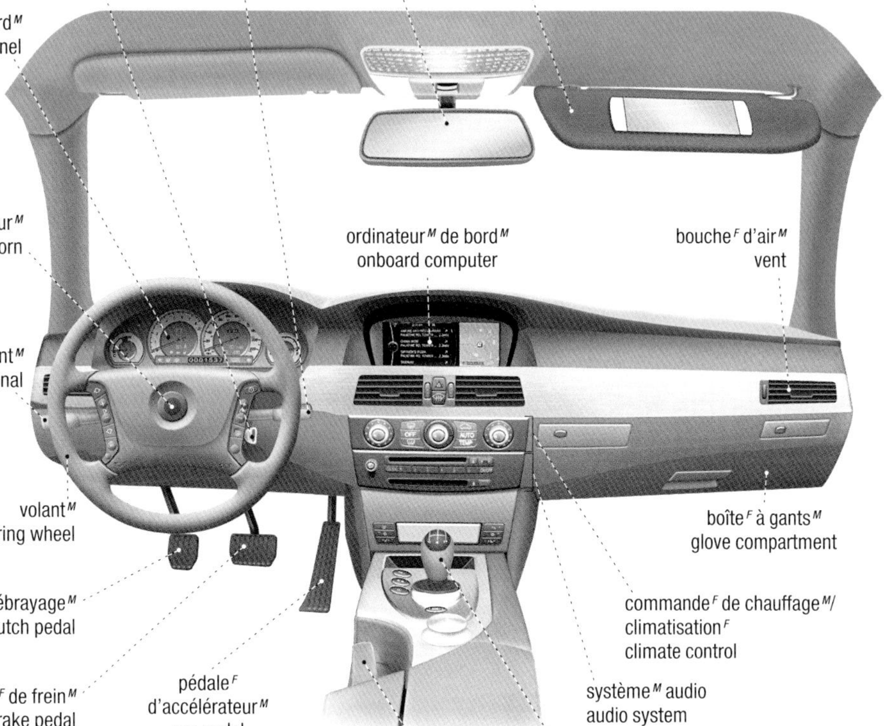
commutateur^{M} d'allumage^{M}
ignition switch
rétroviseur^{M}
rearview mirror
commande^{F} d'essuie-glace^{M}
wiper switch
pare-soleil^{M}
sun visor
instruments^{M} de bord^{M}
instrument panel
avertisseur^{M}
horn
ordinateur^{M} de bord^{M}
onboard computer
bouche^{F} d'air^{M}
vent
éclairage^{M}/clignotant^{M}
headlight/turn signal
volant^{M}
steering wheel
boîte^{F} à gants^{M}
glove compartment
pédale^{F} de débrayage^{M}
clutch pedal
commande^{F} de chauffage^{M}/
climatisation^{F}
climate control
pédale^{F} de frein^{M}
brake pedal
pédale^{F}
d'accélérateur^{M}
gas pedal
système^{M} audio
audio system
levier^{M} de frein^{M} à main^{F}
parking brake lever
levier^{M} de vitesses^{F}
gearshift

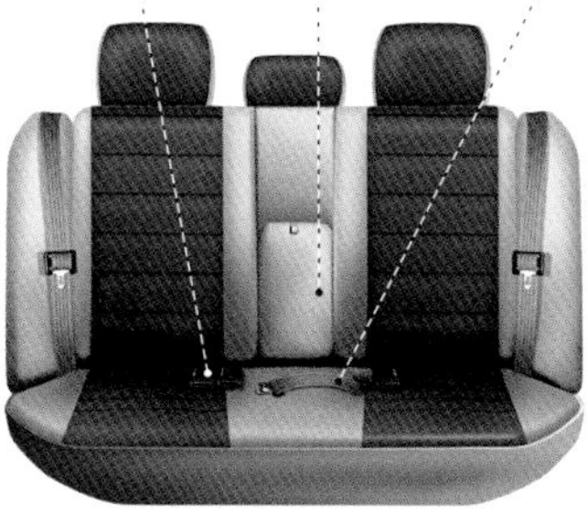
appui^{M}-bras^{M}
armrest
boucle^{F}
buckle
sangle^{F}
webbing

banquette^{F} arrière
rear seat

lève-glace^{M}
window regulator
bouton^{M} de verrouillage^{M}
interior door lock button

portière^{F}
door

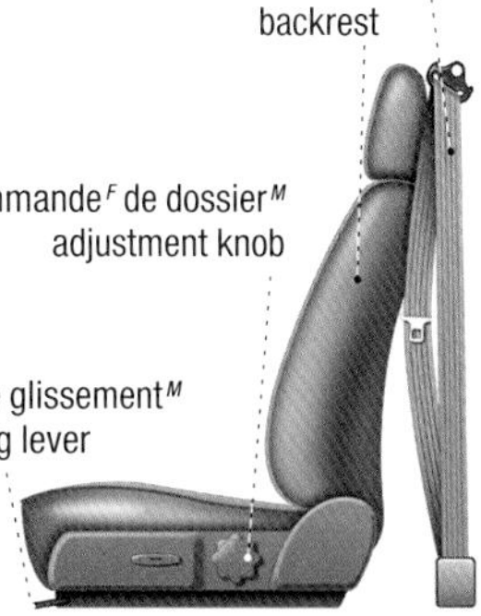
ceinture^{F} de sécurité^{F}
seat belt
dossier^{M}
backrest
commande^{F} de dossier^{M}
adjustment knob
manette^{F} de glissement^{M}
sliding lever

siège^{M}
car seat

transport^{M} routier automobile
automobile road transport

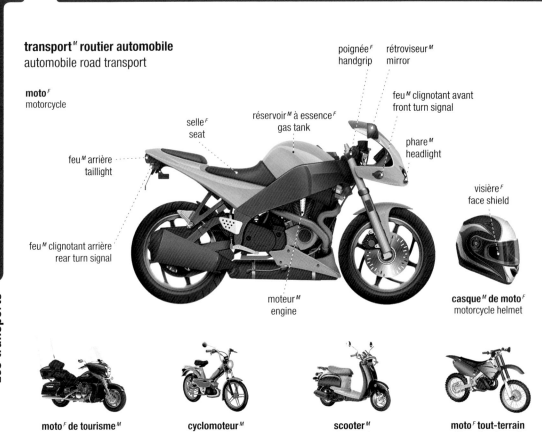

moto^{F}
motorcycle

poignée^{F} handgrip
rétroviseur^{M} mirror
feu^{M} clignotant avant front turn signal
réservoir^{M} à essence^{F} gas tank
selle^{F} seat
phare^{M} headlight
feu^{M} arrière taillight
feu^{M} clignotant arrière rear turn signal
moteur^{M} engine

visière^{F} face shield

casque^{M} de moto^{F}
motorcycle helmet

moto^{F} de tourisme^{M}
touring motorcycle

cyclomoteur^{M}
moped

scooter^{M}
motor scooter

moto^{F} tout-terrain
off-road motorcycle

voiture^{F} microcompacte
micro compact car

trois-portes^{F}
hatchback

cinq-portes^{F}
four-door hatchback

berline^{F}
four-door sedan

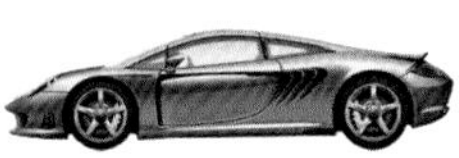
voiture^{F} sport^{M}
sports car

cabriolet^{M} ; *décapotable*^{F}
convertible

break^{M} ; *familiale*^{F}
station wagon

fourgonnette^{F}
minivan

voiture^{F} neuve	new car
voiture^{F} d'occasion^{F}	used car
automobile^{F} hybride	hybrid car
automobile^{F} électrique	electric car
autopartage^{M}	car sharing service
radio^{F}	radio
chauffage^{M}	heating system

climatisation^{F}	air conditioning system
attacher la ceinture	to fasten the seat belt
baisser/lever la glace	to open/close the window
verrouiller les portières	to lock the doors
déverrouiller les portières	to unlock the doors
mettre de la musique	to put on music
prendre un taxi	to take a taxi

transport^M routier automobile
automobile road transport

autocaravane^F
motor home

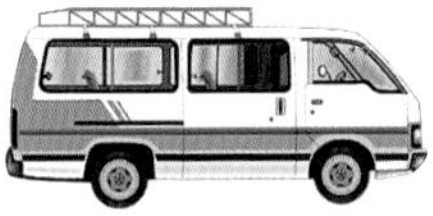
minibus^M
minibus

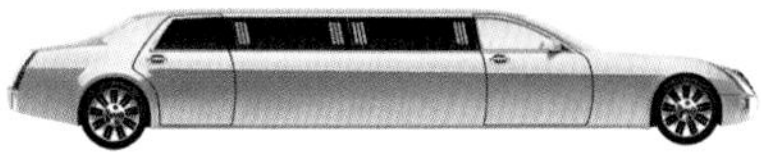
limousine^F
limousine

taxi^M
taxi

quad^M
4 X 4 all-terrain vehicle

véhicule^M **tout-terrain**^M
off-road vehicle

véhicule^M **utilitaire sport**^M **(VUS)**
sport-utility vehicle (SUV)

camionnette^F
pickup truck

camion^M **porteur**^M **fourgon**^M
box van

semi-remorque^F
semitrailer

tracteur^M **routier**
truck tractor

dépanneuse^F
tow truck

camion^M**-benne**^F
dump truck

benne^F **à ordures**^F **;**
camion^M ***à ordures***^F
garbage truck

camion^M**-citerne**^F
tank truck

bétonnière^F
cement mixer

niveleuse^F
grader

balayeuse^F
street sweeper

chasse-neige^M **à soufflerie**^F **;**
souffleuse^F ***à neige***^F
snowblower

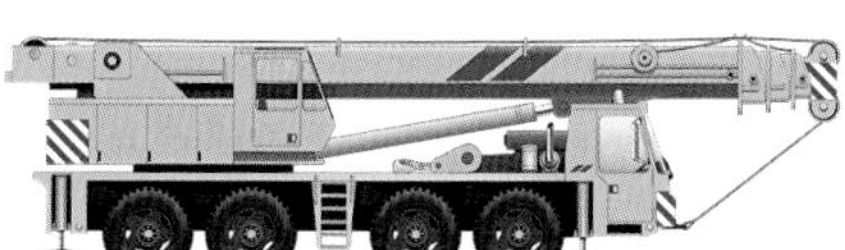
grue^F **sur porteur**^M
truck crane

lame^F
blade
bulldozer^M
bulldozer

chargeuse^F**-pelleteuse**^F
wheel loader

station^{F}-service^{M}
service station

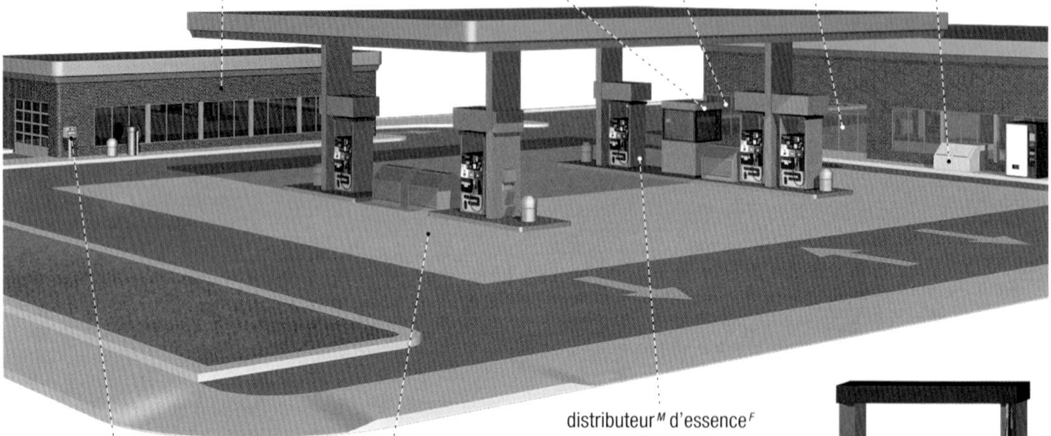
atelier^{M} de mécanique^{F}
service bay
lave-auto^{M}
car wash
kiosque^{M}
kiosk
service^{M} d'entretien^{M}
maintenance
distributeur^{M} de glaçons^{M}
ice dispenser
distributeur^{M} d'essence^{F}
gasoline pump
borne^{F} de gonflage^{M}
air pump
aire^{F} de ravitaillement^{M}
pump island

type^{M} de carburant^{M}
type of fuel
pistolet^{M} de distribution^{F}
pump nozzle

distributeur^{M} d'essence^{F}
gasoline pump

faire le plein
to fill up

nettoyer les vitres
to clean the windows

tomber en panne
to break down

remorquer
to tow

mécanicien^{M}/mécanicienne^{F}
mechanic

faire réparer la voiture
to have the car fixed

liquide^{M} lave-glace^{M}	windshield washer fluid
niveau^{M} d'huile^{F}	oil level
panne^{F}	breakdown
crevaison^{F}	flat tire
roue^{F} de secours^{M}	spare tire
sac^{M} gonflable	air bag
freins^{M}	brakes
moteur^{M}	engine
batterie^{F}	battery
suspension^{F}	suspension
vérifier/réparer	to check/fix
avoir un accident	to have an accident
gonfler les pneus	to inflate tires
Il y a un problème avec le/la…	There's something wrong with the…

légendes[F] d'une carte[F] routière
road map legends

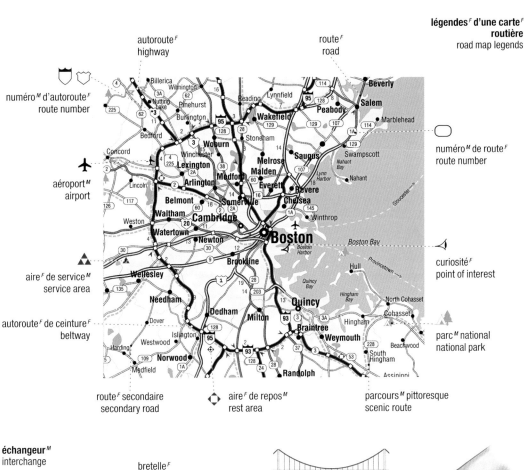

autoroute[F]
highway

route[F]
road

numéro[M] d'autoroute[F]
route number

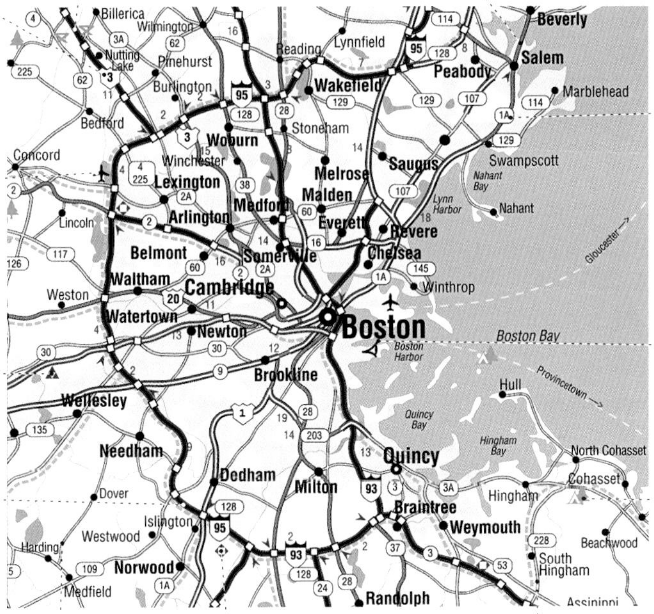
Billerica
Wilmington
Nutting Lake
Pinehurst
Reading
Lynnfield
Beverly
Salem
Peabody
Marblehead
Burlington
Wakefield
Bedford
Stoneham
Woburn
Concord
Winchester
Lexington
Melrose
Saugus
Swampscott
Nahant Bay
Lynn Harbor
Nahant
Lincoln
Medford
Malden
Arlington
Everett
Revere
Belmont
Somerville
Chelsea
Winthrop
Weston
Waltham
Cambridge
Watertown
Boston
Newton
Boston Bay
Boston Harbor
Brookline
Hull
Provincetown
Wellesley
Quincy Bay
Hingham Bay
Needham
Quincy
North Cohasset
Cohasset
Dedham
Milton
Braintree
Hingham
Dover
Islington
Weymouth
Westwood
Beachwood
Harding
Norwood
South Hingham
Medfield
Randolph
Gloucester

numéro[M] de route[F]
route number

aéroport[M]
airport

curiosité[F]
point of interest

aire[F] de service[M]
service area

autoroute[F] de ceinture[F]
beltway

parc[M] national
national park

route[F] secondaire
secondary road

aire[F] de repos[M]
rest area

parcours[M] pittoresque
scenic route

échangeur[M]
interchange

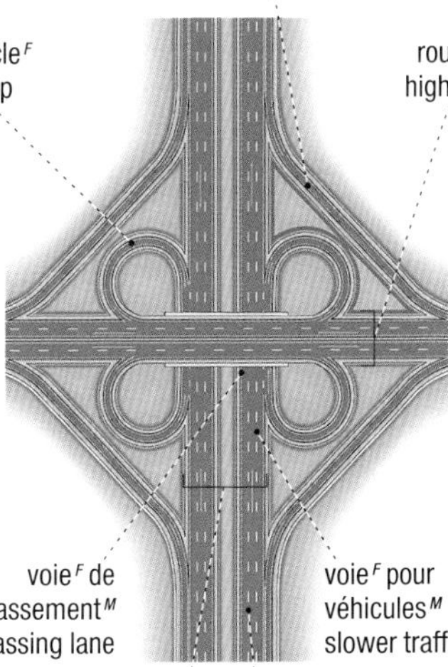

bretelle[F]
ramp

boucle[F]
loop

route[F]
highway

voie[F] de dépassement[M]
passing lane

voie[F] pour véhicules[M] lents
slower traffic lane

autoroute[F]
freeway

voie[F] de circulation[F]
traffic lane

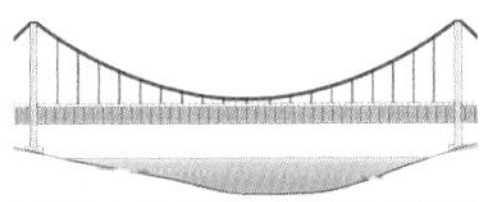

pont[M]
bridge

tunnel[M] routier
road tunnel

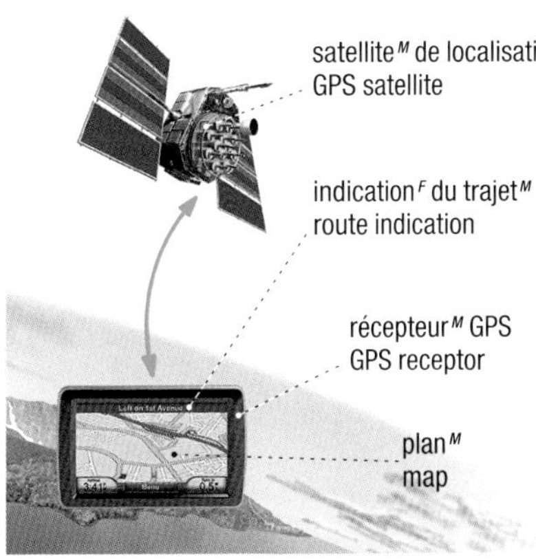

satellite[M] de localisation[F]
GPS satellite

indication[F] du trajet[M]
route indication

récepteur[M] GPS
GPS receptor

plan[M]
map

système[M] de localisation[F] GPS
global positioning system (GPS)

Transportation

signalisation^F routière
traffic signs

STOP

arrêt^M à l'intersection^F
stop at intersection

intersection^F avec priorité^F
merging traffic/priority intersection

cédez le passage^M
yield

double virage^M
reverse turn/double bend

virage^M à droite^F
right curve/right bend

direction^F obligatoire
direction to be followed

circulation^F dans les deux sens^M
two-way traffic

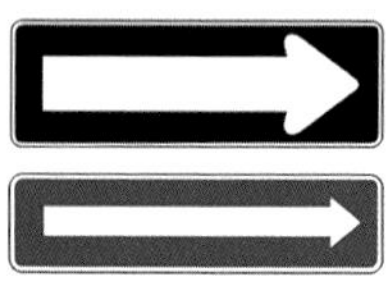

voie^F à sens^M unique
one-way traffic

signalisation^F lumineuse
traffic lights ahead

interdiction^F de dépasser
passing prohibited

interdiction^F de faire demi-tour^M
no U-turn

R R

passage^M à niveau^M
railroad crossing/level crossing

rond-point^M
traffic circle

démarrer	to start
conduire	to drive
s'arrêter à un feu de circulation	to stop at a traffic light
tourner à droite/gauche	to turn right/left
continuer tout droit	to continue straight ahead
se garer	to park
dépasser	to pass

signalisation[F] routière
traffic signs

chaussée[F] rétrécie
road narrows

chaussée[F] glissante
slippery road

chaussée[F] cahoteuse
bumps

chutes[F] de pierres[F]
falling rocks

8%
8%

descente[F] dangereuse
steep hill

passage[M] d'animaux[M] sauvages
wildlife crossing

travaux[M]
roadwork ahead

zone[F] scolaire
school zone

passage[M] pour piétons[M]
pedestrian crossing

accès[M] interdit
no entry

accès[M] interdit aux bicyclettes[F]
closed to bicycles

accès[M] interdit aux piétons[M]
closed to pedestrians

cours[M] de conduite[F]	driving lesson
permis[M] de conduire	driver's license
plaque[F]/numéro[M] d'immatriculation[F]	license plate/registration
stationnement[M] interdit	no parking
excès[M] de vitesse[F]	speeding
contravention[F]	ticket
point[M] d'inaptitude[F]	demerit point

3 m
3.5 m

limitation[F] de hauteur[F]
overhead clearance

Au 19e siècle, les chemins de fer constituaient un moyen de transport de choix. De nos jours, de nombreux voyageurs continuent de préférer le train à l'automobile ou à l'avion. Des modèles de plus en plus performants de trains à grande vitesse (T.G.V.) filent à plus de 300 km/h. En milieu urbain, le transport ferroviaire prend plutôt l'allure des métros et des tramways.

train^M à grande vitesse^F (T.G.V.)
high-speed train

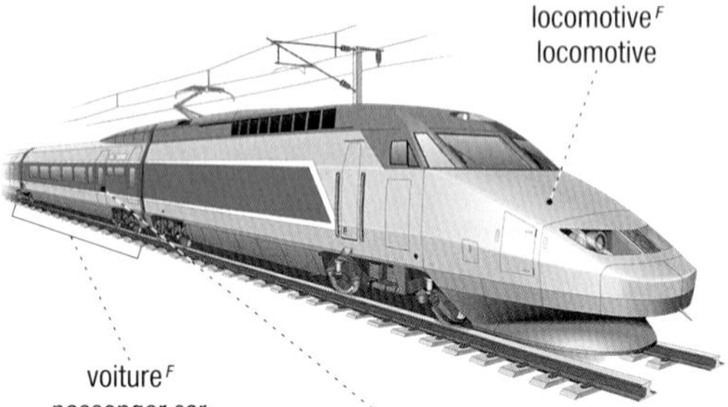
locomotive^F
locomotive
voiture^F
passenger car
porte^F d'accès^M de plateforme^F
vestibule door

compartiment^M voyageurs^M
passenger car

passager^M/passagère^F
passenger
porte-bagages^M
luggage rack
siège^M réglable
adjustable seat
contrôleur^M/contrôleuse^F
ticket collector

gare^F de voyageurs^M
passenger station

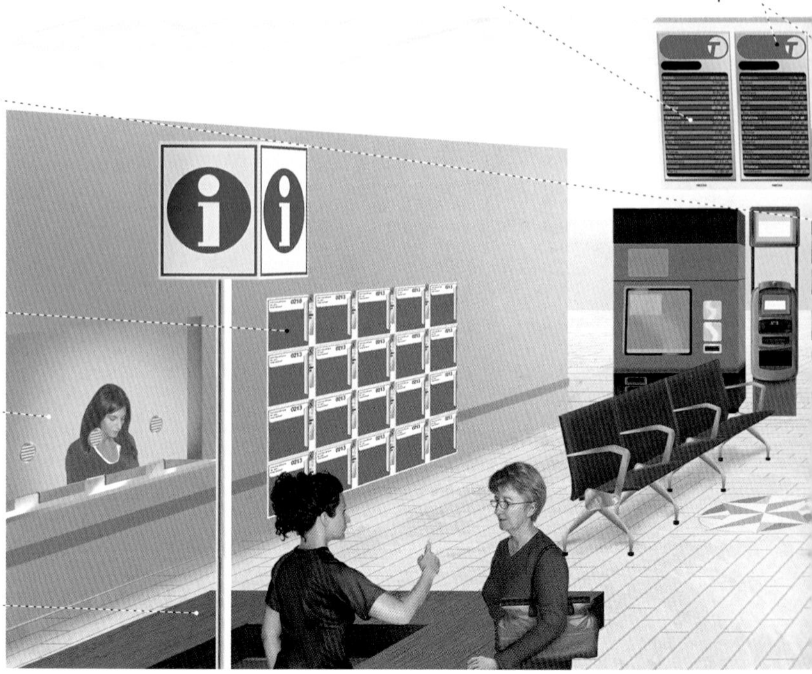
tableau^M horaire^M
schedules
arrivées^F et départs^M
arrivals and departures
distributeur^M de titres^M de transport^M
ticket machine
consigne^F
baggage lockers
billetterie^F
ticket counter
comptoir^M de renseignements^M
information counter

station[F] de métro[M]
subway station

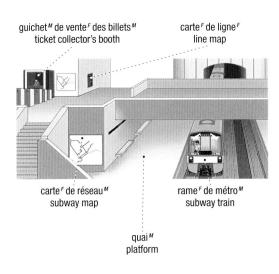

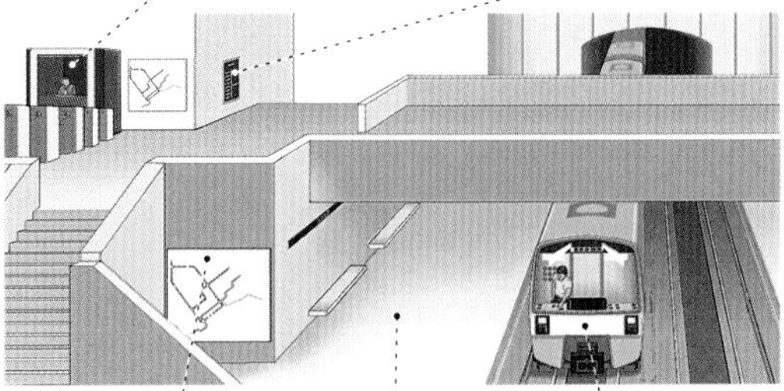
guichet[M] de vente[F] des billets[M]
ticket collector's booth
carte[F] de ligne[F]
line map
carte[F] de réseau[M]
subway map
rame[F] de métro[M]
subway train
quai[M]
platform

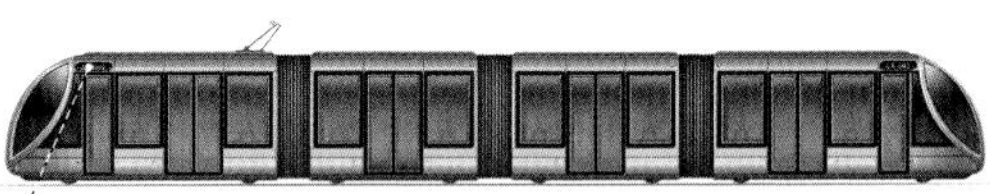
indicateur[M] de ligne[F]
route sign

tramway[M]
streetcar

composteur[M]	ticket punching machine
réservation[F]	booking
billet[M] aller[M] simple	one-way ticket
billet[M] aller[M]-retour[M]	round-trip ticket
correspondance[F]	transfer ticket
première classe[F]	first class
seconde classe[F]	second class
bagage[M] étiqueté	labelled luggage
couloir[M]	aisle
fenêtre[F]	window
voiture[F]-restaurant[M]	dining car
couchette[F]	berth
heure[F] de pointe[F]	rush hour
fréquence[F] de passage[M]	service frequency
train[M] de banlieue[F]	commuter train
train[M] régional	regional train
perturbation[F] de service[M]	service disruption
en retard	late
à l'heure	on time
Où est la gare ?	Where is the station?
Quand part le prochain train pour…	When is the next train to…
Je voudrais un billet pour…	I would like a ticket to…

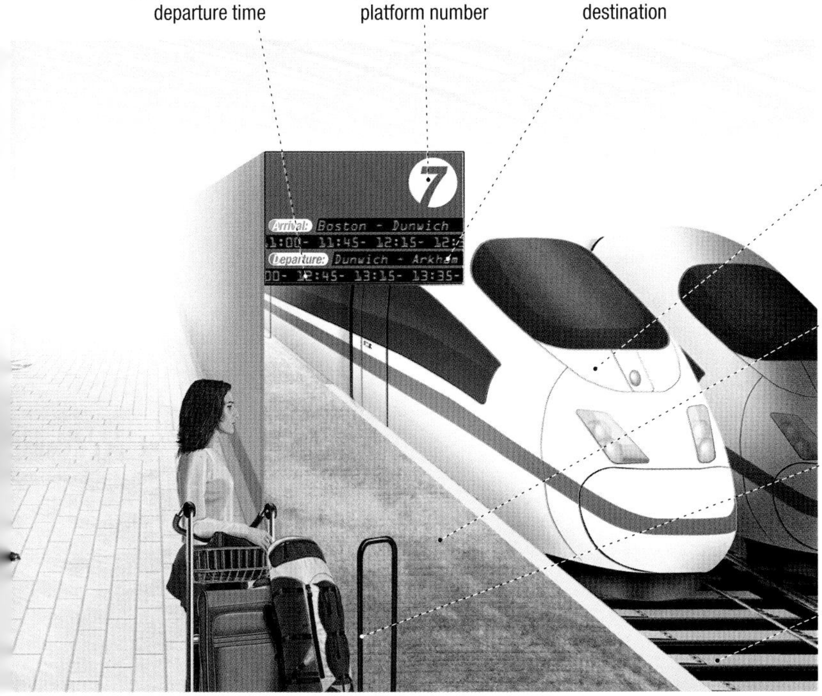
heure[F] de départ[M]
departure time
numéro[M] de quai[M]
platform number
destination[F]
destination
7
Arrival: Boston - Dunwich
Departure: Dunwich - Arkham
train[M]
passenger train
quai[M] de gare[F]
passenger platform
chariot[M] à bagages[M]
baggage cart
voie[F] ferrée
railroad track

Les embarcations sont parmi les plus anciens modes de transport. À partir du 14e siècle, la possibilité d'échanges commerciaux motive le développement de grands voiliers performants. Les immenses paquebots à vapeur connaissent au 19e siècle un essor important. De nos jours, les voies navigables sont utilisées principalement pour transporter des marchandises à peu de frais.

paquebotᴹ
passenger liner

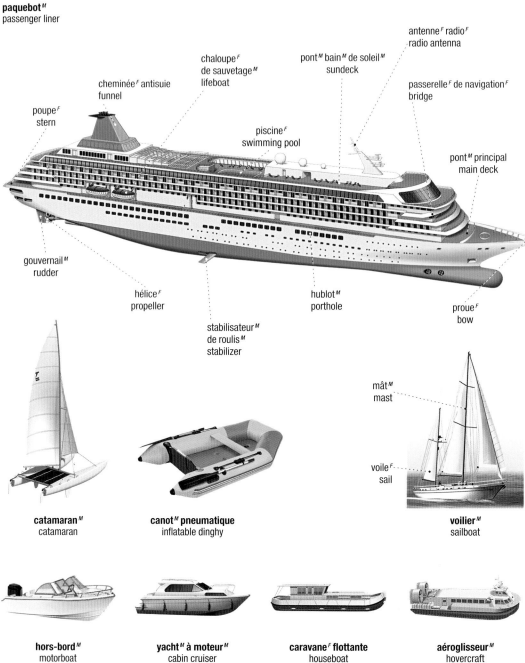

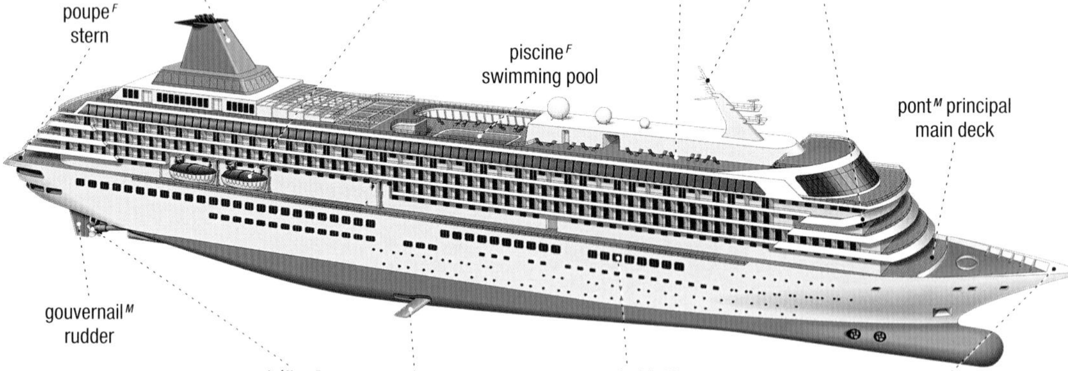
antenneᶠ radioᶠ
radio antenna
pontᴹ bainᴹ de soleilᴹ
sundeck
chaloupeᶠ
de sauvetageᴹ
lifeboat
cheminéeᶠ antisuie
funnel
passerelleᶠ de navigationᶠ
bridge
poupeᶠ
stern
piscineᶠ
swimming pool
pontᴹ principal
main deck
gouvernailᴹ
rudder
héliceᶠ
propeller
hublotᴹ
porthole
proueᶠ
bow
stabilisateurᴹ
de roulisᴹ
stabilizer

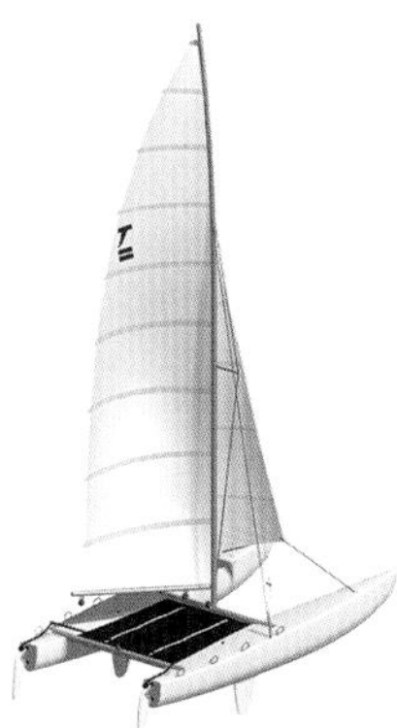

catamaranᴹ
catamaran

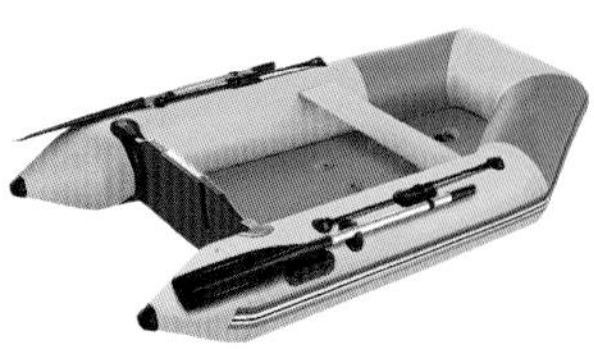

canotᴹ **pneumatique**
inflatable dinghy

mâtᴹ
mast
voileᶠ
sail

voilierᴹ
sailboat

hors-bordᴹ
motorboat

yachtᴹ **à moteur**ᴹ
cabin cruiser

caravaneᶠ **flottante**
houseboat

aéroglisseurᴹ
hovercraft

transbordeur[M] ; *traversier*[M]
ferryboat

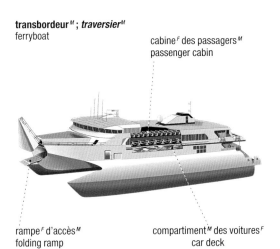

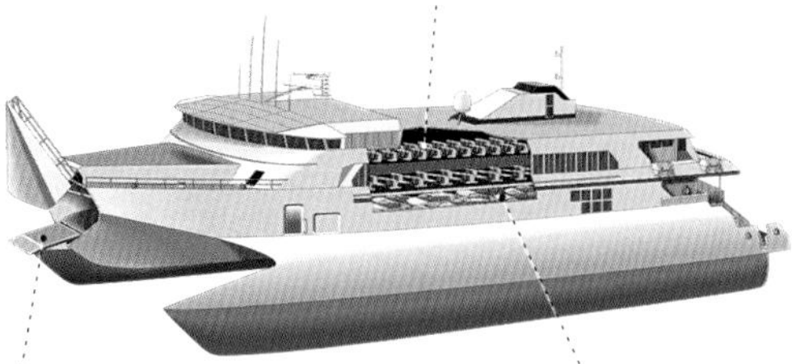
cabine[F] des passagers[M]
passenger cabin
rampe[F] d'accès[M]
folding ramp
compartiment[M] des voitures[F]
car deck

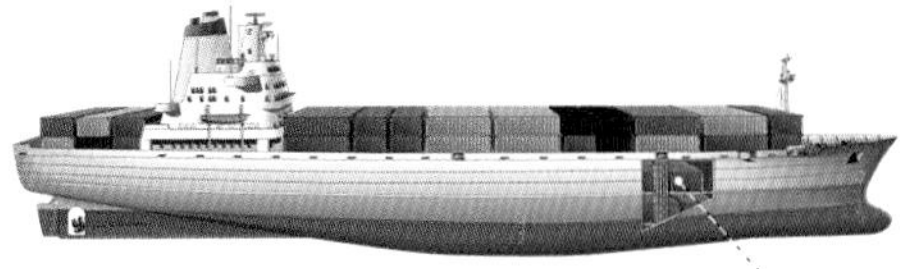
conteneur[M]
container

navire[M] porte-conteneurs[M]
container ship

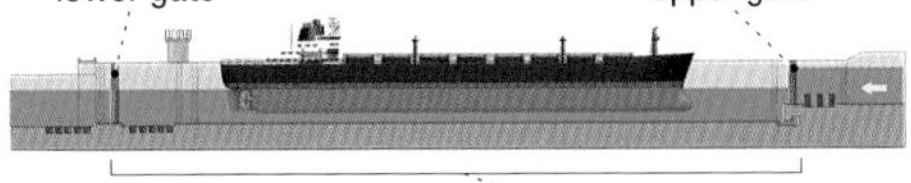
porte[F] aval[M]
lower gate
porte[F] amont[M]
upper gate
sas[M]
lock chamber

écluse[F]
canal lock

sécurité[F] maritime
maritime safety

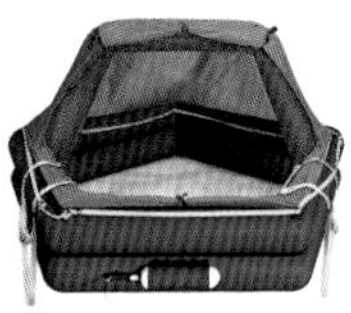

radeau[M] de sauvetage[M]
life raft

bouée[F] de sauvetage[M]
life buoy

bouée[F]
buoy

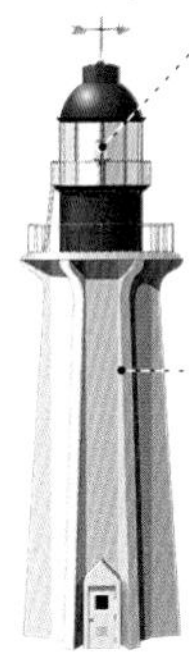
lanterne[F] de phare[M]
lighthouse lantern
tour[F]
tower

phare[M]
lighthouse

balise[F] de détresse[F]
distress beacon

gilet[M] de sauvetage[M]
life jacket

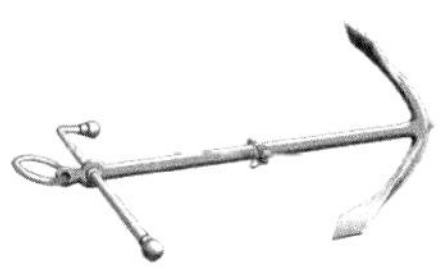

ancre[F]
anchor

radio[F] portable
portable radio

sonar[M]
sonar

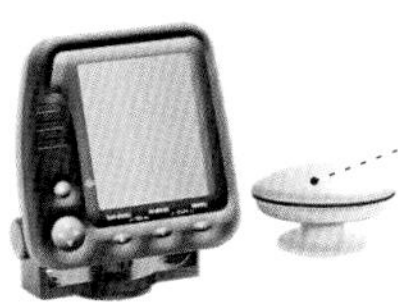
antenne[F]-récepteur[M] GPS
GPS receiver-antenna

traceur[M] de route[F]
satellite navigation system

équipage[M]	crew
port[M] **maritime**	harbor
port[M] **de plaisance**[F]	marina
excursion[F]	trip/tour
croisière[F]	cruise
mal[M] **de mer**[F]	seasickness
canoë[M] **; *canot***[M]	canoe

kayak[M]	kayak
pagaie[F]	paddle
accoster	to berth
débarquer	to disembark
lever l'ancre	to weigh anchor
jeter l'ancre	to cast anchor
monter à bord	to board

La montgolfière est le premier engin qui s'est élevé dans le ciel, au 18e siècle. L'avion révolutionne l'histoire du transport aérien, avec un premier vol contrôlé en 1903. À partir des années 1950, les avions à réaction accueillent plus de passagers pour des vols toujours plus longs et plus rapides. L'hélicoptère, qui peut s'élever à la verticale, facilite les opérations de sauvetage.

avion^{M} long-courrier^{M}
long-range jet

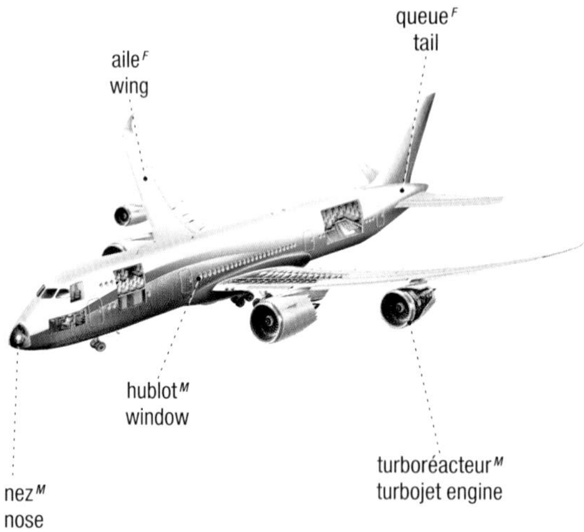
queue^{F}
tail
aile^{F}
wing
hublot^{M}
window
turboréacteur^{M}
turbojet engine
nez^{M}
nose

avion^{M} léger
light aircraft

montgolfière^{F}
hot-air balloon

hydravion^{M}
floatplane

hélicoptère^{M}
helicopter

aérogare^{F}
passenger terminal

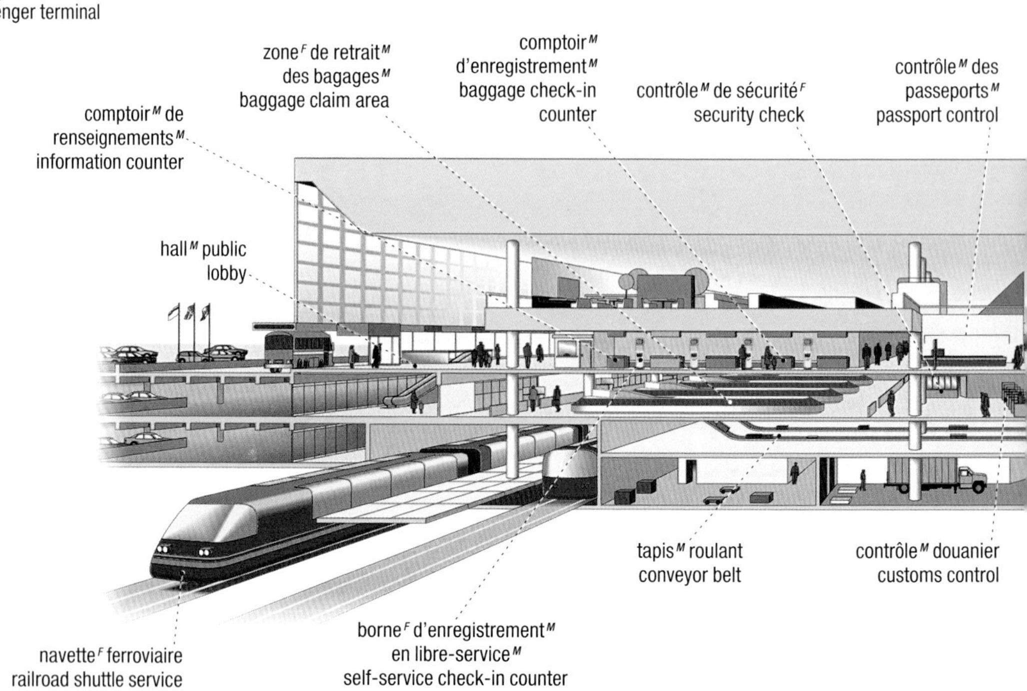
zone^{F} de retrait^{M} des bagages^{M}
baggage claim area
comptoir^{M} d'enregistrement^{M}
baggage check-in counter
contrôle^{M} de sécurité^{F}
security check
contrôle^{M} des passeports^{M}
passport control
comptoir^{M} de renseignements^{M}
information counter
hall^{M} public
lobby
tapis^{M} roulant
conveyor belt
contrôle^{M} douanier
customs control
borne^{F} d'enregistrement^{M} en libre-service^{M}
self-service check-in counter
navette^{F} ferroviaire
railroad shuttle service

cabine^{F} des passagers^{M}
passenger cabin

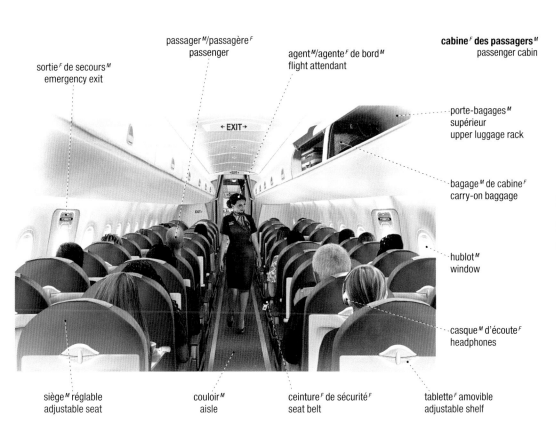

passager^{M}/passagère^{F}
passenger
sortie^{F} de secours^{M}
emergency exit
agent^{M}/agente^{F} de bord^{M}
flight attendant
EXIT
porte-bagages^{M} supérieur
upper luggage rack
bagage^{M} de cabine^{F}
carry-on baggage
hublot^{M}
window
casque^{M} d'écoute^{F}
headphones
siège^{M} réglable
adjustable seat
couloir^{M}
aisle
ceinture^{F} de sécurité^{F}
seat belt
tablette^{F} amovible
adjustable shelf

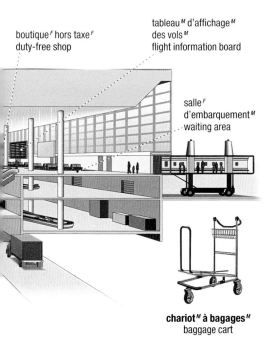

boutique^{F} hors taxe^{F}
duty-free shop
tableau^{M} d'affichage^{M} des vols^{M}
flight information board
salle^{F} d'embarquement^{M}
waiting area

chariot^{M} à bagages^{M}
baggage cart

départ^{M}/arrivée^{F}	departure/arrival
décollage^{M}	take-off
atterrissage^{M}	landing
carte^{F} d'embarquement^{M}	boarding pass
première classe^{F}	first class
classe^{F} affaires^{F}	business class
classe^{F} économique	economy class
compagnie^{F} aérienne	airline
correspondance^{F}	transfer ticket
destination^{F}	destination
immigration^{F}	immigration
enregistrement^{M} en ligne^{F}	online check-in
numéro^{M} de vol^{M}	flight number
porte^{F} d'embarquement^{M}	departure gate
pilote$^{M/F}$	pilot
repas^{M}/boisson^{F}	meal/drink
zone^{F} de turbulences^{F}	turbulence
vol^{M} international	international flight
vol^{M} intérieur	domestic flight
terminal^{M}	terminal
J'ai un vol pour…	I have a flight to…

Les villes sont des agglomérations regroupant un grand nombre d'habitants. La majorité d'entre eux habitent des quartiers résidentiels et travaillent au centre-ville. Le cœur d'une ville accueille aussi le quartier des affaires ainsi que divers établissements, offrant une multitude de biens et services : bibliothèque, musée, cinéma, salle de spectacle…

centre^M-ville^F
downtown

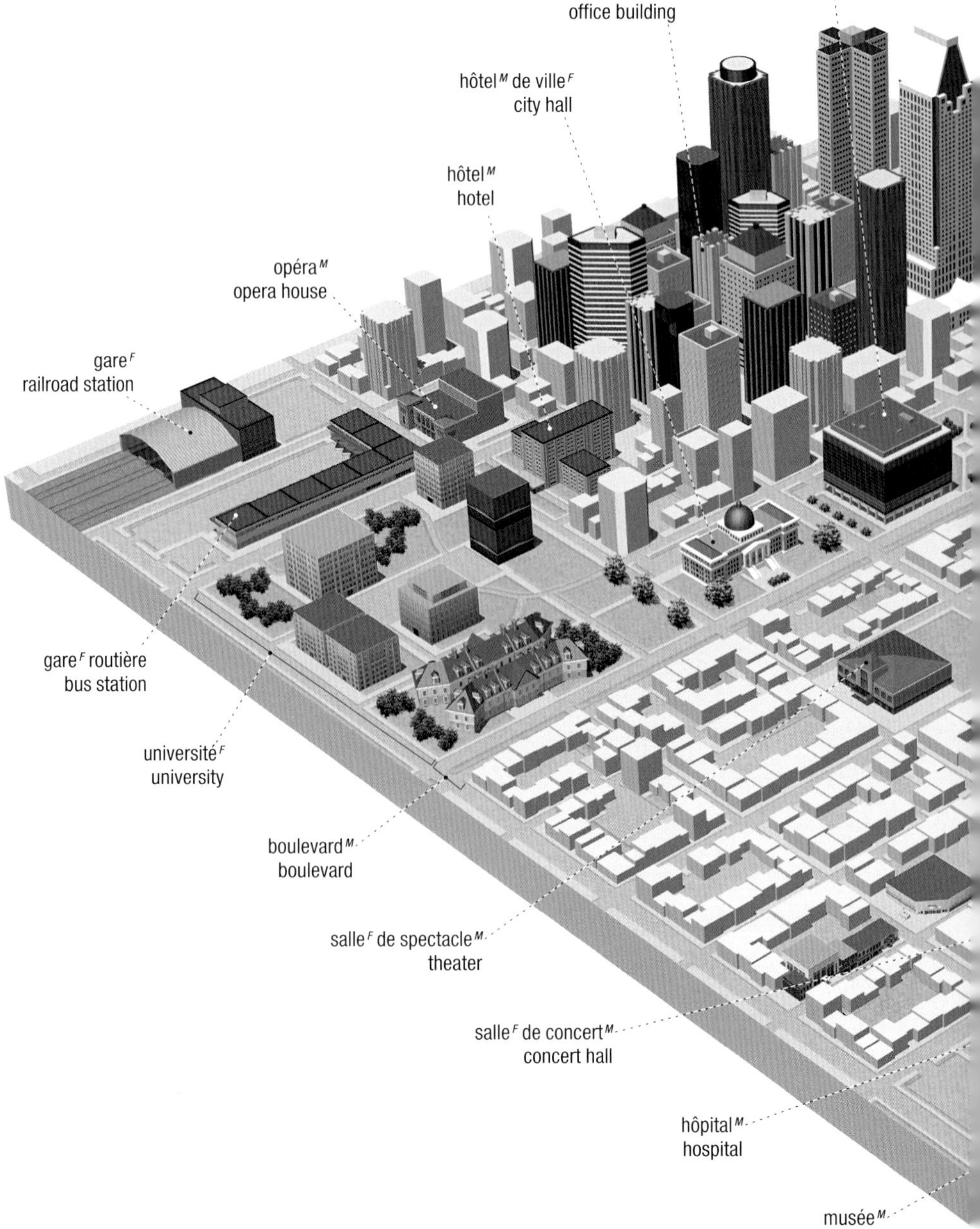
palais^M de justice^F
courthouse
édifice^M à bureaux^M
office building
hôtel^M de ville^F
city hall
hôtel^M
hotel
opéra^M
opera house
gare^F
railroad station
gare^F routière
bus station
université^F
university
boulevard^M
boulevard
salle^F de spectacle^M
theater
salle^F de concert^M
concert hall
hôpital^M
hospital
musée^M
museum

rue[F] commerçante
shopping street

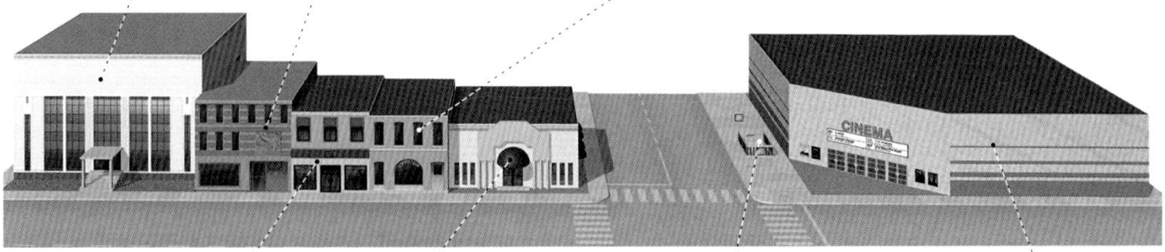
banque[F]
bank
bar[M]
bar
magasin[M]
store
café[M]
coffee shop
restaurant[M]
restaurant
station[F] de métro[M]
subway station
cinéma[M]
movie theater
CINEMA

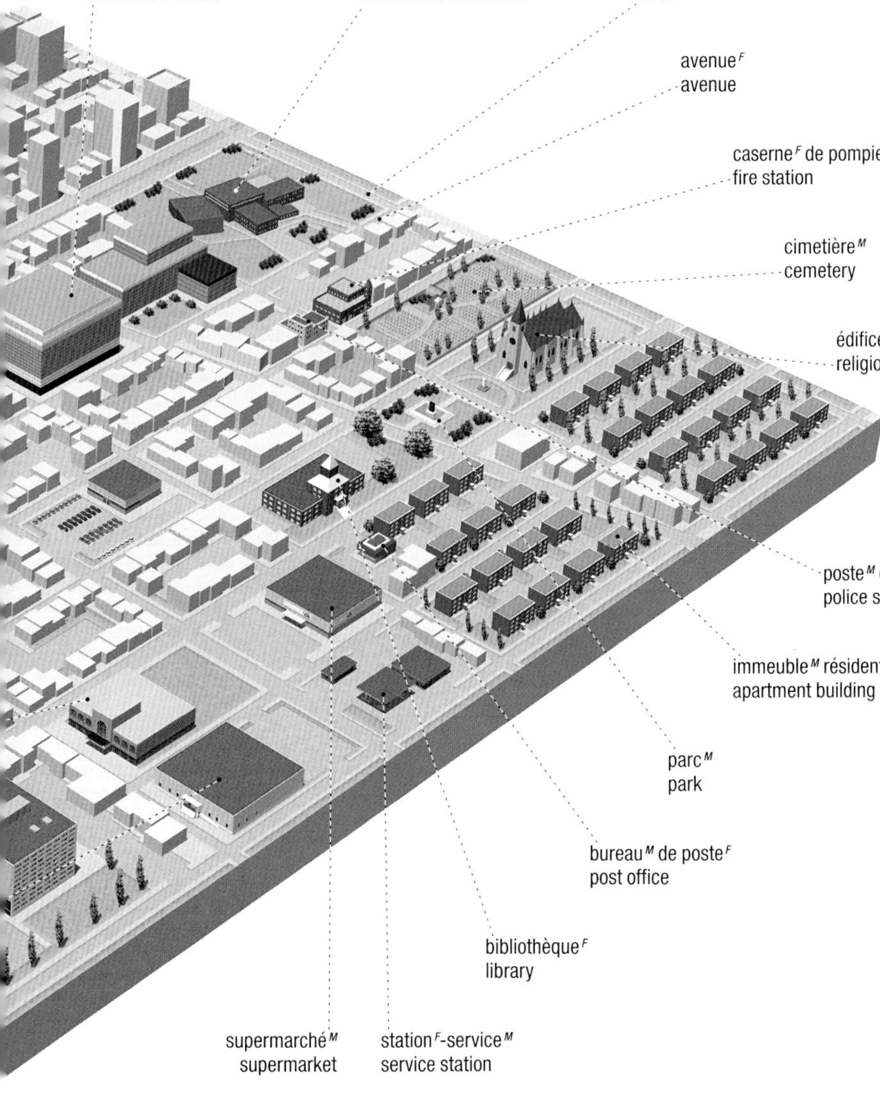
palais[M] des congrès[M]
convention center
établissement[M] scolaire
educational institution
rue[F]
street
avenue[F]
avenue
caserne[F] de pompiers[M]
fire station
cimetière[M]
cemetery
édifice[M] religieux
religious building
poste[M] de police[F]
police station
immeuble[M] résidentiel
apartment building
parc[M]
park
bureau[M] de poste[F]
post office
bibliothèque[F]
library
supermarché[M]
supermarket
station[F]-service[M]
service station

légendes^{F} d'un plan^{M} urbain
urban map legends

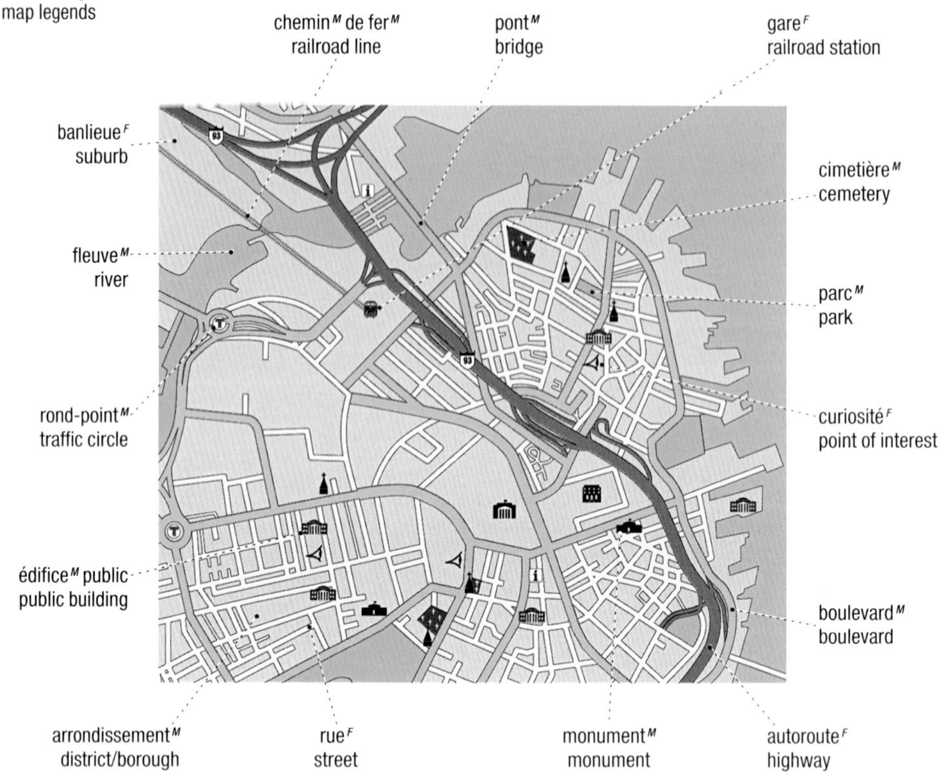
chemin^{M} de fer^{M}
railroad line
pont^{M}
bridge
gare^{F}
railroad station
banlieue^{F}
suburb
cimetière^{M}
cemetery
fleuve^{M}
river
parc^{M}
park
curiosité^{F}
point of interest
rond-point^{M}
traffic circle
édifice^{M} public
public building
boulevard^{M}
boulevard
arrondissement^{M}
district/borough
rue^{F}
street
monument^{M}
monument
autoroute^{F}
highway

office^{F} de tourisme^{M}
tourist office

renseignements^{M}
information

parc^{M} de stationnement^{M} ; *stationnement^{M}*
parking

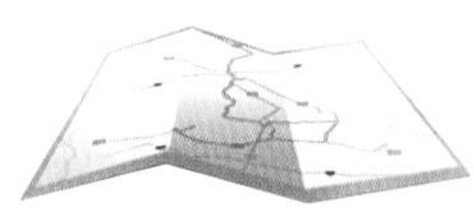

plan^{M}
map

nord^{M}	north
sud^{M}	south
est^{M}	east
ouest^{M}	west
pâté^{M} de maisons^{F}	block
quartier^{M}	neighborhood
zone^{F} résidentielle	residential district
zone^{F} industrielle	industrial area
zone^{F} commerciale	commercial zone
intersection^{F}	intersection
place^{F} publique	public square
complexe^{M} sportif	sports complex
centre^{M} commercial	shopping mall
centre^{M} communautaire	community center

à côté de	next to
en face de	in front of/opposite
devant	in front of
derrière	behind
entre	between
avant	before
après	after
à gauche	to the left
à droite	to the right
dans la direction opposée	in the opposite direction
au coin	on the corner
à l'intersection de	at the intersection of
à proximité	nearby
loin	far

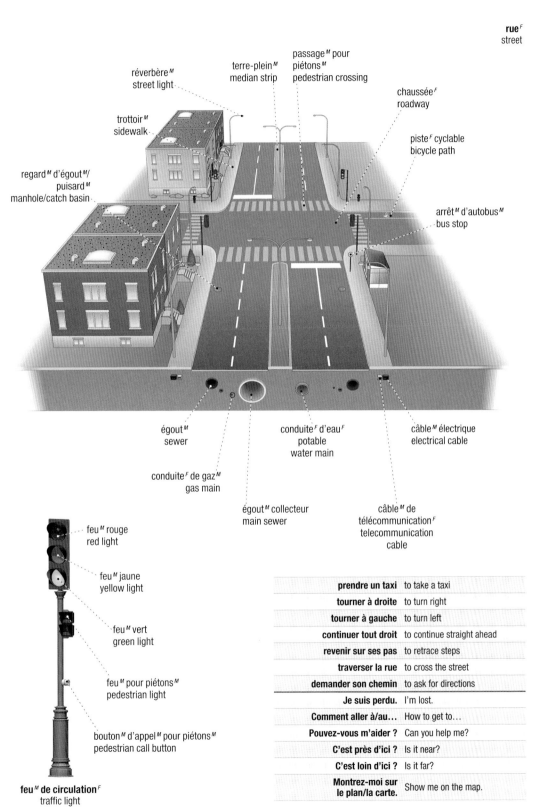

rue[F]
street

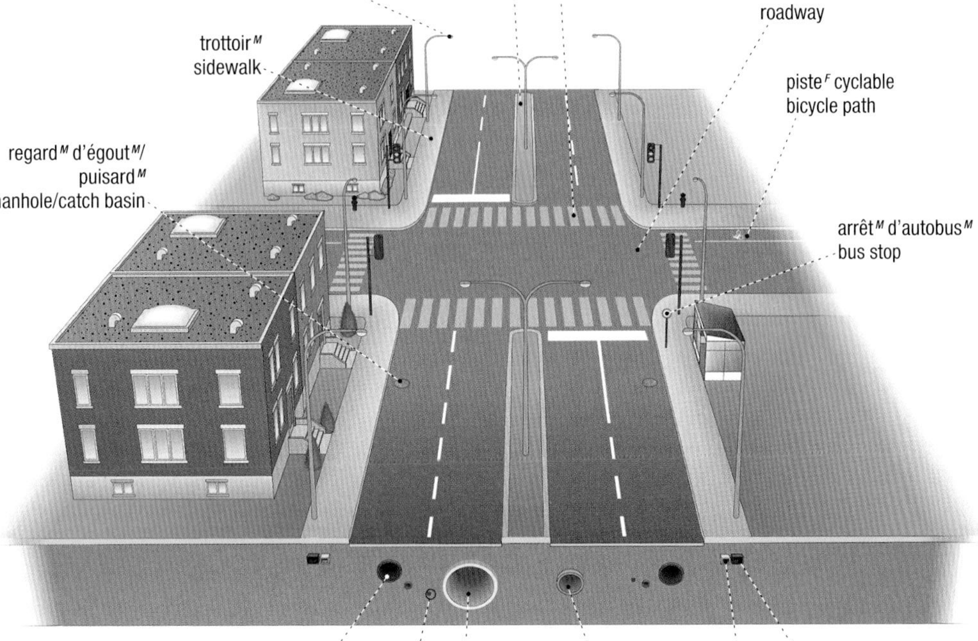
réverbère[M]
street light
terre-plein[M]
median strip
passage[M] pour piétons[M]
pedestrian crossing
chaussée[F]
roadway
trottoir[M]
sidewalk
piste[F] cyclable
bicycle path
regard[M] d'égout[M]/ puisard[M]
manhole/catch basin
arrêt[M] d'autobus[M]
bus stop
égout[M]
sewer
conduite[F] d'eau[F] potable
water main
câble[M] électrique
electrical cable
conduite[F] de gaz[M]
gas main
égout[M] collecteur
main sewer
câble[M] de télécommunication[F]
telecommunication cable

feu[M] rouge
red light
feu[M] jaune
yellow light
feu[M] vert
green light
feu[M] pour piétons[M]
pedestrian light
bouton[M] d'appel[M] pour piétons[M]
pedestrian call button

feu[M] de circulation[F]
traffic light

prendre un taxi	to take a taxi
tourner à droite	to turn right
tourner à gauche	to turn left
continuer tout droit	to continue straight ahead
revenir sur ses pas	to retrace steps
traverser la rue	to cross the street
demander son chemin	to ask for directions
Je suis perdu.	I'm lost.
Comment aller à/au…	How to get to…
Pouvez-vous m'aider ?	Can you help me?
C'est près d'ici ?	Is it near?
C'est loin d'ici ?	Is it far?
Montrez-moi sur le plan/la carte.	Show me on the map.

Les services d'urgence ont la mission de veiller à notre sécurité. En plus de faire régner l'ordre, les membres du corps policier préviennent la criminalité et nous assistent en cas de besoin. Pour leur part, les pompiers et les pompières luttent contre les incendies et sauvent les victimes. Peu importe le danger, ils sont parmi les premiers à accourir sur les lieux.

service^M de police^F
police service

cambriolage^M
burglary

vol^M
theft

intimidation^F
intimidation

harcèlement^M sexuel
sexual harassment

insigne^M
badge
pistolet^M
pistol

voiture^F de police^F
police car

policier^M/policière^F
police officer

vandalisme^M
vandalism

graffiti^M
graffiti

gang^M criminel
criminal gang

piratage^M informatique
computer hacking

trafic^M de drogue^F
drug trafficking

trafic^M d'alcool^M
rum-running

trafic^M de cigarettes^F
cigarette smuggling

trafic^M d'armes^F
arms trafficking

attaque^F/agression^F	attack/assault
autodéfense^F	self-defense
enquêteur^M/enquêteuse^F	investigator
personne^F disparue	missing person
suspect^M/suspecte^F	suspect
arrestation^F	arrest
avocat^M/avocate^F	lawyer
juge^M/F	judge
coupable^M/F	guilty man/woman
innocent^M/innocente^F	innocent man/woman
porter plainte	to lodge a complaint
On m'a agressé !	I was assaulted!
On m'a volé mon/ma…	Someone stole my…
À l'aide !	Help!
Au voleur !	Thief!

prévention^F des incendies^M
fire prevention

détecteur^M de fumée^F
smoke detector

extincteur^M
portable fire extinguisher

pompier^M/pompière^F
firefighter

camion^M d'incendie^M
fire truck

parc^M à échelles^F
tower ladder

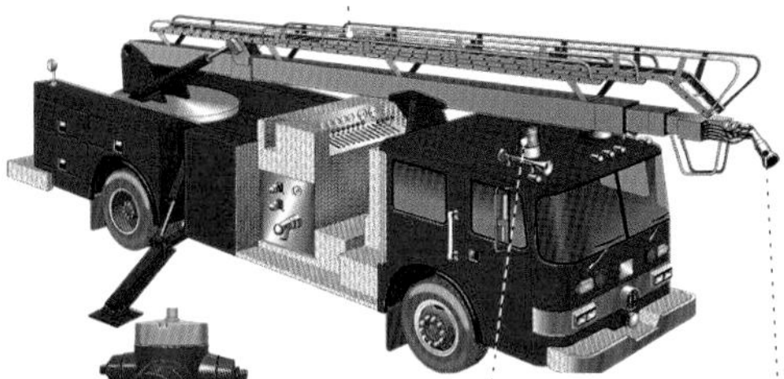

gyrophare^M
rotating light

lance^F à eau^F
ladder pipe nozzle

borne^F d'incendie^M ; *borne^F-fontaine^F*
fire hydrant

City

premiers soins^M
first aid

fournitures^F de premiers soins^M
first aid supplies

bouteille^F d'oxygène^M
oxygen cylinder

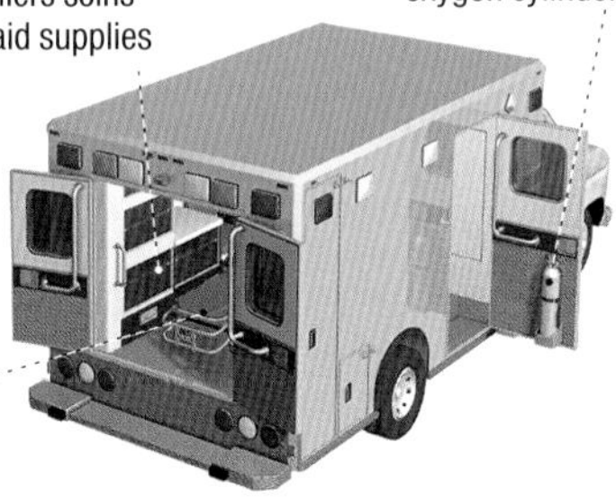

civière^F
stretcher

ambulance^F
ambulance

masque^M à oxygène^M
oxygen mask

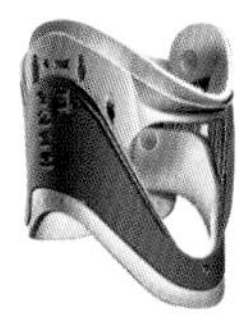

collier^M cervical
cervical collar

incendie^M/feu^M	fire
issue^F de secours^M	emergency exit
chute^F	fall
blessure^F mineure/grave	minor/serious injury
gêne^F respiratoire	breathing difficulty
arrêt^M respiratoire	breathing failure
immobilisation^F	immobilization
réanimation^F	resuscitation
prendre le pouls	to take the pulse
donner les premiers soins	to provide first aid
Au feu !	Fire!
Appelez les secours d'urgence !	Call emergency services!
Je suis blessé, aidez-moi !	I'm injured, help me!

secouriste^M/F
first aid worker

témoin^M
witness

victime^F
victim

accident^M
accident

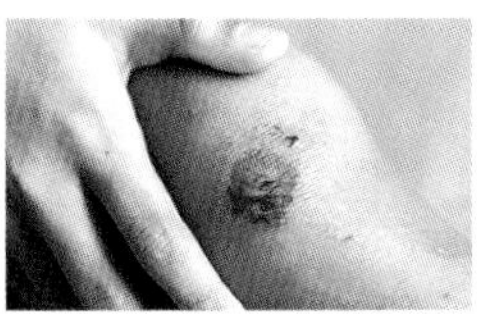

blessure^F
injury

dommage^M matériel
material damage

Toutes les villes comptent des établissements publics et commerciaux proposant divers services : bureaux de poste, banques, bibliothèques, boutiques, supermarchés, restaurants, salons de coiffure… Ils offrent à leur clientèle des biens et des services spécialisés, comme de la nourriture, des vêtements, des livres, des mets préparés et autres commodités.

poste[F]
mail

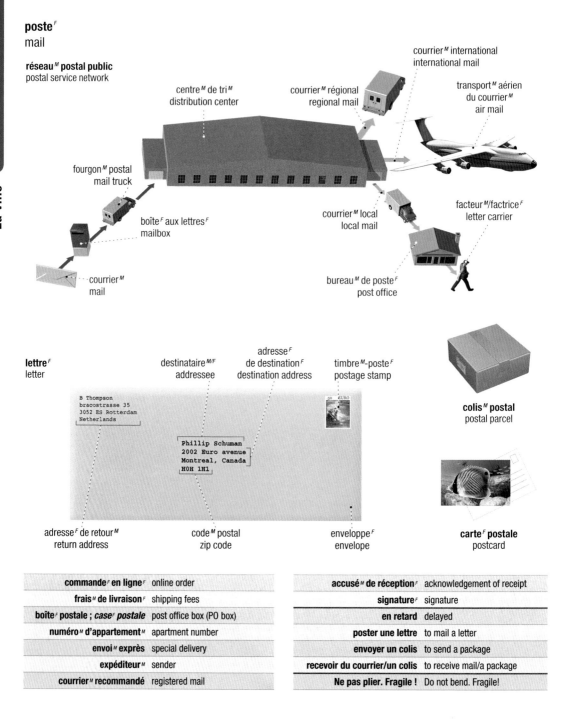

réseau[M] postal public
postal service network

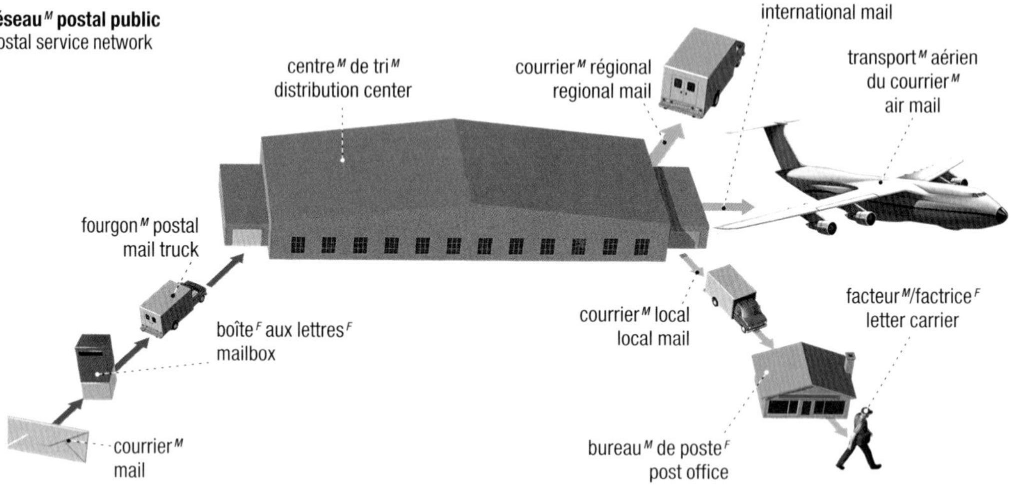
centre[M] de tri[M]
distribution center
courrier[M] régional
regional mail
courrier[M] international
international mail
transport[M] aérien du courrier[M]
air mail
fourgon[M] postal
mail truck
boîte[F] aux lettres[F]
mailbox
courrier[M]
mail
courrier[M] local
local mail
facteur[M]/factrice[F]
letter carrier
bureau[M] de poste[F]
post office

lettre[F]
letter

destinataire[M/F]
addressee
adresse[F] de destination[F]
destination address
timbre[M]-poste[F]
postage stamp
B Thompson
bracostrasse 35
3052 ES Rotterdam
Netherlands
Phillip Schuman
2002 Euro avenue
Montreal, Canada
H0H 1H1
adresse[F] de retour[M]
return address
code[M] postal
zip code
enveloppe[F]
envelope

colis[M] postal
postal parcel

carte[F] postale
postcard

commande[F] en ligne[F]	online order
frais[M] de livraison[F]	shipping fees
boîte[F] postale ; *case[F] postale*	post office box (PO box)
numéro[M] d'appartement[M]	apartment number
envoi[M] exprès	special delivery
expéditeur[M]	sender
courrier[M] recommandé	registered mail

accusé[M] de réception[F]	acknowledgement of receipt
signature[F]	signature
en retard	delayed
poster une lettre	to mail a letter
envoyer un colis	to send a package
recevoir du courrier/un colis	to receive mail/a package
Ne pas plier. Fragile !	Do not bend. Fragile!

banque[F] et modes[M] de paiement[M]
bank and methods of payment

guichet[M] automatique bancaire
automated teller machine (ATM)

fente[F] de relevé[M] d'opération[F]
transaction record slot

fente[F] du lecteur[M] de carte[F]
card reader slot

touches[F] d'opérations[F]
operation keys

fente[F] de dépôt[M]
deposit slot

clavier[M] alphanumérique
alphanumeric keyboard

sortie[F] des billets[M]
bill presenter

dollar[M]
dollar

euro[M]
euro

pièce[F] de monnaie[F]
coin

billet[M] de banque[F]
bill

terminal[M] de paiement[M] électronique
electronic payment terminal

relevé[M] de transaction[F]
transaction receipt

écran[M]
display

fente[F] du lecteur[M] de carte[F]
card reader slot

clavier[M] d'identification[F] personnelle
personal identification number (PIN) pad

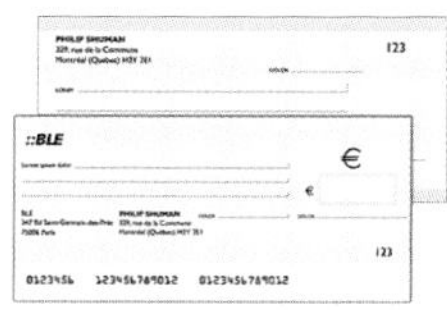

chèque[M]
check

carte[F] de débit[M]
debit card

carte[F] de crédit[M]
credit card

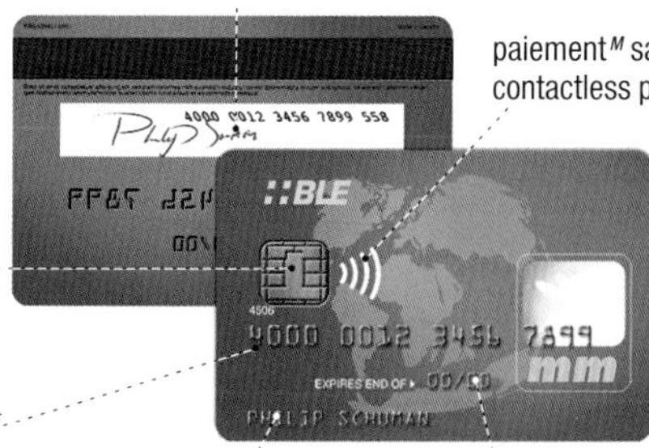

signature[F] du titulaire[M]
cardholder's signature

paiement[M] sans contact[M]
contactless payment

puce[F]
chip

numéro[M] de carte[F]
card number

nom[M] du titulaire[M]
cardholder's name

date[F] d'expiration[F]
expiration date

argent[M] de poche[F]	pocket money
argent[M] comptant	cash
épargne[F]	savings
retrait[M]	withdrawal
dépôt[M]	deposit
numéro[M] d'identification[F] personnelle (NIP)	personal identification number (PIN)

devise[F]	currency
relevé[M] bancaire	bank statement
taux[M] d'intérêt[M]	interest rate
taux[M] de change[M]	exchange rate
ouvrir un compte bancaire	to open a bank account
déposer/retirer/ changer de l'argent	to deposit/withdraw/ exchange money

bibliothèque^F
library

locaux^M de la bibliothèque^F
library building

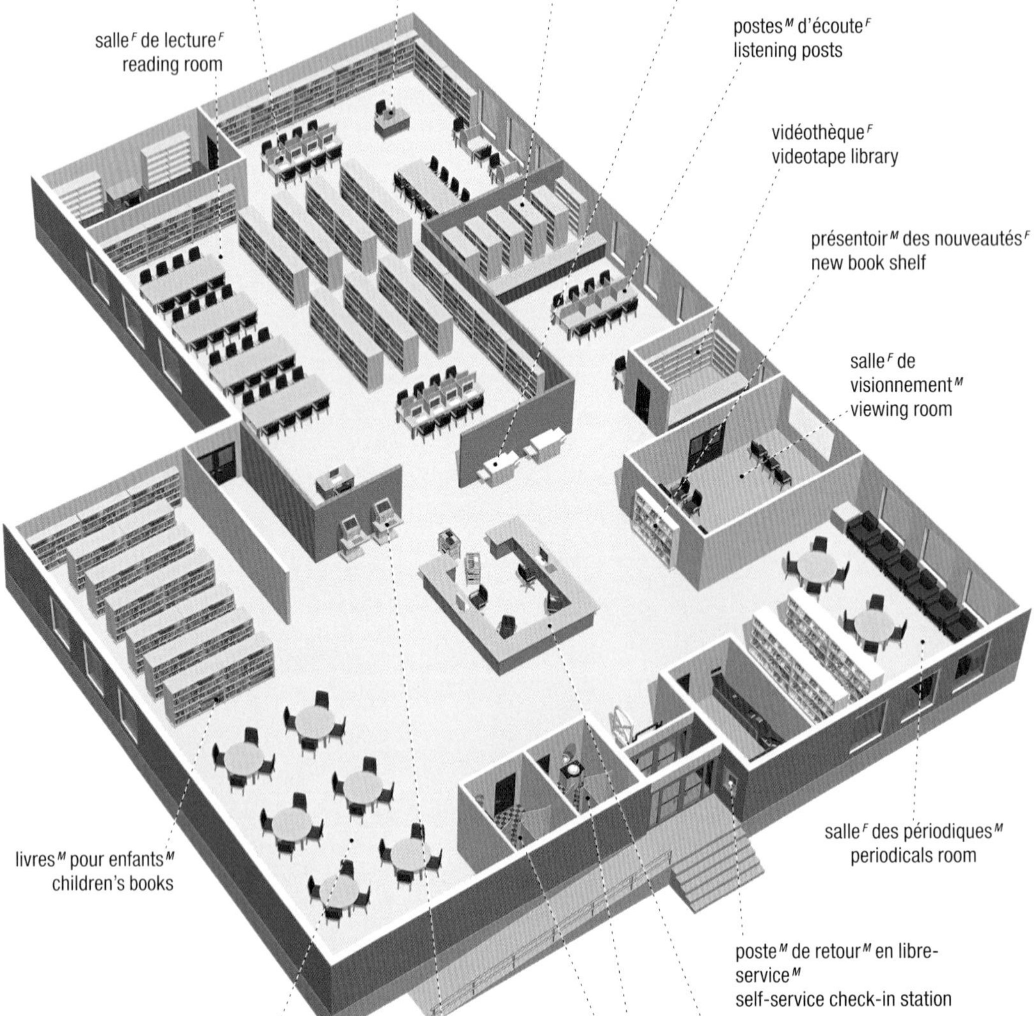
catalogue^M informatisé
online catalog
phonothèque^F
audio library
postes^M informatiques
computer workstations
photocopieur^M
photocopier
salle^F de lecture^F
reading room
postes^M d'écoute^F
listening posts
vidéothèque^F
videotape library
présentoir^M des nouveautés^F
new book shelf
salle^F de visionnement^M
viewing room
livres^M pour enfants^M
children's books
salle^F des périodiques^M
periodicals room
poste^M de retour^M en libre-service^M
self-service check-in station
bibliothèque^F enfantine
children's section
borne^F de prêt^M en libre-service^M
self-service check-out station
comptoir^M de renseignements^M
information counter
toilettes^F
restrooms

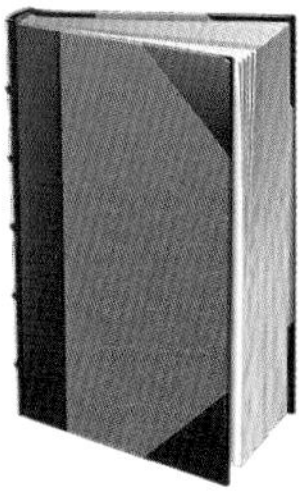

livre^{M} imprimé
printed book

livre^{M} numérique
digital book

KENNETH OPPEL
Le PRODIGIEUX

livre^{M} audio
audio book

MEGALODON

film^{M}
movie

DUKE ELLINGTON

musique^{F}
music

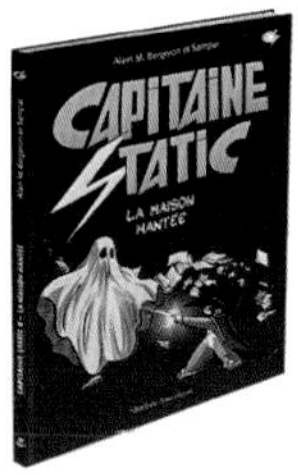
CAPITAINE STATIC
LA MAISON HANTÉE

bande^{F} dessinée
comic book

livre^{M} illustré
illustrated book

INTERNATIONAL
Dolor

magazine^{M}
magazine

Arts & Leisure
Lorem ipsum dolor sit amet consectetuer
INTERNATIONAL

journal^{M}
newspaper

LE DICTIONNAIRE visuel

dictionnaire^{M}
dictionary

LE visuel pratique
Français Arabe

guide^{M} pratique
practical guide

RECUEIL DE FICHES
D'EXPLOITATION PÉDAGOGIQUE

matériel^{M} éducatif
educational material

roman^{M}
novel

KENNETH OPPEL
Le PRODIGIEUX
Québec Amérique
auteur^{M}/auteure^{F}
author
titre^{M}
title
éditeur^{M}
publisher

bibliothécaire$^{M/F}$	librarian
carte^{F} de bibliothèque^{F}	library card
date^{F} d'échéance^{F}	due date
frais^{M} de retard^{M}	late fee
encyclopédie^{F}	encyclopedia
roman^{M} fantastique	fantasy novel
roman^{M} policier	detective novel
roman^{M} d'aventures^{F}	adventure novel
roman^{M} sentimental	romance
recherche^{F}	search
sujet^{M}	subject
mot^{M}-clé^{F}	keyword
emprunter/retourner	to borrow/return
renouveler un emprunt	to renew a loan
Je cherche…	I'm looking for…

boutique[F]/magasin[M]
store
cabine[F] d'essayage[M]
fitting room
vendeur[M]/vendeuse[F]
seller
miroir[M]
mirror
étiquette[F] de prix[M]
price tag
30%
solde[M]
sale
client[M]/cliente[F]
customer/client
caisse[F]
checkout counter
taille[F]/pointure[F]
size

tissu[M]	fabric
coton[M]	cotton
soie[F]	silk
laine[F]	wool
nylon[M]	nylon
polyester[M]	polyester
bas prix[M]	low price
prix[M] **élevé**	high price
de qualité[F]	quality
friperie[F]	second-hand clothes store
carte[F]**-cadeau**[M]	gift card
vente[F] **définitive**	final sale
laver à la main	hand washable
laver à la machine	machine wash
laver à l'eau froide/tiède/chaude	wash in cold/lukewarm/warm water
nettoyer à sec	dry clean
sécher par culbutage	tumble dry
suspendre pour sécher	hang to dry
sécher à plat	dry flat
ne pas repasser	do not iron
Allons faire les boutiques.	Let's go shopping.
L'avez-vous dans une autre couleur ?	Do you have it in other colors?
L'avez-vous plus petit/plus grand ?	Do you have it in a smaller/larger size?
J'aimerais l'essayer.	I would like to try it on.
Dans quel rayon se trouve…	Where can I find…
Puis-je obtenir un échange ou un remboursement ?	Can I get an exchange or a refund?

rayons[M]
departments

vêtements[M] de femme[F]
women's clothing

vêtements[M] d'homme[M]
men's clothing

vêtements[M] d'enfant[M]
children's clothing

vêtements[M] de bébés[M]
babies' wear

vêtements[M] d'hiver[M]
winter wear

vêtements[M] d'été[M]
summer wear

vêtements[M] de sport[M]
sportswear

vêtements[M] de grossesse[F]
maternity wear

vêtements[M] de nuit[F]
nightclothes

sous-vêtements[M]
underwear

vêtements[M] de bain[M]
swimsuits

vêtements[M] décontractés
casual wear

vêtements[M] de soirée[F]
evening wear

tailleurs[M]
women's suits

costumes[M]
men's suits

coiffures[F]
headgear

écharpes[F] ; *foulards*[M]
scarves

gants[M]
gloves

ceintures[F]
belts

montres[F] et bijoux[M]
watches and jewelry

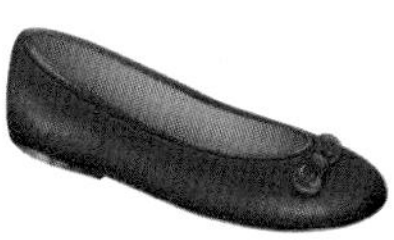

chaussures[F] de femmes[F]
women's shoes

chaussures[F] d'hommes[M]
men's shoes

chaussures[F] de sport[M]
sports shoes

chaussures[F] d'enfants[M]
children's shoes

boutiques^{F} et services^{M}
shops and services

magasin^{M} de prêt-à-porter^{M}
clothing store

magasin^{M} de chaussures^{F}
shoe store

magasin^{M} d'articles^{M} de sport^{M}
sporting goods store

09:50

magasin^{M} d'électronique^{F}
electronics store

magasin^{M} de jeux^{M} et de jouets^{M}
game and toy store

animalerie^{F}
pet shop

fleuriste^{M}
florist's shop

magasin^{M} de cadeaux^{M}
gift shop

opticien^{M}
optician

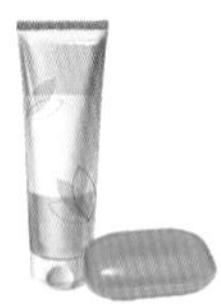

pharmacie^{F}
pharmacy

salon^{M} de coiffure^{F}
hairdressing salon

salon^{M} d'esthétique^{F}
beauty salon

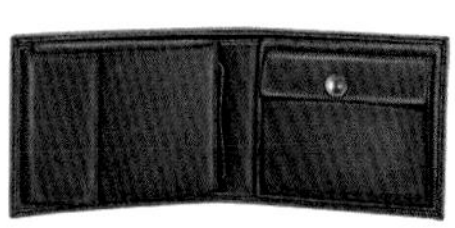

maroquinerie^{F}
leather goods store

bijouterie^{F}
jewelry store

parfumerie^{F}
perfume store

cosmétiques^{M}
cosmetics store

pressing^{M} ; *nettoyeur*^{M}
dry cleaner

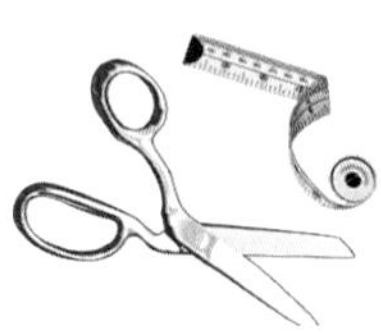

tailleur^{M}
tailor's shop

magasin^{M} de décoration^{F} et d'ameublement^{M}
home furnishing store

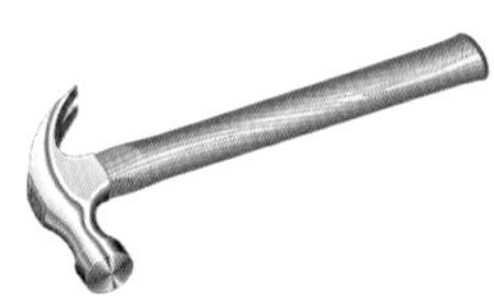

quincaillerie^{F}
hardware store

centre^{M} commercial	shopping mall
heures^{F} d'ouverture^{F}	opening hours
boutique^{F} spécialisée	specialty shop
chaîne^{F} de magasins^{M}	chain of stores
commerce^{M} équitable	fair trade
service^{M} à la clientèle^{F}	customer service
échange^{M}	exchange

remboursement^{M}	refund
fabriqué en/au…	made in…
rendre la monnaie	to give the change
C'est combien ?	How much is it?
C'est trop cher.	It's too expensive.
Peut-on payer par carte ?	Can I pay by card?
Où sont les toilettes ?	Where are the toilets?

boutiques[F] **et services**[M]
shops and services

disquaire[M]
music store

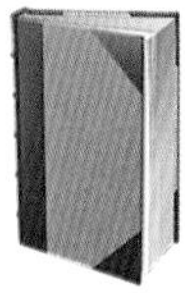

librairie[F]
bookstore

marchand[M] **de journaux**[M]
newsstand

papeterie[F]
stationery store

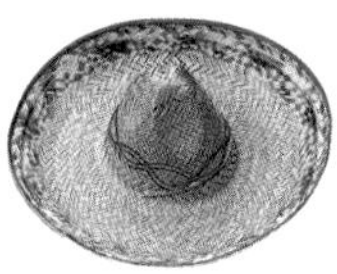

boutique[F] **de souvenirs**[M]
souvenir shop

sacs[M] **et bagages**[M]
bag and luggage store

agence[F] **de voyages**[M]
travel agency

photographe[M]
photographer

supermarché[M]
supermarket

épicerie[F] **fine**
delicatessen

confiserie[F]
candy store

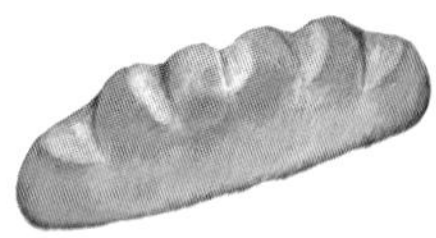

boulangerie[F]
bakery

restaurant[M]
restaurant

restaurant[M]**-minute**[F]
fast food restaurant

café[M]
coffee shop

bar[M]
bar

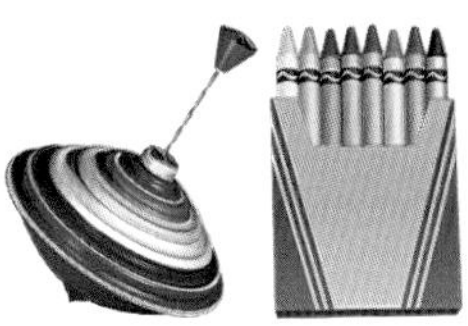

halte[F]**-garderie**[F]
daycare center

banque[F]
bank

guichet[M] **automatique bancaire**
automated teller machine (ATM)

téléphone[M] **public**
pay phone

point[M] **d'information**[F]
information booth

toilettes[F]
restrooms

ascenseur[M]
elevator

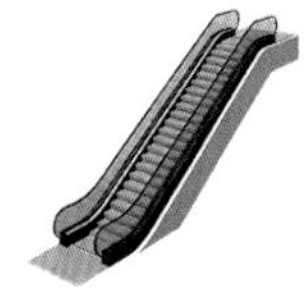

escalier[M] **mécanique**
escalator

marché[M]
market

marché[M] de plein air[M]
open-air market

marchand[M]/marchande[F] de fruits[M] et légumes[M]
fruit and vegetable seller

produit[M] local
local product

produit[M] biologique
organic product

MARKET
LEMON 99¢
FRESH RADISH
BEETROOT
100% ORGANIC
ORGANIC POTATO

dégustation[F]
tasting

fromagerie[F]
cheese shop

marché[M] aux fleurs[F]
flower market

poissonnerie[F]
fish shop

boucherie[F]
butcher's shop

boulangerie[F]
bakery

chocolatier[M]
chocolate shop

cuisine[F] de rue[F]
street food

camion[M] de restauration[F]
food truck

boutique[F] de glaces[F] ; *crèmerie*[F]
ice cream parlor

kiosque[M] à musique[F]
bandstand

antiquité[F]
antique

antiquaire[M]
antique shop

marchandise[F] d'occasion
second-hand merchandise

marché[M] aux puces[F]
flea market

liste[F] de courses[F]	grocery list
promotion[F]	special offer
produit[M] de saison[F]	seasonal product
produit[M] en vrac[M]	loose/bulk product
prix[M] au kilo[M]/à la livre[F]	price per kilo/per pound
valeur[F] nutritive	nutritional value
file[F] d'attente[F]	line
sac[M] réutilisable	reusable bag
taxe[F] de vente[F]	sales tax
faire des courses	to shop
Puis-je vous aider ?	May I help you?
Avez-vous…	Do you have…
Je peux goûter ?	Can I taste?
Désirez-vous autre chose ?	Anything else?

supermarché[M]
supermarket

vue[F] d'ensemble[M]
general view

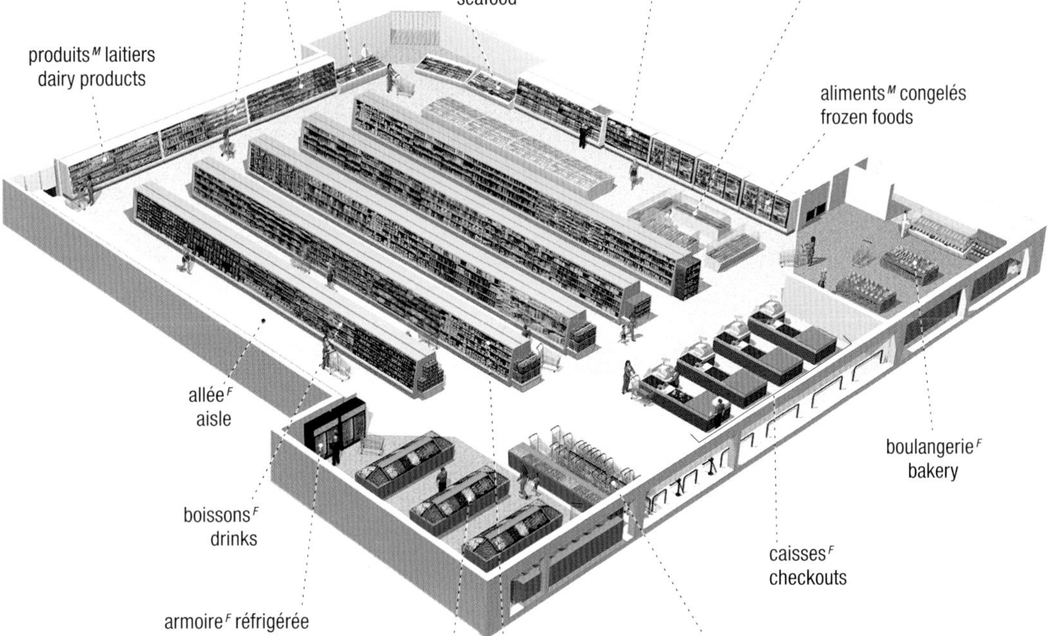
comptoir[M] des viandes[F] libre-service
self-service meat counter
boucherie[F]
fresh meat counter
aliments[M] prêts-à-servir
convenience food
épicerie[F] fine
delicatessen
poissonnerie[F]
seafood
comptoir[M] des fromages[M]
cheese counter
produits[M] laitiers
dairy products
aliments[M] congelés
frozen foods
allée[F]
aisle
boulangerie[F]
bakery
boissons[F]
drinks
caisses[F]
checkouts
armoire[F] réfrigérée
reach-in freezer
chariots[M] ; *paniers*[M]
shopping carts
conserves[F]
canned goods
fruits[M] et légumes[M]
fruits and vegetables

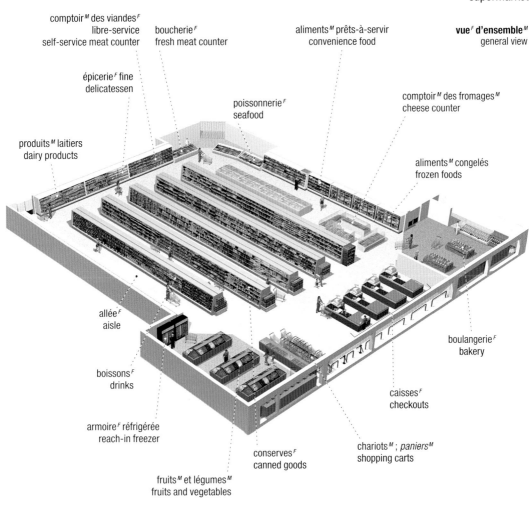

caisse[F]
checkout counter

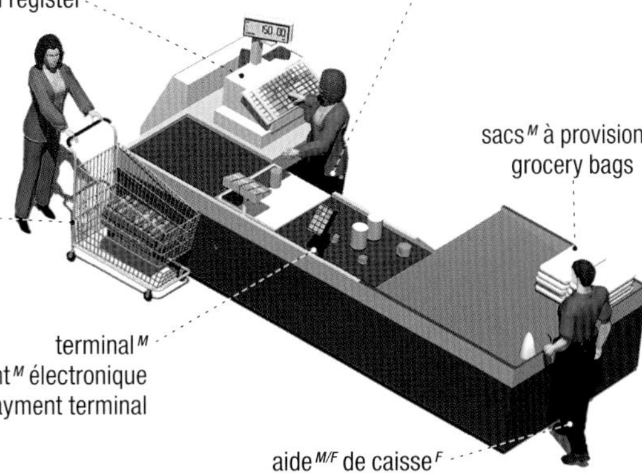
caisse[F] enregistreuse
cash register
caissier[M]/caissière[F]
cashier
sacs[M] à provisions[F]
grocery bags
chariot[M] ; *panier*[M]
shopping cart
terminal[M] de paiement[M] électronique
electronic payment terminal
aide[M/F] de caisse[F]
bagger

restaurant[M] et bar[M]
restaurant and bar

vue[F] d'ensemble[M]
general view

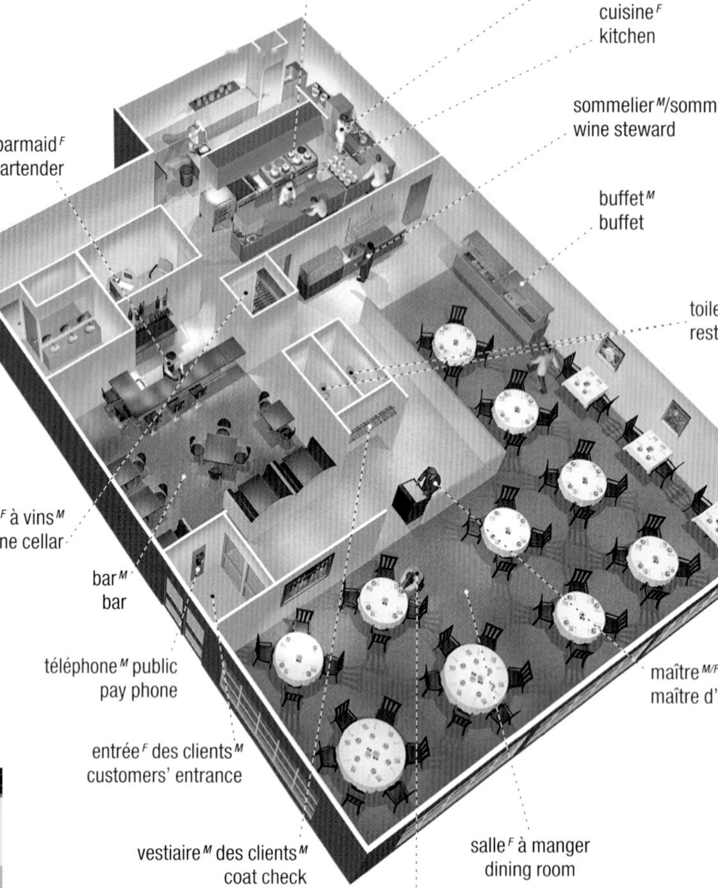
chef[M/F] de cuisine[F]
chef
plongeur[M]/plongeuse[F]
dishwasher
cuisine[F]
kitchen
sommelier[M]/sommelière[F]
wine steward
buffet[M]
buffet
toilettes[F]
restrooms
barman[M]/barmaid[F]
bartender
cave[F] à vins[M]
wine cellar
bar[M]
bar
téléphone[M] public
pay phone
entrée[F] des clients[M]
customers' entrance
vestiaire[M] des clients[M]
coat check
salle[F] à manger
dining room
maître[M/F] d'hôtel[M]
maître d'hôtel
serveur[M]/serveuse[F]
waiter/waitress

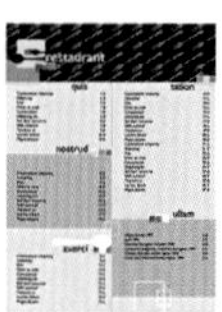

menu[M]
menu

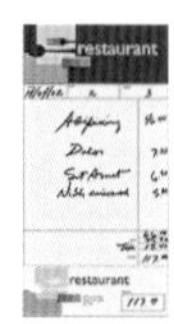

addition[F]
check

hors-d'œuvre[M]
appetizer

plat[M] principal
main course

dessert[M]
dessert

boissons[F]
drinks

terrasse[F]	terrace
accompagnement[M]	side order
plat[M] du jour[M]	today's special
plat[M] végétarien	vegetarian dish
plat[M] végétalien	vegan dish
pourboire[M]	tip
livraison[F] à domicile[M]	home delivery

sur place[F]/à emporter	eat-in/take-out
avec/sans…	with/without…
Une table pour deux.	A table for two.
Une réservation au nom de…	A reservation in the name of…
Je vais prendre…	I will have…
Je suis allergique à/au…	I'm allergic to…
Bon appétit !	Enjoy your meal!

salon^M de coiffure^F et d'esthétique^F
hairdressing and beauty salon

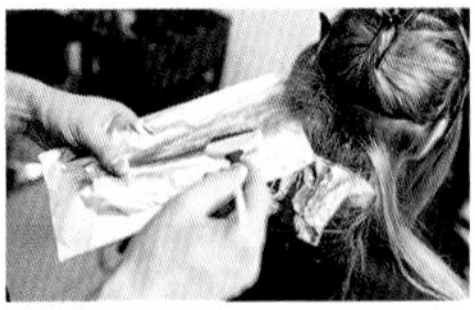

coloration^F
hair dye

shampooing^M
shampoo

salon^M de coiffure^F
hairdressing salon

sèche-cheveux^M
hair dryer

produit^M fixatif
hair styling product

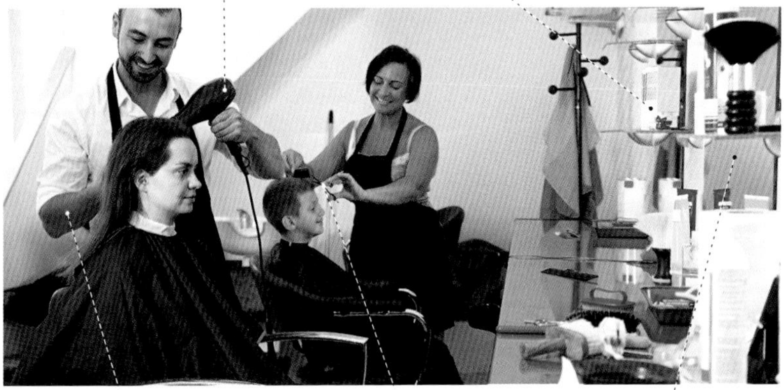

coiffeur^M/coiffeuse^F
hair stylist

ciseaux^M de coiffeur^M
haircutting scissors

miroir^M
mirror

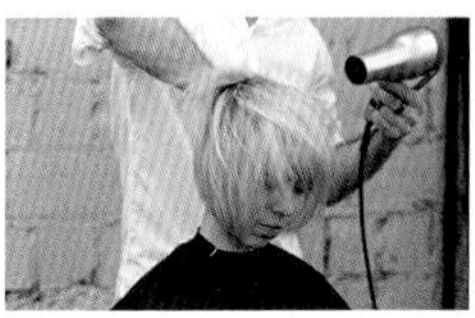

séchage^M
drying

boucles^F
curls

cire^F épilatoire
depilatory wax

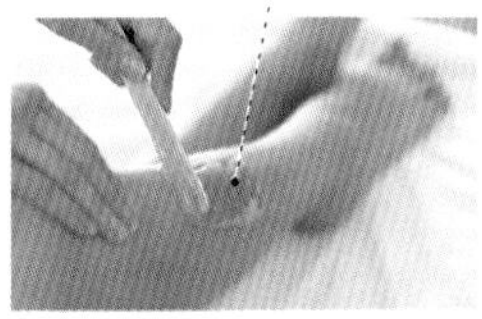

épilation^F
hair removal

soin^M des pieds^M
foot care

pédicure^F
pedicure

barbier^M
barber

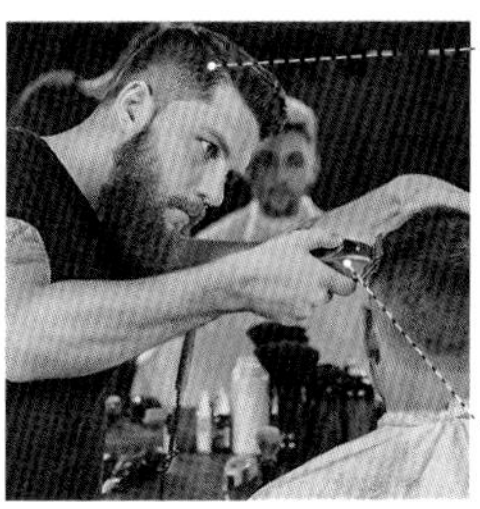

tondeuse^F
trimmer

salon^M de barbier^M
barbershop

esthéticien^M/esthéticienne^F
esthetician

masque^M facial
facial

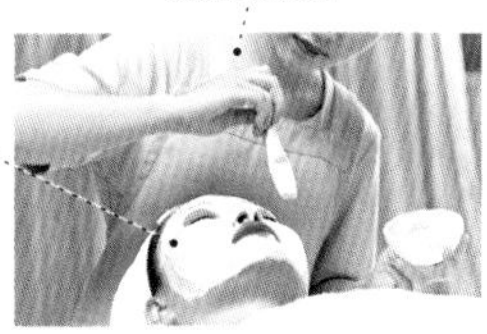

salon^M d'esthétique^F
beauty salon

soin^M des ongles^M
nail care

manucure^F
manicure

coupe^F de cheveux^M	hair cut
rasage^M	shaving
perruque^F	wig
cheveux^M courts	short hair
cheveux^M longs	long hair
cheveux^M secs/gras	dry/oily hair
frange^F	bangs

mèches^F	highlights
dégradé^M	layered cut
fer^M à friser	curling iron
fer^M à défriser	straightening iron
peau^F sensible/sèche/grasse	sensitive/dry/oily skin
vernis^M à ongles^M	nail polish
Ne coupez pas trop court.	Do not cut too short.

On ne manque jamais d'occasion de se divertir en ville. Que ce soit en visitant des lieux culturels, en assistant à une pièce de théâtre ou à un concert de musique, en regardant un film au cinéma, ou encore en allant dépenser son énergie au parc, tout le monde y trouve son compte. Les évènements tels que les festivals et les fêtes foraines attirent aussi de nombreux visiteurs.

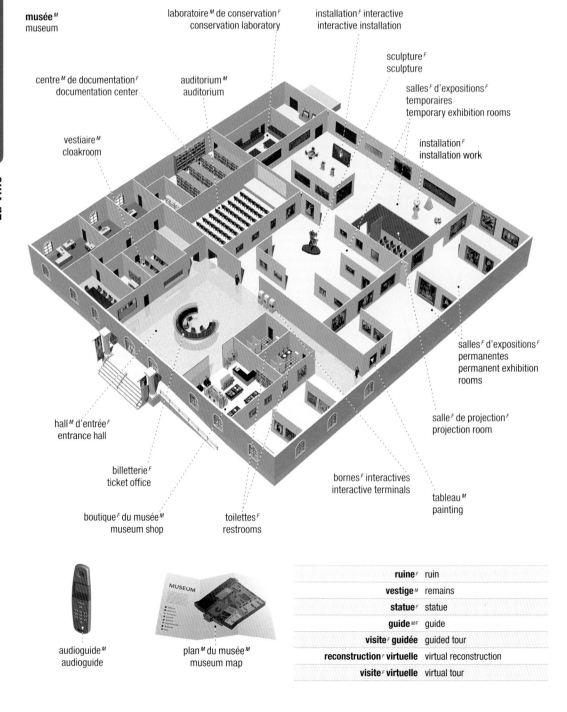

musée^M
museum

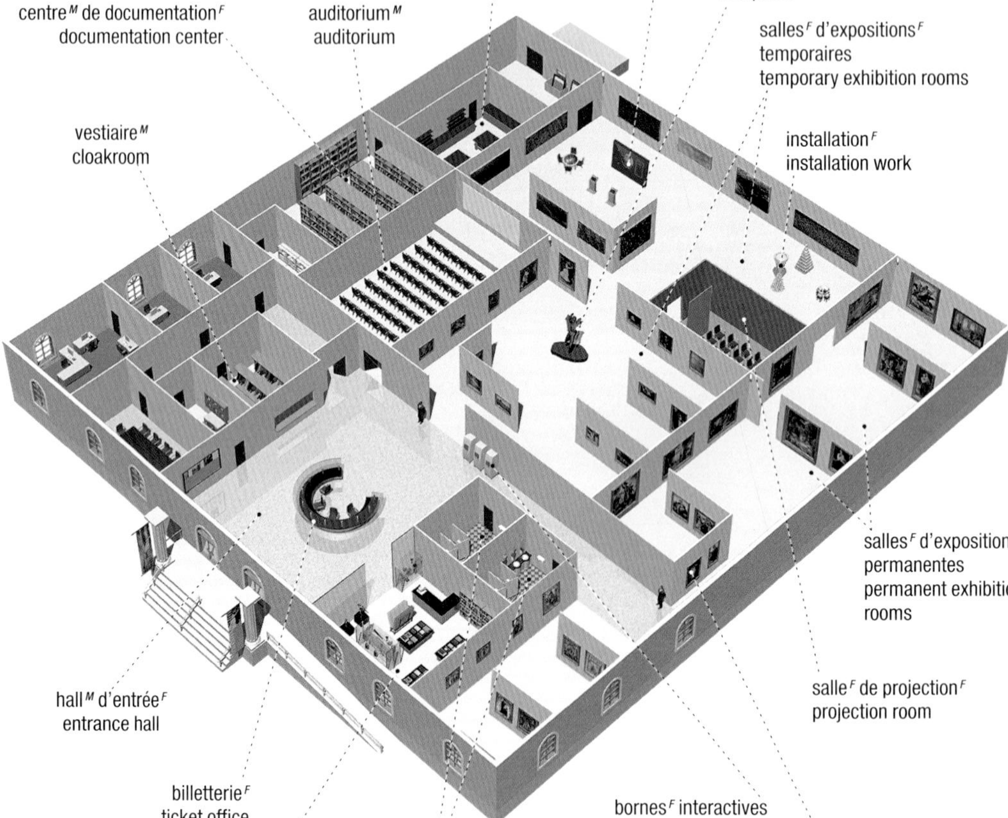

laboratoire^M de conservation^F
conservation laboratory
installation^F interactive
interactive installation
sculpture^F
sculpture
centre^M de documentation^F
documentation center
auditorium^M
auditorium
salles^F d'expositions^F temporaires
temporary exhibition rooms
vestiaire^M
cloakroom
installation^F
installation work
salles^F d'expositions^F permanentes
permanent exhibition rooms
salle^F de projection^F
projection room
hall^M d'entrée^F
entrance hall
billetterie^F
ticket office
bornes^F interactives
interactive terminals
tableau^M
painting
boutique^F du musée^M
museum shop
toilettes^F
restrooms

audioguide^M
audioguide

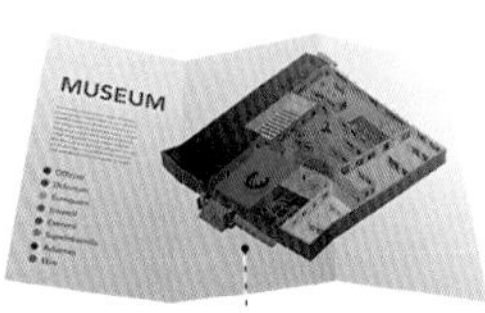

MUSEUM

plan^M du musée^M
museum map

ruine^F	ruin
vestige^M	remains
statue^F	statue
guide^M/F	guide
visite^F **guidée**	guided tour
reconstruction^F **virtuelle**	virtual reconstruction
visite^F **virtuelle**	virtual tour

salle[F] de spectacle[M]
theater

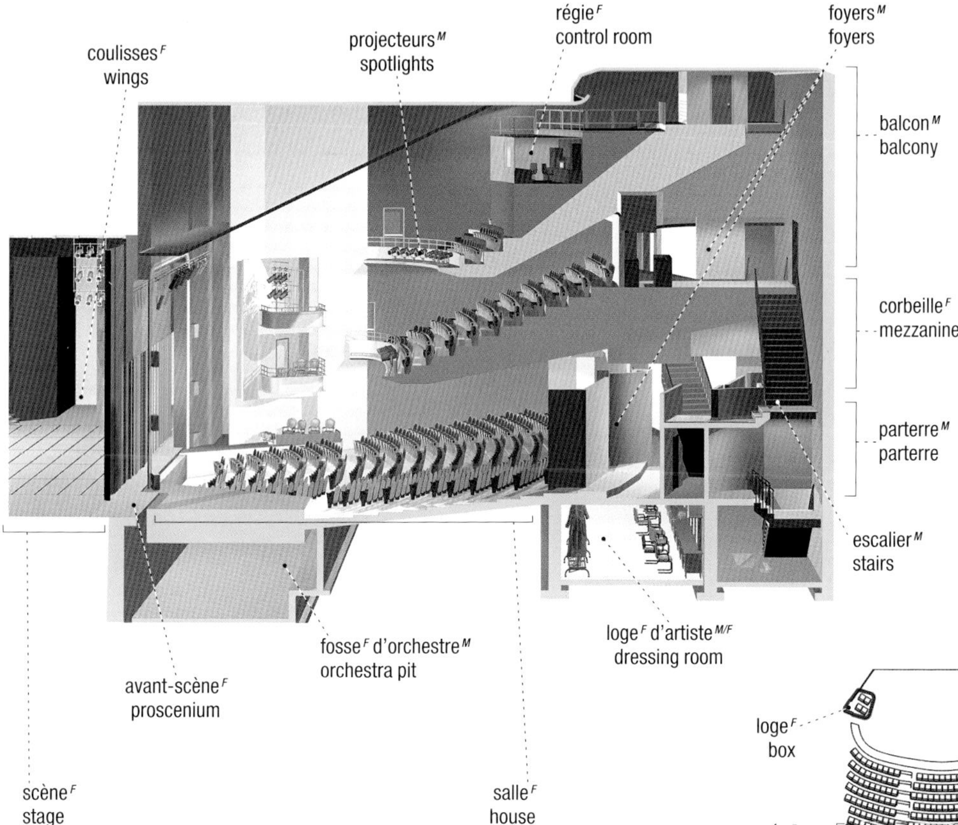
coulisses[F]
wings
projecteurs[M]
spotlights
régie[F]
control room
foyers[M]
foyers
balcon[M]
balcony
corbeille[F]
mezzanine
parterre[M]
parterre
escalier[M]
stairs
loge[F] d'artiste[M/F]
dressing room
fosse[F] d'orchestre[M]
orchestra pit
avant-scène[F]
proscenium
scène[F]
stage
salle[F]
house

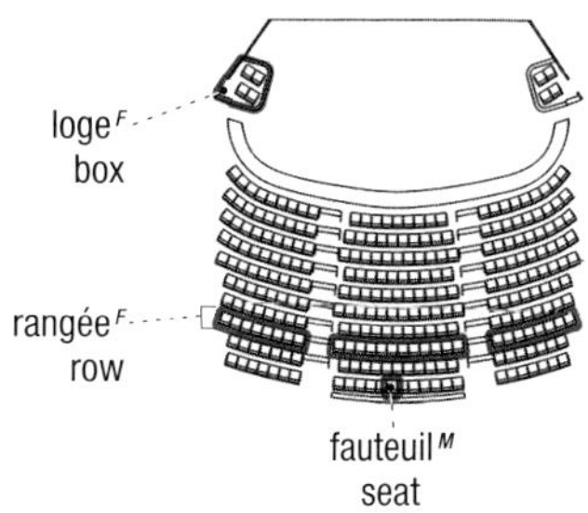
loge[F]
box
rangée[F]
row
fauteuil[M]
seat

pièce[F] de théâtre[M]
play

spectacle[M] musical
music show

comédie[F] musicale
musical

spectacle[M] d'humour[M]
comedy show

brochure[F]	brochure
ticket[M] **d'entrée**[F]	admission ticket
prix[M] **d'entrée**[F]	admission fee
tarif[M] **réduit**	reduced rate
entrée[F] **gratuite**	free admission
comédien[M]**/comédienne**[F]	comedian
réservation[F]	booking
répétition[F]	rehearsal
première[F]	premiere/opening night
entracte[F]	intermission
programme[M]	program
représentation[F]	performance
décor[M]	set
costume[M]	costume

cinéma[M]
movies

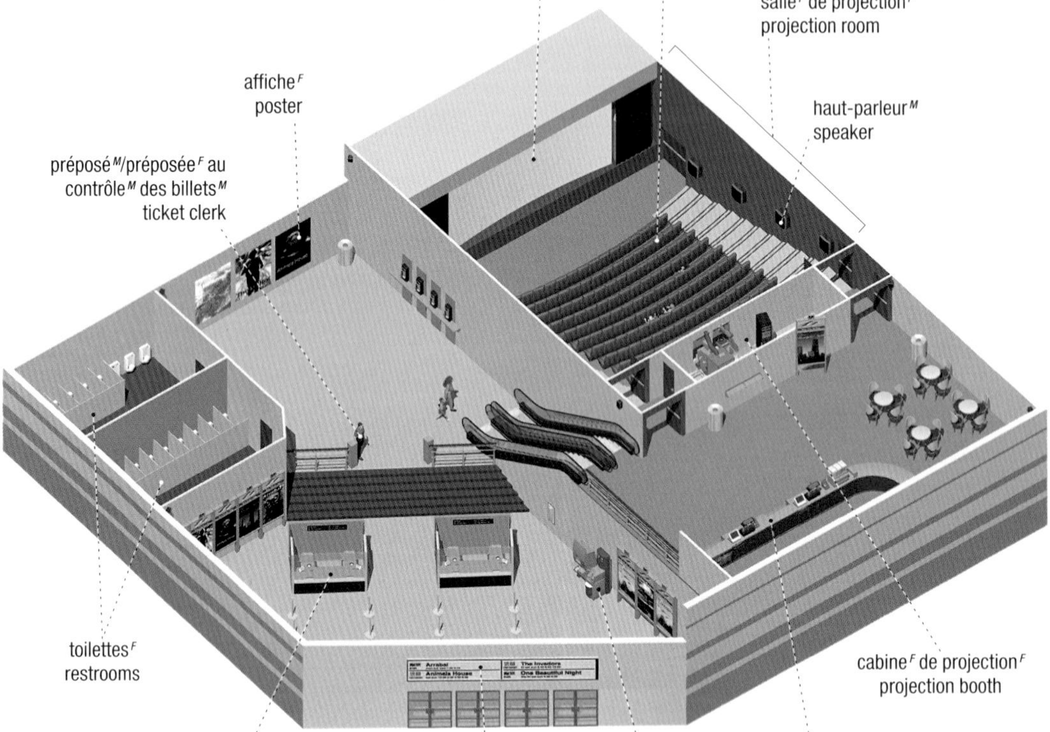
cinéma[M]
movie theater
fauteuil[M]
seat
écran[M] de projection[F]
projection screen
salle[F] de projection[F]
projection room
affiche[F]
poster
haut-parleur[M]
speaker
préposé[M]/préposée[F] au contrôle[M] des billets[M]
ticket clerk
toilettes[F]
restrooms
cabine[F] de projection[F]
projection booth
billetterie[F]
box office
titres[M] et horaires[M] des films[M]
movie titles and schedules
billetterie[F] express
quick ticket system
comptoir[M] de vente[F] de friandises[F]
snack bar

acteur[M]
actor
actrice[F]
actress

film[M]
movie

drame[M]
drama

comédie[F]
comedy

bande-annonce[F]	trailer
version[F] **originale/doublée/ sous-titrée**	original/dubbed/sub-titled version
documentaire[M]	documentary
film[M] **d'animation**[F]	animated movie
film[M] **d'action**[F]	action movie
film[M] **en 3D**	3D movie

science[F]**-fiction**[F]
science fiction

film[M] **d'horreur**[F]
horror movie

parcs[M] et aires[F] de jeux[M]
parks and playgrounds

festival[M]	festival
fête[F] foraine	carnival
salle[F] d'arcade[F]	amusement arcade
salle[F] de quilles[F]	bowling center
foule[F]	crowd
pique-nique[M]	picnic

jardin[M] public
public garden

belvédère[M]
viewpoint

jardin[M] botanique
botanical garden

parc[M] zoologique
zoo

aquarium[M]
aquarium

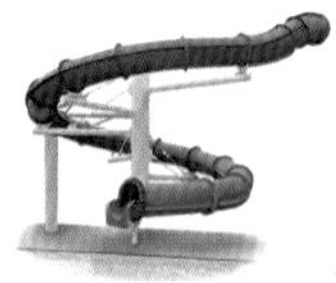

parc[M] aquatique
water park

parc[M] d'attractions[F]
amusement park

grande roue[F]
Ferris wheel

montagnes[F] russes
roller coaster

manège[M]
ride

cirque[M]
circus

acrobate[M/F]
acrobat

clown[M/F]
clown

jongleur[M]/jongleuse[F]
juggler

terrain[M] de jeux[M]
playground

X O O
O X
X X O

module[M] de jeux[M]
modular play structure

balançoire[F]
swing

terrain[M] de sports[M]
sports ground

tunnel[M]
tunnel

toboggan[M] ; *glissoire*[F]
slide

City

Dans la plupart des pays, l'éducation est obligatoire jusqu'à un âge déterminé. L'enseignement primaire, qui commence autour de l'âge de cinq à sept ans, est généralement offert gratuitement. En plus d'y apprendre à lire, à écrire et à compter, l'enfant développe à l'école de nombreuses autres aptitudes intellectuelles, physiques, sociales et artistiques. Toutefois, de nombreux enfants dans les pays pauvres ou en guerre ne reçoivent pas d'enseignement formel, faute de ressources.

école^F
school

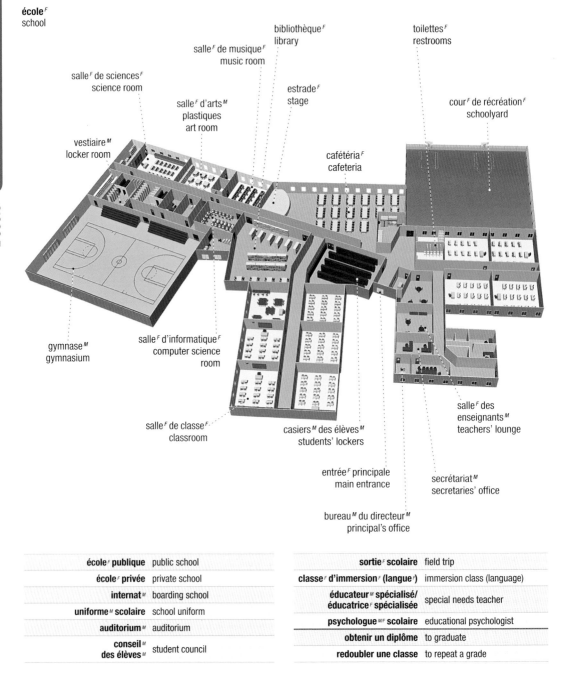

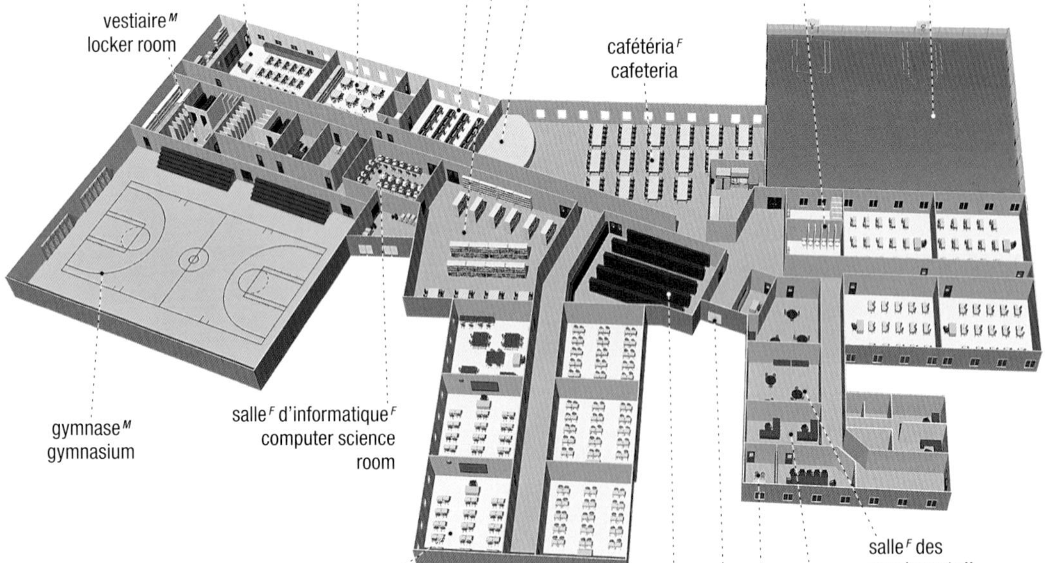

bibliothèque^F
library
toilettes^F
restrooms
salle^F de musique^F
music room
salle^F de sciences^F
science room
estrade^F
stage
salle^F d'arts^M plastiques
art room
cour^F de récréation^F
schoolyard
vestiaire^M
locker room
cafétéria^F
cafeteria
gymnase^M
gymnasium
salle^F d'informatique^F
computer science room
salle^F des enseignants^M
teachers' lounge
salle^F de classe^F
classroom
casiers^M des élèves^M
students' lockers
entrée^F principale
main entrance
secrétariat^M
secretaries' office
bureau^M du directeur^M
principal's office

école^F publique	public school
école^F privée	private school
internat^M	boarding school
uniforme^M scolaire	school uniform
auditorium^M	auditorium
conseil^M des élèves^M	student council

sortie^F scolaire	field trip
classe^F d'immersion^F (langue^F)	immersion class (language)
éducateur^M spécialisé/ éducatrice^F spécialisée	special needs teacher
psychologue^M/F scolaire	educational psychologist
obtenir un diplôme	to graduate
redoubler une classe	to repeat a grade

maternelle[F]
kindergarten

école[F] **primaire**
elementary school (primary school)

école[F] **secondaire**
high school (secondary school)

études[F] **supérieures**
higher studies

rentrée[F] **des classes**[F]
back-to-school time

vacances[F] **scolaires**
school vacation

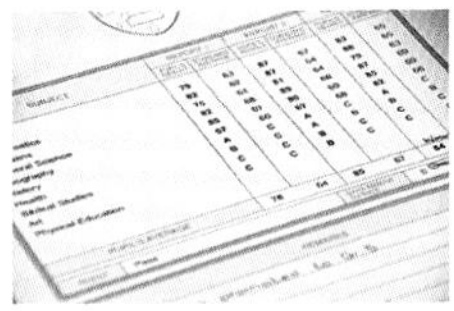

relevé[M] **de notes**[F]**;** ***bulletin***[M]
report card

diplôme[M]
diploma

cafétéria[F]
cafeteria

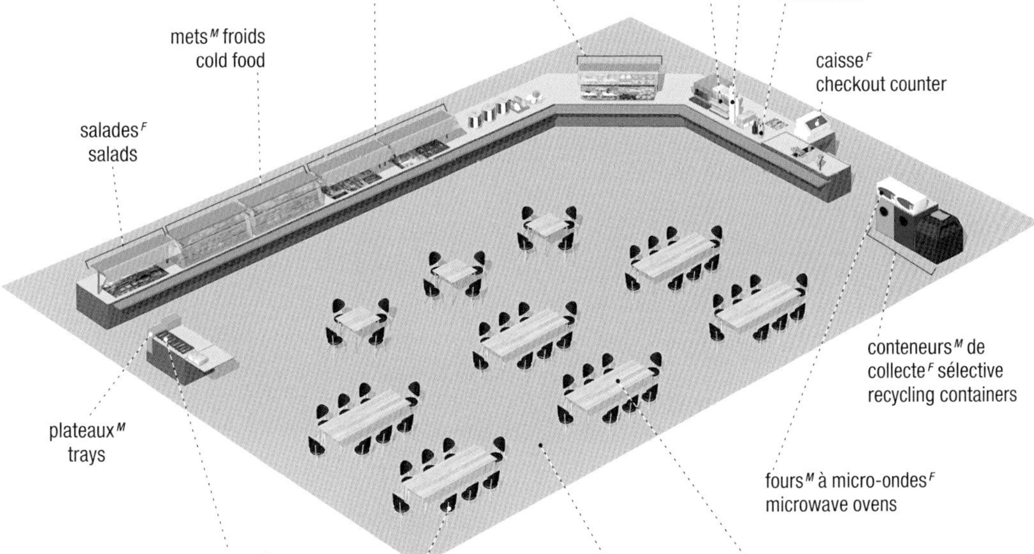
boissons[F]
drinks
verres[M]
glasses
mets[M] chauds
hot food
fruits[M] et desserts[M]
fruits and desserts
condiments[M]
condiments
mets[M] froids
cold food
caisse[F]
checkout counter
salades[F]
salads
conteneurs[M] de collecte[F] sélective
recycling containers
plateaux[M]
trays
fours[M] à micro-ondes[F]
microwave ovens
couverts[M]
silverware
table[F]
table
salle[F] à manger
dining room
chaise[F]
chair

fournitures[F] scolaires
school supplies

cartable[M] ; *sac[M] d'écolier[M]*
school bag

trousse[F] d'écolier[M]
pencil case

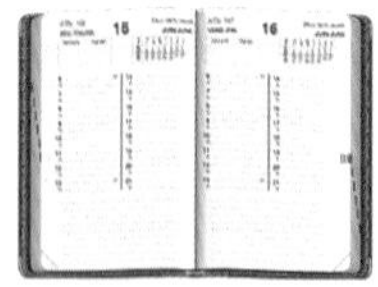

agenda[M]
datebook

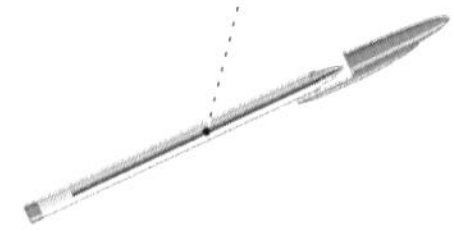
cartouche[F] d'encre[F]
ink cartridge

stylo[M]-bille[F]
ballpoint pen

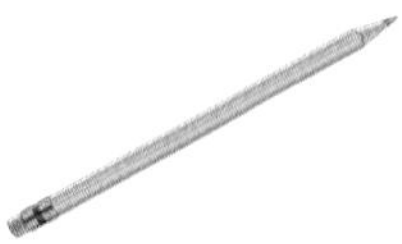

crayon[M]
pencil

taille-crayon[M]
pencil sharpener

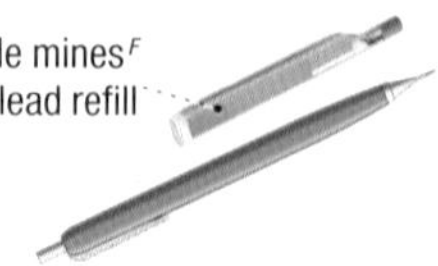
tube[M] de mines[F]
pencil lead refill

porte-mine[M]
mechanical pencil

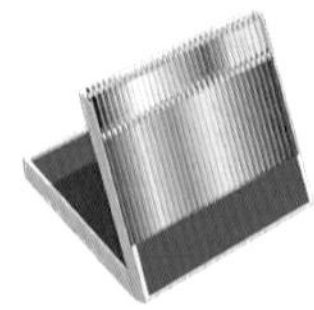

crayons[M] de couleur[F]
colored pencils

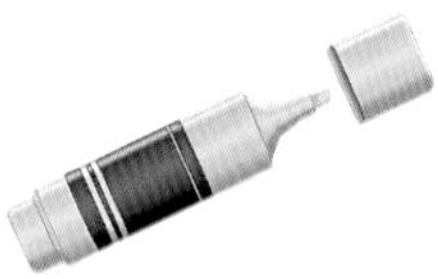

surligneur[M]
highlighter

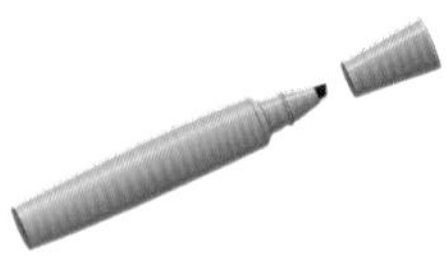

marqueur[M]
marker

gomme[F]
eraser

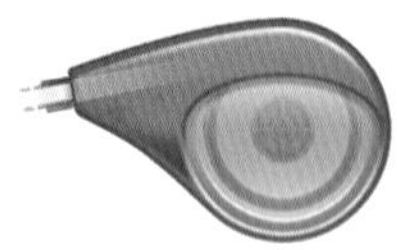

ruban[M] correcteur
correction tape

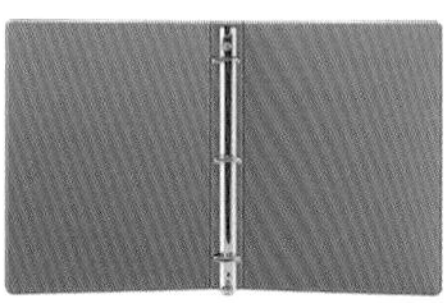

classeur[M] ;
reliure[F] à anneaux[M]
ring binder

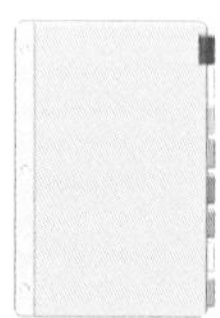

feuillets[M] intercalaires
dividers

papier[M] réglé
ruled paper

reliure[F] spirale[F]
spiral binder

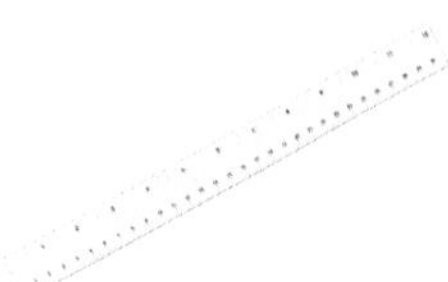

règle[F] graduée
ruler

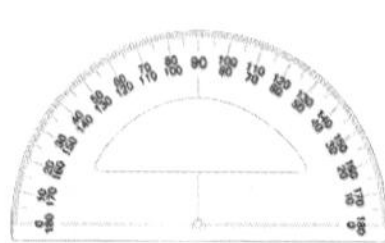

rapporteur[M] d'angle[M]
protractor

compas[M]
compasses

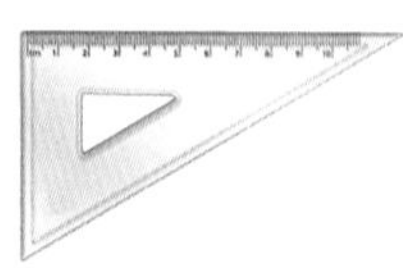

équerre[F]
set square

dictionnaire[M]
dictionary

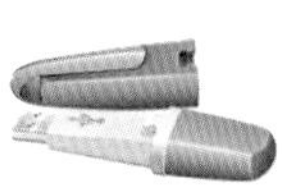

clé[F] USB
USB flash drive

calculatrice[F] de poche[F]
pocket calculator

tablette[F] numérique
tablet computer

fournitures^{F} scolaires
school supplies

tableau^{M} blanc interactif
interactive whiteboard

vidéoprojecteur^{M}
projector

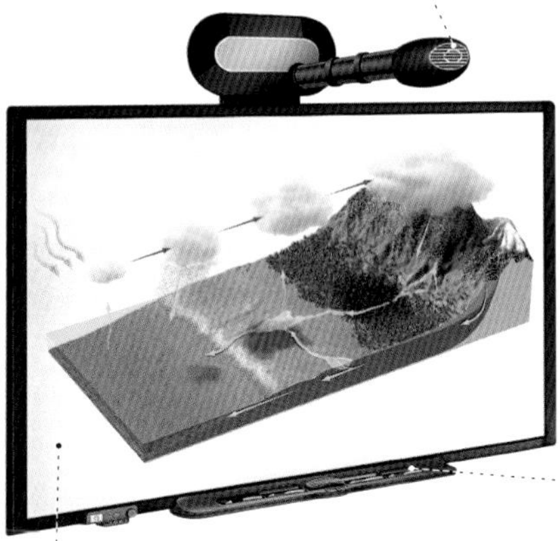

stylet^{M}
stylus

écran^{M} tactile
touch screen

craie^{F}
chalk

brosse^{F} à tableau^{M}
blackboard eraser

tableau^{M}
blackboard

punaises^{F}
thumbtacks

tableau^{M} d'affichage^{M} ; *babillard*^{M}
bulletin board

salle^{F} de classe^{F}
classroom

élève$^{M/F}$
student

carte^{F} géographique
geographical map

enseignant^{M}/enseignante^{F}
teacher

haut-parleur^{M}
speaker

bureau^{M} de l'enseignant^{M}/enseignante^{F}
teacher's desk

pendule^{F}
clock

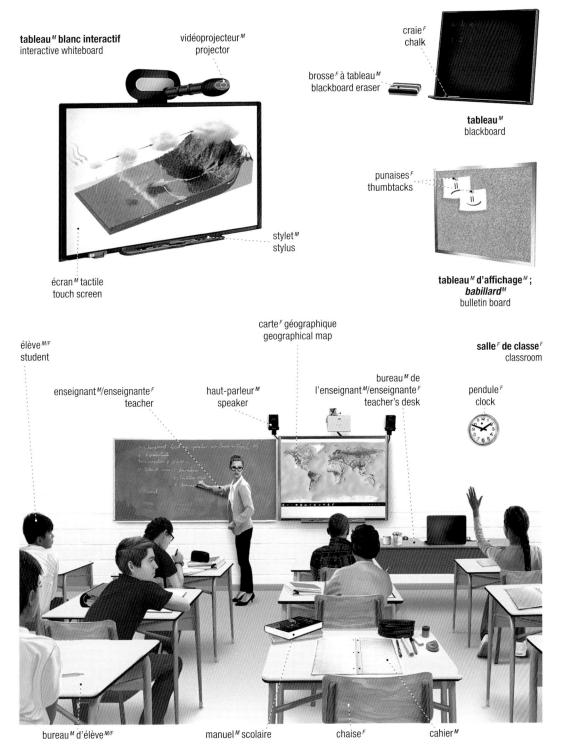

bureau^{M} d'élève$^{M/F}$
student's desk

manuel^{M} scolaire
textbook

chaise^{F}
chair

cahier^{M}
notebook

L'école

matières[F] scolaires
school subjects

abcd
ابتث
汉字

langue[F] maternelle/seconde
first/second language

langues[F]
languages

littérature[F]
literature

±π

mathématiques[F]
mathematics

histoire[F]
history

géographie[F]
geography

informatique[F]
computer science

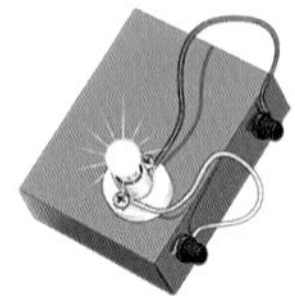

technologie[F]
technology

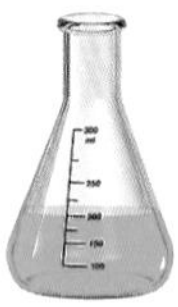

sciences[F]
science

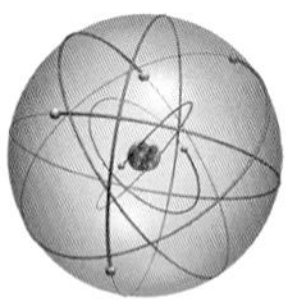

chimie[F]
chemistry

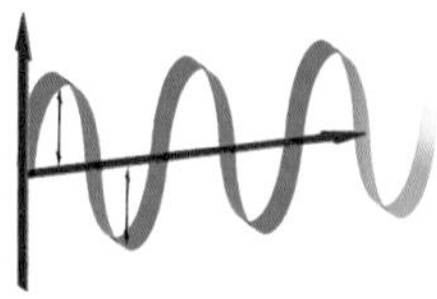

physique[F]
physics

astronomie[F]
astronomy

biologie[F]
biology

écologie[F]
ecology

météorologie[F]
meteorology

géologie[F]
geology

éthique[F] et religions[F]
ethics and religions

éducation[F] politique
political science

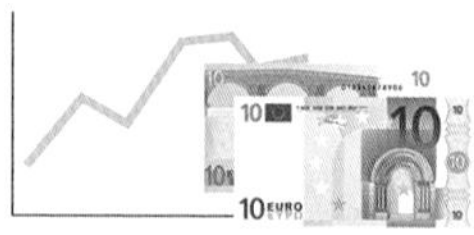

éducation[F] économique
economics

éducation[F] physique
physical education

arts[M] plastiques
visual arts

art[M] dramatique
drama

musique[F]
music

activité[F] parascolaire
extracurricular activity

travaux[M] scolaires
school work

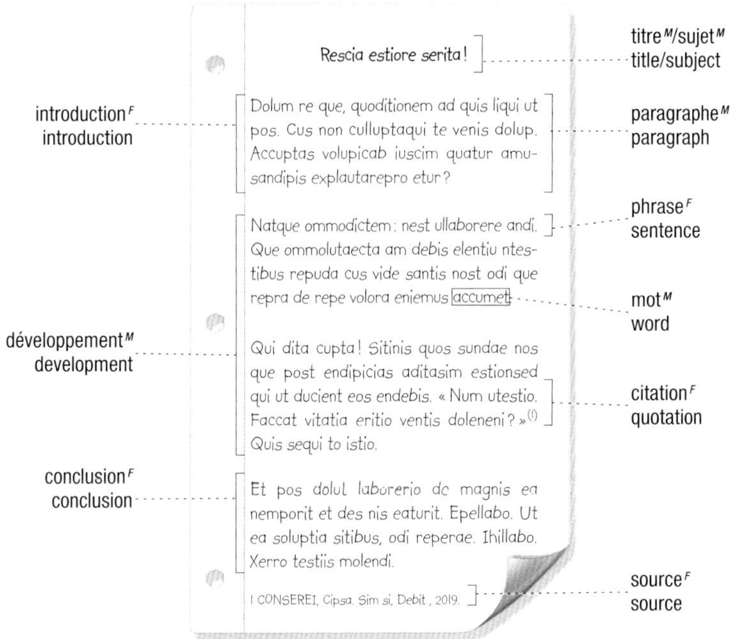
titre[M]/sujet[M]
title/subject
Rescia estiore serita!
introduction[F]
introduction
Dolum re que, quoditionem ad quis liqui ut pos. Cus non culluptaqui te venis dolup. Accuptas volupicab iuscim quatur amusandipis explautarepro etur?
paragraphe[M]
paragraph
phrase[F]
sentence
Natque ommodictem: nest ullaborere andi. Que ommolutaecta am debis elentiu ntestibus repuda cus vide santis nost odi que repra de repe volora eniemus accumet
mot[M]
word
développement[M]
development
Qui dita cupta! Sitinis quos sundae nos que post endipicias aditasim estionsed qui ut ducient eos endebis. « Num utestio. Faccat vitatia eritio ventis doleneni? »(1) Quis sequi to istio.
citation[F]
quotation
conclusion[F]
conclusion
Et pos dolul laborerio dc magnis ea nemporit et des nis eaturit. Epellabo. Ut ea soluptia sitibus, odi reperae. Ihillabo. Xerro testiis molendi.
I CONSEREI, Cipsa. Sim si, Debit, 2019.
source[F]
source

composition[F]
composition

recherche[F]
research

travail[M] d'équipe[F]
teamwork

lecture[F]
reading

écriture[F]
writing

devoir[M]
homework

étude[F]
study

exposé[M] oral
oral presentation

examen[M]
exam

bonne/mauvaise note[F]	good/bad grade
orthographe[F]	spelling
signe[M] de ponctuation[F]	punctuation mark
point[M]	period
virgule[F]	comma
deux-points[M]	colon
point[M] d'interrogation[F]	question mark

point[M] d'exclamation[F]	exclamation point
apostrophe[F]	apostrophe
parenthèses[F]	parentheses
guillemets[M]	quotation marks
remettre un travail	to hand in an assignment
poser une question	to ask a question
réussir/échouer	to pass/fail

School

équipement[M] informatique
computer equipment

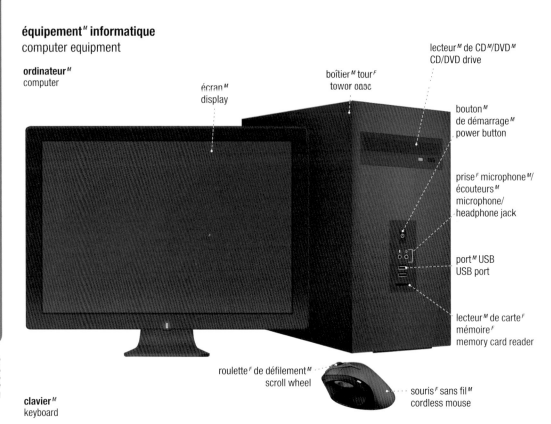

ordinateur[M]
computer

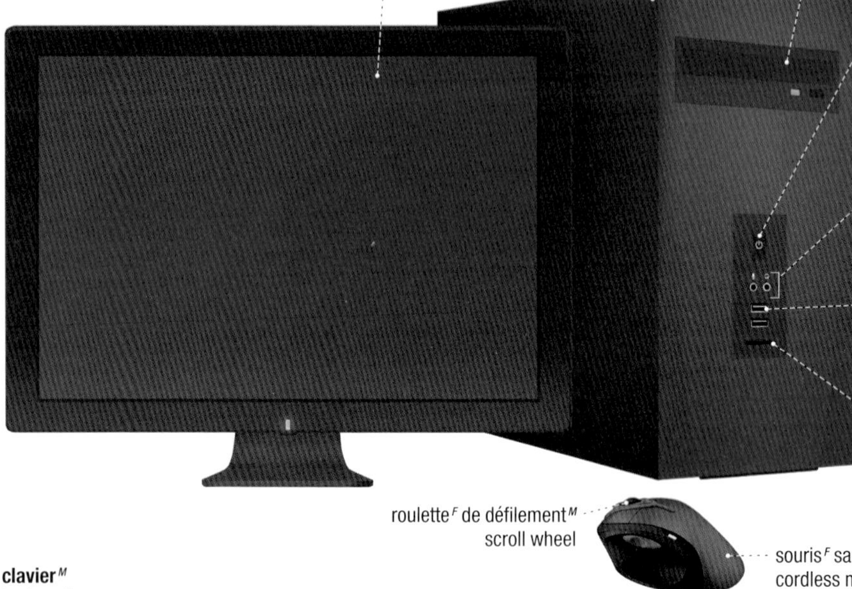
écran[M]
display
boîtier[M] tour[F]
tower case
lecteur[M] de CD[M]/DVD[M]
CD/DVD drive
bouton[M]
de démarrage[M]
power button
prise[F] microphone[M]/
écouteurs[M]
microphone/
headphone jack
port[M] USB
USB port
lecteur[M] de carte[F]
mémoire[F]
memory card reader
roulette[F] de défilement[M]
scroll wheel
souris[F] sans fil[M]
cordless mouse

clavier[M]
keyboard

touche[F] de tabulation[F]
tabulator key
touches[F] de fonction[F]
function keys
touche[F] d'effacement[M]
backspace key
pavé[M] numérique
numeric keypad
touche[F] majuscule[F]
shift key
barre[F] d'espacement[M]
space bar
touche[F] de retour[M]
enter key
touches[F] de déplacement[M]
du curseur[M]
cursor keys

disque[M] dur externe
external hard drive

clé[F] USB
USB flash drive

câble[M] USB
USB cable

imprimante[F] multifonction
multifunction printer

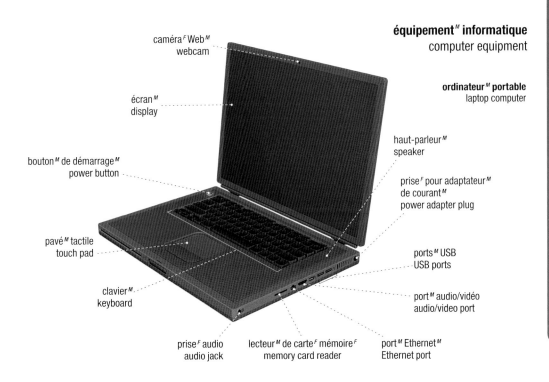

équipement[M] informatique
computer equipment

ordinateur[M] portable
laptop computer

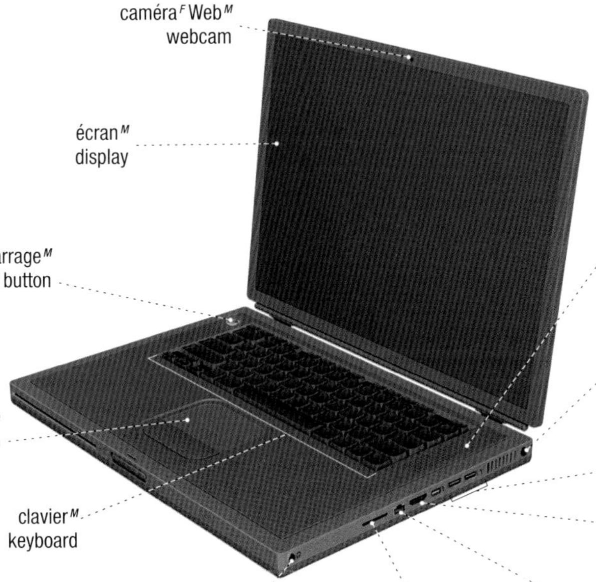
caméra[F] Web[M]
webcam
écran[M]
display
bouton[M] de démarrage[M]
power button
pavé[M] tactile
touch pad
clavier[M]
keyboard
haut-parleur[M]
speaker
prise[F] pour adaptateur[M] de courant[M]
power adapter plug
ports[M] USB
USB ports
port[M] audio/vidéo
audio/video port
prise[F] audio
audio jack
lecteur[M] de carte[F] mémoire[F]
memory card reader
port[M] Ethernet[M]
Ethernet port

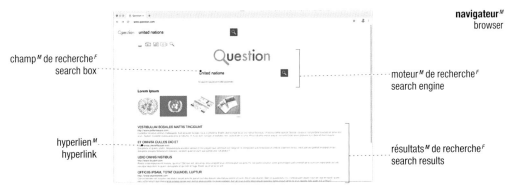

navigateur[M]
browser

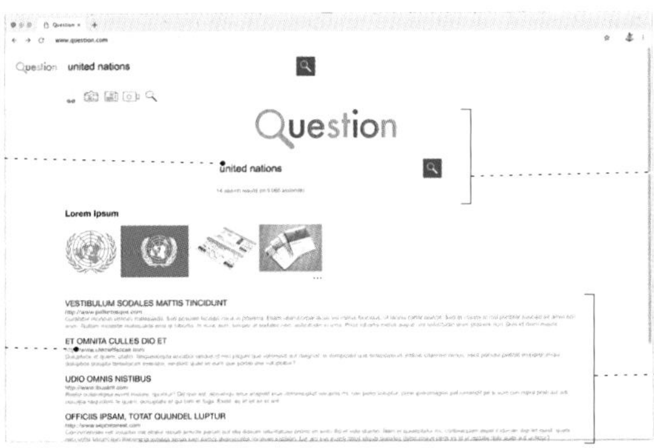
champ[M] de recherche[F]
search box
moteur[M] de recherche[F]
search engine
hyperlien[M]
hyperlink
résultats[M] de recherche[F]
search results
Question
united nations
Lorem ipsum
VESTIBULUM SODALES MATTIS TINCIDUNT
ET OMNITA CULLES DIO ET
UDIO OMNIS NISTIBUS
OFFICIIS IPSAM, TOTAT QUUNDEL LUPTUR

identifiant[M]	user name/login
mot[M] de passe[F]	password
menu[M]	menu
barre[F] des tâches[F]/ barre[F] d'outils[M]	task bar/tool bar
fenêtre[F]	window
logiciel[M] de traitement[M] de texte[M]	word processing software
logiciel[M] de présentation[F]	presentation software
courrier[M] électronique	email
démarrer	to start
éteindre	to shut down
taper	to type
cliquer	to click

sélectionner	to select
déplacer	to move
insérer	to insert
copier/couper/coller	to copy/cut/paste
annuler	to cancel/undo
sauvegarder	to save
supprimer	to delete
rechercher par mot-clé	to search by keyword
mettre en signet	to bookmark
envoyer un courriel	to send an email
recevoir un courriel	to receive an email
envoyer en fichier joint	to send as an attachment
télécharger un fichier	to download a file

La biologie est la science qui étudie les êtres vivants. Depuis l'apparition des premières formes de vie sur la Terre il y a près de quatre milliards d'années, les êtres vivants ont grandement évolué et se sont diversifiés en millions d'espèces. Un système permet de les classer les uns par rapport aux autres et de définir leur lien de parenté : la classification des espèces.

classification^F d'une espèce^F : chat^M
biological classification: cat

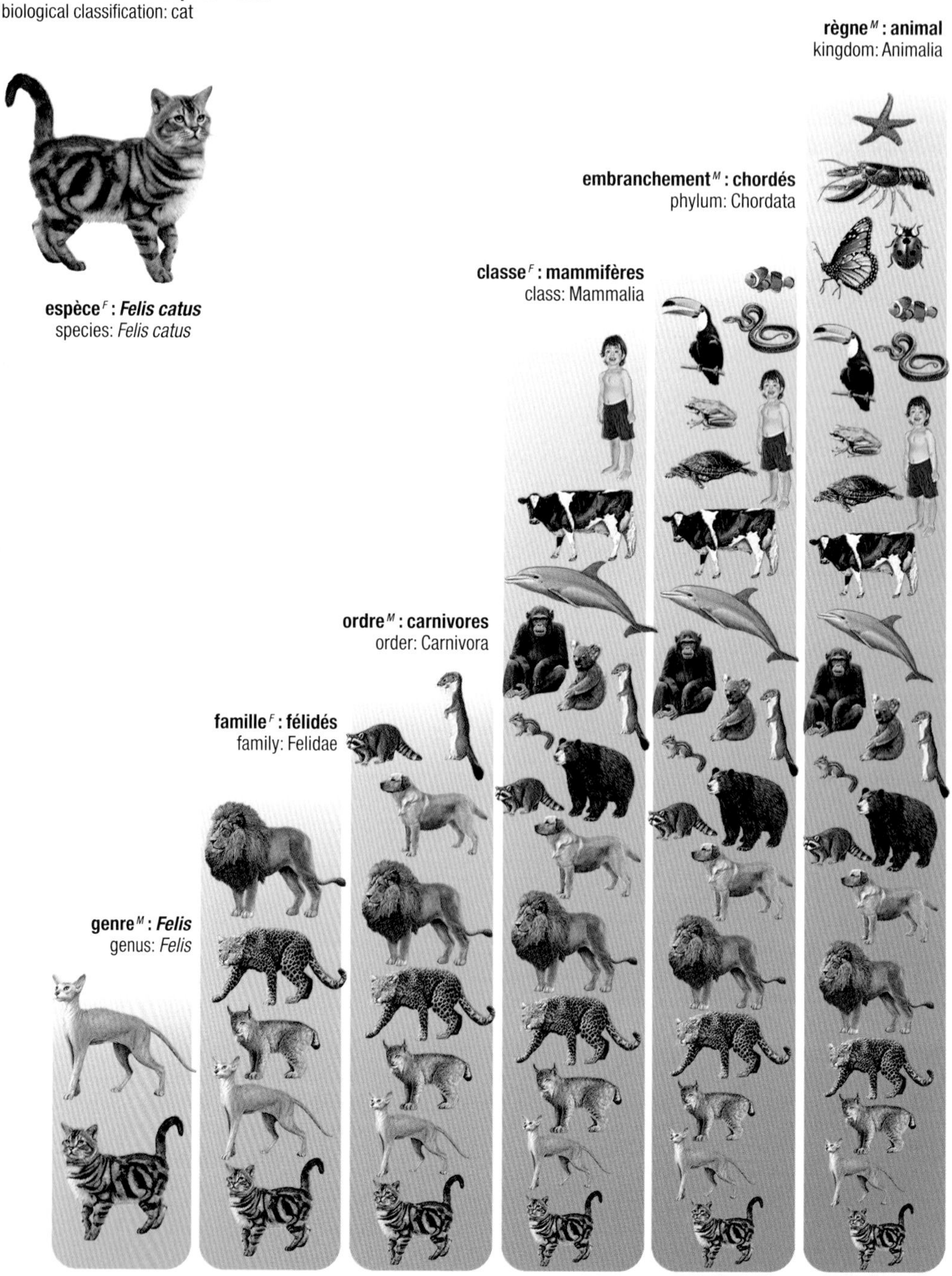
règne^M : animal
kingdom: Animalia
embranchement^M : chordés
phylum: Chordata
classe^F : mammifères
class: Mammalia
espèce^F : *Felis catus*
species: *Felis catus*
ordre^M : carnivores
order: Carnivora
famille^F : félidés
family: Felidae
genre^M : *Felis*
genus: *Felis*

laboratoire[M]
laboratory

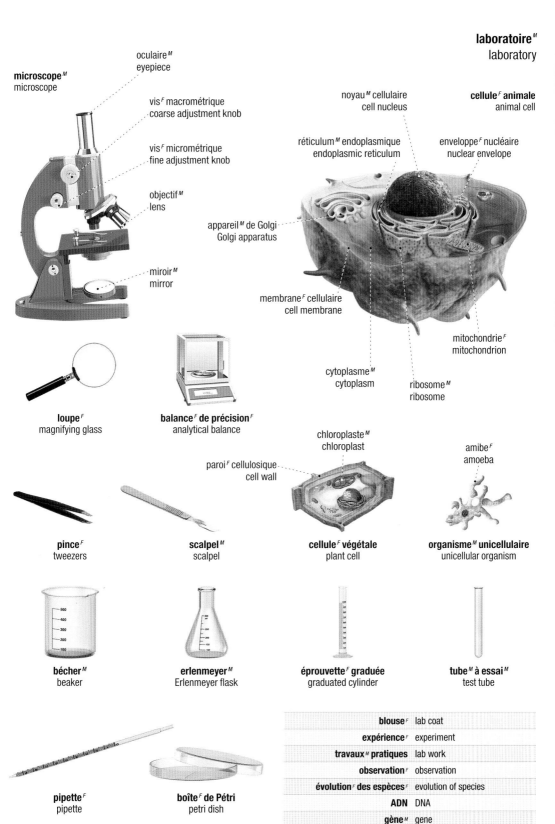

microscope[M]
microscope

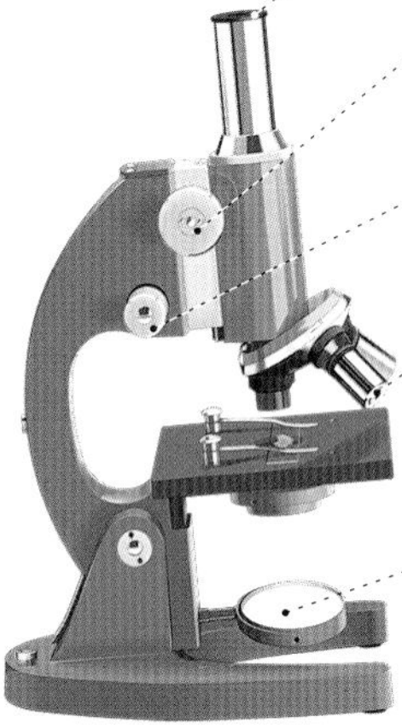
oculaire[M]
eyepiece
vis[F] macrométrique
coarse adjustment knob
vis[F] micrométrique
fine adjustment knob
objectif[M]
lens
miroir[M]
mirror

cellule[F] animale
animal cell

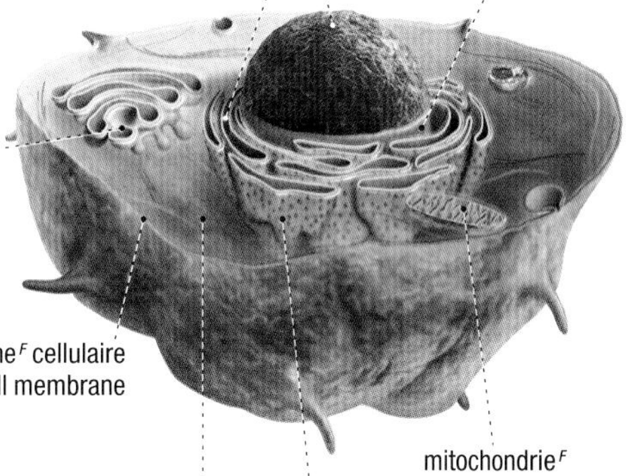
noyau[M] cellulaire
cell nucleus
réticulum[M] endoplasmique
endoplasmic reticulum
enveloppe[F] nucléaire
nuclear envelope
appareil[M] de Golgi
Golgi apparatus
membrane[F] cellulaire
cell membrane
mitochondrie[F]
mitochondrion
cytoplasme[M]
cytoplasm
ribosome[M]
ribosome

loupe[F]
magnifying glass

balance[F] de précision[F]
analytical balance

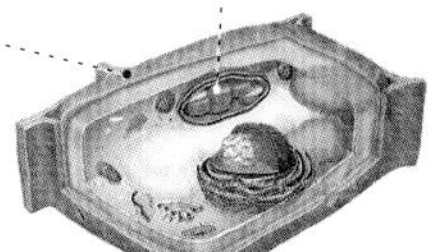
chloroplaste[M]
chloroplast
paroi[F] cellulosique
cell wall

cellule[F] végétale
plant cell

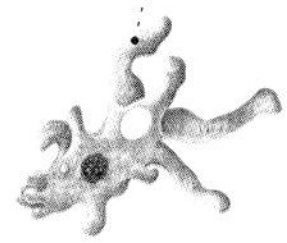
amibe[F]
amoeba

organisme[M] unicellulaire
unicellular organism

pince[F]
tweezers

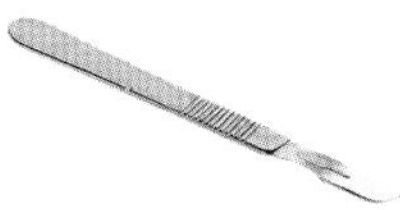

scalpel[M]
scalpel

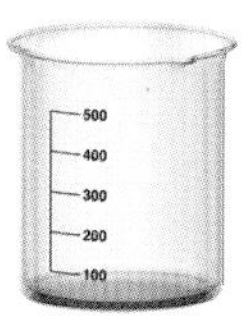

bécher[M]
beaker

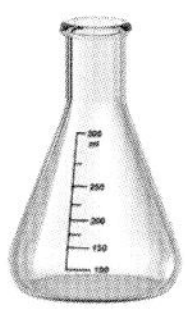

erlenmeyer[M]
Erlenmeyer flask

éprouvette[F] graduée
graduated cylinder

tube[M] à essai[M]
test tube

pipette[F]
pipette

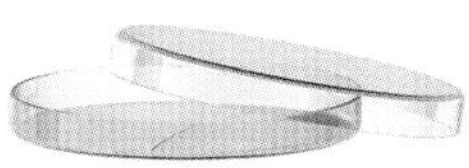

boîte[F] de Pétri
petri dish

blouse[F]	lab coat
expérience[F]	experiment
travaux[M] pratiques	lab work
observation[F]	observation
évolution[F] des espèces[F]	evolution of species
ADN	DNA
gène[M]	gene

Si tous les végétaux sont faits de cellules végétales, ils ne présentent pas tous la même structure. Certains, comme les arbres, sont imposants, tandis que d'autres sont plus simples, comme les algues et les mousses, qui n'ont ni feuilles, ni fleurs, ni graines. Quant aux champignons, bien qu'ils ressemblent à des plantes, on les classe dans un règne à part, car ils ne font pas de photosynthèse. La majorité des plantes qui nous sont familières appartiennent au groupe des plantes à fleurs, qui est très diversifié.

diversité[F] végétale
plant diversity

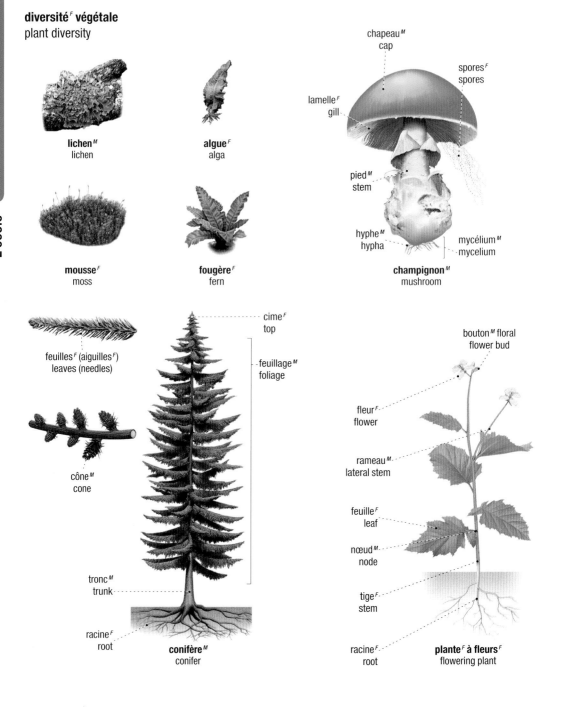

lichen[M]
lichen

algue[F]
alga

mousse[F]
moss

fougère[F]
fern

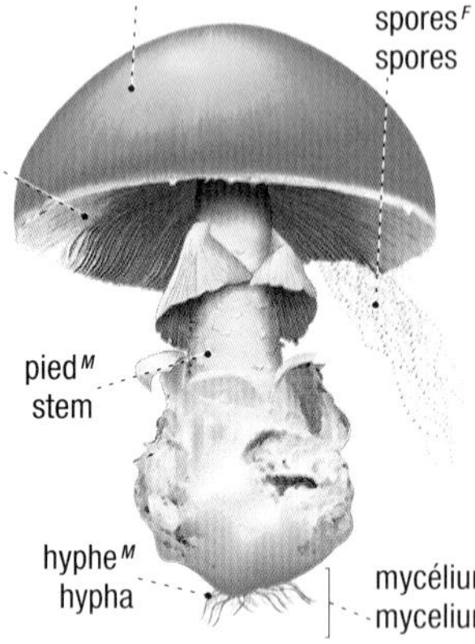
chapeau[M]
cap
spores[F]
spores
lamelle[F]
gill
pied[M]
stem
hyphe[M]
hypha
mycélium[M]
mycelium

champignon[M]
mushroom

feuilles[F] (aiguilles[F])
leaves (needles)

cône[M]
cone

cime[F]
top
feuillage[M]
foliage
tronc[M]
trunk
racine[F]
root

conifère[M]
conifer

bouton[M] floral
flower bud
fleur[F]
flower
rameau[M]
lateral stem
feuille[F]
leaf
nœud[M]
node
tige[F]
stem
racine[F]
root

plante[F] à fleurs[F]
flowering plant

photosynthèse[F]
photosynthesis

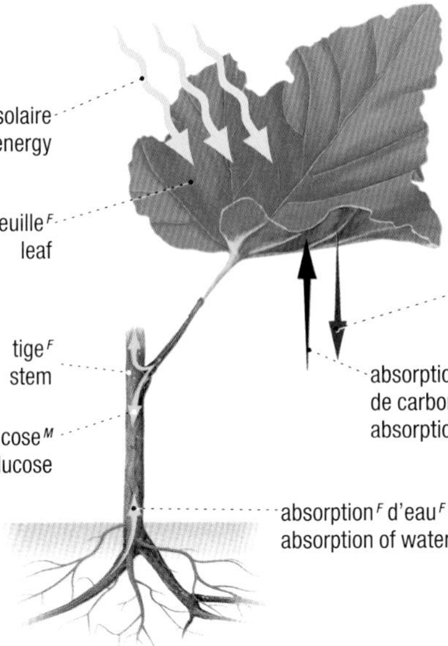
énergie[F] solaire
solar energy
feuille[F]
leaf
tige[F]
stem
glucose[M]
glucose
rejet[M] d'oxygène[M]
release of oxygen
absorption[F] de dioxyde[M] de carbone[M]
absorption of carbon dioxide
absorption[F] d'eau[F] et de sels[M] minéraux
absorption of water and mineral salts

nutrition[F] et reproduction[F]
nutrition and reproduction

plante[F] carnivore
carnivorous plant

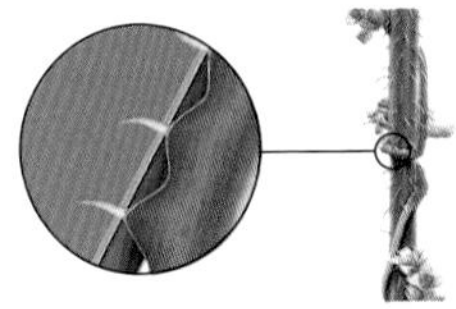

plante[F] parasite
parasitic plant

cycle[M] de reproduction[F] d'une plante[F] à fleurs[F]
reproduction cycle of a flowering plant

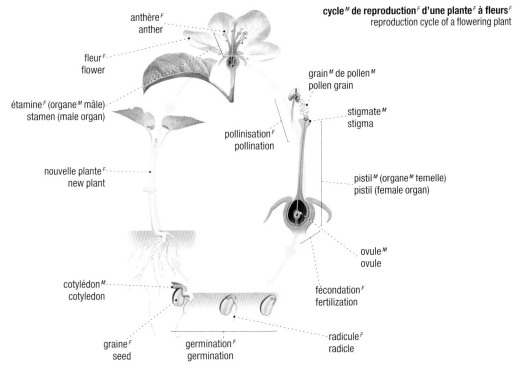

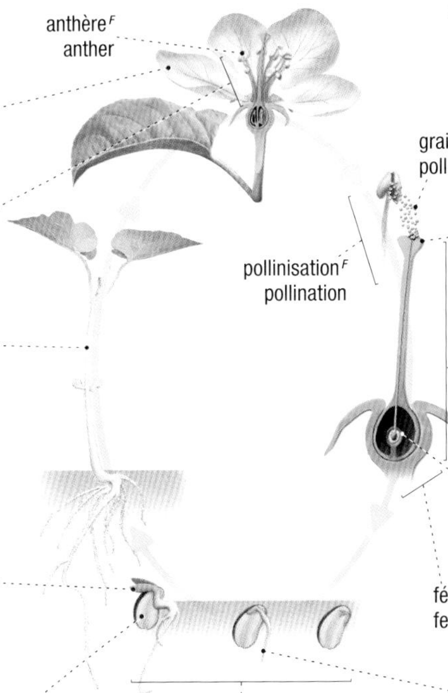
anthère[F]
anther
fleur[F]
flower
étamine[F] (organe[M] mâle)
stamen (male organ)
nouvelle plante[F]
new plant
cotylédon[M]
cotyledon
graine[F]
seed
germination[F]
germination
radicule[F]
radicle
fécondation[F]
fertilization
ovule[M]
ovule
pistil[M] (organe[M] femelle)
pistil (female organ)
stigmate[M]
stigma
pollinisation[F]
pollination
grain[M] de pollen[M]
pollen grain

floraison[F]	flowering
sève[F]	sap
nénuphar[M]	water lily
plante[F] **aromatique**	aromatic plant
plante[F] **grimpante**	climbing plant
plante[F] **urticante**	stinging plant
mauvaise herbe[F]	weed

feuillage[M] **caduc**	deciduous foliage
feuillage[M] **persistant**	evergreen foliage
germer	to sprout
pousser	to grow
fleurir	to flower
disséminer	to scatter
se flétrir	to wilt

structure^F d'une fleur^F
structure of a flower

pétale^M
petal
pédoncule^M
peduncle

lis^M
lily

corolle^F
corolla

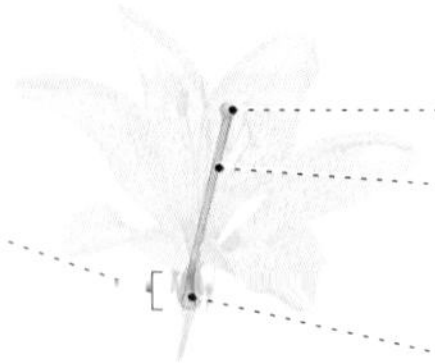
stigmate^M
stigma
style^M
style
ovaire^M
ovary
ovule^M
ovule

pistil^M (organe^M femelle)
pistil (female organ)

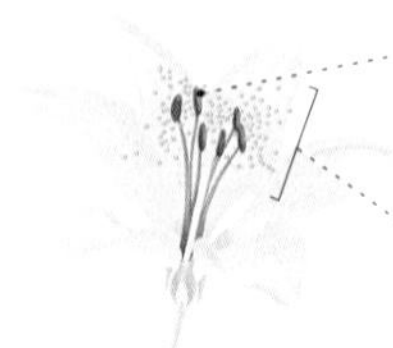
anthère^F
anther
pollen^M
pollen

étamine^F (organe^M mâle)
stamen (male organ)

exemples^M de fleurs^F
examples of flowers

tulipe^F
tulip

marguerite^F
daisy

tournesol^M
sunflower

rose^F
rose

pissenlit^M
dandelion

coquelicot^M
poppy

chardon^M
thistle

crocus^M
crocus

bouton^M d'or^M
buttercup

violette^F
violet

primevère^F
primrose

muguet^M
lily of the valley

jonquille^F
daffodil

œillet^M
carnation

géranium^M
geranium

orchidée^F
orchid

exemples^M d'arbres^M feuillus
examples of broadleaved trees

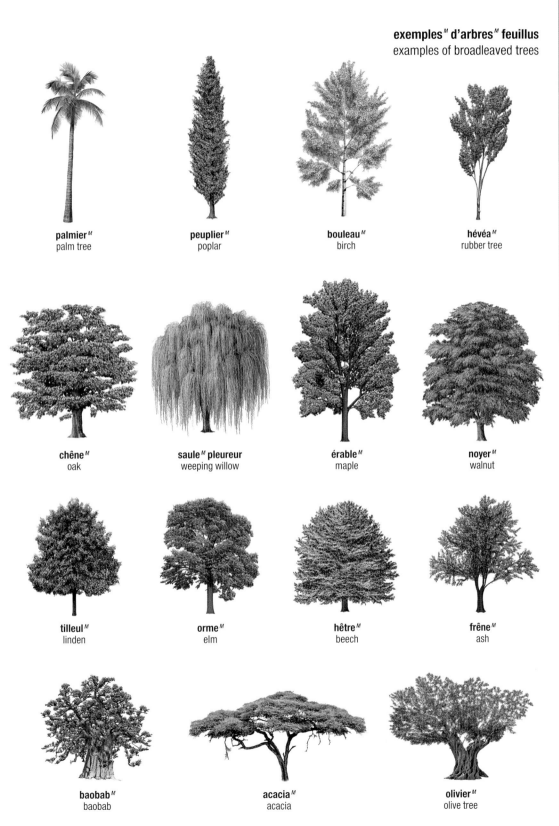

palmier^M
palm tree

peuplier^M
poplar

bouleau^M
birch

hévéa^M
rubber tree

chêne^M
oak

saule^M pleureur
weeping willow

érable^M
maple

noyer^M
walnut

tilleul^M
linden

orme^M
elm

hêtre^M
beech

frêne^M
ash

baobab^M
baobab

acacia^M
acacia

olivier^M
olive tree

exemples[M] de conifères[M]
examples of conifers

pin[M] parasol[M]
umbrella pine

cèdre[M] du Liban[M]
cedar of Lebanon

cyprès[M]
cypress

épicéa[M] ; *épinette*[F]
spruce

mélèze[M]
larch/tamarack

pin[M] blanc
Eastern white pine

sapin[M]
fir

séquoia[M]
redwood

utilisation^F des plantes^F
use of plants

production^F fruitière
fruit production

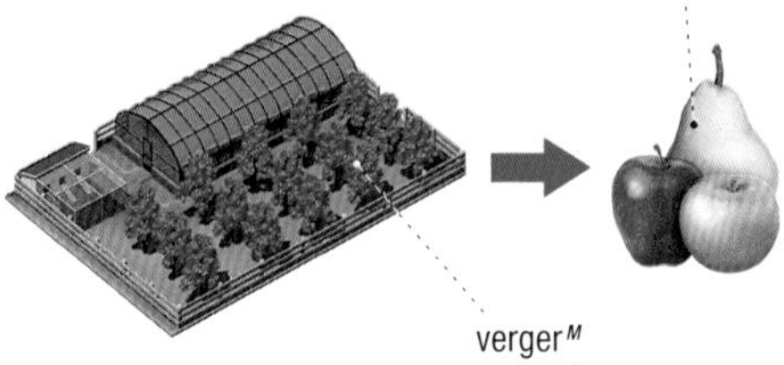
fruit^M
fruit
verger^M
orchard

production^F maraîchère
vegetable production

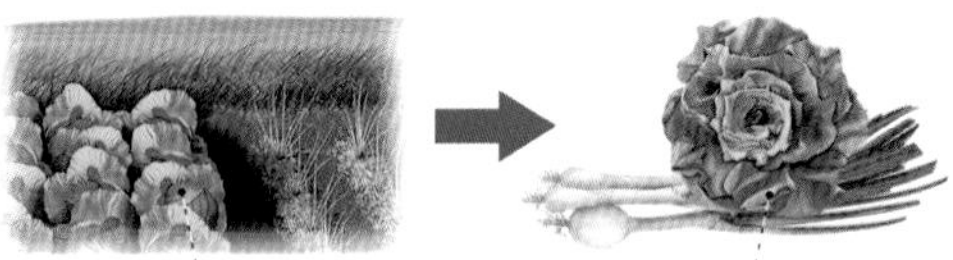
jardin^M potager
vegetable garden
légume^M
vegetable

industrie^F chocolatière
chocolate industry

graine^F de cacao^M
cocoa bean
cacaoyer^M
cocoa tree
chocolat^M
chocolate

industrie^F du bois^M et du papier^M
wood and paper industry

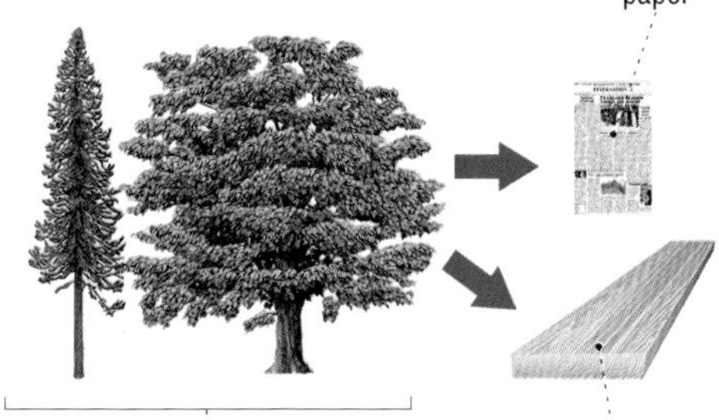
papier^M
paper
arbre^M
tree
bois^M d'œuvre^M
timber

industrie^F sucrière
sugar industry

canne^F à sucre^M
sugar cane
sucre^M blanc
white sugar
cassonade^F
brown sugar

industrie^F céréalière
grain industry

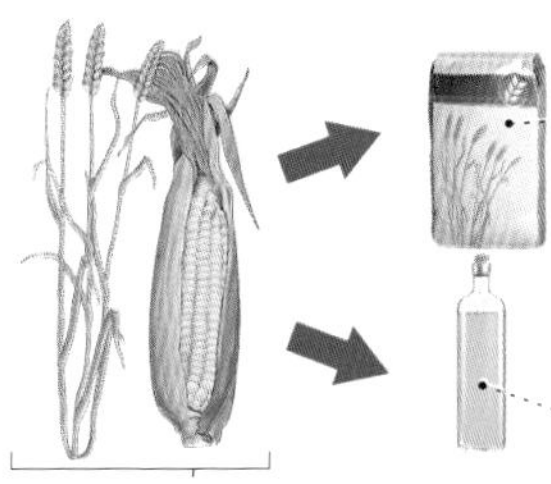
farine^F
flour
huile^F végétale
vegetable oil
plante^F céréalière
cereal

industrie^F textile
textile industry

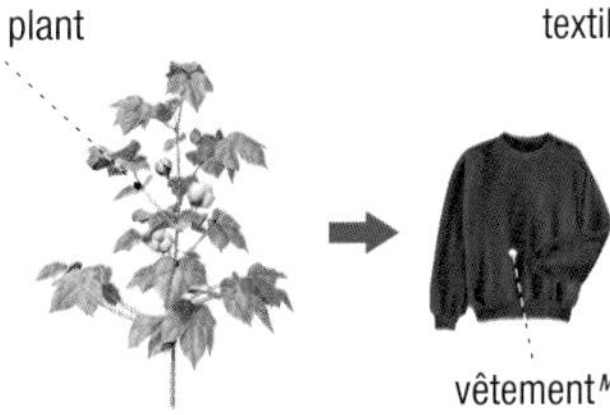
cotonnier^M
cotton plant
vêtement^M
clothing

industrie^F du caoutchouc^M
rubber industry

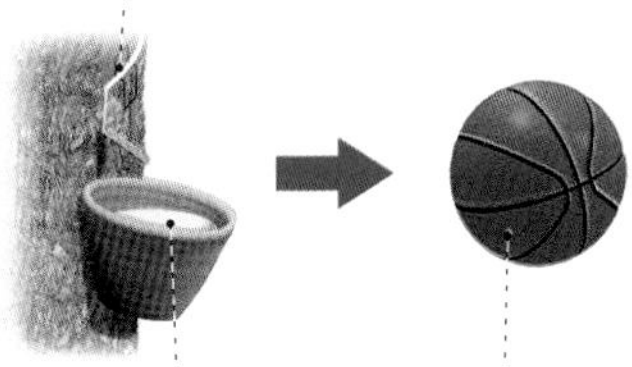
hévéa^M
rubber tree
récolte^F du latex^M
latex harvest
ballon^M
ball

Les premiers animaux avaient le corps mou et vivaient dans l'eau. Au fil du temps, plusieurs ont développé des membres et une carapace (crustacés, arachnides, insectes). Les poissons ont été les premiers animaux dotés d'une colonne vertébrale (vertébrés). En développant des poumons pour gagner la terre ferme, certains vertébrés sont devenus amphibiens, puis reptiles. Évoluant encore, certains reptiles sont devenus mammifères ou oiseaux.

origine^F et évolution^F des espèces^F
origin and evolution of species

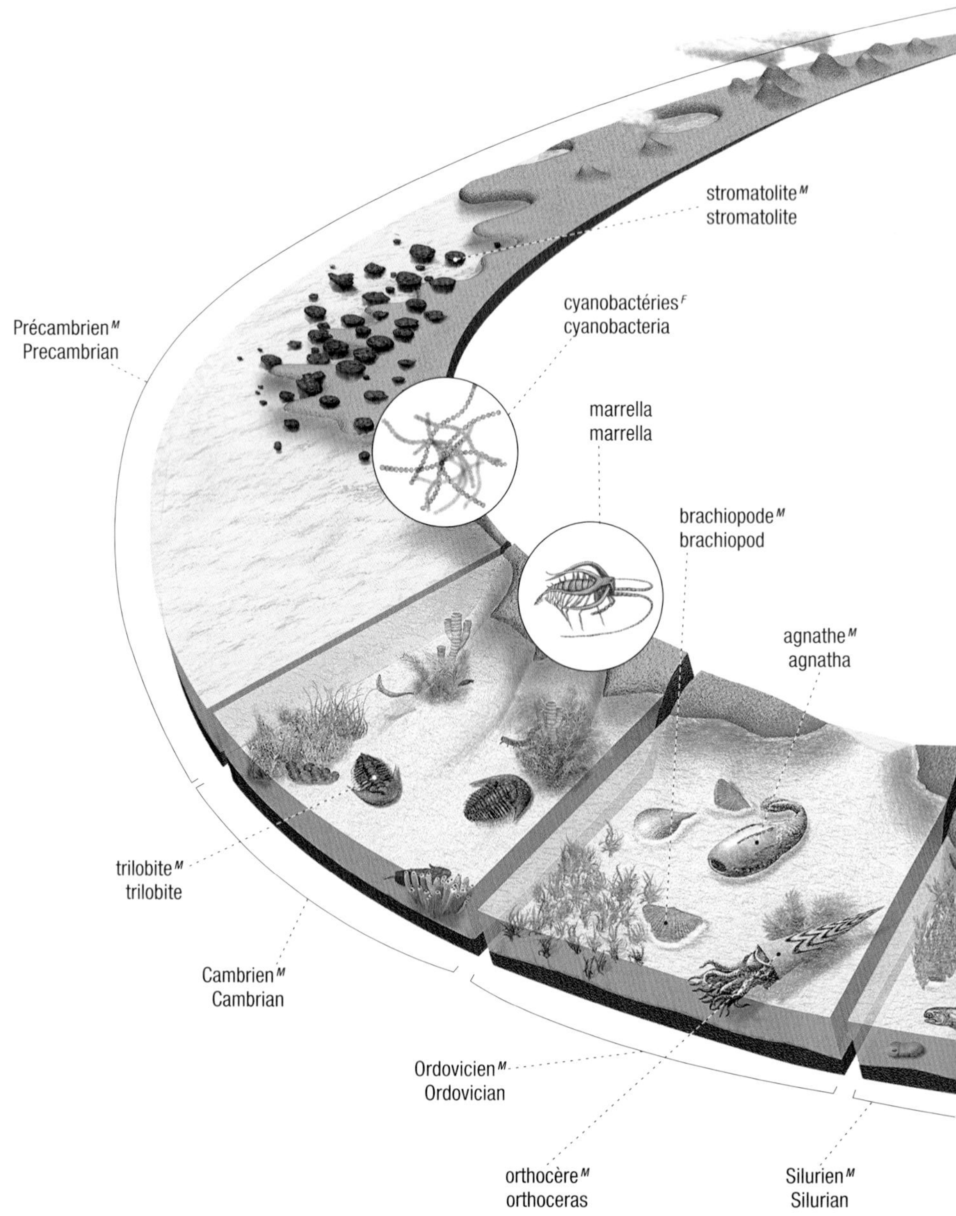
stromatolite^M
stromatolite
cyanobactéries^F
cyanobacteria
Précambrien^M
Precambrian
marrella
marrella
brachiopode^M
brachiopod
agnathe^M
agnatha
trilobite^M
trilobite
Cambrien^M
Cambrian
Ordovicien^M
Ordovician
orthocère^M
orthoceras
Silurien^M
Silurian

échelle^F : millions d'années^F
scale: millions of years

−4600
−541
−485
−444
−419
−359
−299

kimberella (Précambrien^M)
kimberella (Precambrian)

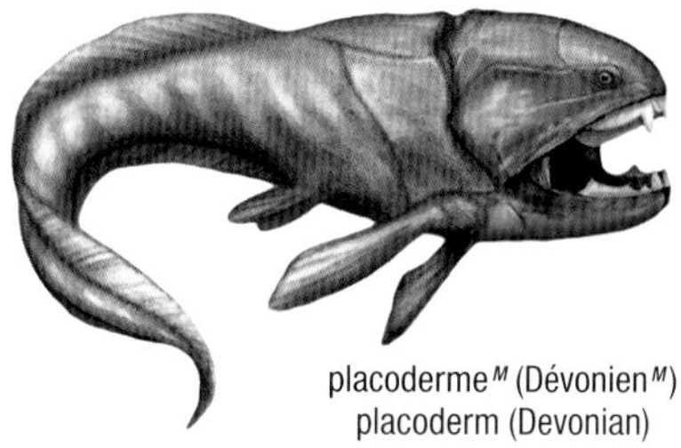

placoderme^M (Dévonien^M)
placoderm (Devonian)

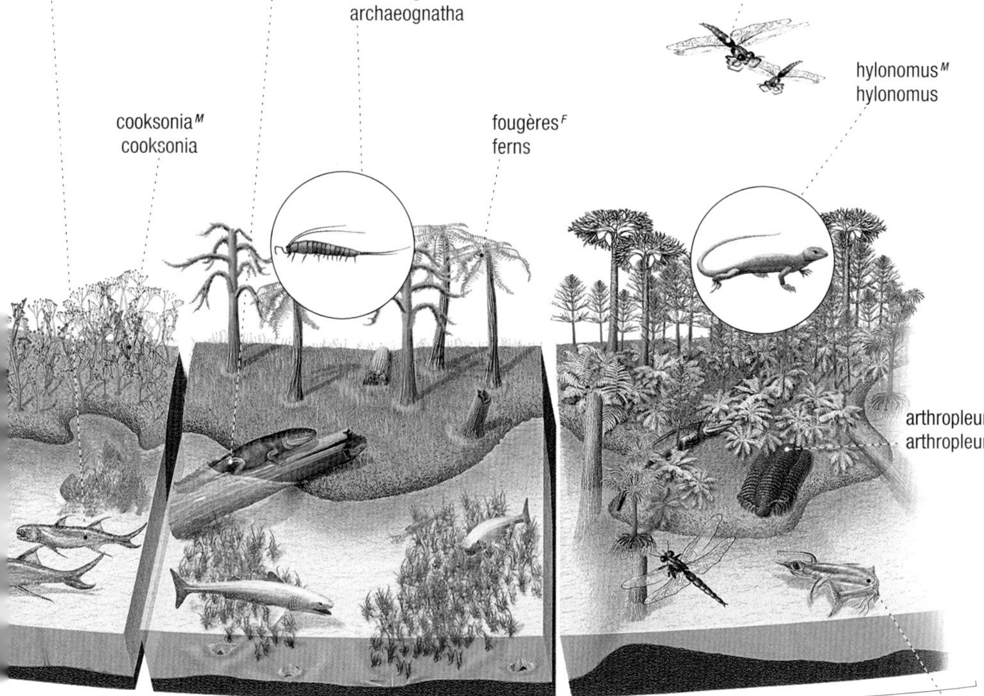
acanthodien^M
acanthodian
ichtyostéga^M
ichthyostega
archaeognatha^M
archaeognatha
cooksonia^M
cooksonia
fougères^F
ferns
meganeura^M
meganeura
hylonomus^M
hylonomus
arthropleura^M
arthropleura
Dévonien^M
Devonian
Carbonifère^M
Carboniferous
falcatus^M
falcatus

origine[F] et évolution[F] des espèces[F]
origin and evolution of species

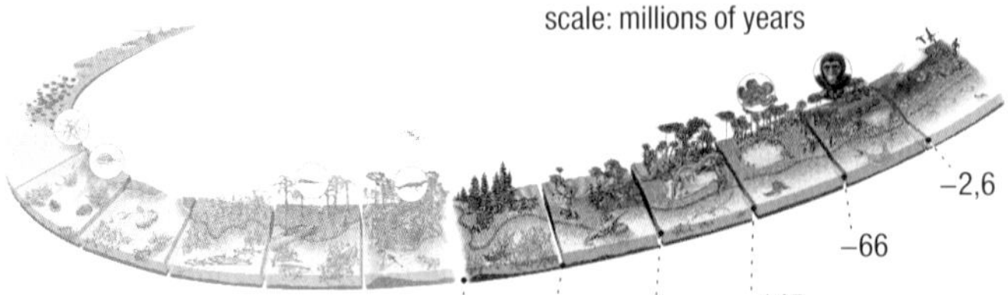
échelle[F] :
millions d'années[F]
scale: millions of years
–2,6
–66
–145
–299
–252
–201

archéoptéryx[M] (Jurassique[M])
archaeopteryx (Jurassic)

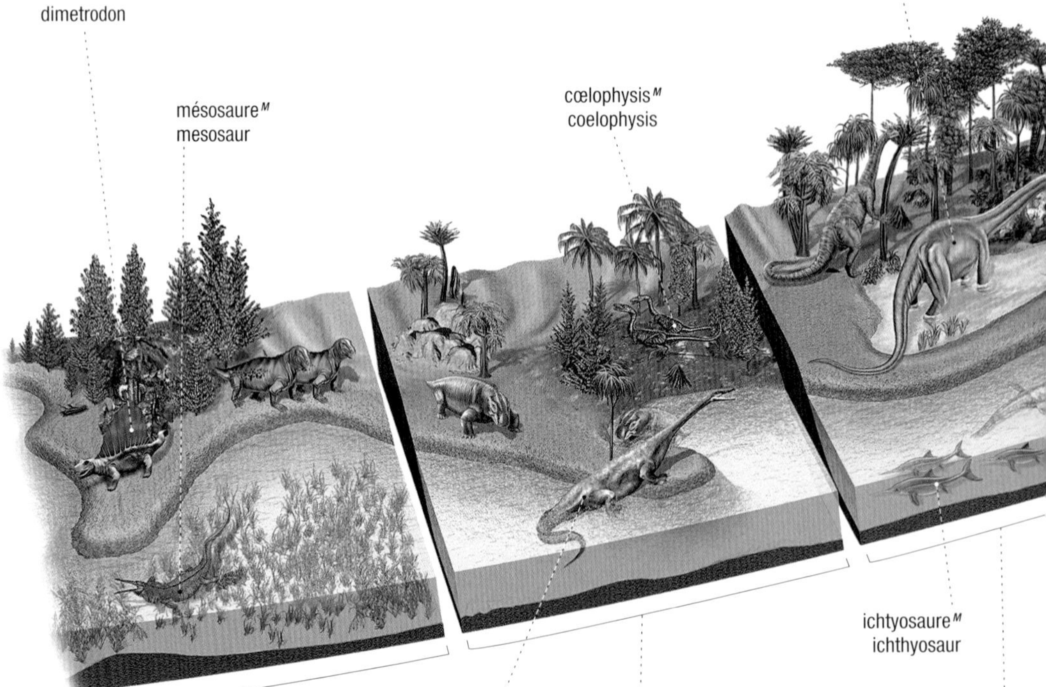
plateosaure[M]
plateosaur
dimétrodon[M]
dimetrodon
mésosaure[M]
mesosaur
cœlophysis[M]
coelophysis
ichtyosaure[M]
ichthyosaur
nothosaure[M]
nothosaur
Trias[M]
Triassic
Jurassique[M]
Jurassic
Permien[M]
Permian

mégazostrodon[M] (Trias[M])
megazostrodon (Trias)

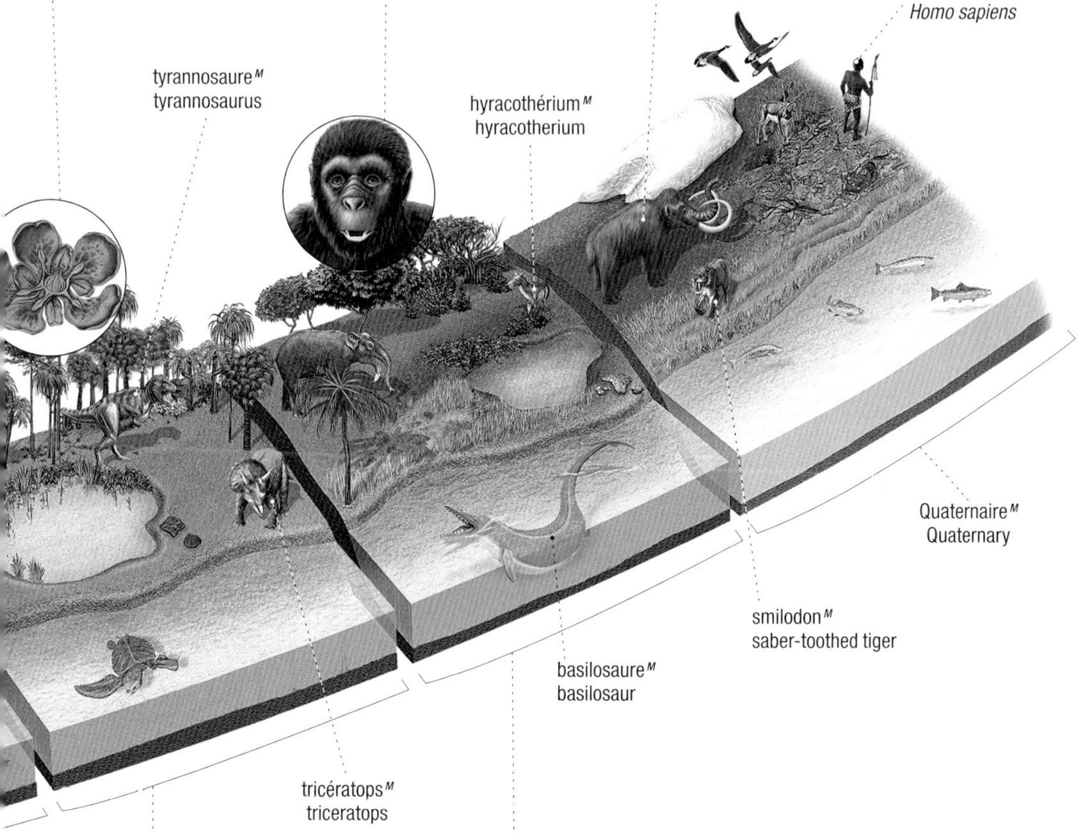
plantes[F] à fleurs[F]
flowering plants
proconsul[M]
proconsul
mammouth[M] laineux
woolly mammoth
Homo[M] sapiens
Homo sapiens
tyrannosaure[M]
tyrannosaurus
hyracothérium[M]
hyracotherium
Quaternaire[M]
Quaternary
smilodon[M]
saber-toothed tiger
basilosaure[M]
basilosaur
tricératops[M]
triceratops
Crétacé[M]
Cretaceous
Tertiaire[M]
Tertiary

allosaure[M] (Jurassique[M])
allosaurus (Jurassic)

parasaurolophus[M] (Crétacé[M])
parasaurolophus (Cretaceous)

animaux[M] primitifs
primitive animals

éponge[F]
sponge

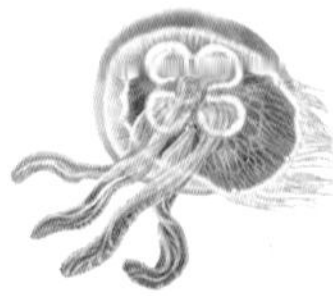

méduse[F]
jellyfish

étoile[F] **de mer**[F]
starfish

anémone[F]
anemone

oursin[M]
sea urchin

holothurie[F]
(concombre[M] **de mer**[F]**)**
holothurian (sea cucumber)

corail[M]
coral

lombric[M] **(ver**[M] **de terre**[F]**)**
earthworm

mollusques[M]
mollusks

huître[F]
oyster

coquillage[M] bivalve
bivalve shell

moule[F]
mussel

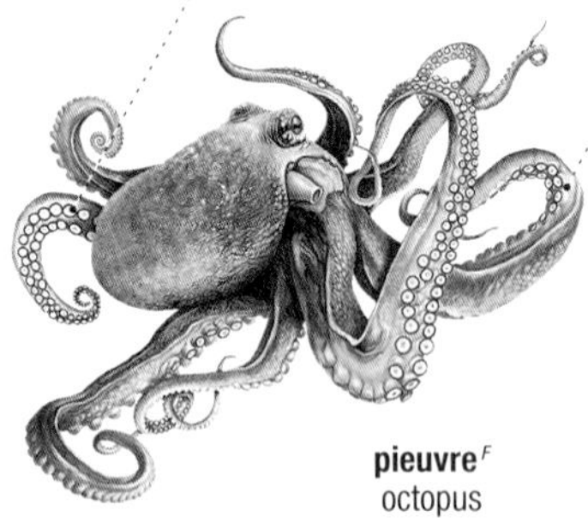
ventouse[F]
sucker
tentacule[M]
tentacle

pieuvre[F]
octopus

limace[F]
slug

coquillage[M] univalve
univalve shell

buccin[M]
whelk

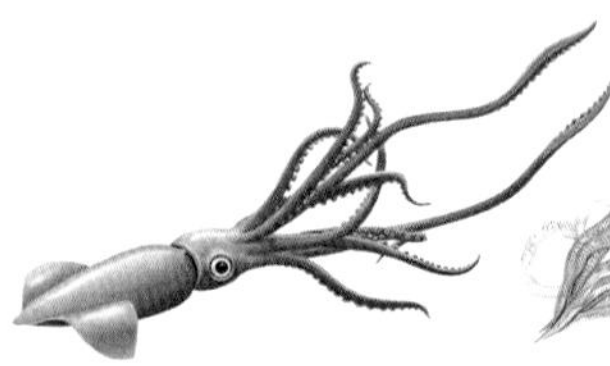

calmar[M]
squid

seiche[F]
cuttlefish

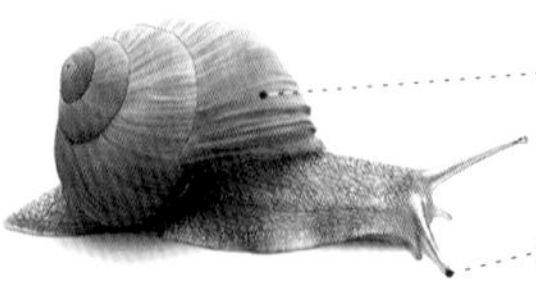
coquille[F]
shell
œil[M]
eye

escargot[M]
snail

bigorneau[M]
periwinkle

patelle[F]
limpet

crustacés[M]
crustaceans

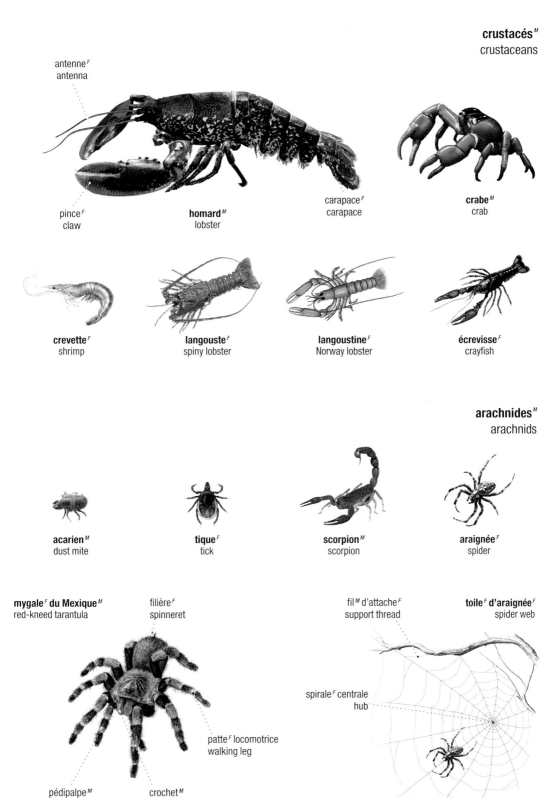

antenne[F]
antenna
pince[F]
claw
carapace[F]
carapace

homard[M]
lobster

crabe[M]
crab

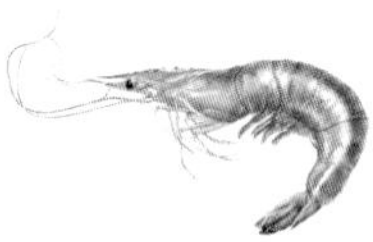

crevette[F]
shrimp

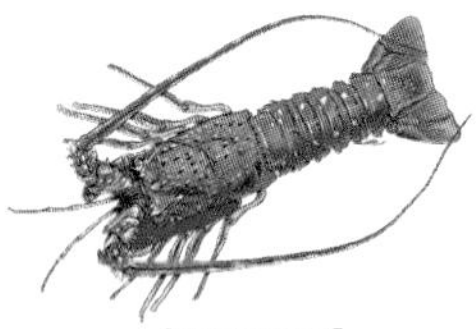

langouste[F]
spiny lobster

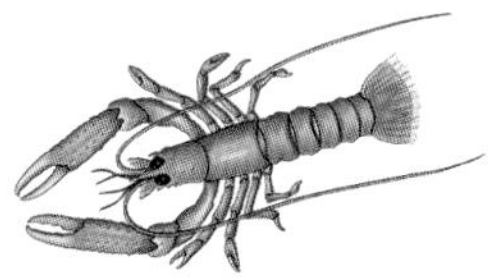

langoustine[F]
Norway lobster

écrevisse[F]
crayfish

arachnides[M]
arachnids

acarien[M]
dust mite

tique[F]
tick

scorpion[M]
scorpion

araignée[F]
spider

mygale[F] du Mexique[M]
red-kneed tarantula

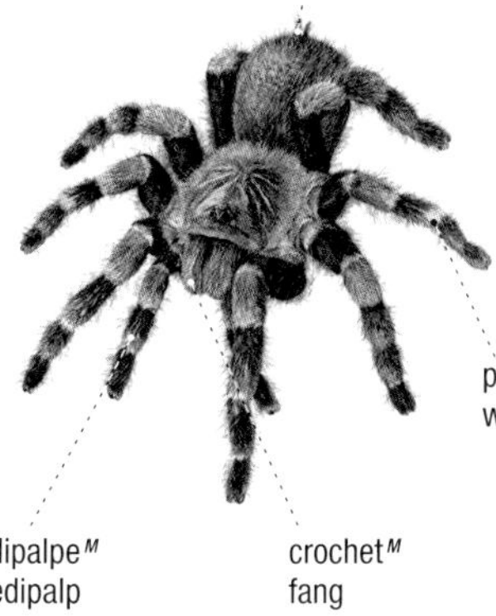
filière[F]
spinneret
patte[F] locomotrice
walking leg
pédipalpe[M]
pedipalp
crochet[M]
fang

toile[F] d'araignée[F]
spider web

fil[M] d'attache[F]
support thread
spirale[F] centrale
hub

insectes[M]
insects

ruche[F]
hive

aile[F]
wing
œil[M] composé
compound eye
antenne[F]
antenna
aiguillon[M]
stinger
corbeille[F] à pollen[M]
pollen basket

abeille[F]
honeybee

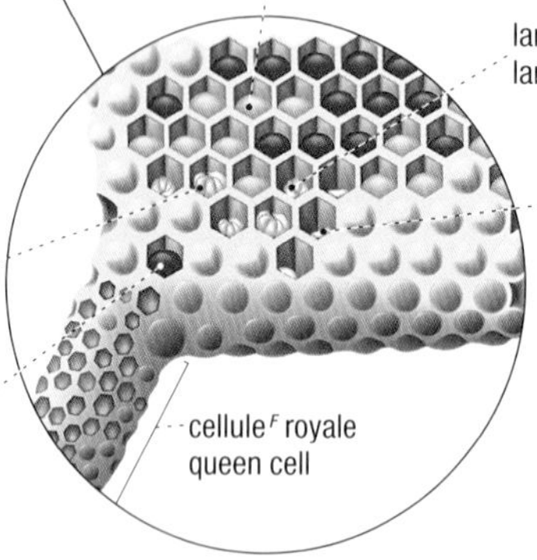
alvéole[F] à pollen[M]
pollen cell
larve[F]
larva
œuf[M]
egg
nymphe[F]
pupa
alvéole[F] à miel[M]
honey cell
cellule[F] royale
queen cell

coupe[F] d'un rayon[M] de miel[M]
section of a honeycomb

castes[F] (abeille[F])
castes (honeybee)

reine[F]
queen
faux bourdon[M]
drone
ouvrière[F]
worker bee

bourdon[M]
bumblebee

guêpe[F]
wasp

frelon[M]
hornet

fourmi[F]
ant

mite[F]
clothes moth

phalène[F] du bouleau[M]
peppered moth

chenille[F]
caterpillar
chrysalide[F]
chrysalis
papillon[M]
butterfly

cycle[M] de vie[F] d'un papillon[M]
life cycle of a butterfly

atlas[M]
atlas moth

monarque[M]
monarch butterfly

L'école

insectes^M
insects

libellule^F
dragonfly

mouche^F
fly

taon^M
horsefly

moustique^M
mosquito

cigale^F
cicada

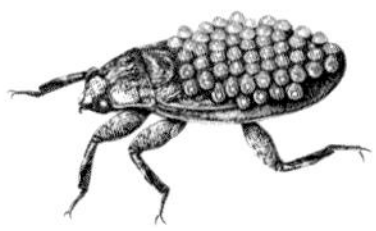

punaise^F **d'eau**^F
water bug

patineur^M **d'eau**^F
water strider

punaise^F **rayée**
stink bug

coccinelle^F
ladybug

scarabée^M
scarab beetle

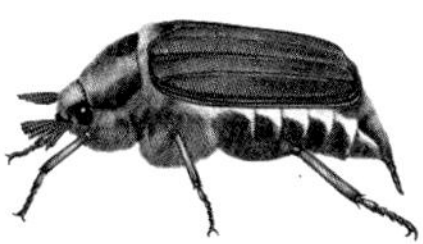

hanneton^M
cockchafer (may bug)

ver^M **luisant**
glow-worm

blatte^F **orientale**
oriental cockroach

termite^M
termite

perce-oreille^M
earwig

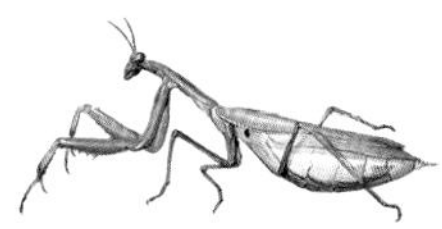

mante^F **religieuse**
praying mantis

pou^M
louse

puce^F
flea

criquet^M **mélodieux**
bow-winged grasshopper

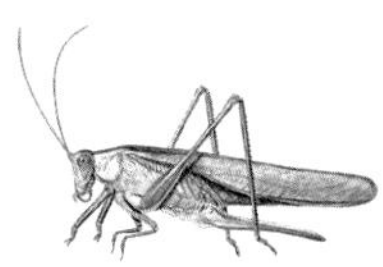

grande sauterelle^F **verte**
great green bush-cricket

papillon^M **diurne**	butterfly
papillon^M **nocturne**	moth
puceron^M	greenfly
piqûre^F	sting
morsure^F	bite
venin^M	venom
insecte^M **social**	social insect

fourmilière^F	anthill
essaim^M	swarm
animal^M **nuisible**	pest
infestation^F	infestation
parasite^M	parasite
punaise^F **des lits**^M	bed bug
voler	to fly

poissons[M]
fishes

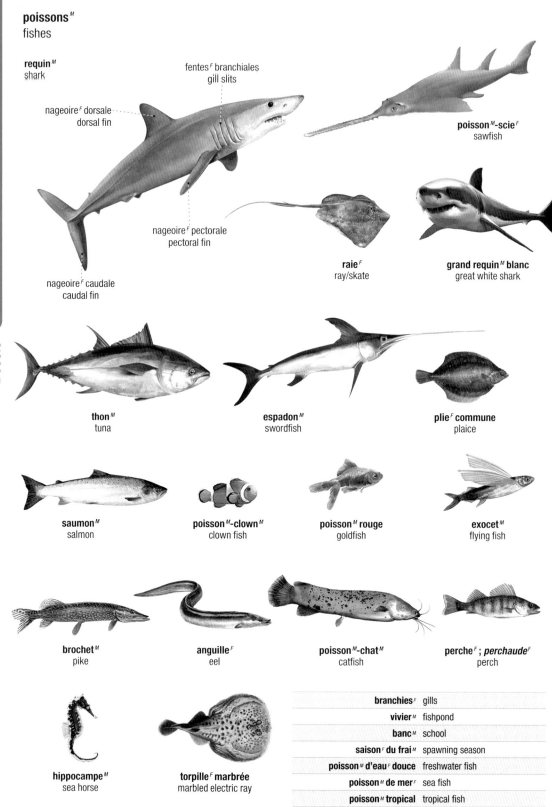

requin[M]
shark

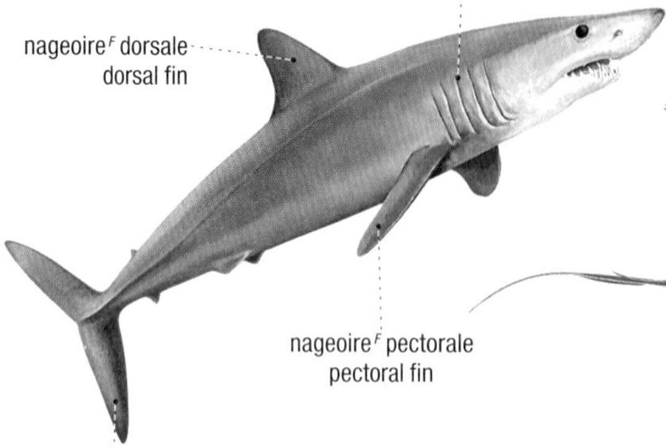
fentes[F] branchiales
gill slits
nageoire[F] dorsale
dorsal fin
nageoire[F] pectorale
pectoral fin
nageoire[F] caudale
caudal fin

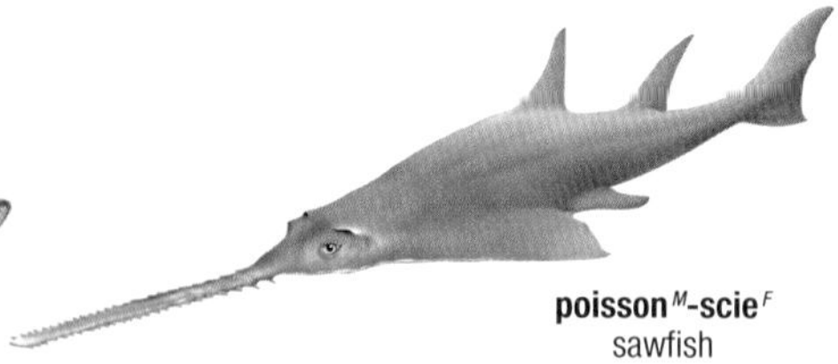

poisson[M]-scie[F]
sawfish

raie[F]
ray/skate

grand requin[M] blanc
great white shark

thon[M]
tuna

espadon[M]
swordfish

plie[F] commune
plaice

saumon[M]
salmon

poisson[M]-clown[M]
clown fish

poisson[M] rouge
goldfish

exocet[M]
flying fish

brochet[M]
pike

anguille[F]
eel

poisson[M]-chat[M]
catfish

perche[F] ; *perchaude*[F]
perch

hippocampe[M]
sea horse

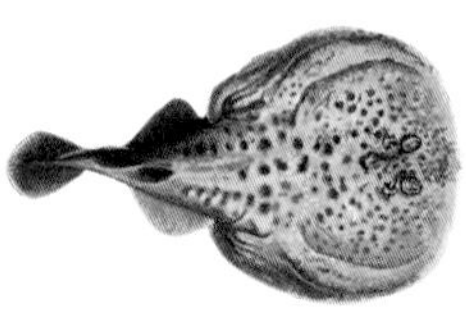

torpille[F] marbrée
marbled electric ray

branchies[F]	gills
vivier[M]	fishpond
banc[M]	school
saison[F] du frai[M]	spawning season
poisson[M] d'eau[F] douce	freshwater fish
poisson[M] de mer[F]	sea fish
poisson[M] tropical	tropical fish

amphibiens[M]
amphibians

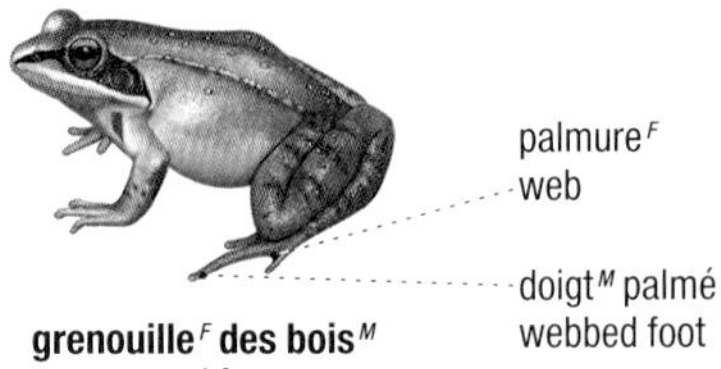
palmure[F]
web
doigt[M] palmé
webbed foot

grenouille[F] des bois[M]
wood frog

rainette[F]
tree frog

crapaud[M] commun
common toad

œufs[M]
eggs
têtard[M]
tadpole

métamorphose[F] de la grenouille[F]
life cycle of the frog

salamandre[F]
salamander

triton[M]
newt

reptiles[M]
reptiles

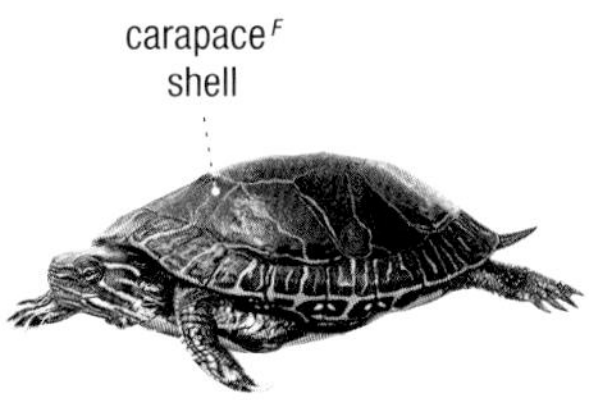
carapace[F]
shell

tortue[F]
turtle

écaille[F]
scale

crocodile[M]
crocodile

alligator[M]
alligator

couleuvre[F] rayée
garter snake

vipère[F]
viper

serpent[M] à sonnette[F]
rattlesnake

caïman[M]
caiman

lézard[M]
lizard

caméléon[M]
chameleon

gecko[M]
gecko

iguane[M]
iguana

oiseaux[M]
birds

rossignol[M]
nightingale

aile[F]
wing
bec[M]
bill
plume[F]
feather

grand duc[M] **d'Amérique**[F]
great horned owl

aigle[M]
eagle

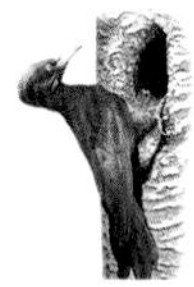

pic[M]
woodpecker

serre[F]
talon

faucon[M]
falcon

moineau[M]
sparrow

cardinal[M]
cardinal

hirondelle[F]
swallow

chardonneret[M]
goldfinch

pinson[M]
finch

corbeau[M]
raven

geai[M]
jay

rouge-gorge[M]
European robin

autruche[F]
ostrich

pigeon[M]
pigeon

perdrix[F]
partridge

faisan[M]
pheasant

dindon[M]
turkey

poule[F]
hen

poussin[M]
chick

coq[M]
rooster

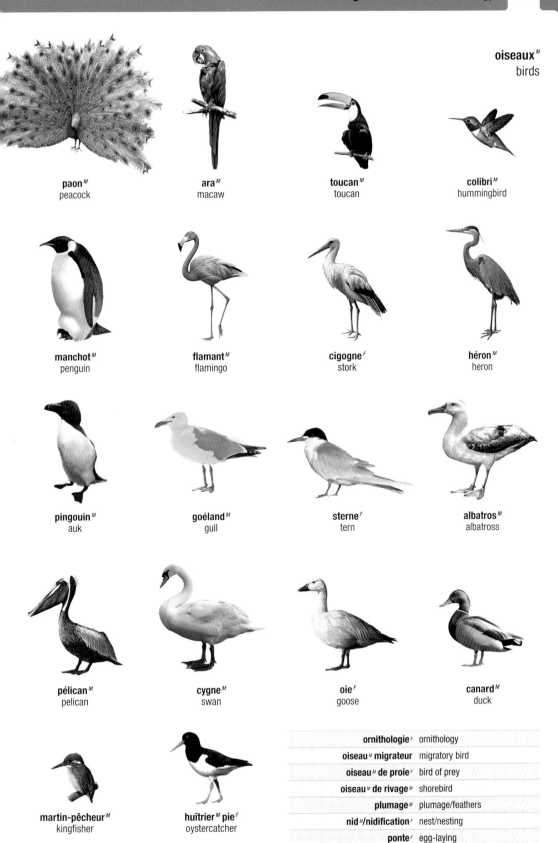

oiseaux[M]
birds

paon[M]
peacock

ara[M]
macaw

toucan[M]
toucan

colibri[M]
hummingbird

manchot[M]
penguin

flamant[M]
flamingo

cigogne[F]
stork

héron[M]
heron

pingouin[M]
auk

goéland[M]
gull

sterne[F]
tern

albatros[M]
albatross

pélican[M]
pelican

cygne[M]
swan

oie[F]
goose

canard[M]
duck

martin-pêcheur[M]
kingfisher

huîtrier[M] pie[F]
oystercatcher

ornithologie[F]	ornithology
oiseau[M] migrateur	migratory bird
oiseau[M] de proie[F]	bird of prey
oiseau[M] de rivage[M]	shorebird
plumage[M]	plumage/feathers
nid[M]/nidification[F]	nest/nesting
ponte[F]	egg-laying

mammifères[M] marsupiaux
marsupial mammals

koala[M]
koala

opossum[M]
opossum

poche[F]
pouch

kangourou[M]
kangaroo

mammifères[M] rongeurs
rodents

marmotte[F]
woodchuck

porc-épic[M]
porcupine

castor[M]
beaver

souris[F]
mouse

mulot[M]
field mouse

rat[M]
rat

écureuil[M]
squirrel

tamia[M]
chipmunk

hamster[M]
hamster

gerboise[F]
jerboa

cochon[M] d'Inde[F]
guinea pig

mammifères[M] lagomorphes[M]
lagomorphs

lapin[M]
rabbit

pika[M]
pika

lièvre[M]
hare

mammifères^{M} ongulés
ungulate mammals

défense^{F}
tusk

éléphant^{M}
elephant

girafe^{F}
giraffe

rhinocéros^{M}
rhinoceros

hippopotame^{M}
hippopotamus

mouton^{M}
sheep

chèvre^{F}
goat

vache^{F}
cow

bœuf^{M}
ox

porc^{M}
pig

sanglier^{M}
wild boar

bison^{M}
bison

buffle^{M}
Cape buffalo

mouflon^{M}
mouflon/bighorn sheep

renne^{M} ; ***caribou***^{M}
caribou

ramure^{F}
antlers

cerf^{M} ; ***chevreuil***^{M}
deer

élan^{M} ; ***orignal***^{M}
moose

dromadaire^{M}
dromedary camel

chameau^{M}
Bactrian camel

sabot^{M}
hoof

antilope^{F}
antelope

lama^{M}
llama

âne^{M}
donkey

mulet^{M}
mule

cheval^{M}
horse

zèbre^{M}
zebra

mammifères[M] insectivores
insectivorous mammals

taupe[F]
mole

hérisson[M]
hedgehog

musaraigne[F]
shrew

chauve-souris[F]
bat

mammifères[M] carnivores
carnivorous mammals

blaireau[M]
badger

raton[M] laveur
raccoon

loutre[F] de rivière[F]
river otter

loup[M]
wolf

renard[M]
fox

moufette[F]
skunk

belette[F]
weasel

hyène[F]
hyena

ours[M] noir (omnivore[M])
black bear (omnivore)

ours[M] polaire
polar bear

tigre[M]
tiger

léopard[M]
leopard

guépard[M]
cheetah

lion[M]
lion

chiens^{M}
dogs

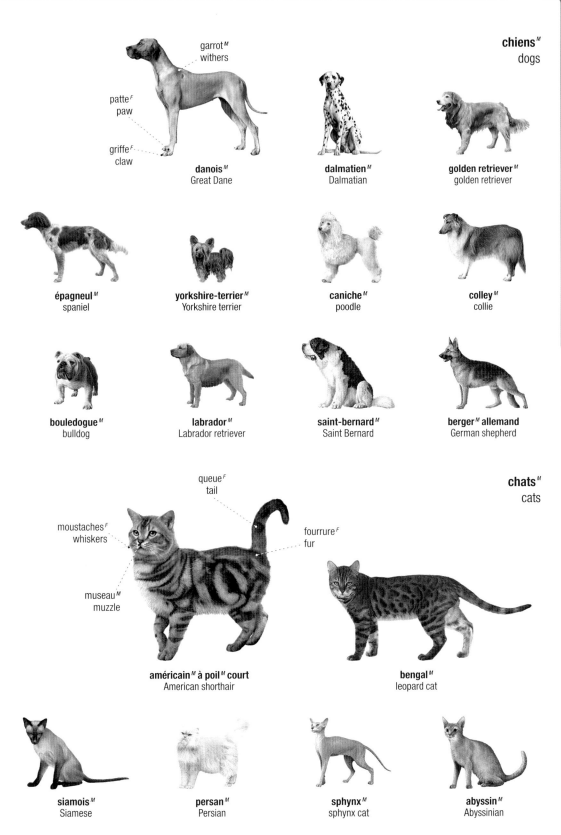

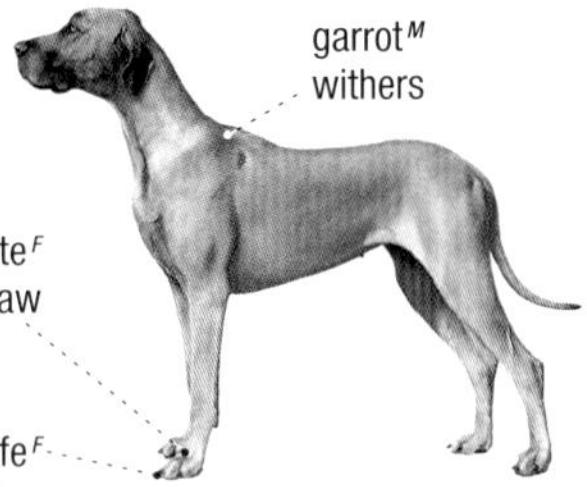
garrot^{M}
withers
patte^{F}
paw
griffe^{F}
claw

danois^{M}
Great Dane

dalmatien^{M}
Dalmatian

golden retriever^{M}
golden retriever

épagneul^{M}
spaniel

yorkshire-terrier^{M}
Yorkshire terrier

caniche^{M}
poodle

colley^{M}
collie

bouledogue^{M}
bulldog

labrador^{M}
Labrador retriever

saint-bernard^{M}
Saint Bernard

berger^{M} allemand
German shepherd

chats^{M}
cats

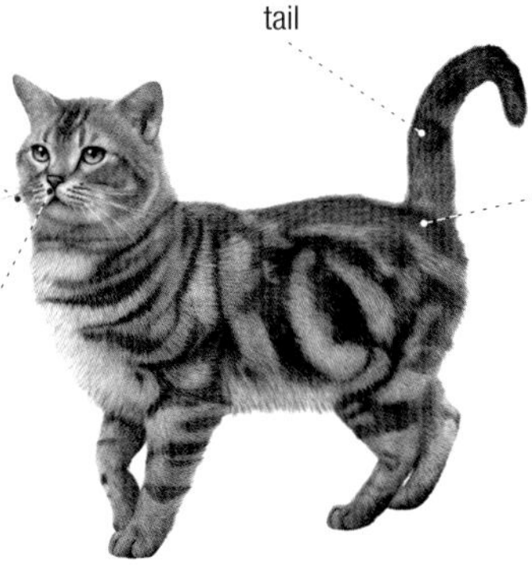
queue^{F}
tail
moustaches^{F}
whiskers
fourrure^{F}
fur
museau^{M}
muzzle

américain^{M} à poil^{M} court
American shorthair

bengal^{M}
leopard cat

siamois^{M}
Siamese

persan^{M}
Persian

sphynx^{M}
sphynx cat

abyssin^{M}
Abyssinian

mammifères^M marins
marine mammals

dauphin^M
dolphin

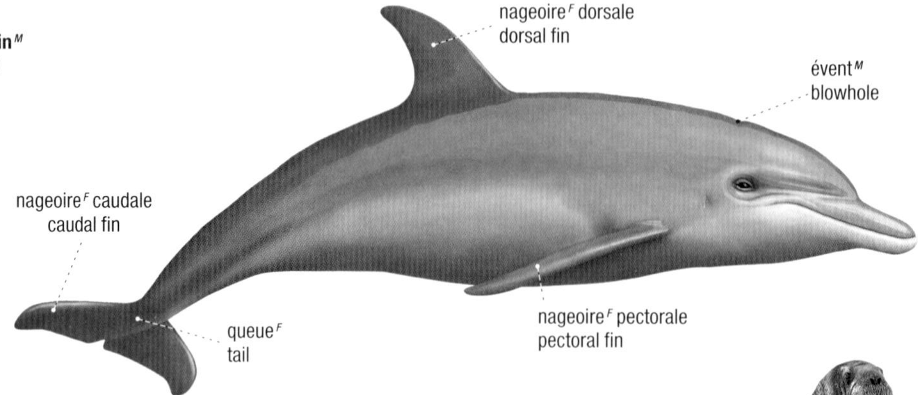
nageoire^F dorsale
dorsal fin
évent^M
blowhole
nageoire^F caudale
caudal fin
queue^F
tail
nageoire^F pectorale
pectoral fin

phoque^M
seal

dugong^M
dugong

otarie^F
sea lion

morse^M
walrus

marsouin^M
porpoise

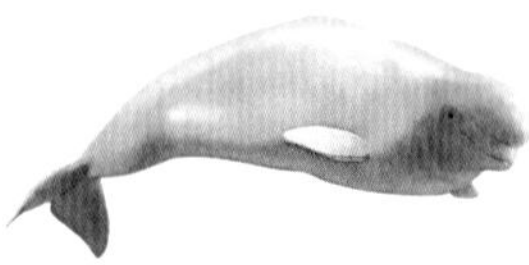

béluga^M
beluga whale

narval^M
narwhal

baleine^F à bosse^F
humpback whale

baleine^F franche
northern right whale

orque^F
orca

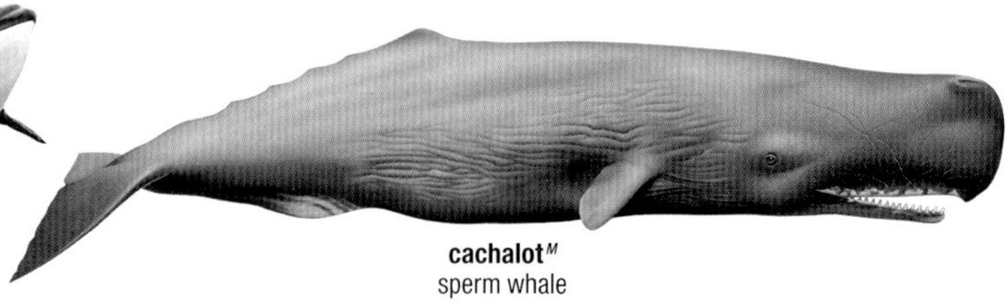

cachalot^M
sperm whale

mammifères[M] primates[M]
primates

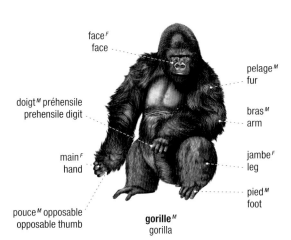

face[F]
face
pelage[M]
fur
doigt[M] préhensile
prehensile digit
bras[M]
arm
main[F]
hand
jambe[F]
leg
pied[M]
foot
pouce[M] opposable
opposable thumb

gorille[M]
gorilla

orang-outan[M]
orangutan

macaque[M]
macaque

babouin[M]
baboon

chimpanzé[M]
chimpanzee

gibbon[M]
gibbon

tamarin[M]
tamarin

capucin[M]
capuchin

lémurien[M]
lemur

ouistiti[M]
marmoset

animal[M] diurne	diurnal animal
animal[M] nocturne	nocturnal animal
animal[M] solitaire	solitary animal
animal[M] grégaire	social animal
espèce[F] menacée	endangered species
extinction[F] des espèces[F]	species extinction
espèce[F] protégée	protected species
granivore[M]	granivorous animal
herbivore[M]	herbivorous animal
ruminant[M]	ruminant
proie[F]	prey
prédateur[M]	predator
charognard[M]	scavenger

mue[F]	molting
hibernation[F]	hibernation
migration[F]	migration
saison[F] de reproduction[F]	breeding season
période[F] de gestation[F]	gestation period
ovipare[M]	oviparous animal
vivipare[M]	viviparous animal
mimétisme[M]	mimicry
terrier[M]	burrow
se reproduire	to reproduce/breed
se déplacer	to move
se nourrir	to eat
communiquer	to communicate

La vie sur Terre ne se rencontre qu'à l'intérieur d'une mince couche de sol, d'air et d'eau qu'on appelle « la biosphère ». Cette partie habitable de notre planète constitue un monde complexe où les diverses espèces dépendent les unes des autres pour se nourrir. Certains phénomènes, comme le cycle de l'eau, contribuent à rendre l'environnement propice à la vie. La pollution, au contraire, dégrade la biosphère.

structure[F] de la biosphère[F]
structure of the biosphere

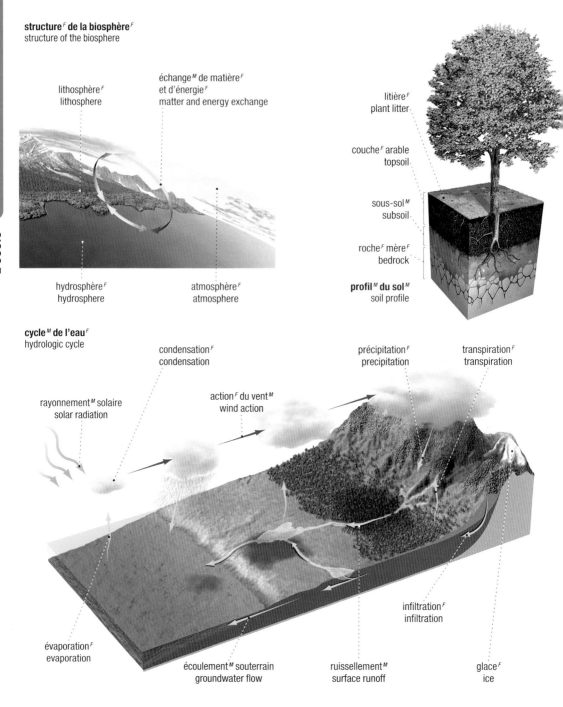

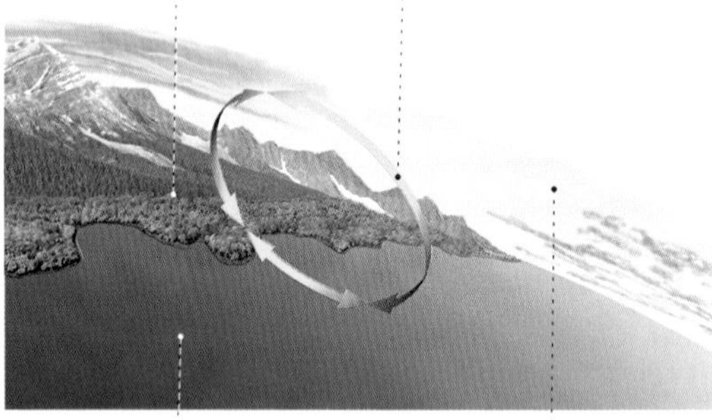
lithosphère[F]
lithosphere
échange[M] de matière[F] et d'énergie[F]
matter and energy exchange
hydrosphère[F]
hydrosphere
atmosphère[F]
atmosphere

litière[F]
plant litter
couche[F] arable
topsoil
sous-sol[M]
subsoil
roche[F] mère[F]
bedrock

profil[M] du sol[M]
soil profile

cycle[M] de l'eau[F]
hydrologic cycle

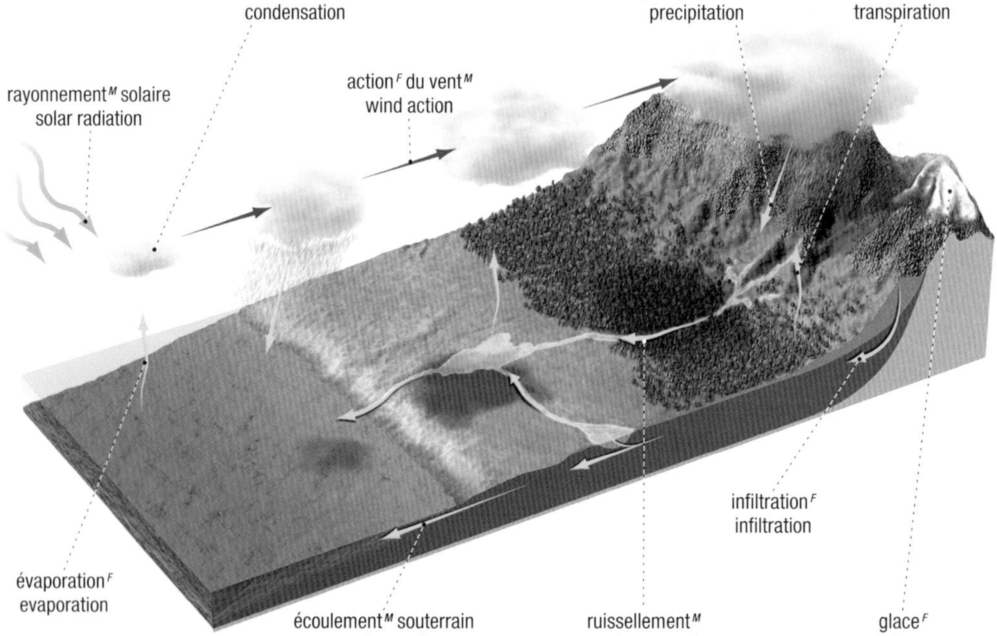
condensation[F]
condensation
précipitation[F]
precipitation
transpiration[F]
transpiration
rayonnement[M] solaire
solar radiation
action[F] du vent[M]
wind action
infiltration[F]
infiltration
évaporation[F]
evaporation
écoulement[M] souterrain
groundwater flow
ruissellement[M]
surface runoff
glace[F]
ice

pyramide[F] écologique
ecological pyramid

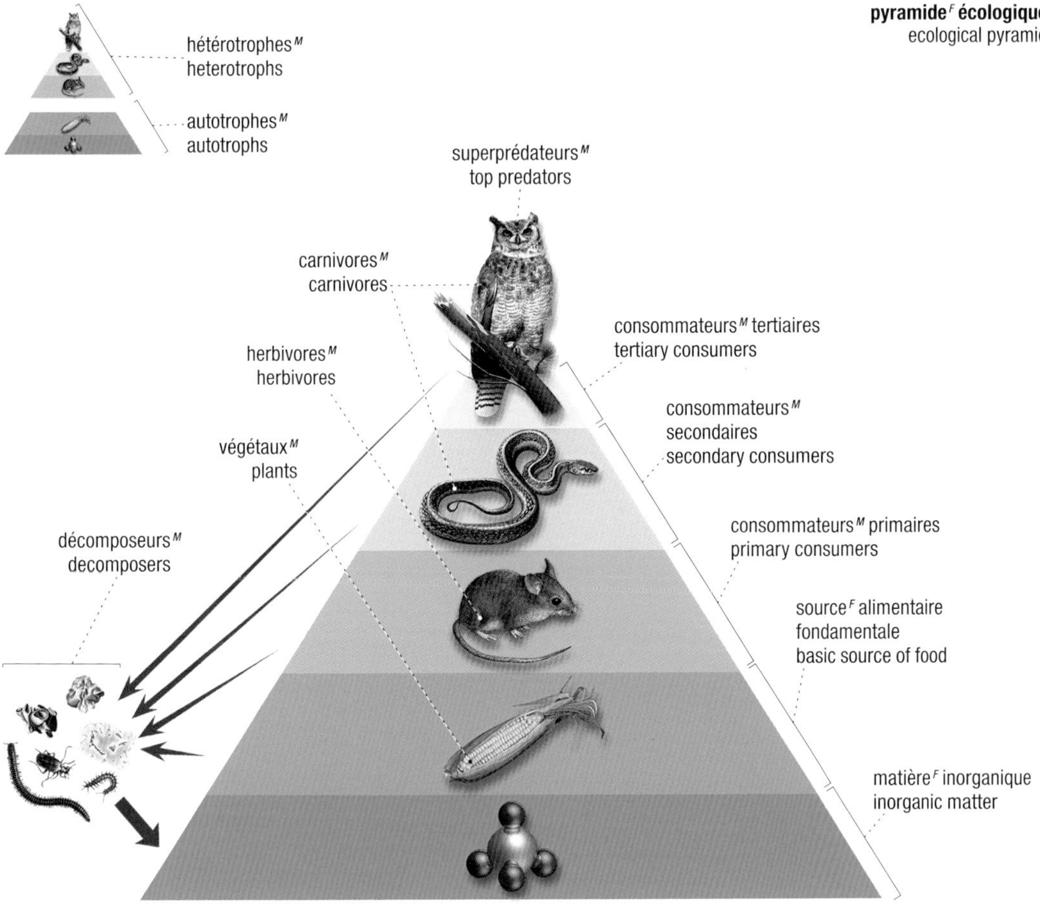
hétérotrophes[M]
heterotrophs
autotrophes[M]
autotrophs
superprédateurs[M]
top predators
carnivores[M]
carnivores
consommateurs[M] tertiaires
tertiary consumers
herbivores[M]
herbivores
consommateurs[M] secondaires
secondary consumers
végétaux[M]
plants
consommateurs[M] primaires
primary consumers
décomposeurs[M]
decomposers
source[F] alimentaire fondamentale
basic source of food
matière[F] inorganique
inorganic matter

exemple[M] de chaîne[F] alimentaire
example of food chain

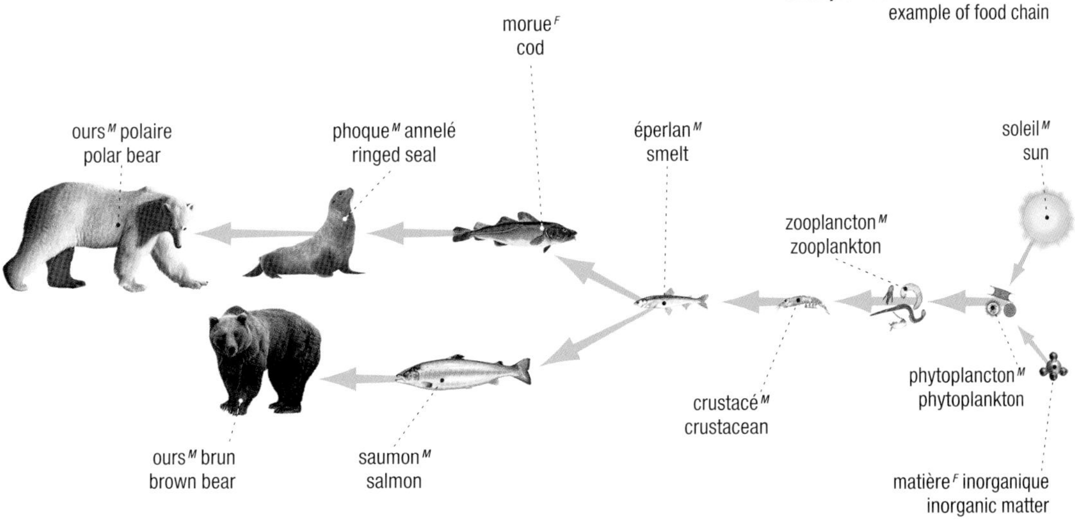
morue[F]
cod
ours[M] polaire
polar bear
phoque[M] annelé
ringed seal
éperlan[M]
smelt
soleil[M]
sun
zooplancton[M]
zooplankton
phytoplancton[M]
phytoplankton
crustacé[M]
crustacean
ours[M] brun
brown bear
saumon[M]
salmon
matière[F] inorganique
inorganic matter

distribution[F] de la végétation[F]
vegetation regions

toundra[F]
tundra
roche[F] et glace[F]
rock and ice
forêt[F] boréale
boreal forest
forêt[F] tropicale humide
tropical rain forest

paysage[M] végétal selon l'altitude[F]
elevation zones and vegetation

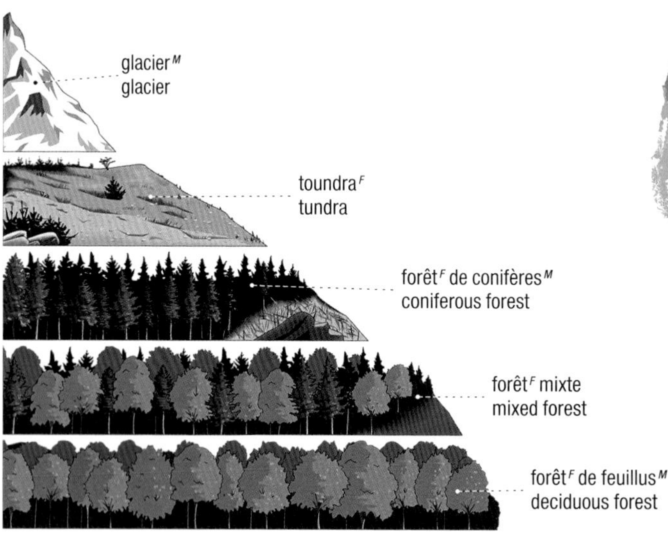
glacier[M]
glacier
toundra[F]
tundra
forêt[F] de conifères[M]
coniferous forest
forêt[F] mixte
mixed forest
forêt[F] de feuillus[M]
deciduous forest

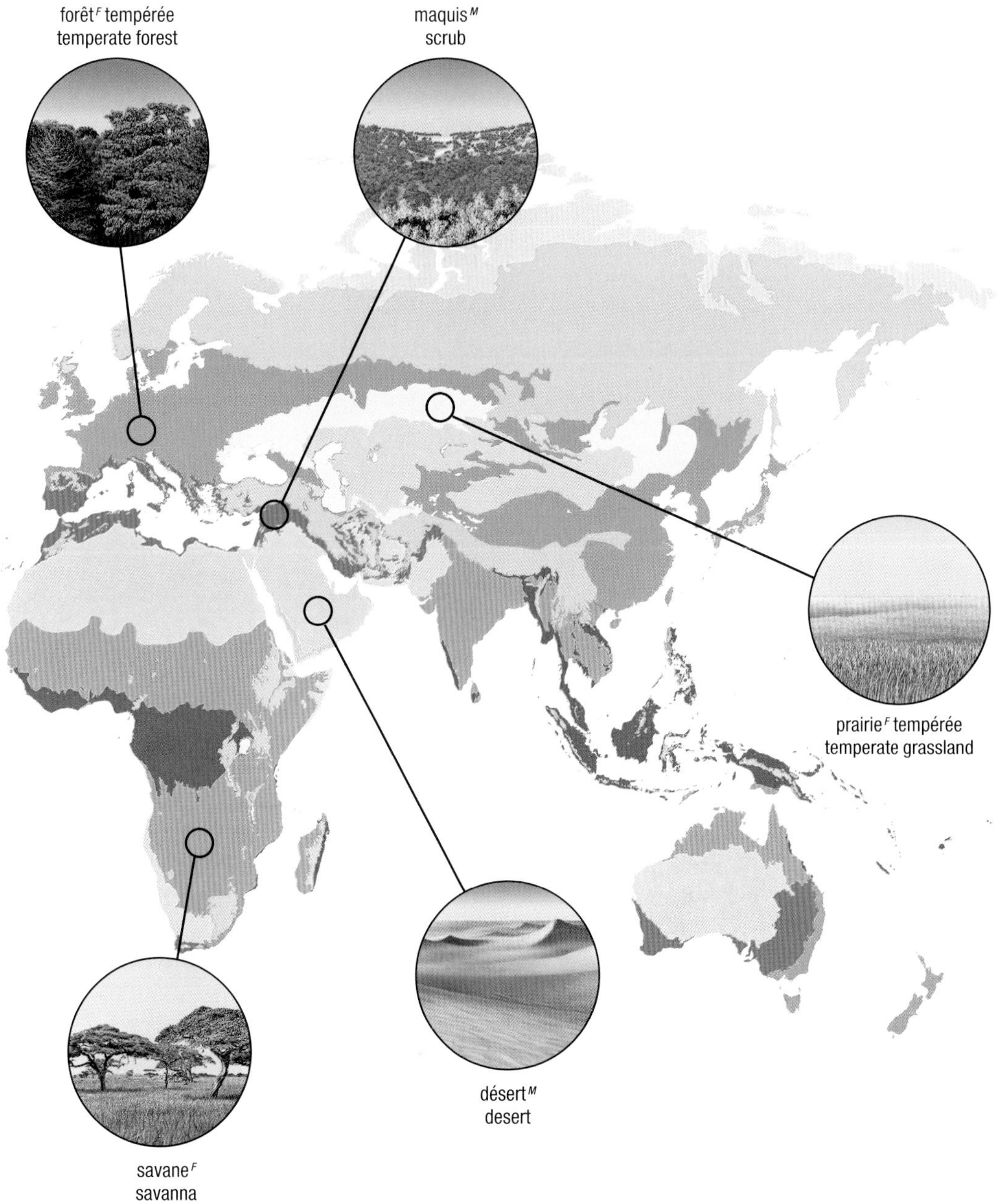
forêt^F tempérée
temperate forest
maquis^M
scrub
prairie^F tempérée
temperate grassland
désert^M
desert
savane^F
savanna

toundra^F tundra	forêt^F tropicale humide tropical rain forest	maquis^M scrub
forêt^F boréale boreal forest	savane^F savanna	désert^M desert
forêt^F tempérée temperate forest	prairie^F tempérée temperate grassland	roche^F et glace^F rock and ice

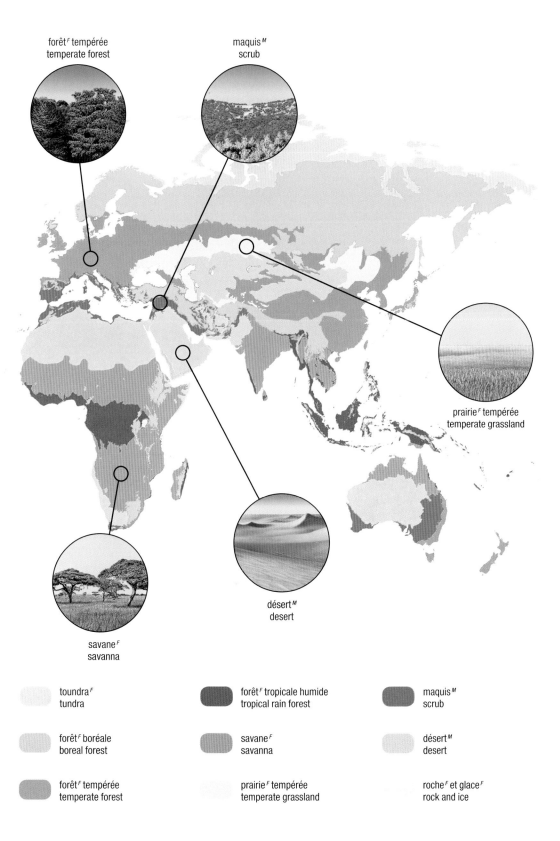

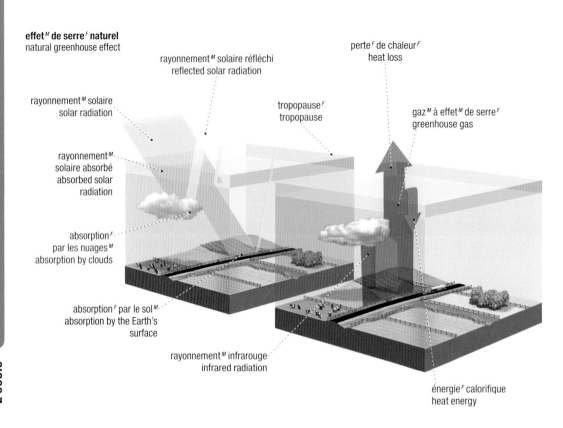

effet[M] de serre[F] naturel
natural greenhouse effect

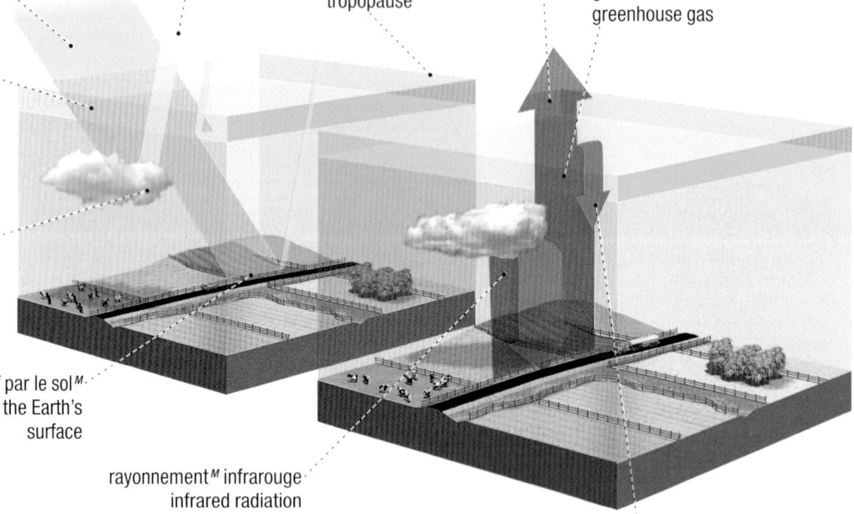
rayonnement[M] solaire réfléchi
reflected solar radiation
perte[F] de chaleur[F]
heat loss
rayonnement[M] solaire
solar radiation
tropopause[F]
tropopause
gaz[M] à effet[M] de serre[F]
greenhouse gas
rayonnement[M] solaire absorbé
absorbed solar radiation
absorption[F] par les nuages[M]
absorption by clouds
absorption[F] par le sol[M]
absorption by the Earth's surface
rayonnement[M] infrarouge
infrared radiation
énergie[F] calorifique
heat energy

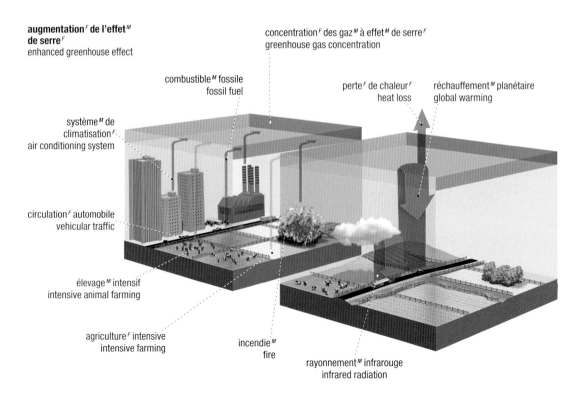

augmentation[F] de l'effet[M] de serre[F]
enhanced greenhouse effect

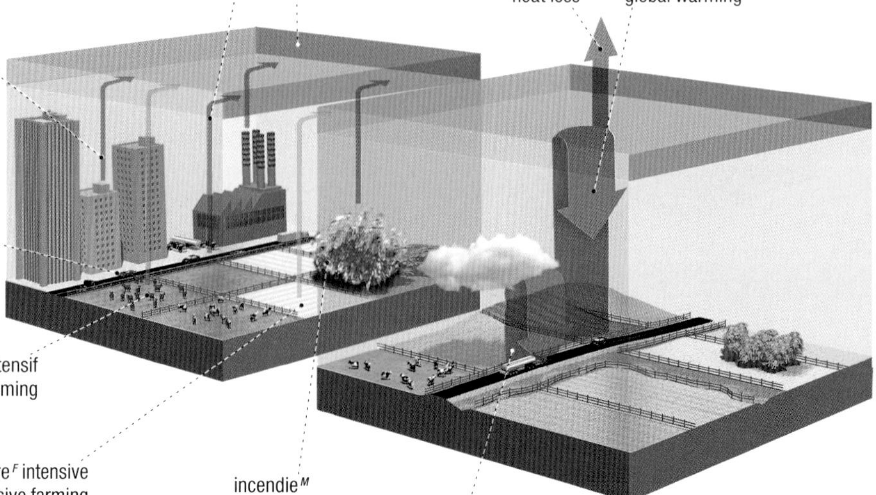
concentration[F] des gaz[M] à effet[M] de serre[F]
greenhouse gas concentration
combustible[M] fossile
fossil fuel
perte[F] de chaleur[F]
heat loss
réchauffement[M] planétaire
global warming
système[M] de climatisation[F]
air conditioning system
circulation[F] automobile
vehicular traffic
élevage[M] intensif
intensive animal farming
agriculture[F] intensive
intensive farming
incendie[M]
fire
rayonnement[M] infrarouge
infrared radiation

pollution[F] de l'air[M]
air pollution

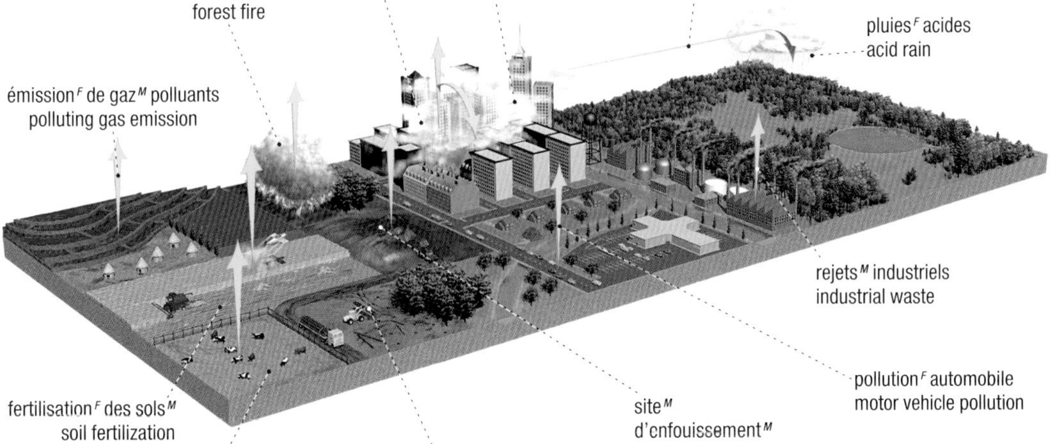
polluants[M] atmosphériques
air pollutants
smog[M]
smog
vent[M]
wind
incendie[M] de forêt[F]
forest fire
pluies[F] acides
acid rain
émission[F] de gaz[M] polluants
polluting gas emission
rejets[M] industriels
industrial waste
pollution[F] automobile
motor vehicle pollution
fertilisation[F] des sols[M]
soil fertilization
site[M]
d'cnfouissement[M]
landfill site
élevage[M] intensif
intensive animal
farming
déforestation[F]
deforestation

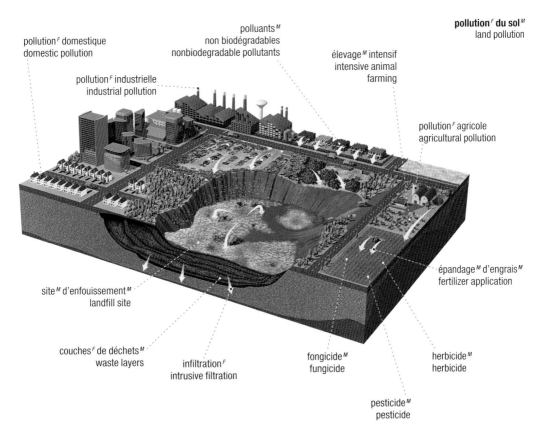

pollution[F] du sol[M]
land pollution

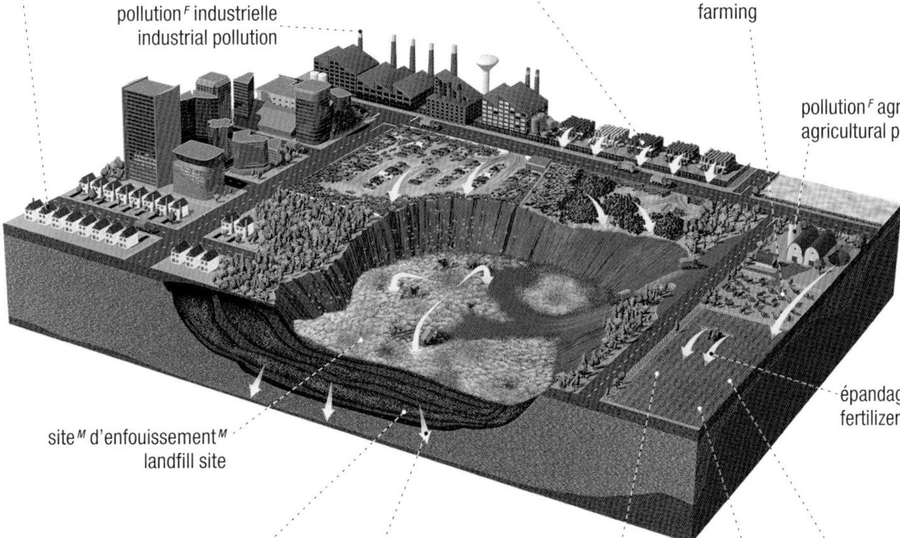
polluants[M]
non biodégradables
nonbiodegradable pollutants
pollution[F] domestique
domestic pollution
élevage[M] intensif
intensive animal
farming
pollution[F] industrielle
industrial pollution
pollution[F] agricole
agricultural pollution
épandage[M] d'engrais[M]
fertilizer application
site[M] d'enfouissement[M]
landfill site
couches[F] de déchets[M]
waste layers
infiltration[F]
intrusive filtration
fongicide[M]
fungicide
herbicide[M]
herbicide
pesticide[M]
pesticide

pollution[F] de l'eau[F]
water pollution

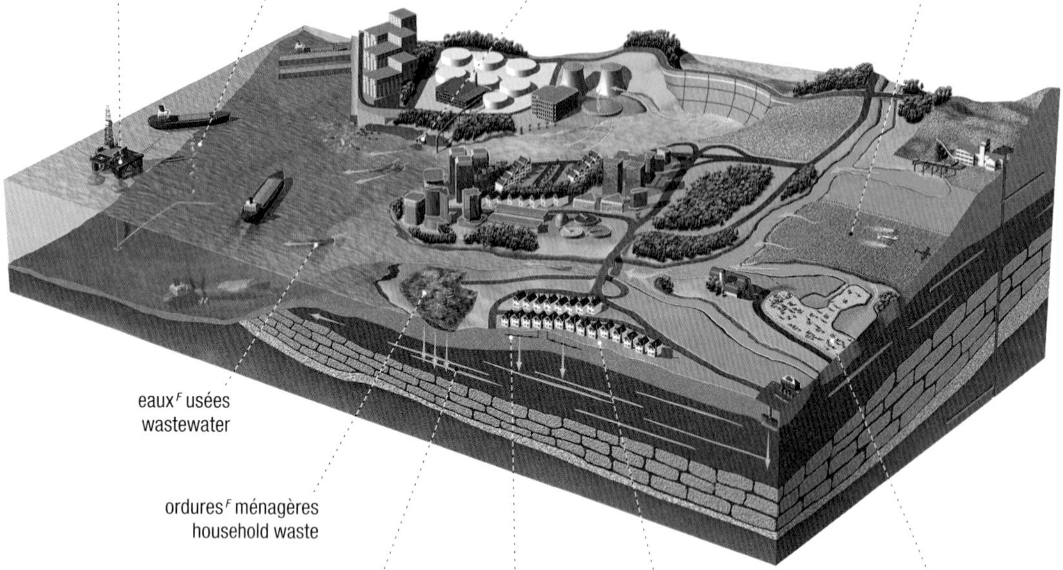

pollution[F] par le pétrole[M]
oil pollution
déchets[M] nucléaires
nuclear waste
rejets[M] industriels
industrial waste
agriculture[F] intensive
intensive farming
eaux[F] usées
wastewater
ordures[F] ménagères
household waste
fosse[F] septique
septic tank
déjections[F] animales
animal dung
nappe[F] phréatique
water table
pesticide[M]
pesticide

mesures[F] de protection[F] de l'environnement[M]
environmental protection measures

production[F] d'énergie[F] propre
clean energy production

transport[M] en commun
public transportation

transport[M] écologique
green transportation

PLASTIC
PAPER
CANS

recyclage[M]
recycling

achat[M] local
local purchase

agriculture[F] biologique
organic farming

reboisement[M]
reforestation

PROTECTED AREA

aires[F] protégées
protected areas

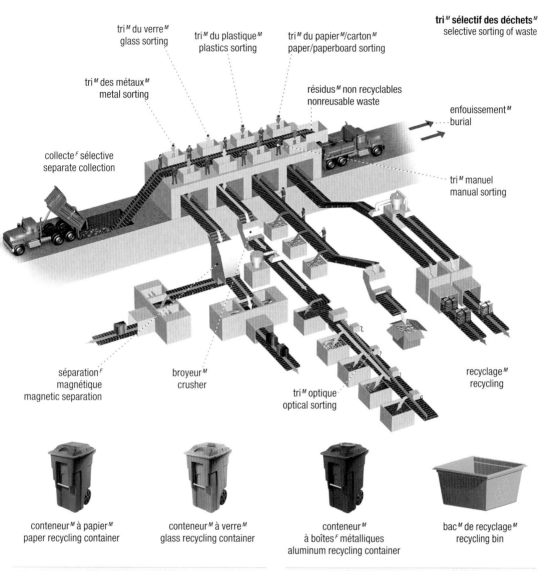

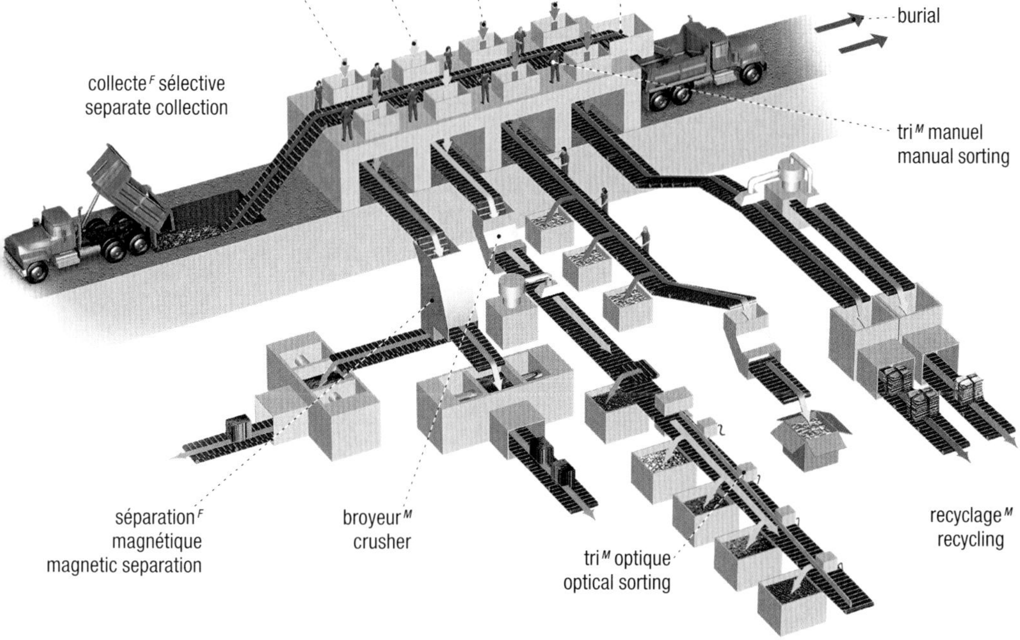
tri^M sélectif des déchets^M
selective sorting of waste
tri^M du verre^M
glass sorting
tri^M du plastique^M
plastics sorting
tri^M du papier^M/carton^M
paper/paperboard sorting
tri^M des métaux^M
metal sorting
résidus^M non recyclables
nonreusable waste
enfouissement^M
burial
collecte^F sélective
separate collection
tri^M manuel
manual sorting
séparation^F magnétique
magnetic separation
broyeur^M
crusher
tri^M optique
optical sorting
recyclage^M
recycling

conteneur^M à papier^M
paper recycling container

conteneur^M à verre^M
glass recycling container

conteneur^M à boîtes^F métalliques
aluminum recycling container

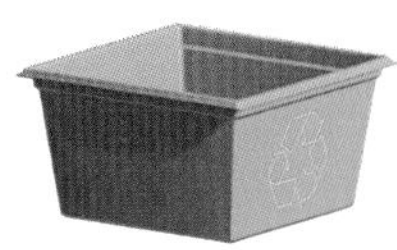
bac^M de recyclage^M
recycling bin

écosystème^M	ecosystem
habitat^M	habitat
biodiversité^F	biodiversity
urbanisation^F	urbanization
industrialisation^F	industrialization
changement^M **climatique**	climate change
inondation^F	flood
sécheresse^F	drought
fonte^F **des glaciers**^M	melting glaciers
élévation^F **du niveau**^M **des océans**^M	rising sea levels
désertification^F	desertification
appauvrissement^M **de l'ozone**^M	ozone depletion
sol^M **contaminé**	contaminated soil
perte^F **d'habitat**^M	habitat loss
perte^F **de biodiversité**^F	biodiversity loss
énergie^F **renouvelable**	renewable energy
développement^M **durable**	sustainable development
protection^F **de l'environnement**^M	environmental protection
protection^F **des espèces**^F	species protection
conscience^F **écologique**	environmental awareness
réduction^F **des déchets**^M	waste reduction
traitement^M **des eaux**^F **usées**	wastewater treatment
traitement^M **des sols**^M **contaminés**	treatment of contaminated soils

La météorologie étudie les phénomènes qui se produisent dans l'atmosphère. Ces phénomènes caractérisent les saisons et les climats du monde. Les nombreuses stations météorologiques sont équipées d'instruments qui mesurent notamment la direction du vent, l'humidité de l'air et la pression atmosphérique. Grâce à ces observations, les météorologues peuvent prévoir à plus ou moins long terme le temps qu'il fera.

coupe^F de l'atmosphère^F terrestre
profile of the Earth's atmosphere

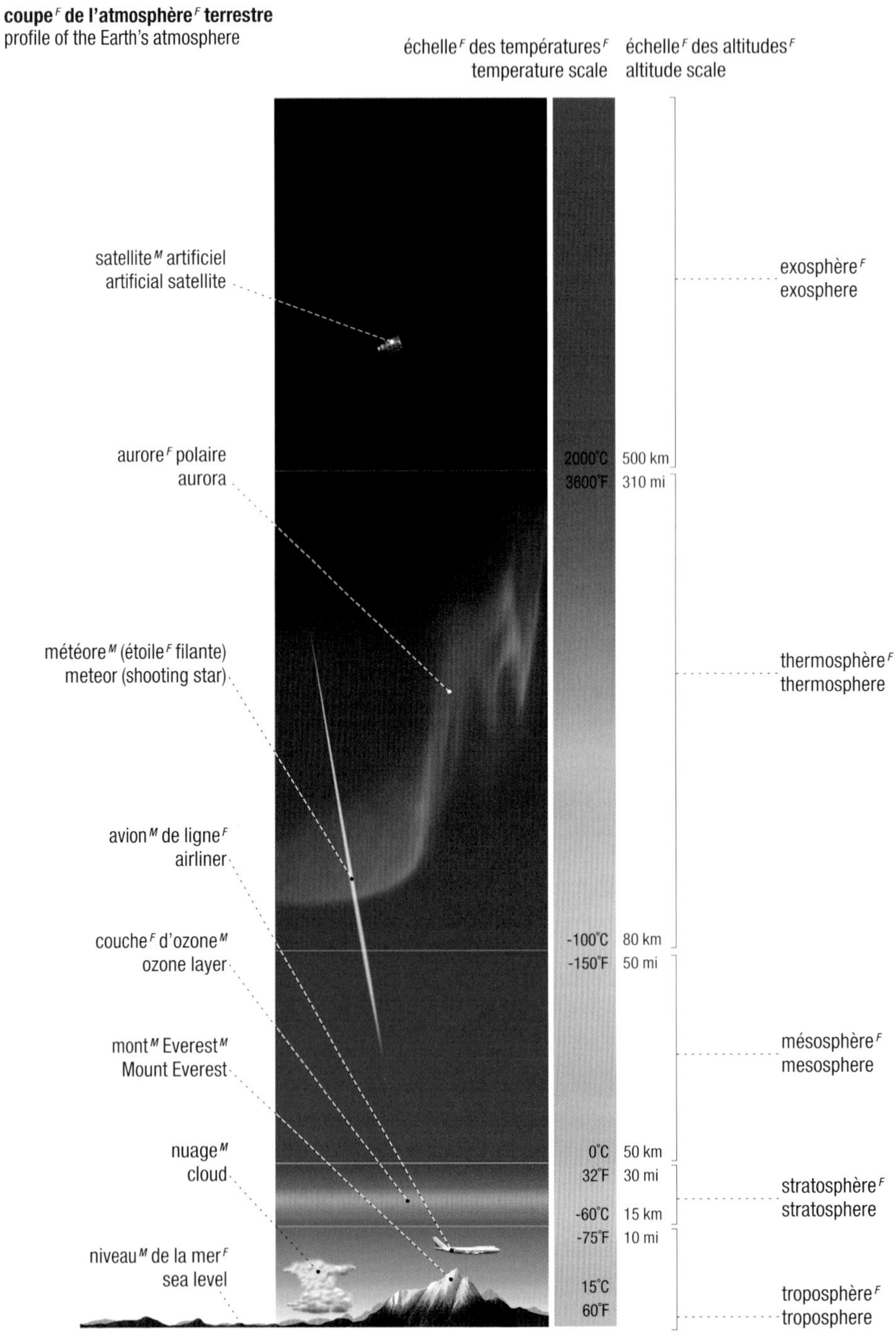

échelle^F des températures^F
temperature scale
échelle^F des altitudes^F
altitude scale
satellite^M artificiel
artificial satellite
aurore^F polaire
aurora
météore^M (étoile^F filante)
meteor (shooting star)
avion^M de ligne^F
airliner
couche^F d'ozone^M
ozone layer
mont^M Everest^M
Mount Everest
nuage^M
cloud
niveau^M de la mer^F
sea level
2000°C
3600°F
-100°C
-150°F
0°C
32°F
-60°C
-75°F
15°C
60°F
500 km
310 mi
80 km
50 mi
50 km
30 mi
15 km
10 mi
exosphère^F
exosphere
thermosphère^F
thermosphere
mésosphère^F
mesosphere
stratosphère^F
stratosphere
troposphère^F
troposphere

nuages M
clouds

nuages M **de haute altitude** F
high clouds
cirrostratus M
cirrostratus
cirrocumulus M
cirrocumulus
cirrus M
cirrus
nuages M **de moyenne altitude** F
middle clouds
altostratus M
altostratus
altocumulus M
altocumulus
nuages M **de basse altitude** F
low clouds
stratocumulus M
stratocumulus
nimbostratus M
nimbostratus
stratus M
stratus
cumulus M
cumulus
cumulonimbus M
cumulonimbus

météo F	weather
averse F	shower
tempête F **de neige** F	snowstorm
rafale F **de vent** M	gust of wind
tonnerre M	thunder
beau/mauvais temps M	nice/bad weather
temps M **pluvieux**	rainy weather

temps M **nuageux**	cloudy weather
temps M **venteux**	windy weather
temps M **humide**	humid weather
temps M **sec**	dry weather
vague F **de chaleur** F	heat wave
Quel temps fait-il ?	What's the weather like?
Va-t-il pleuvoir ?	Is it going to rain?

précipitations F et phénomènes M météorologiques
precipitation and weather events

bruine F
drizzle

pluie F
rain

pluie F forte
heavy rain

goutte F d'eau F
water drop

pluie F verglaçante
freezing rain

grésil M
sleet

neige F
snow

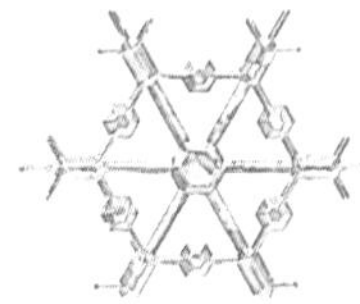
flocon M de neige F
snowflake

grêlon M
hailstone
grêle F
hail

grésil M
sleet

verglas M
glaze ice

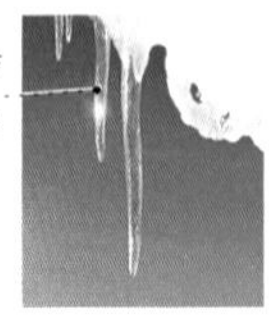
glace F
ice
gel M
frost

rosée F
dew

givre M
rime

brume F
mist

brouillard M
fog

orage M
thunderstorm

nuage M
cloud
arc-en-ciel M
rainbow
éclair M
lightning

tornade F
tornado

mur M de nuages M
wall cloud
buisson M
debris
nuage M en entonnoir M
funnel cloud

L'école

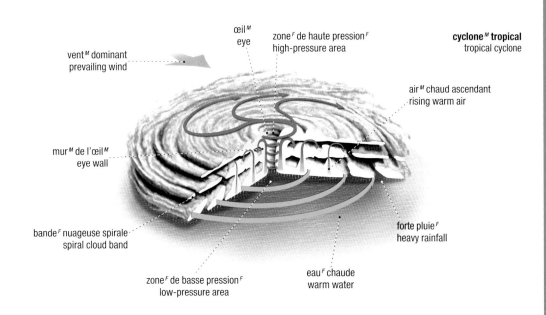

cyclone M tropical
tropical cyclone

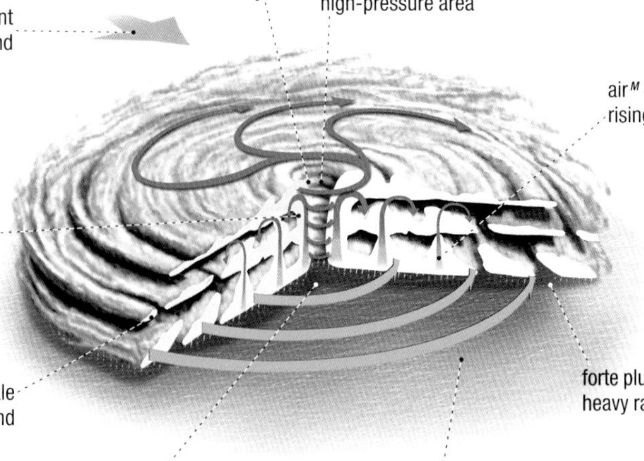
œil M
eye
zone F de haute pression F
high-pressure area
vent M dominant
prevailing wind
air M chaud ascendant
rising warm air
mur M de l'œil M
eye wall
bande F nuageuse spirale
spiral cloud band
forte pluie F
heavy rainfall
zone F de basse pression F
low-pressure area
eau F chaude
warm water

dénominations F des cyclones M tropicaux
tropical cyclone names

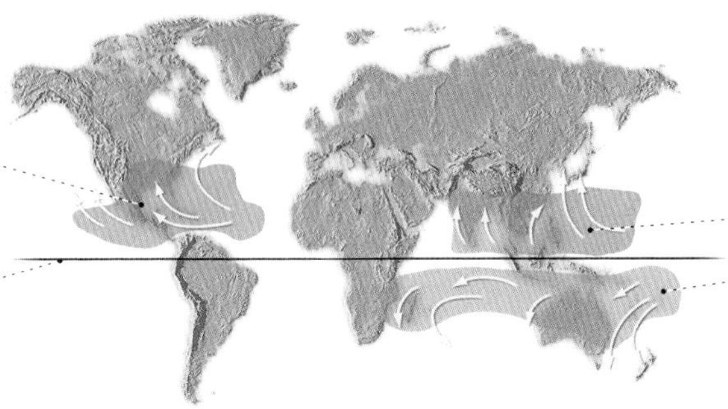
ouragan M
hurricane
typhon M
typhoon
équateur M
Equator
cyclone M
cyclone

saisons F
seasons

cycle M des saisons F
seasons of the year

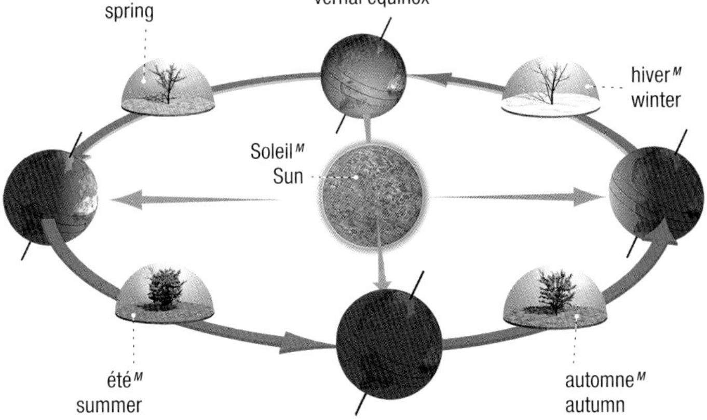
printemps M
spring
équinoxe M de printemps M
vernal equinox
hiver M
winter
Soleil M
Sun
solstice M d'été M
summer solstice
solstice M d'hiver M
winter solstice
été M
summer
automne M
autumn
équinoxe M d'automne M
autumnal equinox

climats[M] du monde[M]
climates of the world

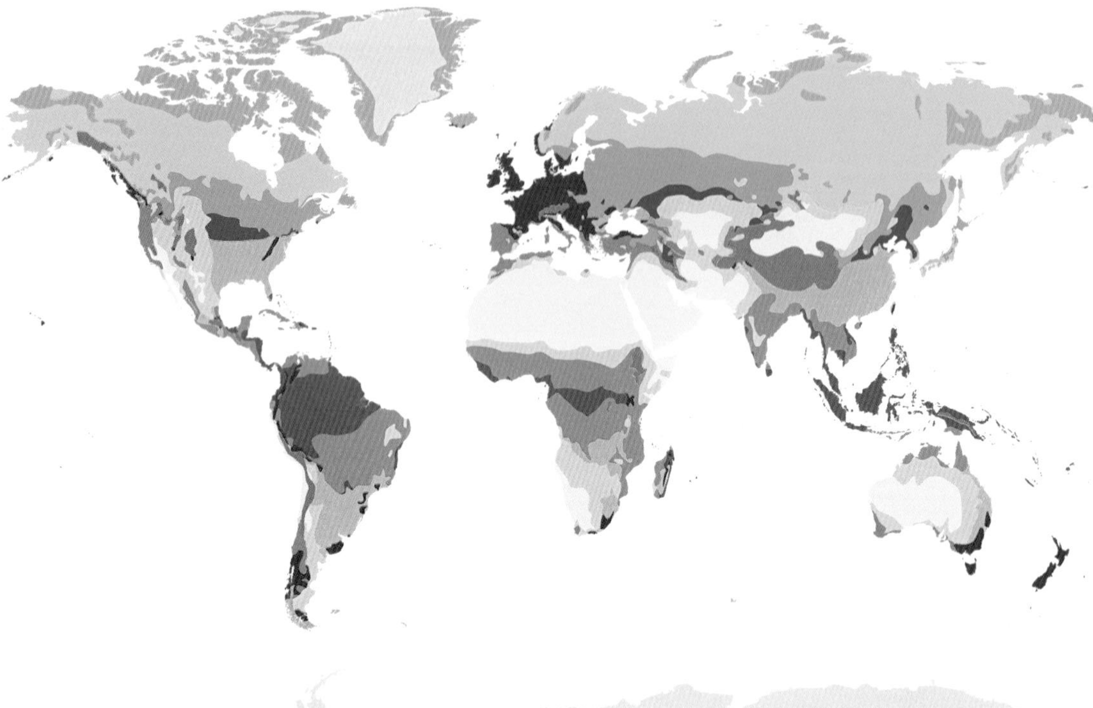

climats[M] tropicaux
tropical climates

tropical humide
tropical rain forest

tropical humide et sec (savane[F])
tropical wet-and-dry (savanna)

climats[M] tempérés froids
cold temperate climates

continental humide, à été[M] chaud
humid continental-hot summer

continental humide, à été[M] frais
humid continental-warm summer

subarctique
subarctic

climats[M] tempérés chauds
warm temperate climates

subtropical humide
humid subtropical

méditerranéen
Mediterranean subtropical

océanique
marine

climats[M] arides
dry climates

steppe[F]
steppe

désert[M]
desert

climats[M] polaires
polar climates

toundra[F]
tundra

calotte[F] glaciaire
polar ice cap

climats[M] de montagne[F]
highland climates

climats[M] de montagne[F]
highland

prévision^F **météorologique**
weather forecast

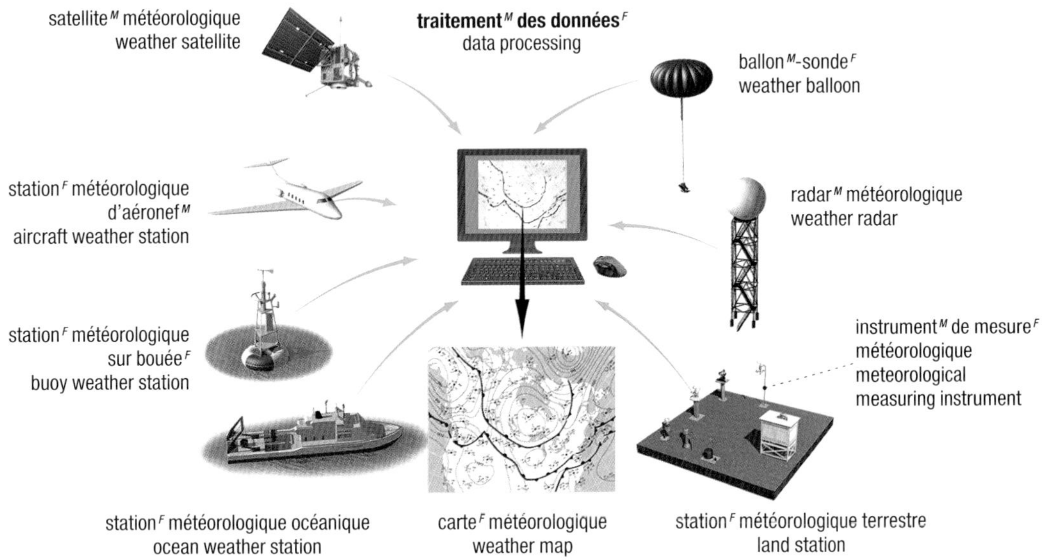
satellite^M météorologique
weather satellite
traitement^M **des données**^F
data processing
ballon^M-sonde^F
weather balloon
station^F météorologique d'aéronef^M
aircraft weather station
radar^M météorologique
weather radar
station^F météorologique sur bouée^F
buoy weather station
instrument^M de mesure^F météorologique
meteorological measuring instrument
station^F météorologique océanique
ocean weather station
carte^F météorologique
weather map
station^F météorologique terrestre
land station

nivomètre^M
snow gauge

mesure^F **de la chute**^F **de neige**^F
measure of snowfall

thermomètre^M
thermometer

mesure^F **de la température**^F
measure of temperature

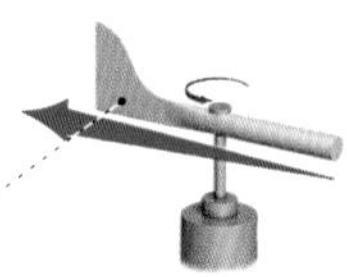
girouette^F
weather vane

mesure^F **de la direction**^F **du vent**^M
measure of wind direction

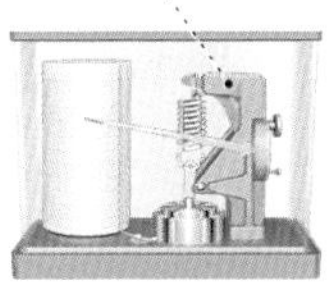
hygromètre^M enregistreur
hygrograph

mesure^F **de l'humidité**^F
measure of humidity

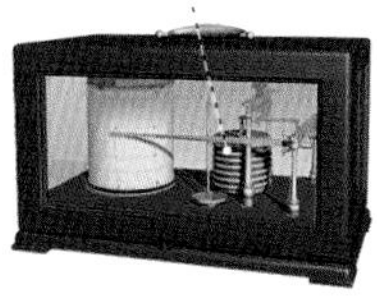
baromètre^M enregistreur
barograph

mesure^F **de la pression**^F
measure of air pressure

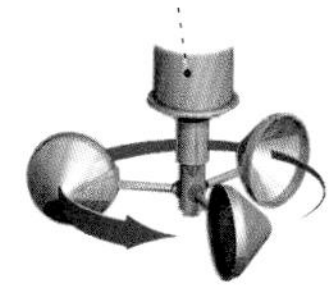
anémomètre^M
anemometer

mesure^F **de la vitesse**^F **du vent**^M
measure of wind strength

héliographe^M
sunshine recorder

mesure^F
de l'ensoleillement^M
measure of sunshine

pyranomètre^M
pyranometer

mesure^F
du rayonnement^M **du ciel**^M
measure of sky radiation

pluviomètre^M à lecture^F directe
direct-reading rain gauge

pluviomètre^M enregistreur
rain gauge recorder

mesure^F **de la pluviosité**^F
measure of rainfall

School

Notre Terre est constituée de trois couches principales : la croûte, ou écorce, le manteau et le noyau. Formée principalement de roches, la croûte terrestre est divisée en immenses morceaux appelés « plaques tectoniques ». Des séismes et des éruptions volcaniques se produisent souvent à la rencontre de deux plaques. Ces phénomènes spectaculaires contribuent à l'évolution des paysages qui nous entourent.

structureF **de la Terre**F
structure of the Earth

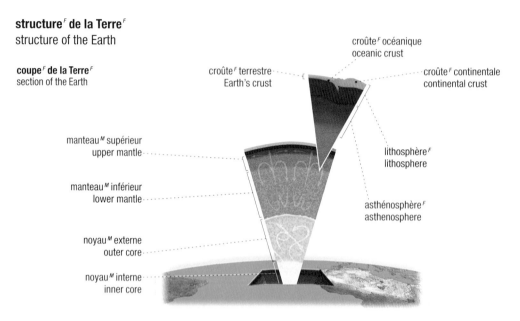

coupeF **de la Terre**F
section of the Earth

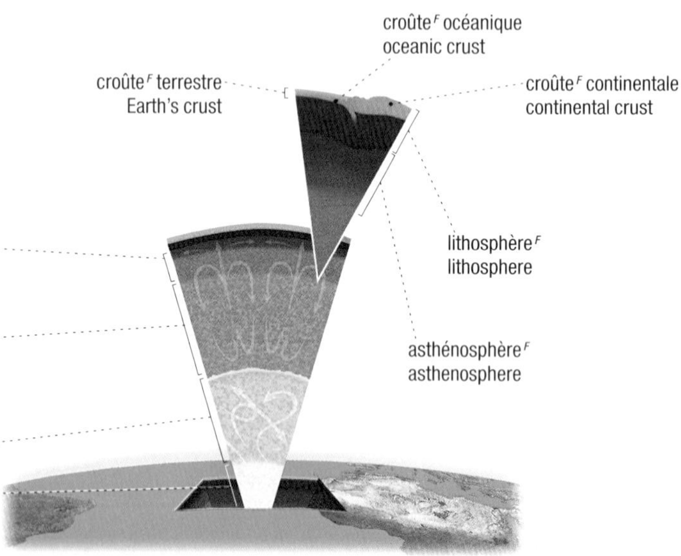
croûteF océanique
oceanic crust
croûteF terrestre
Earth's crust
croûteF continentale
continental crust
manteauM supérieur
upper mantle
lithosphèreF
lithosphere
manteauM inférieur
lower mantle
asthénosphèreF
asthenosphere
noyauM externe
outer core
noyauM interne
inner core

fondM **de l'océan**M
deep-sea floor

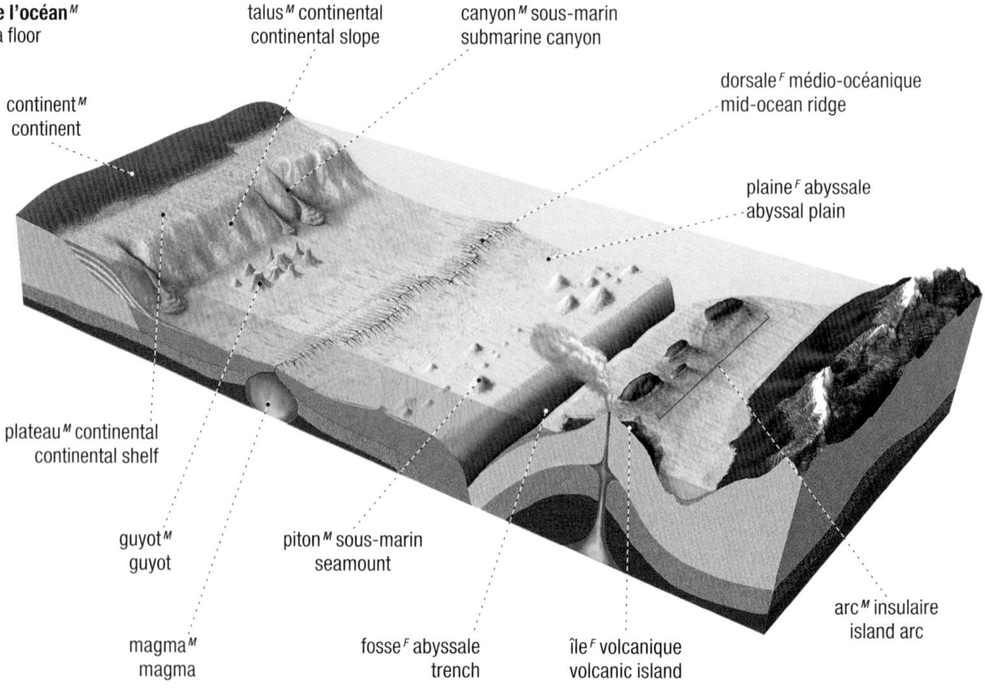
talusM continental
continental slope
canyonM sous-marin
submarine canyon
continentM
continent
dorsaleF médio-océanique
mid-ocean ridge
plaineF abyssale
abyssal plain
plateauM continental
continental shelf
guyotM
guyot
pitonM sous-marin
seamount
arcM insulaire
island arc
magmaM
magma
fosseF abyssale
trench
îleF volcanique
volcanic island

structure[F] de la Terre[F]
structure of the Earth

coupe[F] de la croûte[F] terrestre
section of the Earth's crust

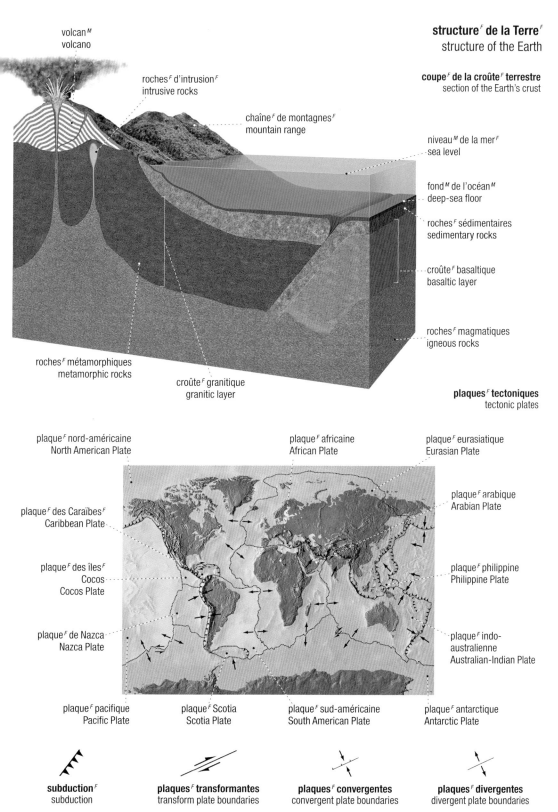

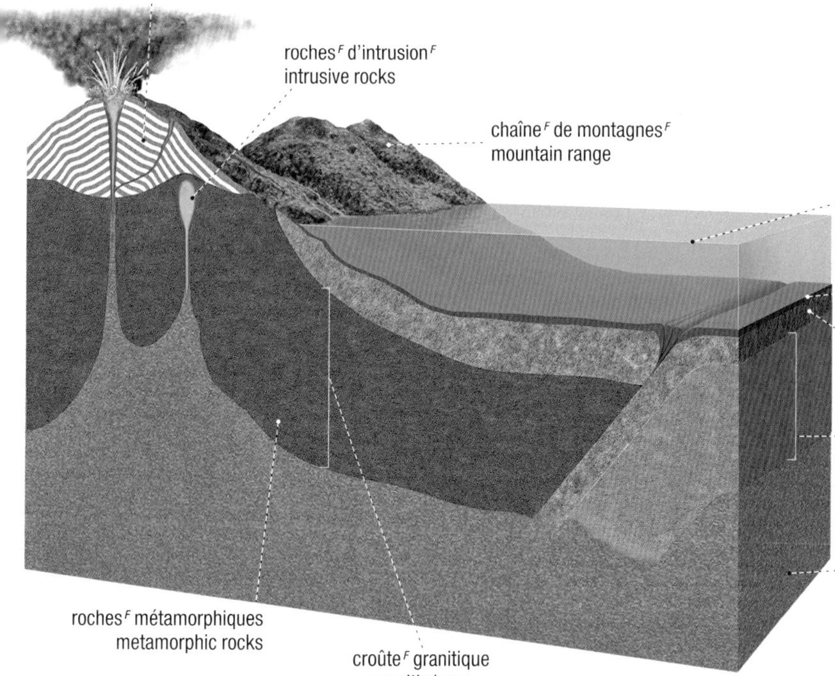
volcan[M]
volcano
roches[F] d'intrusion[F]
intrusive rocks
chaîne[F] de montagnes[F]
mountain range
niveau[M] de la mer[F]
sea level
fond[M] de l'océan[M]
deep-sea floor
roches[F] sédimentaires
sedimentary rocks
croûte[F] basaltique
basaltic layer
roches[F] magmatiques
igneous rocks
roches[F] métamorphiques
metamorphic rocks
croûte[F] granitique
granitic layer

School

plaques[F] tectoniques
tectonic plates

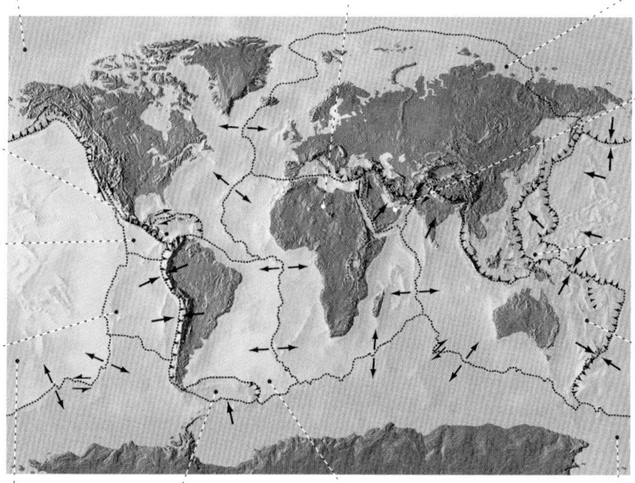
plaque[F] nord-américaine
North American Plate
plaque[F] africaine
African Plate
plaque[F] eurasiatique
Eurasian Plate
plaque[F] arabique
Arabian Plate
plaque[F] des Caraïbes[F]
Caribbean Plate
plaque[F] des îles[F] Cocos
Cocos Plate
plaque[F] philippine
Philippine Plate
plaque[F] de Nazca
Nazca Plate
plaque[F] indo-australienne
Australian-Indian Plate
plaque[F] pacifique
Pacific Plate
plaque[F] Scotia
Scotia Plate
plaque[F] sud-américaine
South American Plate
plaque[F] antarctique
Antarctic Plate

subduction[F]
subduction

plaques[F] transformantes
transform plate boundaries

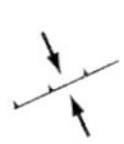

plaques[F] convergentes
convergent plate boundaries

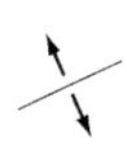

plaques[F] divergentes
divergent plate boundaries

reliefM **de la Terre**F
Earth features

montagneF
mountain

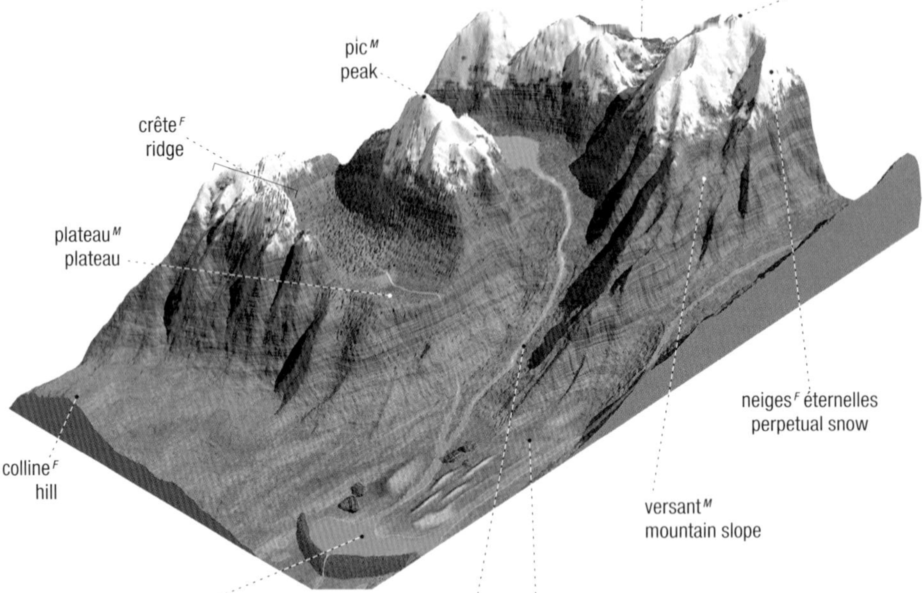
colM
pass
sommetM
summit
picM
peak
crêteF
ridge
plateauM
plateau
neigesF éternelles
perpetual snow
collineF
hill
versantM
mountain slope
lacM
lake
torrentM
mountain torrent
valléeF
valley

formationF **des montagnes**F
mountain formation

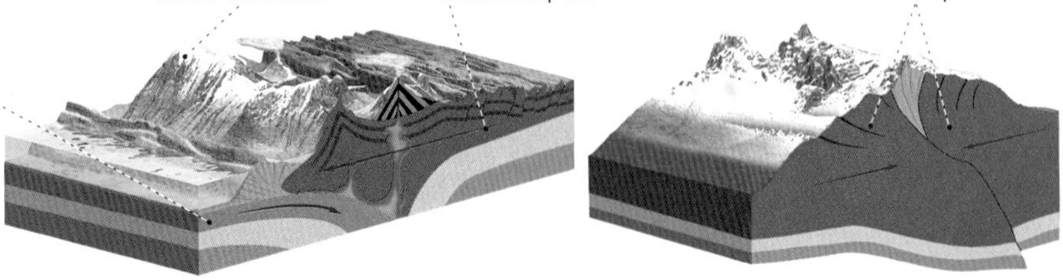
montagnesF côtières
coastal mountains
plaqueF continentale
continental plate
plaquesF continentales
continental plates
plaqueF océanique
oceanic plate

grotteF
cave

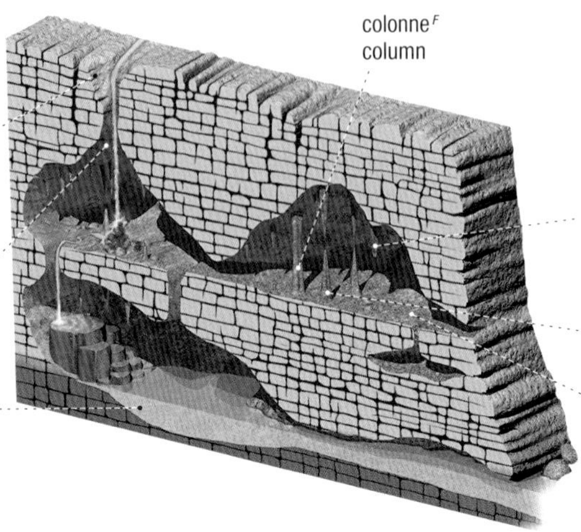
colonneF
column
avenM
pothole
stalactiteF
stalactite
gouffreM
swallow hole
stalagmiteF
stalagmite
rivièreF souterraine
subterranean stream
galerieF sèche
dry gallery

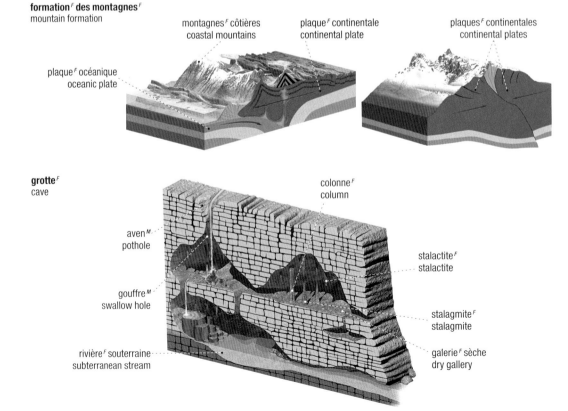

relief^M de la Terre^F
Earth features

cours^M d'eau^F
watercourse

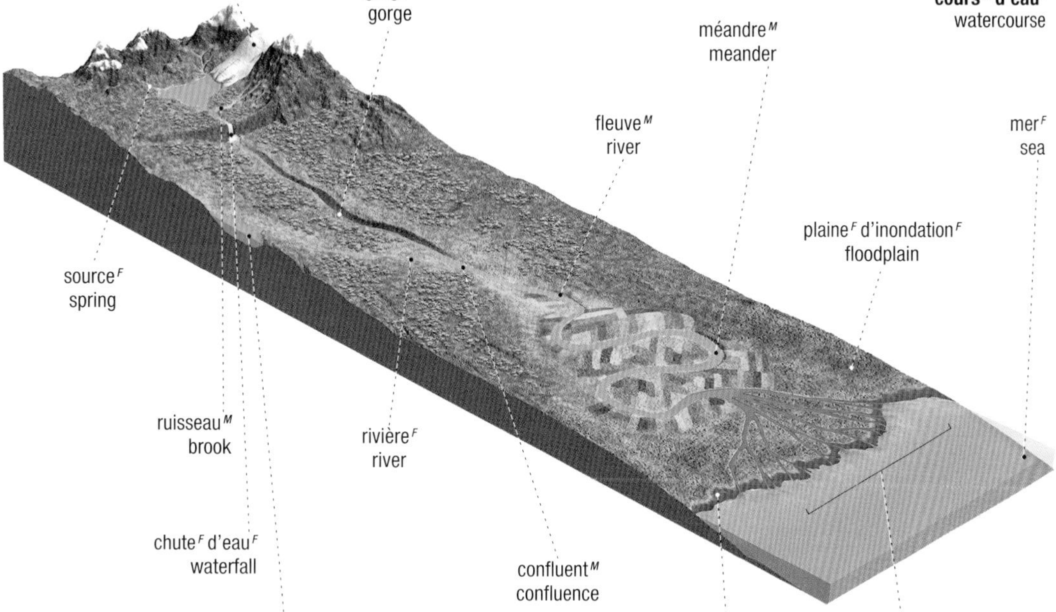
glacier^M
glacier
gorge^F
gorge
méandre^M
meander
fleuve^M
river
mer^F
sea
plaine^F d'inondation^F
floodplain
source^F
spring
ruisseau^M
brook
rivière^F
river
chute^F d'eau^F
waterfall
confluent^M
confluence
lac^M
lake
alluvions^F
alluvial deposits
delta^M
delta

configuration^F du littoral^M
common coastal features

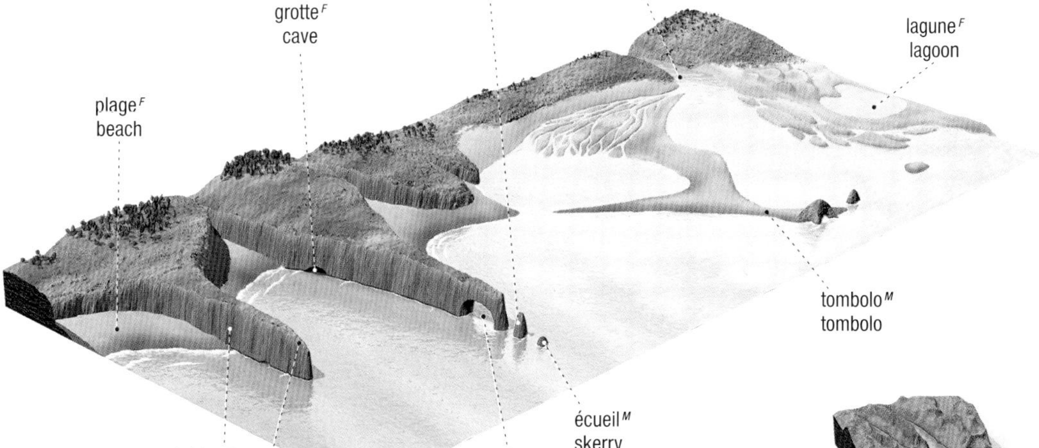
aiguille^F
stack
estuaire^M
estuary
grotte^F
cave
lagune^F
lagoon
plage^F
beach
tombolo^M
tombolo
écueil^M
skerry
falaise^F
cliff
arche^F naturelle
natural arch
pointe^F
headland

fjords^M
fjords

relief[M] de la Terre[F]
Earth features

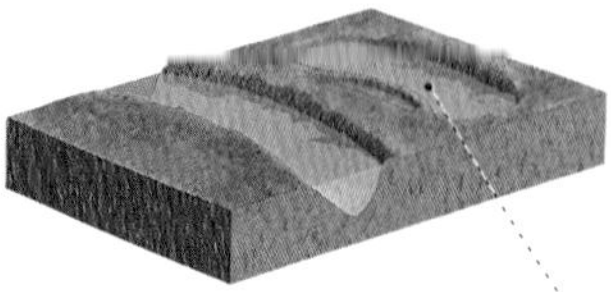
bras[M] mort
oxbow

lac[M] en croissant[M]
oxbow lake

lagon[M]
lagoon

atoll[M]
atoll

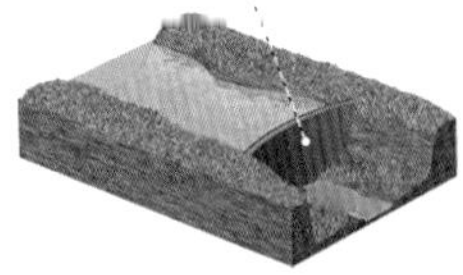
barrage[M]
dam

lac[M] artificiel
artificial lake

moraine[F]
moraine

lac[M] d'origine[F] glaciaire
glacial lake

lac[M] d'origine[F] tectonique
tectonic lake

lac[M] d'origine[F] volcanique
volcanic lake

désert[M]
desert

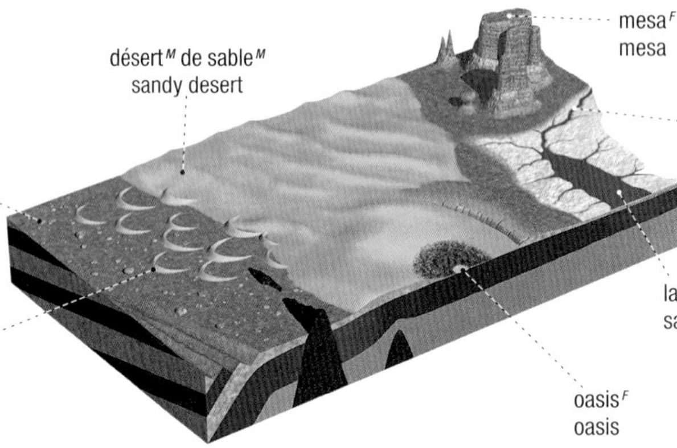
désert[M] de sable[M]
sandy desert
mesa[F]
mesa
oued[M]
wadi
désert[M] de pierres[F]
rocky desert
lac[M] salé
saline lake
dune[F]
dune
oasis[F]
oasis

types[M] d'érosion[F]
types of erosion

érosion[F] par les glaciers[M]
erosion by glaciers
érosion[F] par le gel[M]
erosion by frost
érosion[F] par infiltration[F] d'eau[F]
erosion by seeping water
érosion[F] par les vagues[F]
erosion by waves
érosion[F] par un cours[M] d'eau[F]
erosion by watercourse
érosion[F] par la pluie[F]
erosion by rain
érosion[F] par le vent[M]
erosion by wind

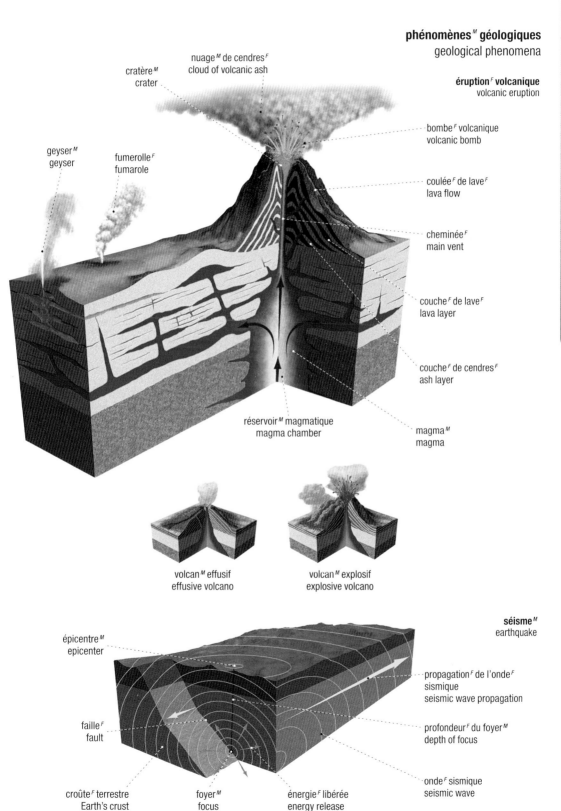

phénomènes[M] géologiques
geological phenomena

éruption[F] volcanique
volcanic eruption

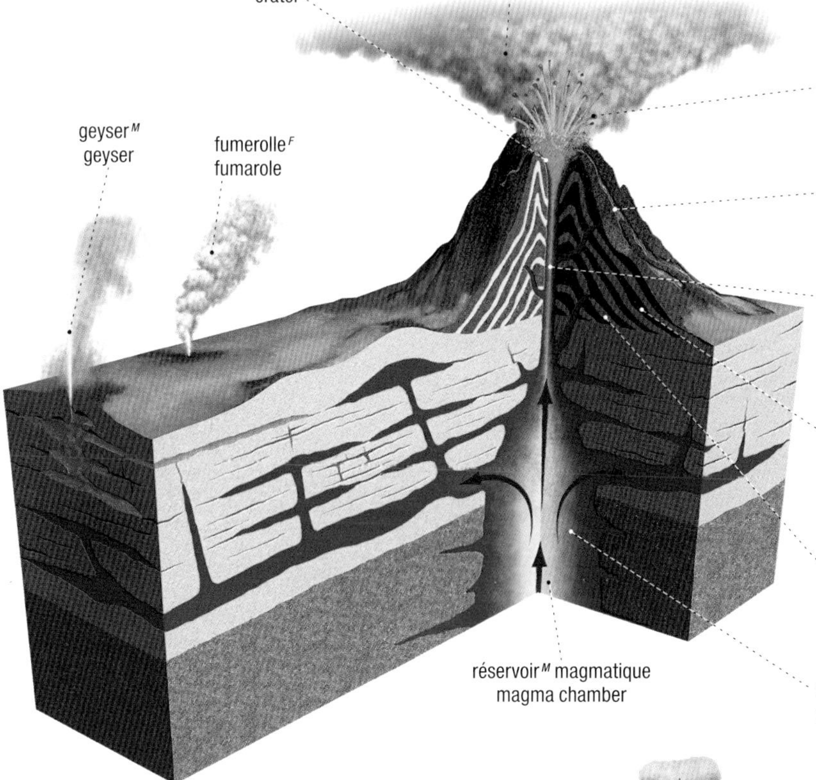
cratère[M]
crater
nuage[M] de cendres[F]
cloud of volcanic ash
bombe[F] volcanique
volcanic bomb
geyser[M]
geyser
fumerolle[F]
fumarole
coulée[F] de lave[F]
lava flow
cheminée[F]
main vent
couche[F] de lave[F]
lava layer
couche[F] de cendres[F]
ash layer
réservoir[M] magmatique
magma chamber
magma[M]
magma

volcan[M] effusif
effusive volcano

volcan[M] explosif
explosive volcano

séisme[M]
earthquake

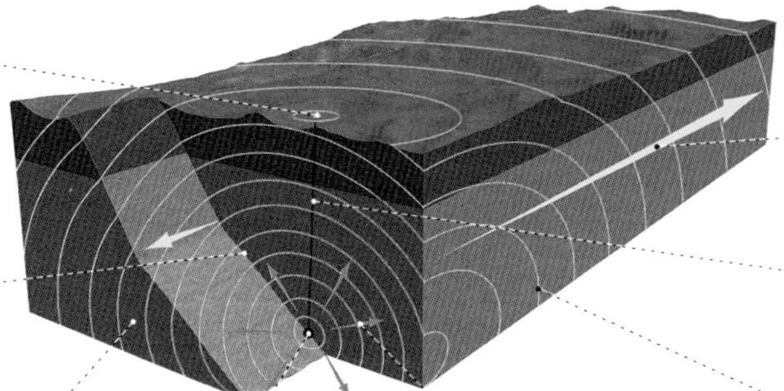
épicentre[M]
epicenter
propagation[F] de l'onde[F]
sismique
seismic wave propagation
faille[F]
fault
profondeur[F] du foyer[M]
depth of focus
onde[F] sismique
seismic wave
croûte[F] terrestre
Earth's crust
foyer[M]
focus
énergie[F] libérée
energy release

phénomènes[M] géologiques
geological phenomena

tsunami[M]
tsunami

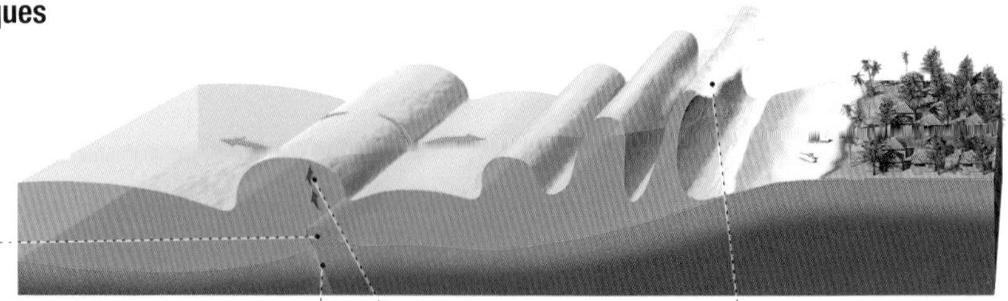
soulèvement[M]
uplift
faille[F]
fault
déplacement[M] vertical de l'eau[F]
vertical displacement of water
vague[F] déferlante
breaker

éboulement[M]
rockslide

glissement[M] de terrain[M]
landslide

coulée[F] de boue[F]
mudflow

exemples[M] de roches[F]
examples of rocks

roches[F] magmatiques
igneous rocks

granite[M]
granite
basalte[M]
basalt
pierre[F] ponce[F]
pumice stone

roches[F] sédimentaires
sedimentary rocks

grès[M]
sandstone
houille[F] (charbon[M])
coal
craie[F]
chalk
calcaire[M]
limestone

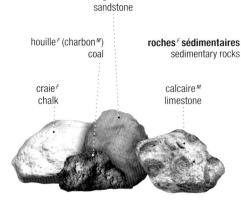

roches[F] métamorphiques
metamorphic rocks

marbre[M]
marble
gneiss[M]
gneiss
ardoise[F]
slate

dérive[F] des continents[M]	continental drift
sismographe[M]	seismograph
côte[F]	coast
affluent[M]	affluent
effluent[M]	effluent
iceberg[M]	iceberg
source[F] thermale	hot spring
sédiment[M]	sediment
fossile[M]	fossil
gemme[F]	gem
dureté[F]	hardness
éclat[M]	luster
transparence[F]	transparency
minerai[M]	ore

exemples[M] de minéraux[M]
examples of minerals

sel[M] gemme[F] (halite[F])
rock salt (halite)

calcite[F]
calcite

graphite[M]
graphite

pyrite[F]
pyrite

talc[M]
talc

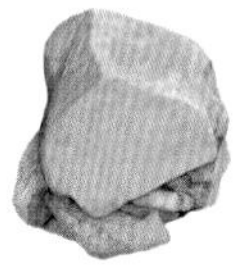

feldspath[M]
feldspar

quartz[M]
quartz

mica[M]
mica

exemples[M] de métaux[M]
examples of metals

fer[M]
iron

aluminium[M]
aluminum

cuivre[M]
copper

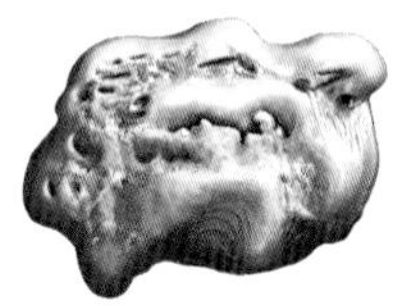

or[M]
gold

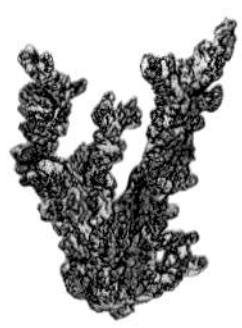

argent[M]
silver

nickel[M]
nickel

zinc[M]
zinc

bronze[M] = cuivre[M] + étain[M]
bronze = copper + tin

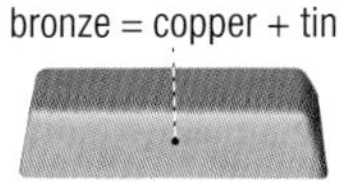

alliage[M] métallique
metal alloy

pierres[F] précieuses
precious stones

saphir[M]
sapphire

diamant[M]
diamond

rubis[M]
ruby

émeraude[F]
emerald

Notre monde se divise en vastes étendues de terre : les continents. L'Eurasie est le continent formé par l'Europe et l'Asie réunies. Les continents couvrent environ le tiers de la surface du globe. Pour représenter la surface terrestre, les cartographes dessinent des cartes sur lesquelles ils transposent les diverses caractéristiques d'une région. Par un système de projection, ils font correspondre la réalité, en trois dimensions, à une carte plane, en deux dimensions.

coordonnées[F] géographiques
Earth coordinate system

divisions[F] cartographiques
grid system

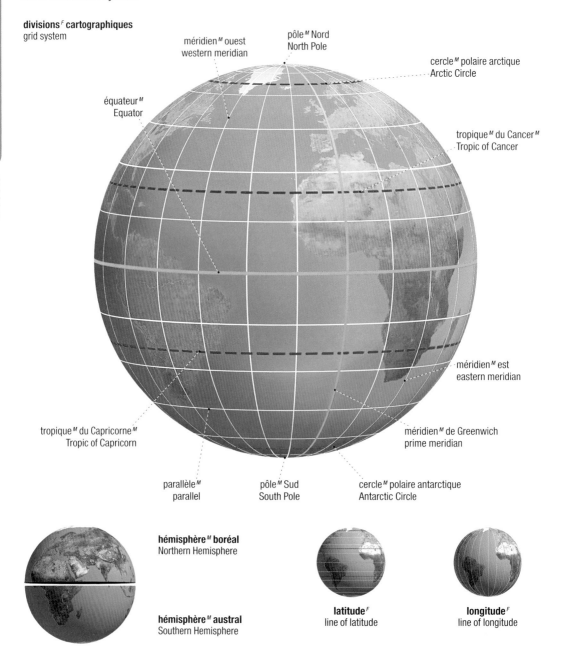

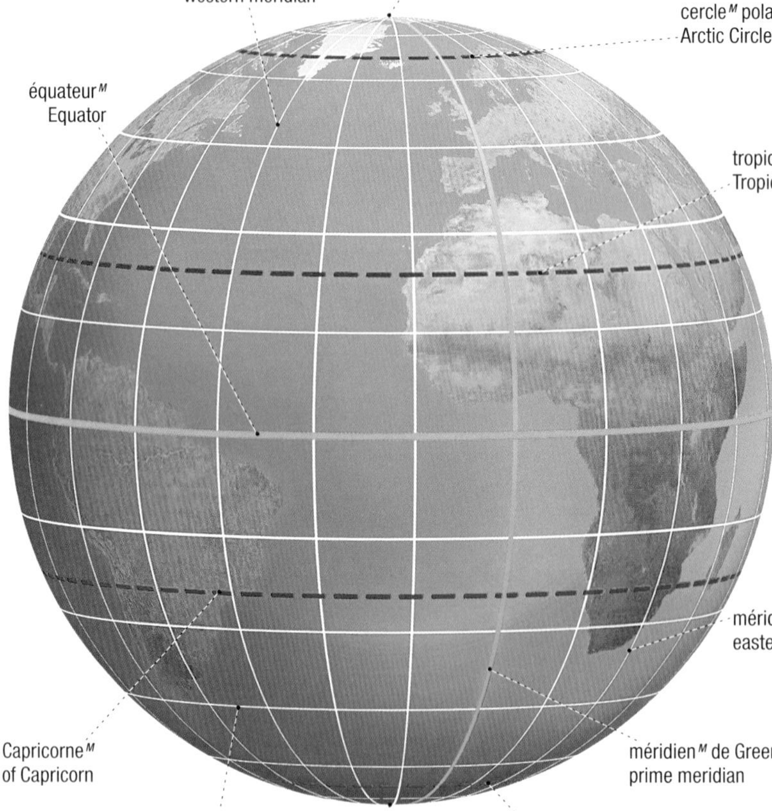
méridien[M] ouest
western meridian
pôle[M] Nord
North Pole
cercle[M] polaire arctique
Arctic Circle
équateur[M]
Equator
tropique[M] du Cancer[M]
Tropic of Cancer
méridien[M] est
eastern meridian
tropique[M] du Capricorne[M]
Tropic of Capricorn
méridien[M] de Greenwich
prime meridian
parallèle[M]
parallel
pôle[M] Sud
South Pole
cercle[M] polaire antarctique
Antarctic Circle

hémisphère[M] boréal
Northern Hemisphere

hémisphère[M] austral
Southern Hemisphere

latitude[F]
line of latitude

longitude[F]
line of longitude

configuration^F des continents^M
configuration of the continents

planisphère^M
planisphere

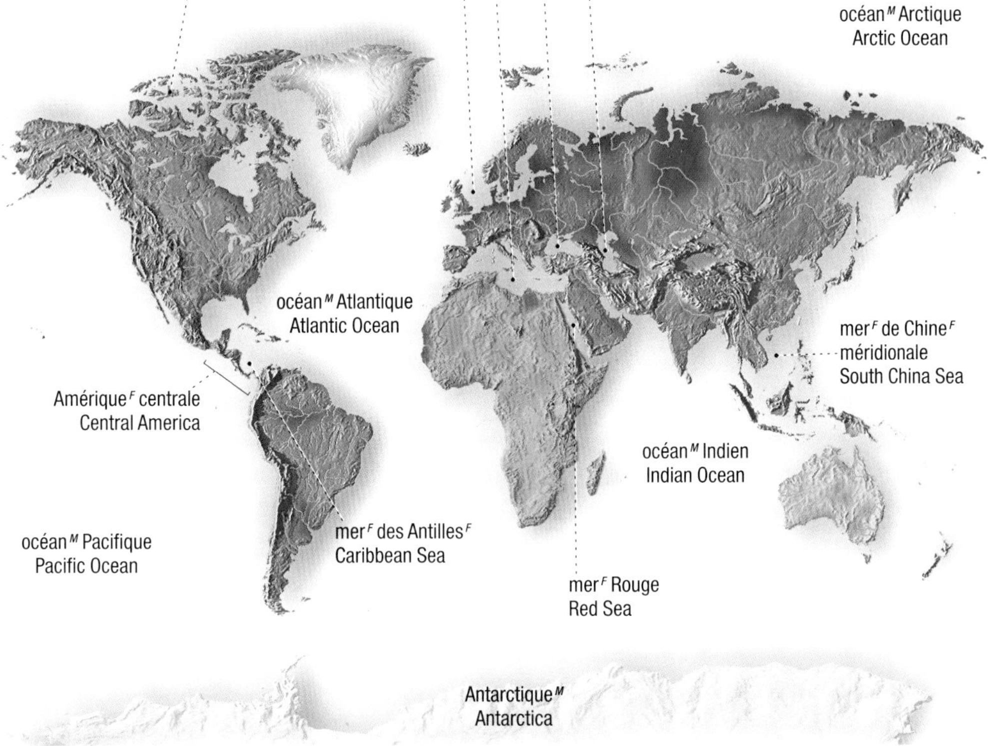

merF Méditerranée F
Mediterranean Sea
merF Noire
Black Sea
ArctiqueM
Arctic
merF du NordM
North Sea
merF Caspienne
Caspian Sea
océanM Arctique
Arctic Ocean
océanM Atlantique
Atlantic Ocean
merF de ChineF méridionale
South China Sea
AmériqueF centrale
Central America
océanM Indien
Indian Ocean
océanM Pacifique
Pacific Ocean
merF des AntillesF
Caribbean Sea
merF Rouge
Red Sea
AntarctiqueM
Antarctica

AmériqueF du NordM
North America
AmériqueF du SudM
South America
EuropeF
Europe
AsieF
Asia
AfriqueF
Africa
OcéanieF
Oceania

rose^F des vents^M
compass rose

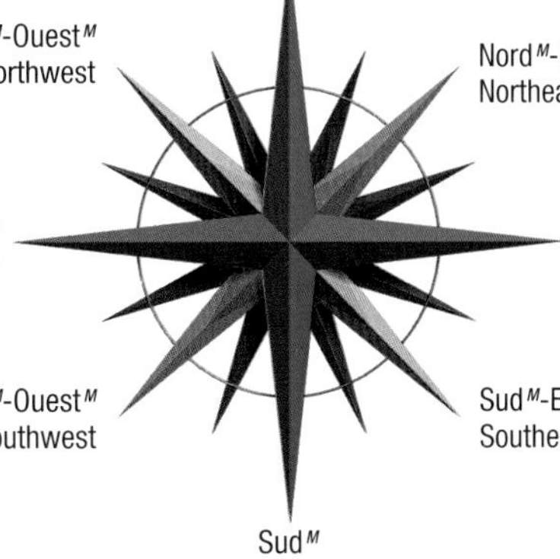

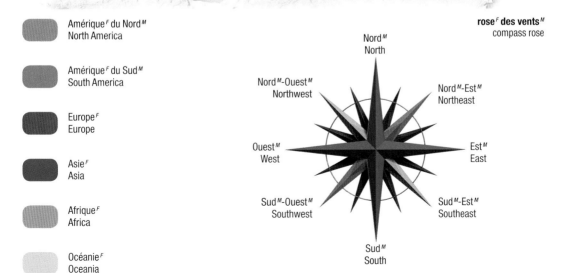

NordM
North
NordM-OuestM
Northwest
NordM-EstM
Northeast
OuestM
West
EstM
East
SudM-OuestM
Southwest
SudM-EstM
Southeast
SudM
South

L'école

cartographie[F]
cartography

carte[F] physique
physical map

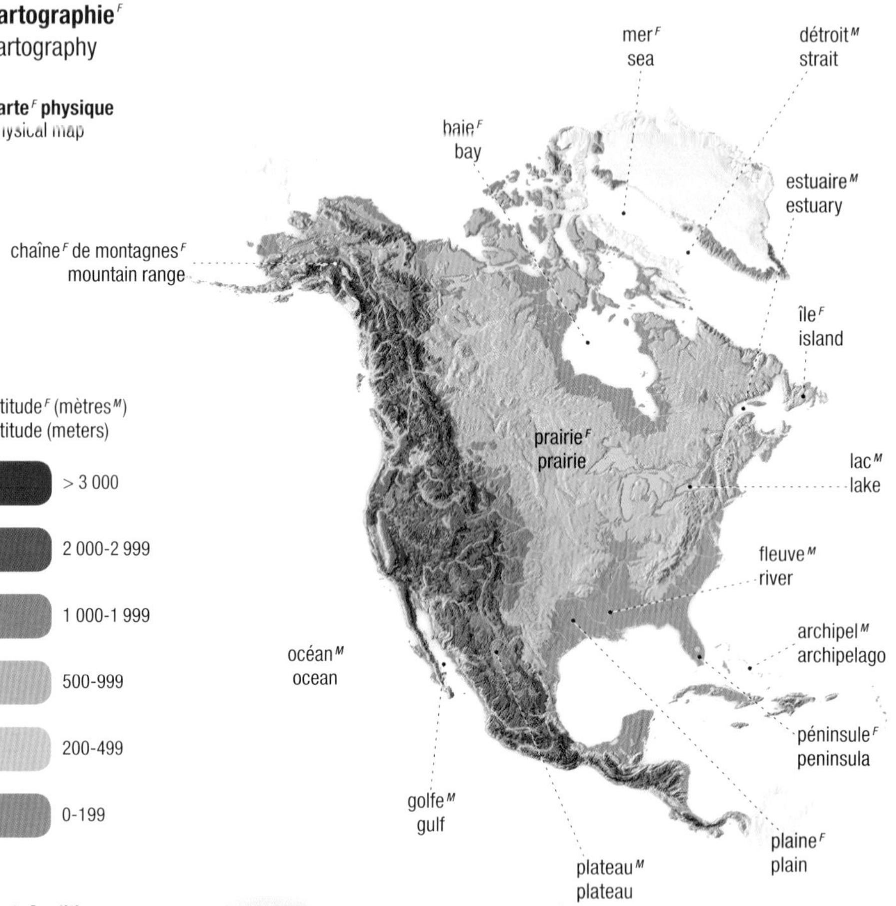
mer[F]
sea
détroit[M]
strait
baie[F]
bay
estuaire[M]
estuary
chaîne[F] de montagnes[F]
mountain range
île[F]
island
prairie[F]
prairie
lac[M]
lake
fleuve[M]
river
archipel[M]
archipelago
océan[M]
ocean
péninsule[F]
peninsula
golfe[M]
gulf
plaine[F]
plain
plateau[M]
plateau

altitude[F] (mètres[M])
altitude (meters)

- > 3 000
- 2 000-2 999
- 1 000-1 999
- 500-999
- 200-499
- 0-199

carte[F] politique
political map

province[F]
province
division[F] territoriale
internal border
CANADA
Edmonton
Calgary
Vancouver
Seattle
Winnipeg
Montréal
Ottawa
Toronto
grande ville[F]
city
Detroit
New York
Chicago
Washington
frontière[F]
international border
San Francisco
Denver
UNITED STATES
Los Angeles
San Diego
Atlanta
capitale[F]
capital
Dallas
Houston
Miami
Monterrey
MEXICO
Guadalajara
Ciudad de México
pays[M]
country
État[M]
state

Amérique^F du Nord^M et Amérique^F centrale (carte^F politique)
North America and Central America (political map)

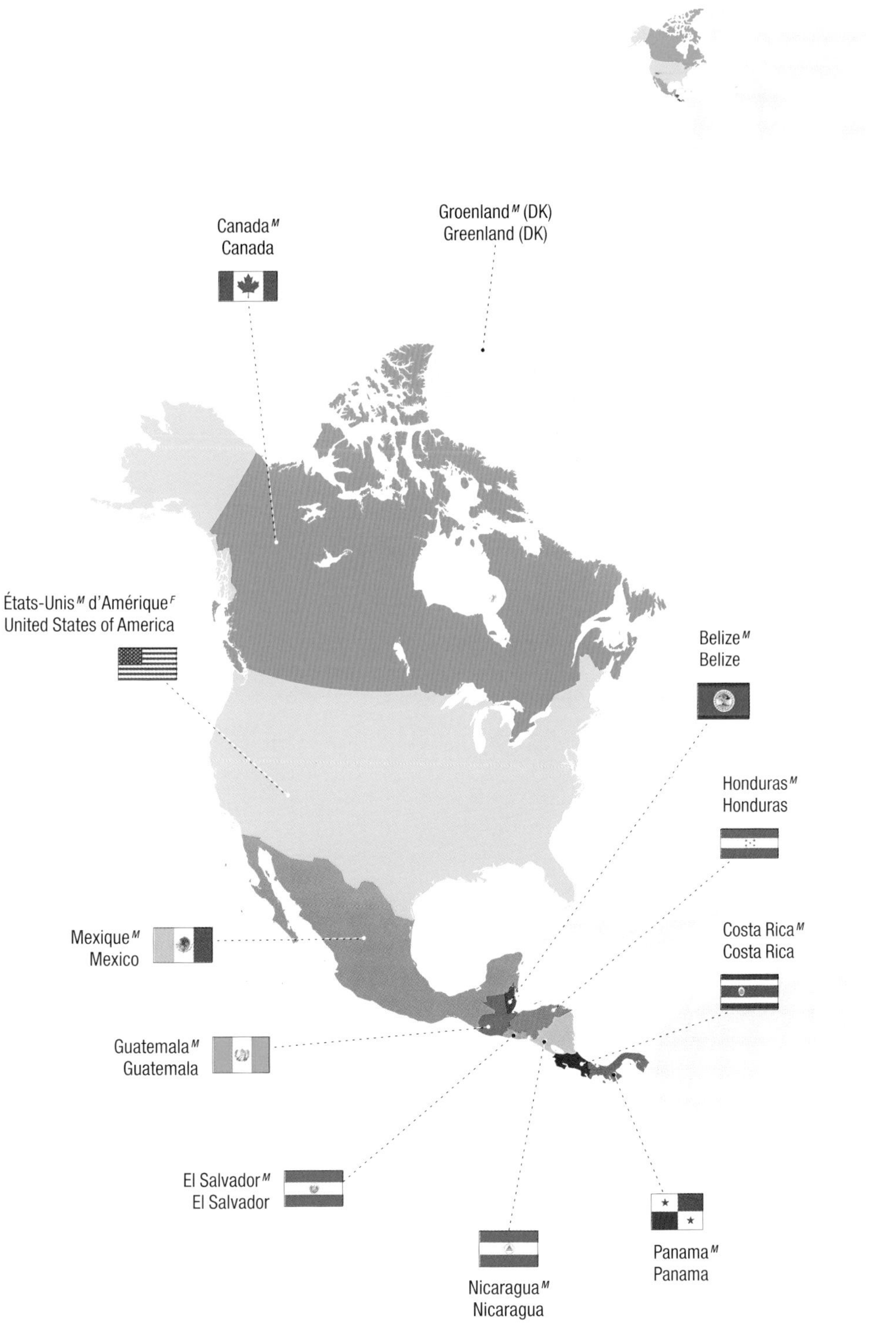
Canada^M
Canada
Groenland^M (DK)
Greenland (DK)
États-Unis^M d'Amérique^F
United States of America
Belize^M
Belize
Honduras^M
Honduras
Mexique^M
Mexico
Costa Rica^M
Costa Rica
Guatemala^M
Guatemala
El Salvador^M
El Salvador
Panama^M
Panama
Nicaragua^M
Nicaragua

Antilles[F] **(carte**[F] **politique)**
Caribbean Islands (political map)

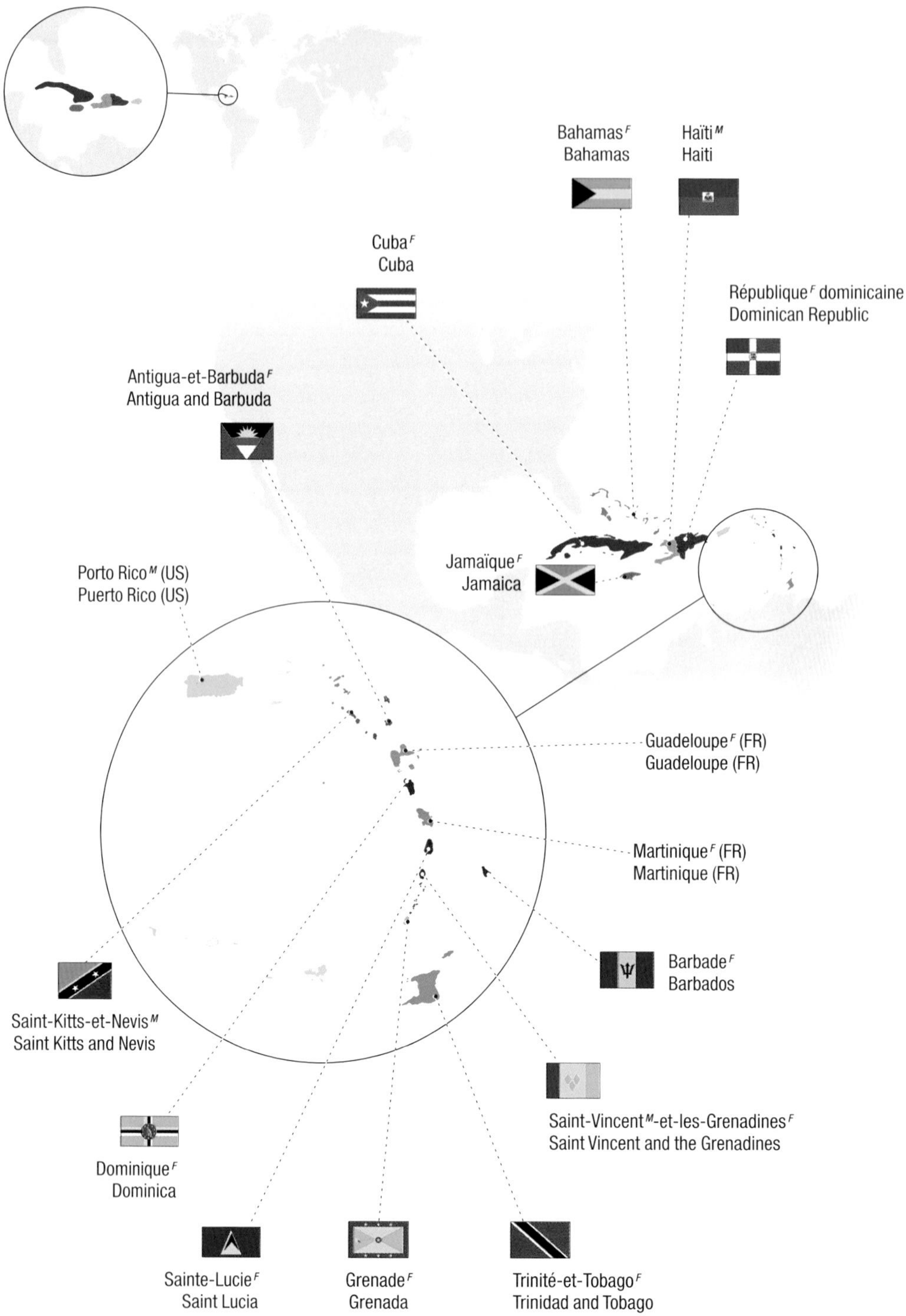
Bahamas[F]
Bahamas
Haïti[M]
Haiti
Cuba[F]
Cuba
République[F] dominicaine
Dominican Republic
Antigua-et-Barbuda[F]
Antigua and Barbuda
Jamaïque[F]
Jamaica
Porto Rico[M] (US)
Puerto Rico (US)
Guadeloupe[F] (FR)
Guadeloupe (FR)
Martinique[F] (FR)
Martinique (FR)
Barbade[F]
Barbados
Saint-Kitts-et-Nevis[M]
Saint Kitts and Nevis
Saint-Vincent[M]-et-les-Grenadines[F]
Saint Vincent and the Grenadines
Dominique[F]
Dominica
Sainte-Lucie[F]
Saint Lucia
Grenade[F]
Grenada
Trinité-et-Tobago[F]
Trinidad and Tobago

AmériqueF **du Sud**M **(carte**F **politique)**
South America (political map)

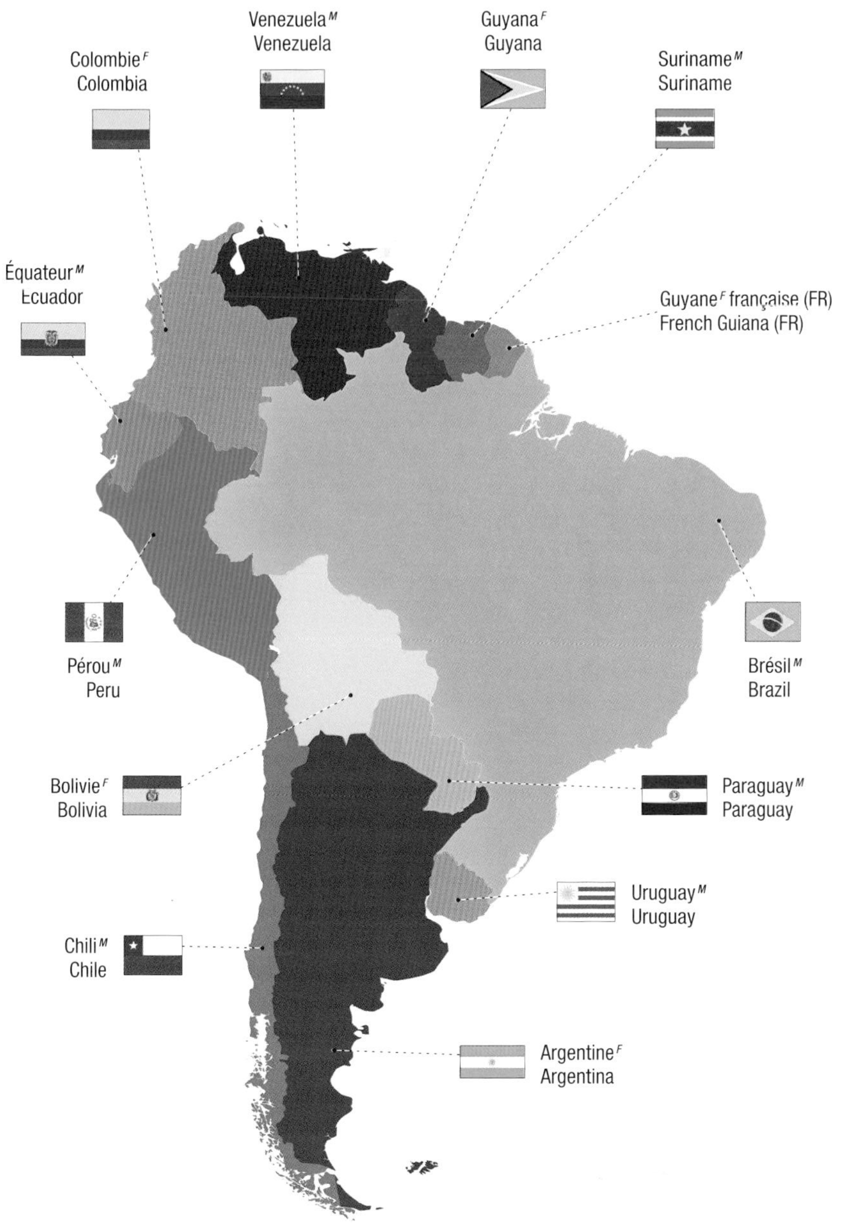
ColombieF
Colombia
VenezuelaM
Venezuela
GuyanaF
Guyana
SurinameM
Suriname
ÉquateurM
Ecuador
GuyaneF française (FR)
French Guiana (FR)
PérouM
Peru
BrésilM
Brazil
BolivieF
Bolivia
ParaguayM
Paraguay
UruguayM
Uruguay
ChiliM
Chile
ArgentineF
Argentina

Europe^F (carte^F politique)

Europe (political map)

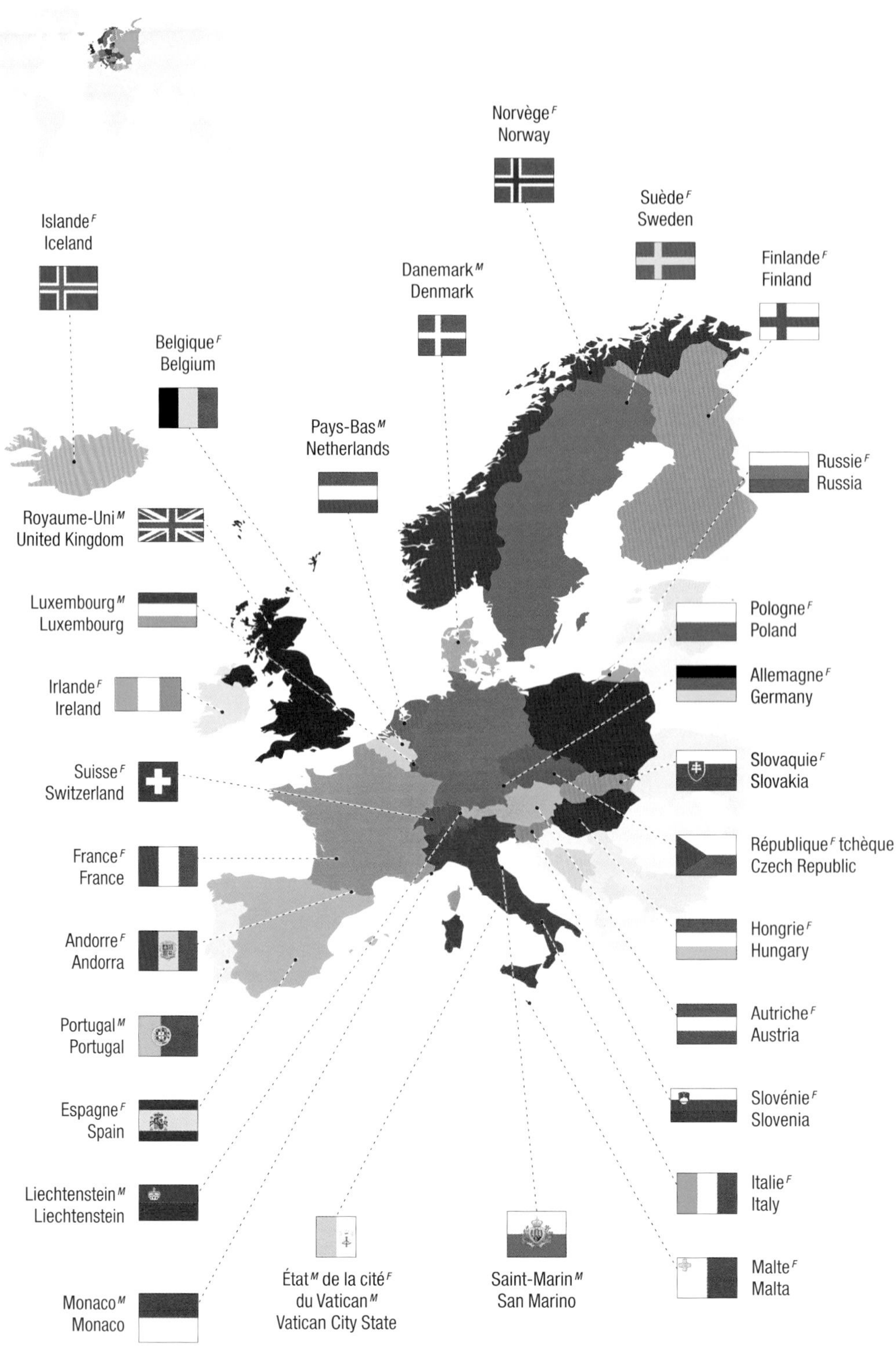
Norvège^F
Norway
Suède^F
Sweden
Islande^F
Iceland
Danemark^M
Denmark
Finlande^F
Finland
Belgique^F
Belgium
Pays-Bas^M
Netherlands
Russie^F
Russia
Royaume-Uni^M
United Kingdom
Luxembourg^M
Luxembourg
Pologne^F
Poland
Irlande^F
Ireland
Allemagne^F
Germany
Suisse^F
Switzerland
Slovaquie^F
Slovakia
France^F
France
République^F tchèque
Czech Republic
Andorre^F
Andorra
Hongrie^F
Hungary
Portugal^M
Portugal
Autriche^F
Austria
Espagne^F
Spain
Slovénie^F
Slovenia
Liechtenstein^M
Liechtenstein
Italie^F
Italy
Monaco^M
Monaco
État^M de la cité^F
du Vatican^M
Vatican City State
Saint-Marin^M
San Marino
Malte^F
Malta

Europe^F (carte^F politique)
Europe (political map)

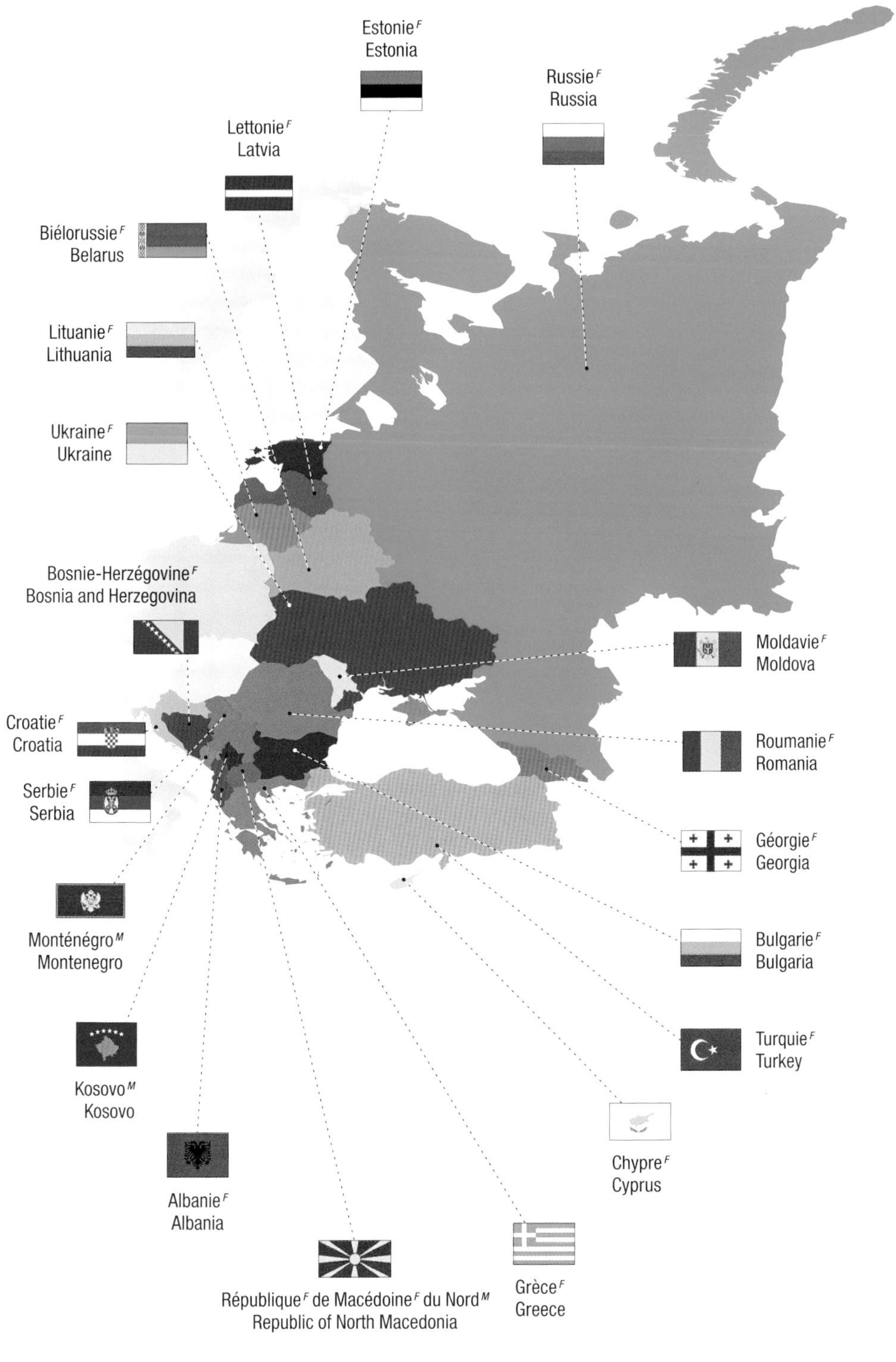
Estonie^F
Estonia
Russie^F
Russia
Lettonie^F
Latvia
Biélorussie^F
Belarus
Lituanie^F
Lithuania
Ukraine^F
Ukraine
Bosnie-Herzégovine^F
Bosnia and Herzegovina
Moldavie^F
Moldova
Croatie^F
Croatia
Roumanie^F
Romania
Serbie^F
Serbia
Géorgie^F
Georgia
Monténégro^M
Montenegro
Bulgarie^F
Bulgaria
Kosovo^M
Kosovo
Turquie^F
Turkey
Chypre^F
Cyprus
Albanie^F
Albania
République^F de Macédoine^F du Nord^M
Republic of North Macedonia
Grèce^F
Greece

Asie[F] (carte[F] politique)
Asia (political map)

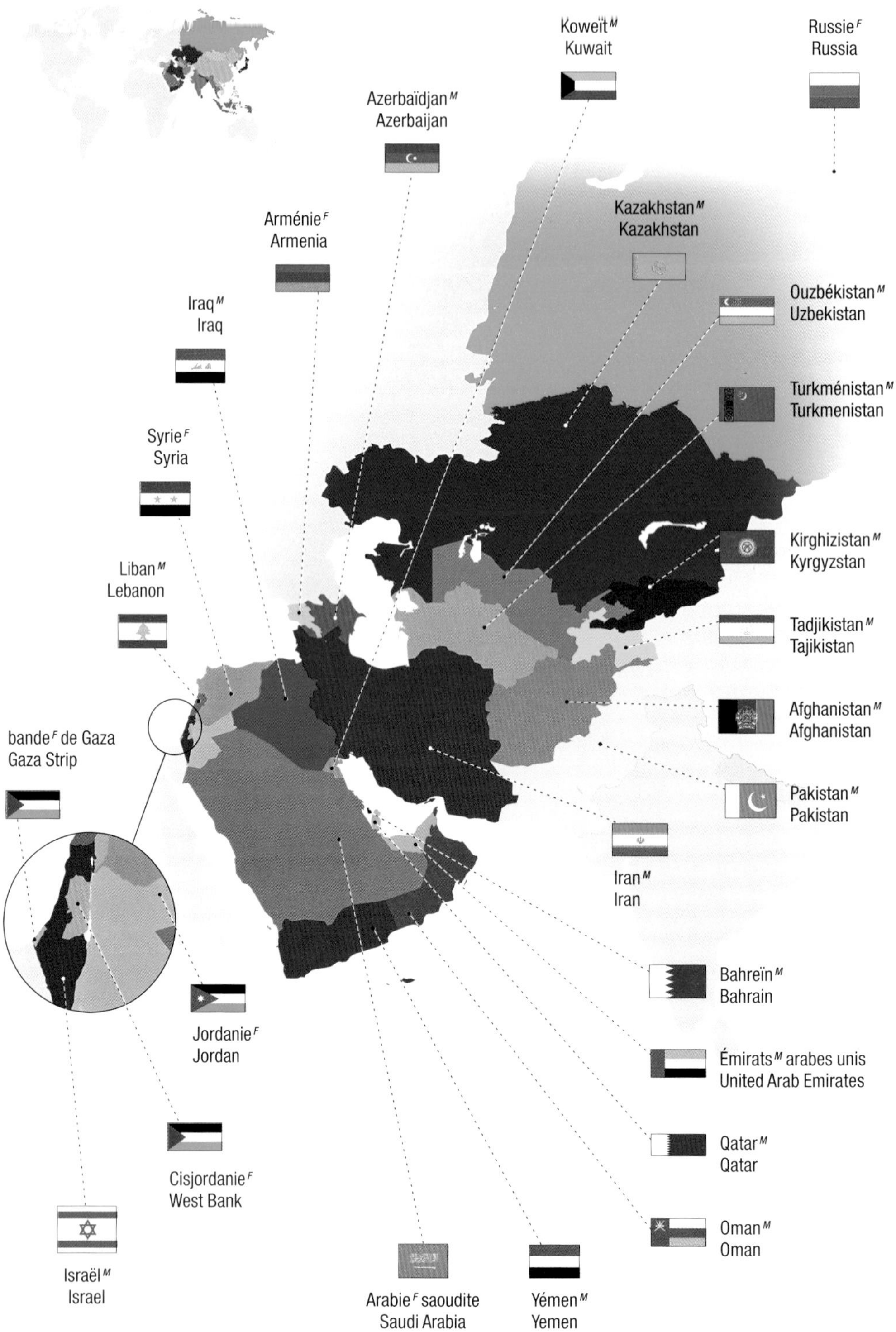
Koweït[M]
Kuwait
Russie[F]
Russia
Azerbaïdjan[M]
Azerbaijan
Arménie[F]
Armenia
Kazakhstan[M]
Kazakhstan
Ouzbékistan[M]
Uzbekistan
Iraq[M]
Iraq
Turkménistan[M]
Turkmenistan
Syrie[F]
Syria
Kirghizistan[M]
Kyrgyzstan
Liban[M]
Lebanon
Tadjikistan[M]
Tajikistan
Afghanistan[M]
Afghanistan
bande[F] de Gaza
Gaza Strip
Pakistan[M]
Pakistan
Iran[M]
Iran
Bahreïn[M]
Bahrain
Jordanie[F]
Jordan
Émirats[M] arabes unis
United Arab Emirates
Qatar[M]
Qatar
Cisjordanie[F]
West Bank
Oman[M]
Oman
Israël[M]
Israel
Arabie[F] saoudite
Saudi Arabia
Yémen[M]
Yemen

AsieF (carteF politique)
Asia (political map)

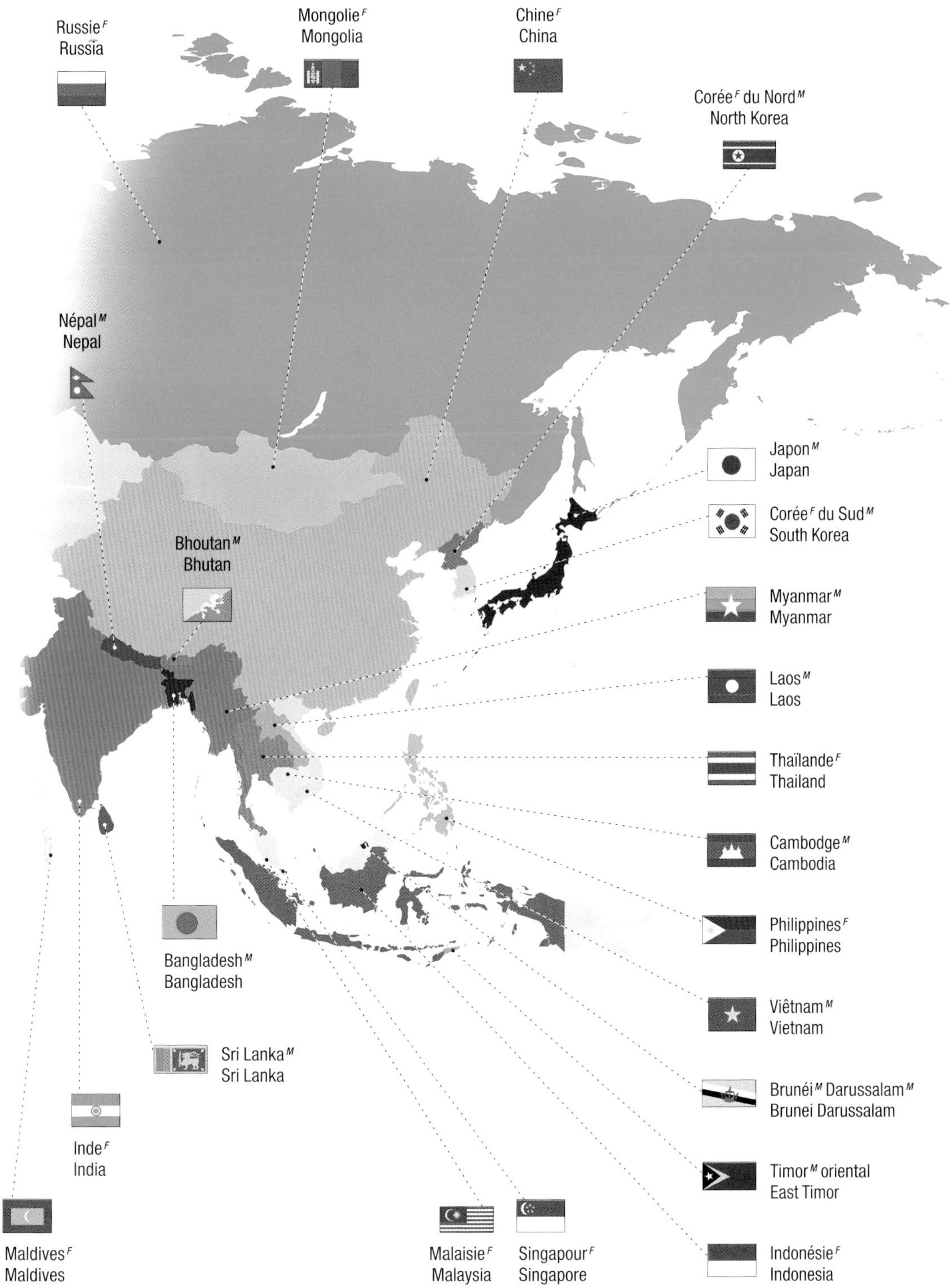
RussieF
Russia
MongolieF
Mongolia
ChineF
China
CoréeF du NordM
North Korea
NépalM
Nepal
BhoutanM
Bhutan
JaponM
Japan
CoréeF du SudM
South Korea
MyanmarM
Myanmar
LaosM
Laos
ThaïlandeF
Thailand
CambodgeM
Cambodia
PhilippinesF
Philippines
ViêtnamM
Vietnam
BrunéiM DarussalamM
Brunei Darussalam
TimorM oriental
East Timor
IndonésieF
Indonesia
BangladeshM
Bangladesh
Sri LankaM
Sri Lanka
IndeF
India
MaldivesF
Maldives
MalaisieF
Malaysia
SingapourF
Singapore

Afrique^F (carte^F politique)
Africa (political map)

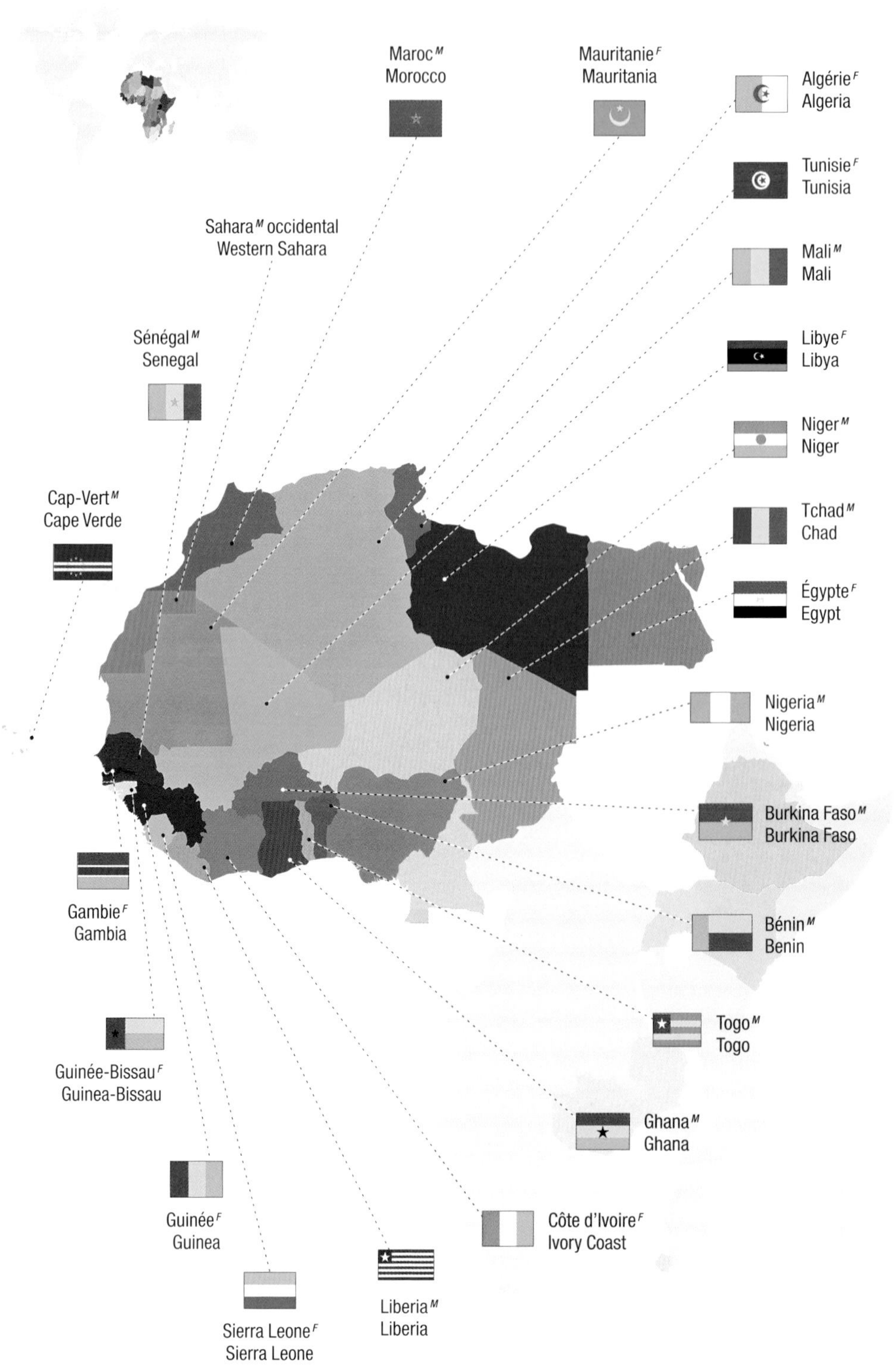
Maroc^M
Morocco
Mauritanie^F
Mauritania
Algérie^F
Algeria
Tunisie^F
Tunisia
Sahara^M occidental
Western Sahara
Mali^M
Mali
Sénégal^M
Senegal
Libye^F
Libya
Niger^M
Niger
Cap-Vert^M
Cape Verde
Tchad^M
Chad
Égypte^F
Egypt
Nigeria^M
Nigeria
Burkina Faso^M
Burkina Faso
Gambie^F
Gambia
Bénin^M
Benin
Togo^M
Togo
Guinée-Bissau^F
Guinea-Bissau
Ghana^M
Ghana
Guinée^F
Guinea
Côte d'Ivoire^F
Ivory Coast
Liberia^M
Liberia
Sierra Leone^F
Sierra Leone

Afrique[F] (carte[F] politique)
Africa (political map)

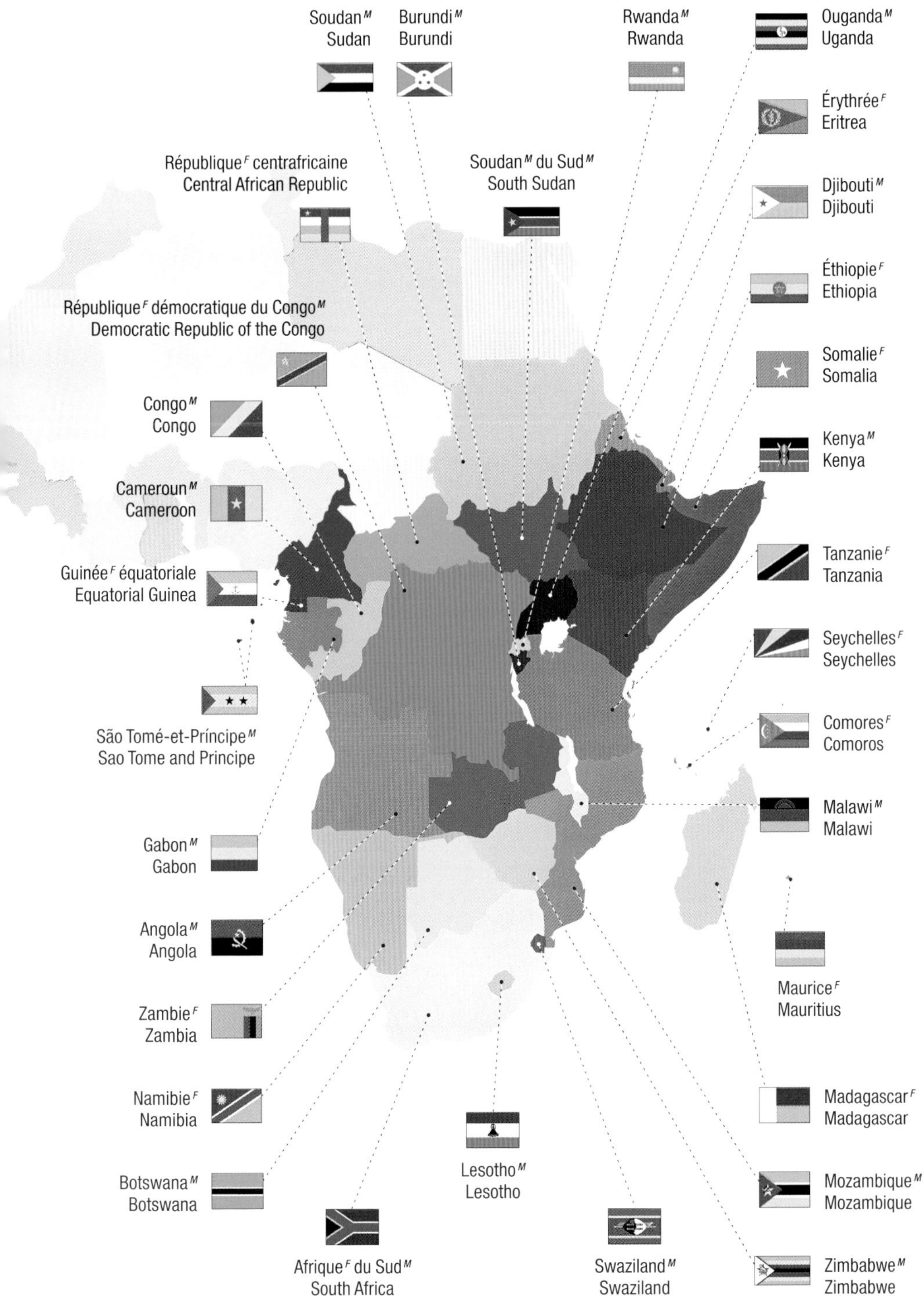
Soudan[M]
Sudan
Burundi[M]
Burundi
Rwanda[M]
Rwanda
Ouganda[M]
Uganda
Érythrée[F]
Eritrea
République[F] centrafricaine
Central African Republic
Soudan[M] du Sud[M]
South Sudan
Djibouti[M]
Djibouti
Éthiopie[F]
Ethiopia
République[F] démocratique du Congo[M]
Democratic Republic of the Congo
Somalie[F]
Somalia
Congo[M]
Congo
Kenya[M]
Kenya
Cameroun[M]
Cameroon
Tanzanie[F]
Tanzania
Guinée[F] équatoriale
Equatorial Guinea
Seychelles[F]
Seychelles
São Tomé-et-Príncipe[M]
Sao Tome and Principe
Comores[F]
Comoros
Malawi[M]
Malawi
Gabon[M]
Gabon
Angola[M]
Angola
Maurice[F]
Mauritius
Zambie[F]
Zambia
Namibie[F]
Namibia
Madagascar[F]
Madagascar
Botswana[M]
Botswana
Lesotho[M]
Lesotho
Mozambique[M]
Mozambique
Afrique[F] du Sud[M]
South Africa
Swaziland[M]
Swaziland
Zimbabwe[M]
Zimbabwe

Océanie^F **(carte**^F **politique)**
Oceania (political map)

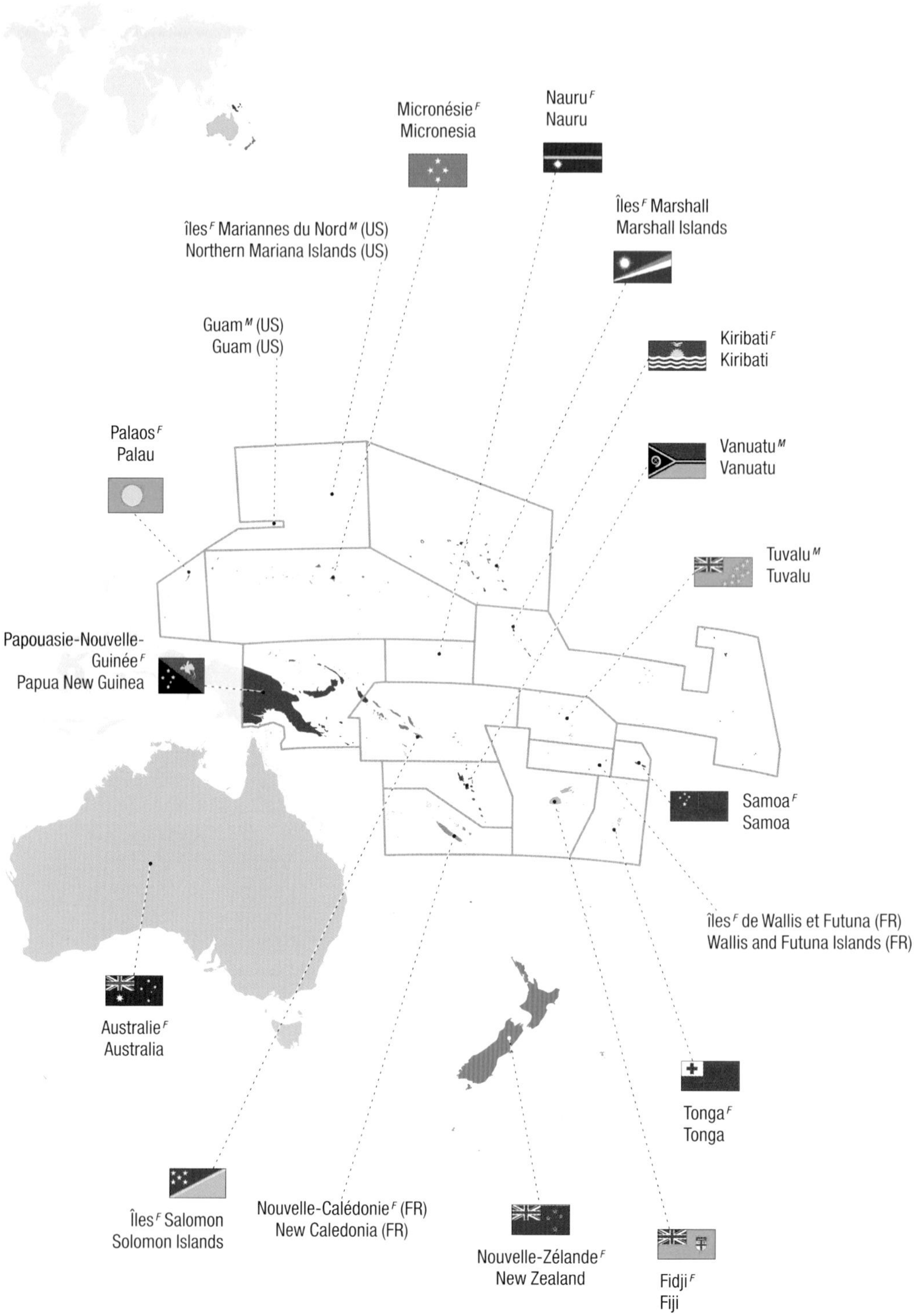
Micronésie^F
Micronesia
Nauru^F
Nauru
Îles^F Marshall
Marshall Islands
îles^F Mariannes du Nord^M (US)
Northern Mariana Islands (US)
Guam^M (US)
Guam (US)
Kiribati^F
Kiribati
Palaos^F
Palau
Vanuatu^M
Vanuatu
Tuvalu^M
Tuvalu
Papouasie-Nouvelle-Guinée^F
Papua New Guinea
Samoa^F
Samoa
îles^F de Wallis et Futuna (FR)
Wallis and Futuna Islands (FR)
Australie^F
Australia
Tonga^F
Tonga
Îles^F Salomon
Solomon Islands
Nouvelle-Calédonie^F (FR)
New Caledonia (FR)
Nouvelle-Zélande^F
New Zealand
Fidji^F
Fiji

télédétection[F]
remote sensing

télédétection[F] par satellite[M]
satellite remote sensing

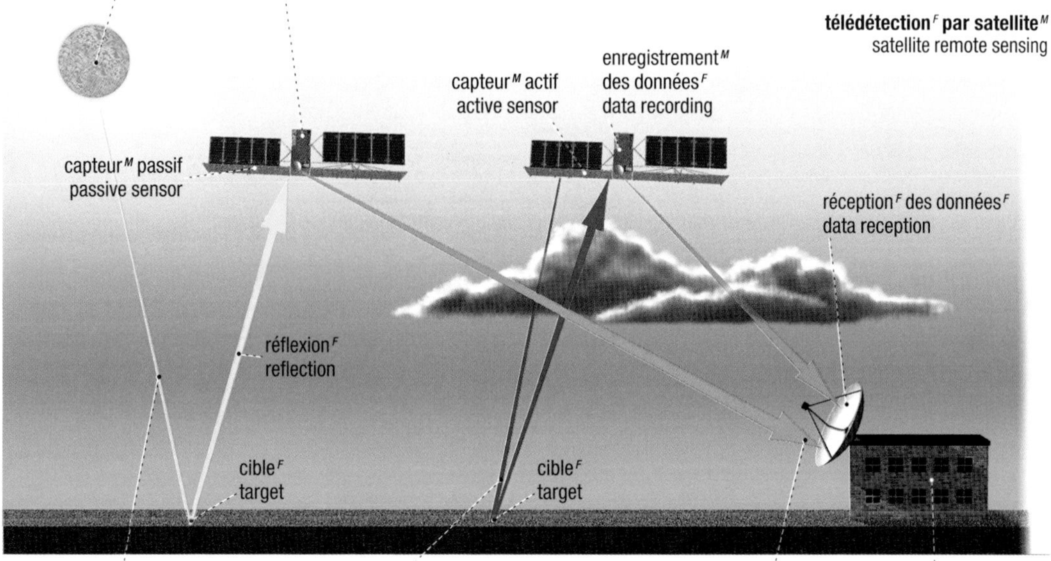
source[F] d'énergie[F]
energy source
enregistrement[M] des données[F]
data recording
capteur[M] actif
active sensor
enregistrement[M] des données[F]
data recording
capteur[M] passif
passive sensor
réception[F] des données[F]
data reception
réflexion[F]
reflection
cible[F]
target
cible[F]
target
rayonnement[M] naturel
natural radiation
rayonnement[M] artificiel
artificial radiation
transmission[F] des données[F]
data transmission
traitement[M] des données[F]
data processing

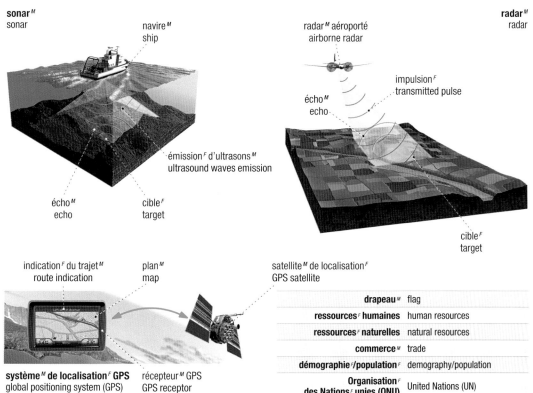

sonar[M]
sonar

navire[M]
ship
émission[F] d'ultrasons[M]
ultrasound waves emission
écho[M]
echo
cible[F]
target

radar[M]
radar

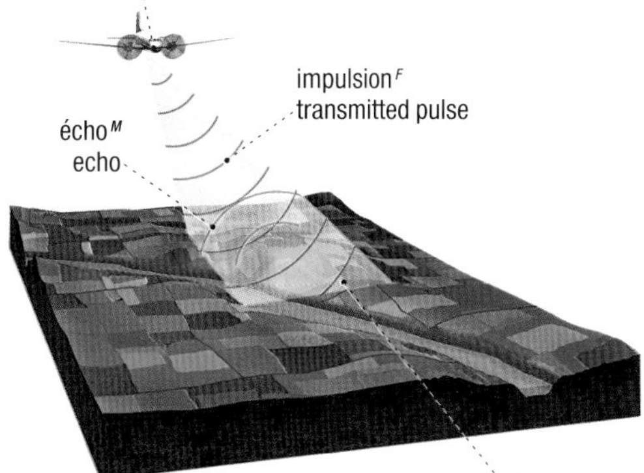
radar[M] aéroporté
airborne radar
impulsion[F]
transmitted pulse
écho[M]
echo
cible[F]
target

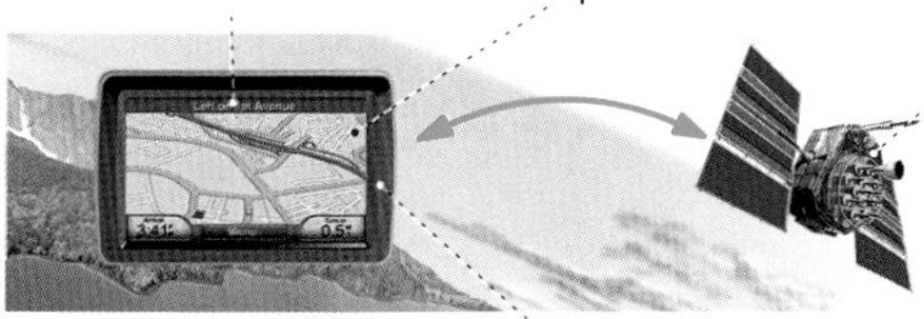
indication[F] du trajet[M]
route indication
plan[M]
map
satellite[M] de localisation[F]
GPS satellite
récepteur[M] GPS
GPS receptor

système[M] de localisation[F] GPS
global positioning system (GPS)

drapeau[M]	flag
ressources[F] humaines	human resources
ressources[F] naturelles	natural resources
commerce[M]	trade
démographie[F]/population[F]	demography/population
Organisation[F] des Nations[F] unies (ONU)	United Nations (UN)

L'astronomie est la science des astres et de l'Univers. Le système solaire est notre petit coin de l'Univers, dans la Voie lactée. Il se compose d'une étoile, le Soleil, et de tous les astres qui orbitent autour d'elle : huit planètes accompagnées de plus d'une centaine de satellites naturels, des centaines de milliers d'astéroïdes et possiblement des millions de comètes. L'observation des astres est facilitée par diverses inventions, dont le télescope.

structure^F du Soleil^M
structure of the Sun

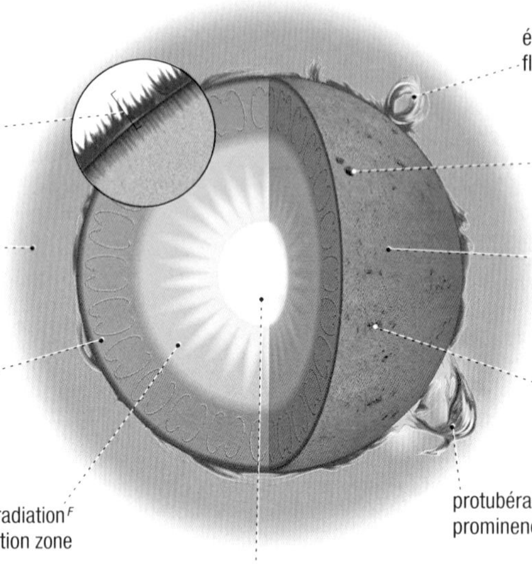

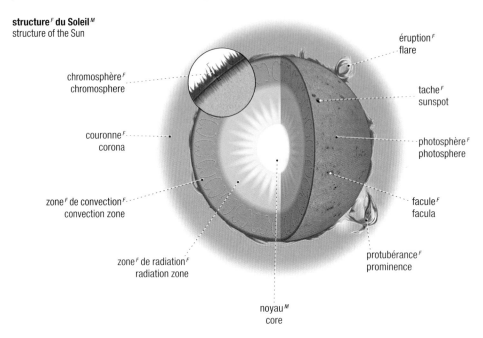

éruption F
flare
chromosphère F
chromosphere
tache F
sunspot
couronne F
corona
photosphère F
photosphere
zone F de convection F
convection zone
facule F
facula
zone F de radiation F
radiation zone
protubérance F
prominence
noyau M
core

système^M solaire
solar system

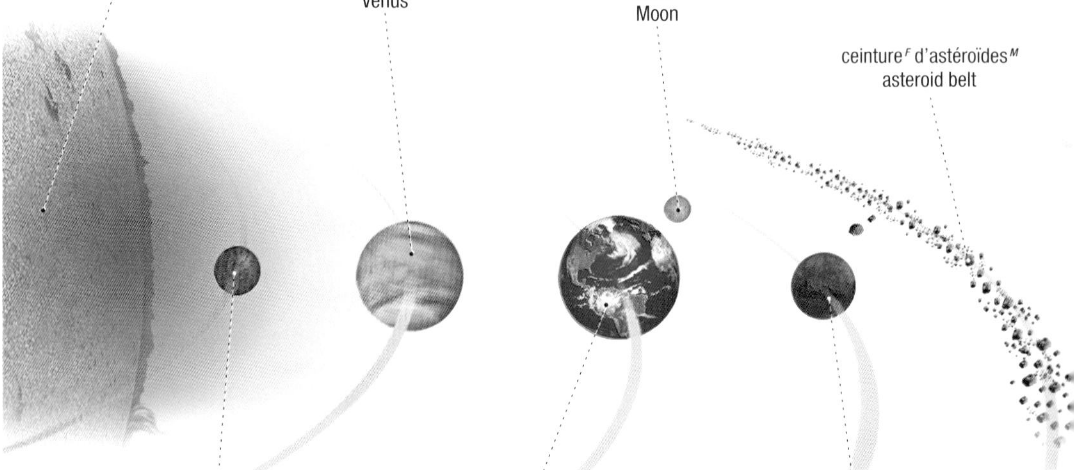

Soleil M
Sun
Vénus
Venus
Lune F
Moon
ceinture F d'astéroïdes M
asteroid belt
Mercure
Mercury
Terre F
Earth
Mars
Mars

corps[M] célestes
celestial bodies

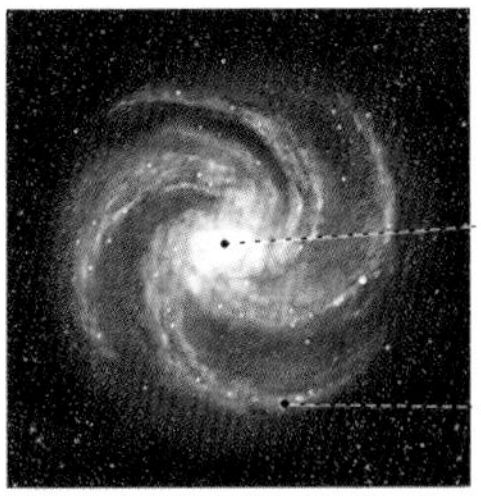
noyau[M] galactique
nucleus
bras[M] spiral
spiral arm

galaxie[F] : Voie[F] lactée
galaxy: Milky Way

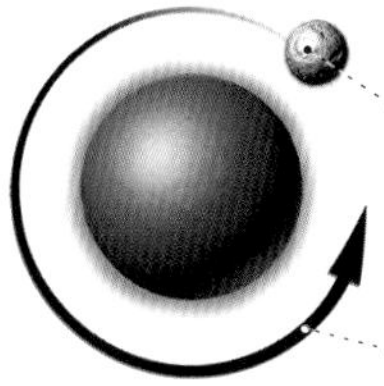
satellite[M] naturel
natural satellite
orbite[F]
orbit

planète[F]
planet

météorite[M/F]
meteorite

météore[M] (étoile[F] filante)
meteor (shooting star)

astéroïde[M]
asteroid

comète[F]
comet

étoile[F]
star

supernova[F]
supernova

nébuleuse[F]
nebula

trou[M] noir
black hole

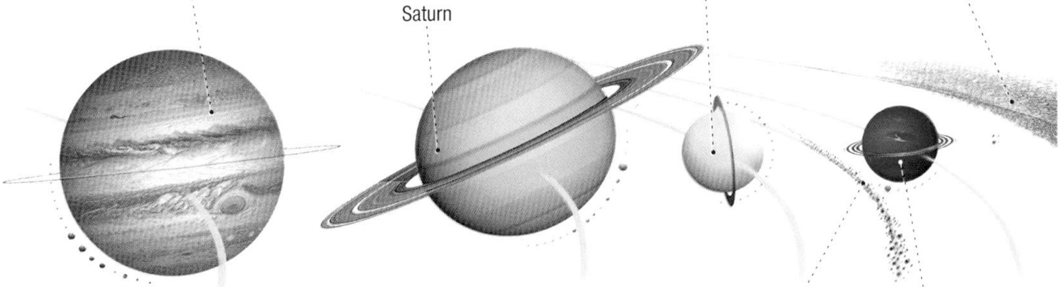
Jupiter
Jupiter
Saturne
Saturn
Uranus
Uranus
nuage[M] de Oort
Oort cloud
ceinture[F] de Kuiper
Kuiper belt
Neptune
Neptune

éclipses^F
eclipses

éclipse^F de Soleil^M
solar eclipse

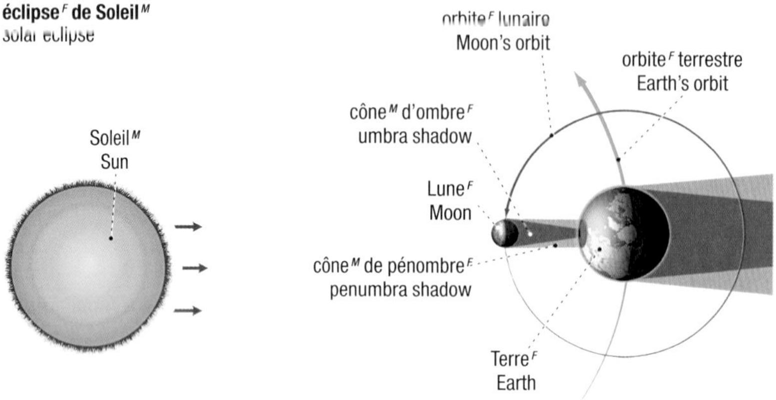
Soleil^M
Sun
orbite^F lunaire
Moon's orbit
orbite^F terrestre
Earth's orbit
cône^M d'ombre^F
umbra shadow
Lune^F
Moon
cône^M de pénombre^F
penumbra shadow
Terre^F
Earth

éclipse^F de Lune^F
lunar eclipse

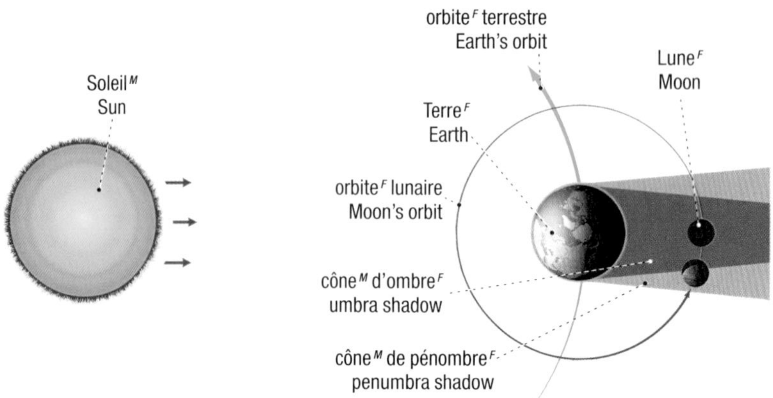
Soleil^M
Sun
orbite^F terrestre
Earth's orbit
Lune^F
Moon
Terre^F
Earth
orbite^F lunaire
Moon's orbit
cône^M d'ombre^F
umbra shadow
cône^M de pénombre^F
penumbra shadow

éclipse^F solaire partielle
partial solar eclipse

éclipse^F solaire totale
total solar eclipse

éclipse^F lunaire partielle
partial lunar eclipse

éclipse^F lunaire totale
total lunar eclipse

phases^F de la Lune^F
phases of the Moon

nouvelle Lune^F
new moon

premier croissant^M
waxing crescent

premier quartier^M
first quarter

gibbeuse^F croissante
waxing gibbous

pleine Lune^F
full moon

gibbeuse^F décroissante
waning gibbous

dernier quartier^M
last quarter

dernier croissant^M
waning crescent

observation^{F} **astronomique**
astronomical observation

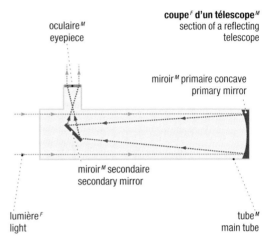

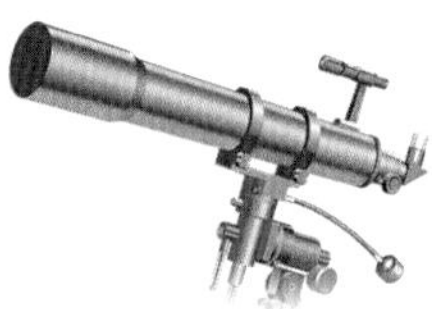

lunette^{F} **astronomique**
refracting telescope

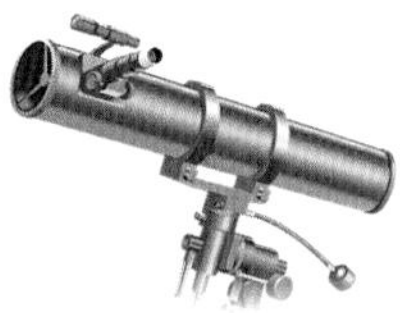

télescope^{M}
reflecting telescope

radiotélescope^{M}
radio telescope

observatoire^{M} **astronomique**
astronomical observatory

coupe^{F} **d'un télescope**^{M}
section of a reflecting telescope

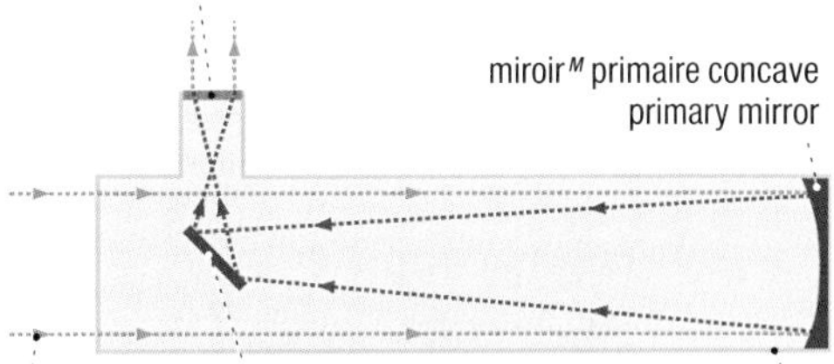
oculaire^{M}
eyepiece
miroir^{M} primaire concave
primary mirror
miroir^{M} secondaire
secondary mirror
lumière^{F}
light
tube^{M}
main tube

exploration^{F} **spatiale**
space exploration

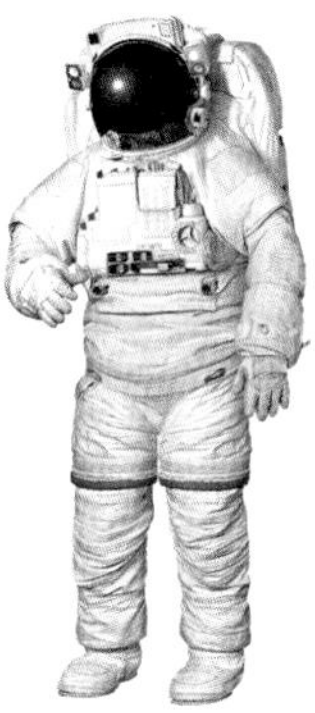

scaphandre^{M} **spatial**
spacesuit

vaisseau^{M} **d'exploration**^{F} **spatiale**
spaceship

sonde^{F} **spatiale**
space probe

station^{F} **spatiale internationale**
international space station

charge^{F} utile
payload
réservoir^{M} d'oxygène^{M} liquide
liquid oxygen tank
réservoir^{M} d'hydrogène^{M} liquide
liquid hydrogen tank
fusée^{F} à propergol^{M} solide
solid rocket booster
tuyère^{F}
nozzle
moteur^{M}-fusée^{F}
rocket engine

lanceur^{M} **spatial**
space launcher

Univers^{M}	Universe
tempête^{F} **solaire**	solar storm
contemplation^{F} **des étoiles**^{F}	stargazing
pluie^{F} **d'étoiles**^{F} **filantes**	meteor shower
jumelles^{F}	binoculars
astronome$^{M/F}$	astronomer
astronaute$^{M/F}$	astronaut
année^{F}**-lumière**^{F}	light-year
croissant^{M} **de Lune**^{F}	crescent moon
gravité^{F}	gravity
apesanteur^{F}	weightlessness
carte^{F} **du ciel**^{M}	star chart
planétarium^{M}	planetarium
être en orbite	to be in orbit

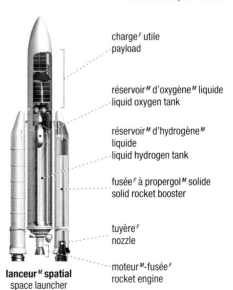

principales constellations[F] de l'hémisphère[M] boréal
main constellations of the Northern Hemisphere

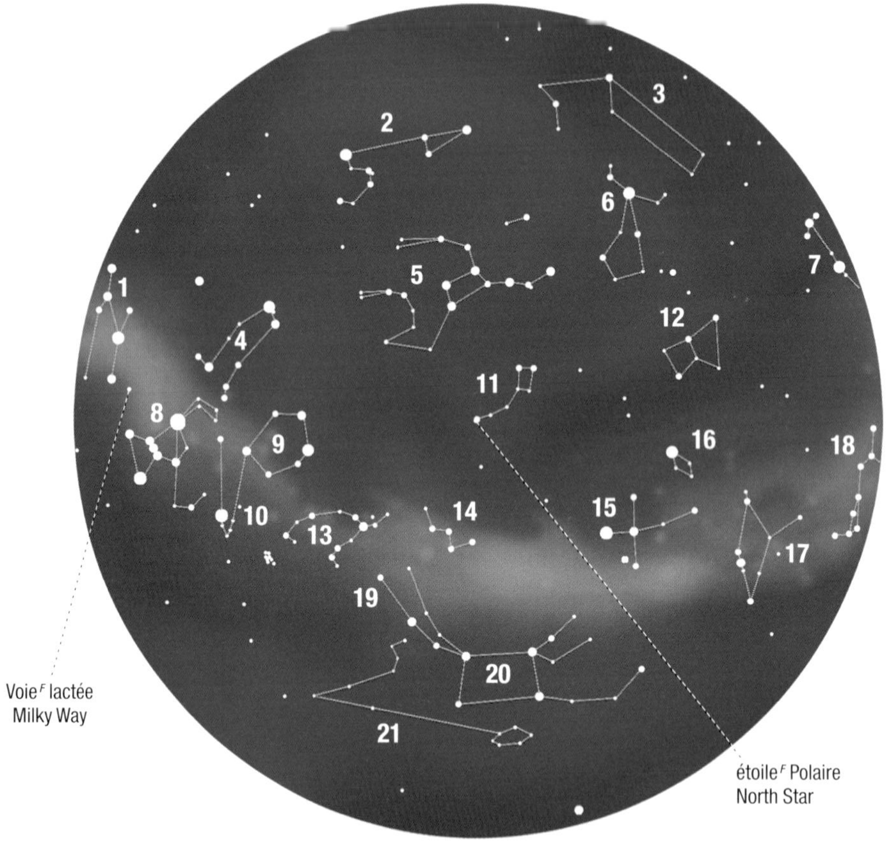
1
2
3
4
5
6
7
8
9
10
11
12
13
14
15
16
17
18
19
20
21
Voie[F] lactée
Milky Way
étoile[F] Polaire
North Star

1	Grand Chien[M]	Canis Major
2	Lion[M]	Lion
3	Vierge[F]	Virgin
4	Gémeaux[M]	Twins
5	Grande Ourse[F]	Ursa Major
6	Bouvier[M]	Herdsman
7	Scorpion[M]	Scorpion
8	Orion	Hunter
9	Cocher[M]	Charioteer
10	Taureau[M]	Bull
11	Petite Ourse[F]	Little Bear
12	Hercule	Strong Man
13	Persée	Hero
14	Cassiopée	Queen
15	Cygne[M]	Swan
16	Lyre[F]	Lyre
17	Aigle[M]	Eagle
18	Sagittaire[M]	Archer
19	Andromède	Princess
20	Pégase[M]	Flying Horse
21	Poissons[M]	Fishes

principales constellations[F] de l'hémisphère[M] austral
main constellations of the Southern Hemisphere

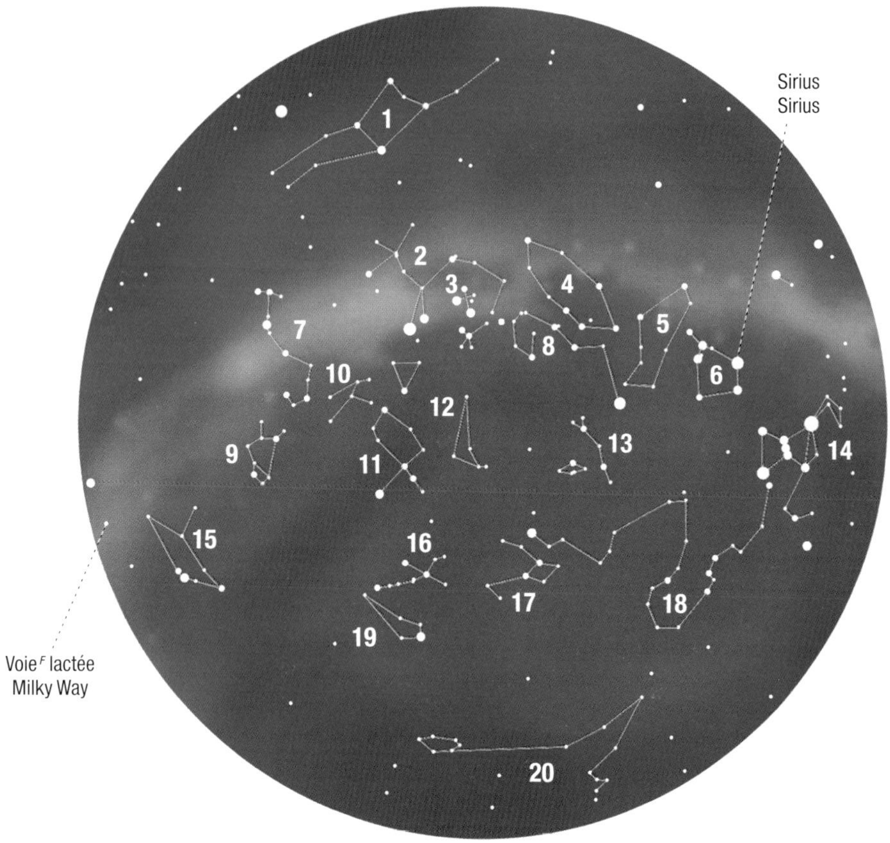
Sirius
Sirius
1
2
3
4
5
6
7
8
9
10
11
12
13
14
15
16
17
18
19
20
Voie[F] lactée
Milky Way

1	Vierge[F] Virgin	8	Carène[F] Ship's Keel	15	Aigle[M] Eagle
2	Centaure[M] Centaur	9	Sagittaire[M] Archer	16	Grue[F] Crane
3	Croix[F] du Sud[M] Southern Cross	10	Autel[M] Altar	17	Phénix[M] Phoenix
4	Voiles[F] Ship's Sails	11	Paon[M] Peacock	18	Éridan River
5	Poupe[F] Ship's Stern	12	Octant[M] Octant	19	Poisson[M] austral Southern Fish
6	Grand Chien[M] Canis Major	13	Dorade[F] Swordfish	20	Poissons[M] Fishes
7	Scorpion[M] Scorpion	14	Orion Hunter		

Les chimistes étudient les éléments minuscules (atomes, molécules) qui composent la matière, qu'elle soit vivante (animaux, végétaux) ou non (métaux, eau, air). Ils tentent de comprendre comment ces éléments se combinent entre eux et comment ils se transforment pour créer de nouvelles substances. Grâce à la chimie, on peut fabriquer des médicaments, des savons, des parfums, des saveurs et de nombreux matériaux tels que le nylon et le plastique.

composition[F] de la matière[F]
composition of matter

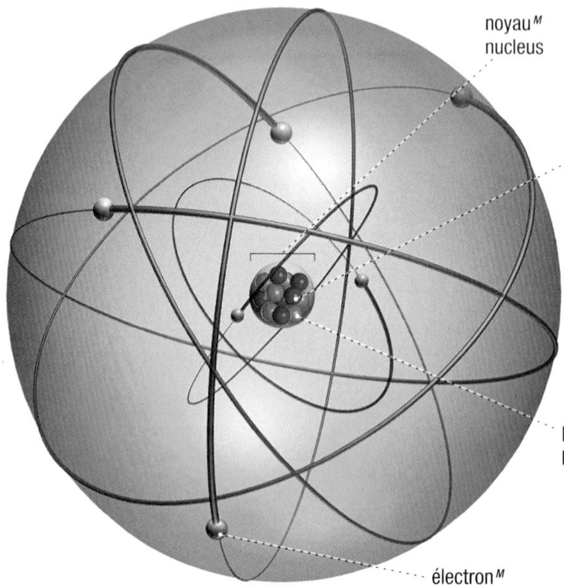
noyau[M]
nucleus
neutron[M]
neutron
proton[M]
proton
électron[M]
electron

atome[M]
atom

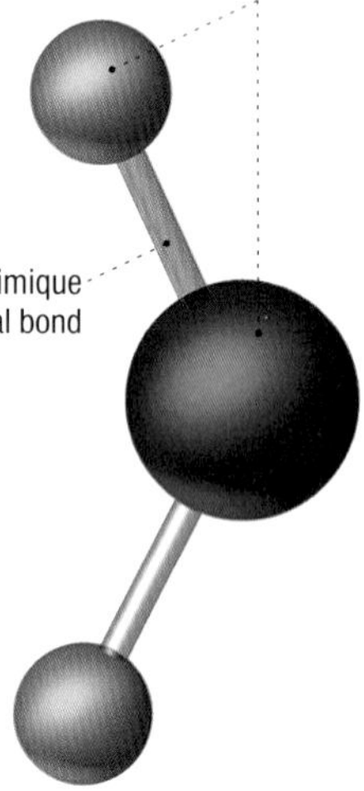
atomes[M]
atoms
liaison[F] chimique
chemical bond

molécule[F]
molecule

exemples[M] de molécules[F]
examples of molecules

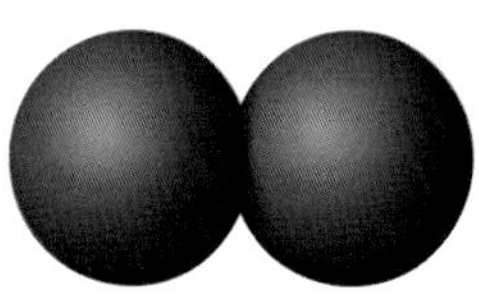

oxygène[M] : O_2
oxygen: O_2

eau[F] : H_2O
water: H_2O

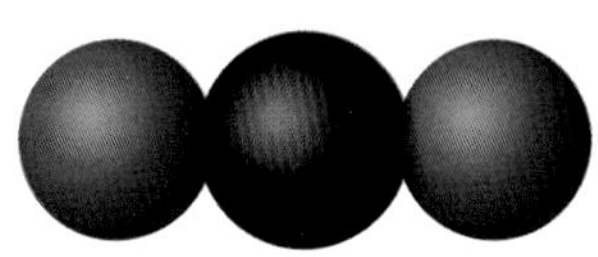

dioxyde[M] de carbone[M] : CO_2
carbon dioxide: CO_2

chimiste[M/F]	chemist
mélange[M] hétérogène	heterogeneous mixture
mélange[M] homogène (solution[F])	homogeneous mixture (solution)
propriétés[F] chimiques	chemical properties

base[F]	base
acide[M]	acid
faire une expérience	to do an experiment
filtrer	to filter
distiller	to distill

transformation[F] de la matière[F]
transformation of matter

transformations[F] physiques (états[M] de la matière[F])
physical transformations (states of matter)

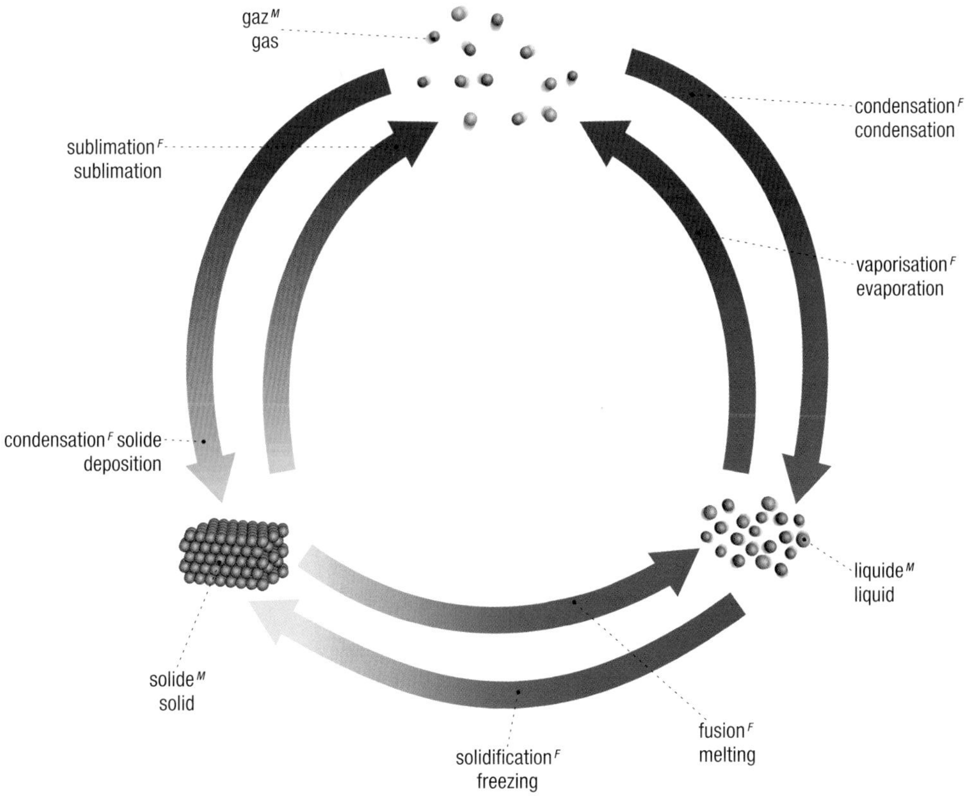
gaz[M]
gas
condensation[F]
condensation
sublimation[F]
sublimation
vaporisation[F]
evaporation
condensation[F] solide
deposition
liquide[M]
liquid
solide[M]
solid
fusion[F]
melting
solidification[F]
freezing

transformations[F] chimiques
chemical transformations

réactif[M] 1 + réactif[M] 2 = réaction[F] chimique (nouvelle substance[F])
reagent 1 + reagent 2 = chemical reaction (new substance)

combustible[M] + oxygène[M] = combustion[F]
fuel + oxygen = combustion

fer[M] + oxygène[M] + eau[F] = rouille[F]
iron + oxygen + water = rust

tableau^M **périodique des éléments**^M
periodic table of elements

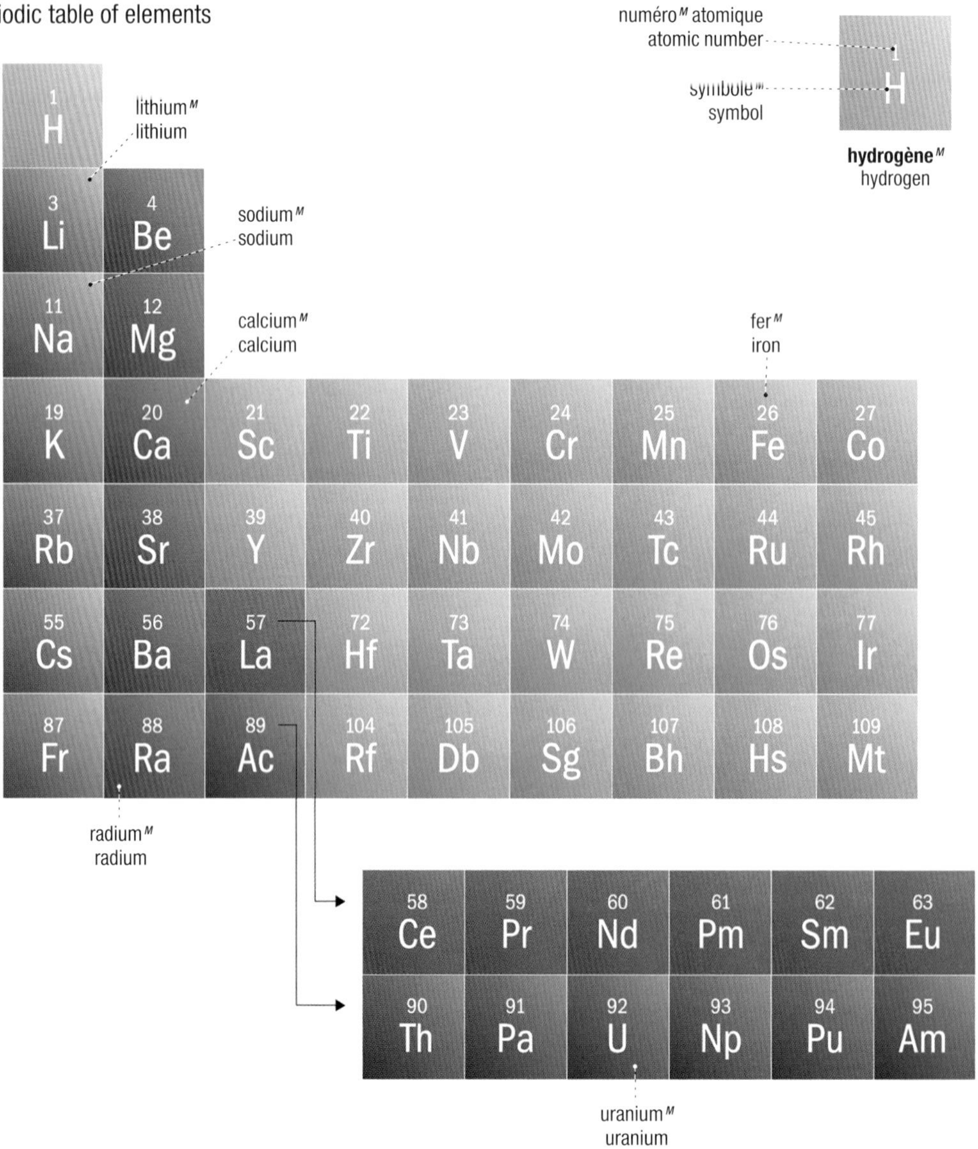
numéro^M atomique
atomic number
symbole^M
symbol
hydrogène^M
hydrogen
lithium^M
lithium
sodium^M
sodium
calcium^M
calcium
fer^M
iron
radium^M
radium
uranium^M
uranium
1 H
3 Li
4 Be
11 Na
12 Mg
19 K
20 Ca
21 Sc
22 Ti
23 V
24 Cr
25 Mn
26 Fe
27 Co
37 Rb
38 Sr
39 Y
40 Zr
41 Nb
42 Mo
43 Tc
44 Ru
45 Rh
55 Cs
56 Ba
57 La
72 Hf
73 Ta
74 W
75 Re
76 Os
77 Ir
87 Fr
88 Ra
89 Ac
104 Rf
105 Db
106 Sg
107 Bh
108 Hs
109 Mt
58 Ce
59 Pr
60 Nd
61 Pm
62 Sm
63 Eu
90 Th
91 Pa
92 U
93 Np
94 Pu
95 Am

métaux^M alcalins
alkali metals

métaux^M alcalino-terreux
alkaline earth metals

métaux^M de transition^F
transition metals

lanthanides^M (terres^F rares)
lanthanides (rare earth)

actinides^M
actinides

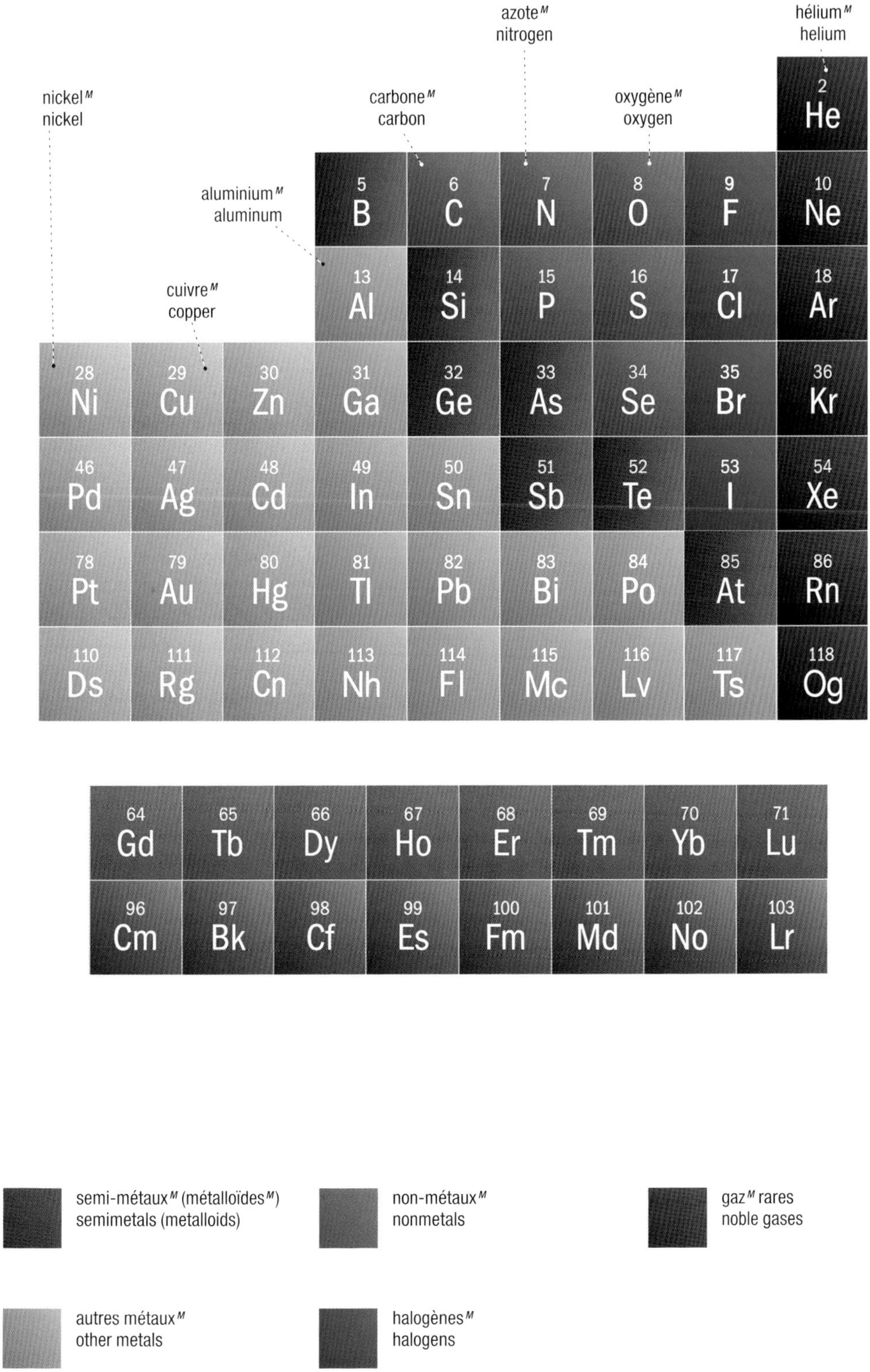
azote^M
nitrogen
hélium^M
helium
nickel^M
nickel
carbone^M
carbon
oxygène^M
oxygen
aluminium^M
aluminum
cuivre^M
copper
2 He
5 B
6 C
7 N
8 O
9 F
10 Ne
13 Al
14 Si
15 P
16 S
17 Cl
18 Ar
28 Ni
29 Cu
30 Zn
31 Ga
32 Ge
33 As
34 Se
35 Br
36 Kr
46 Pd
47 Ag
48 Cd
49 In
50 Sn
51 Sb
52 Te
53 I
54 Xe
78 Pt
79 Au
80 Hg
81 Tl
82 Pb
83 Bi
84 Po
85 At
86 Rn
110 Ds
111 Rg
112 Cn
113 Nh
114 Fl
115 Mc
116 Lv
117 Ts
118 Og
64 Gd
65 Tb
66 Dy
67 Ho
68 Er
69 Tm
70 Yb
71 Lu
96 Cm
97 Bk
98 Cf
99 Es
100 Fm
101 Md
102 No
103 Lr
semi-métaux^M (métalloïdes^M)
semimetals (metalloids)
non-métaux^M
nonmetals
gaz^M rares
noble gases
autres métaux^M
other metals
halogènes^M
halogens

La physique s'intéresse aux forces, aux mouvements et aux différentes formes d'énergie qui gouvernent l'Univers. Les phénomènes analysés par les physiciens (gravité, lumière, son, etc.) ont mené à l'invention des diverses technologies qui améliorent aujourd'hui notre quotidien. C'est le cas de tous les appareils fonctionnant grâce aux ondes, à l'électricité, à l'électronique ou à de simples mouvements mécaniques.

physique[F] : mécanique[F]
physics: mechanics

levier[M]
lever

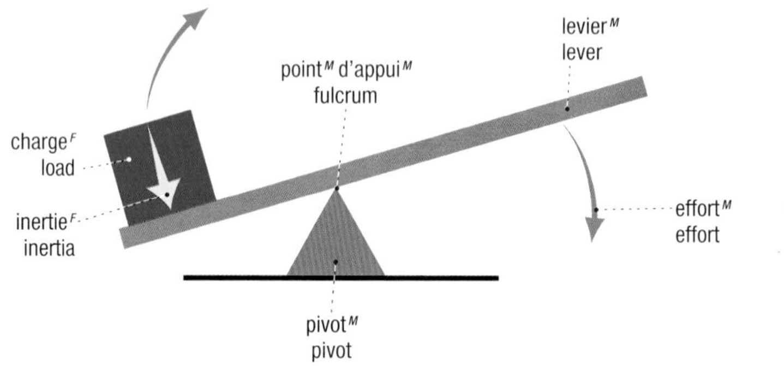
levier[M]
lever
point[M] d'appui[M]
fulcrum
charge[F]
load
inertie[F]
inertia
effort[M]
effort
pivot[M]
pivot

système[M] à deux poulies[F]
double pulley system

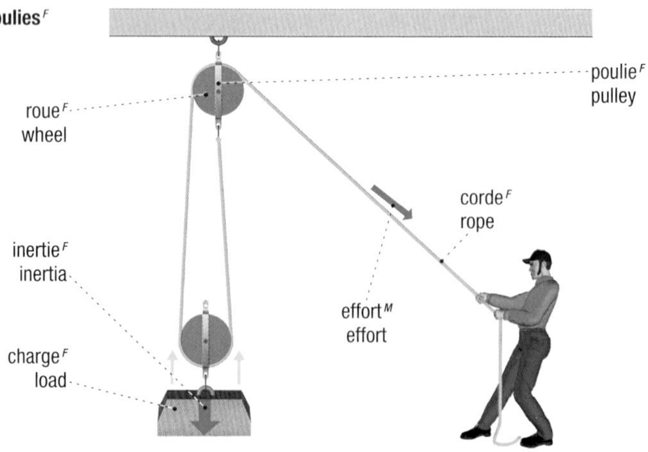
poulie[F]
pulley
roue[F]
wheel
corde[F]
rope
inertie[F]
inertia
effort[M]
effort
charge[F]
load

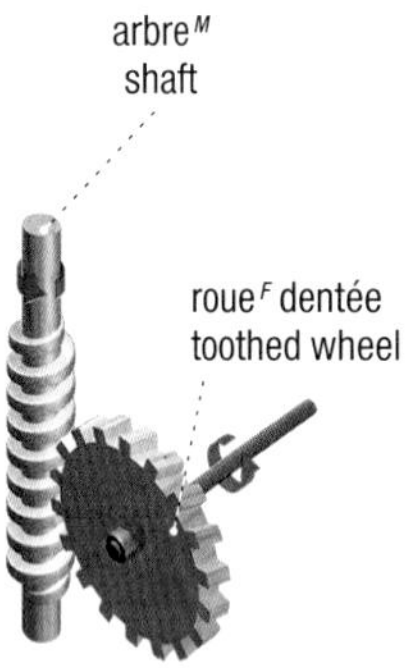
arbre[M]
shaft
roue[F] dentée
toothed wheel

engrenage[M] à vis[F] sans fin[F]
worm gear

engrenage[M] droit
spur gear

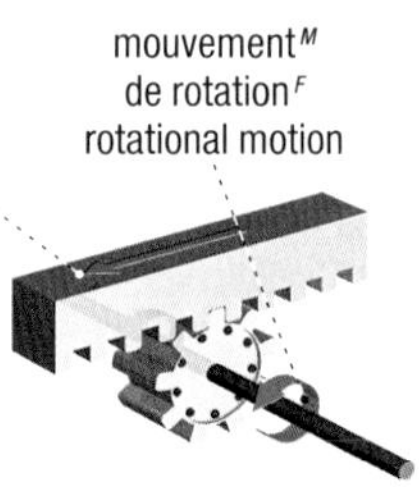
mouvement[M]
de translation[F]
translational motion
mouvement[M]
de rotation[F]
rotational motion

engrenage[M] à pignon[M] et crémaillère[F]
rack and pinion gear

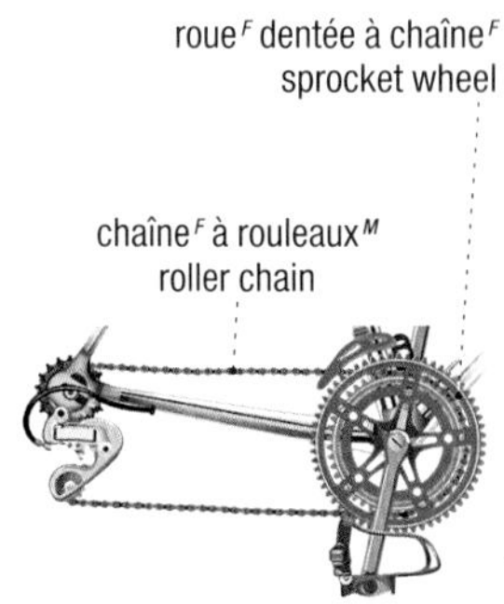
roue[F] dentée à chaîne[F]
sprocket wheel
chaîne[F] à rouleaux[M]
roller chain

transmission[F] par chaîne[F]
chain drive

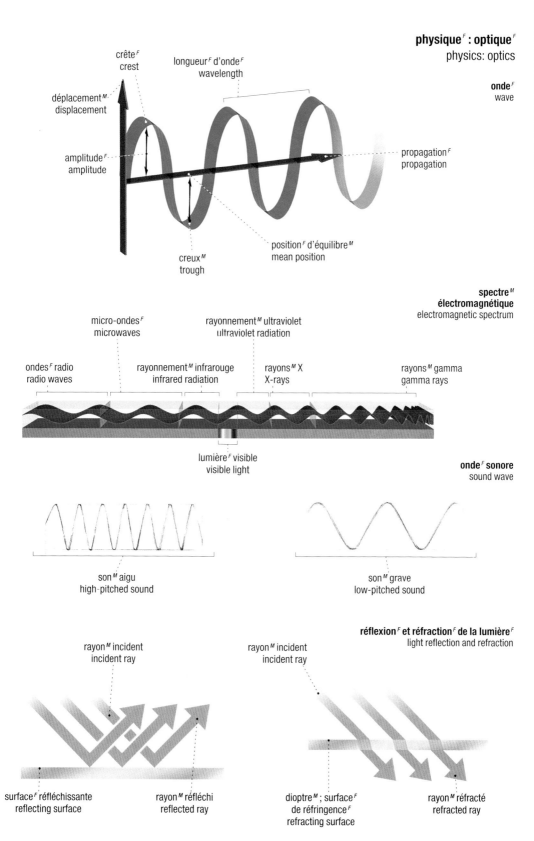

physique^F : optique^F
physics: optics

onde^F
wave

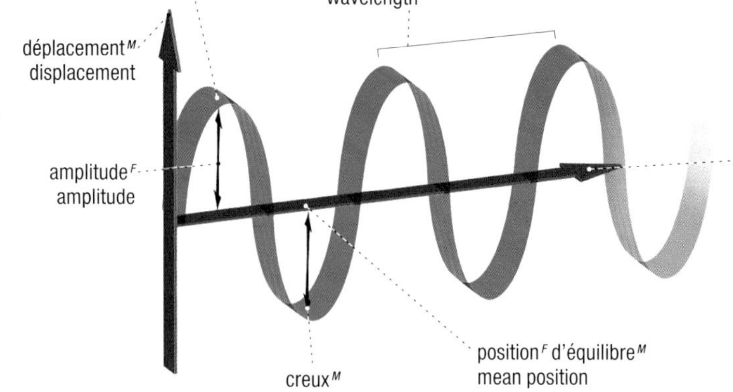
crête^F
crest
longueur^F d'onde^F
wavelength
déplacement^M
displacement
amplitude^F
amplitude
propagation^F
propagation
creux^M
trough
position^F d'équilibre^M
mean position

spectre^M électromagnétique
electromagnetic spectrum

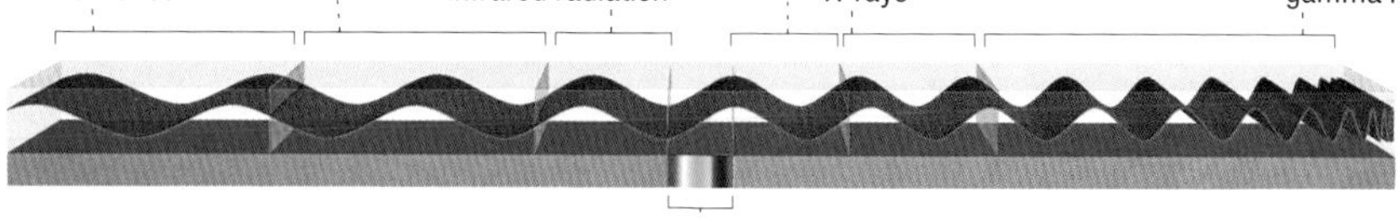
micro-ondes^F
microwaves
rayonnement^M ultraviolet
ultraviolet radiation
ondes^F radio
radio waves
rayonnement^M infrarouge
infrared radiation
rayons^M X
X-rays
rayons^M gamma
gamma rays
lumière^F visible
visible light

onde^F sonore
sound wave

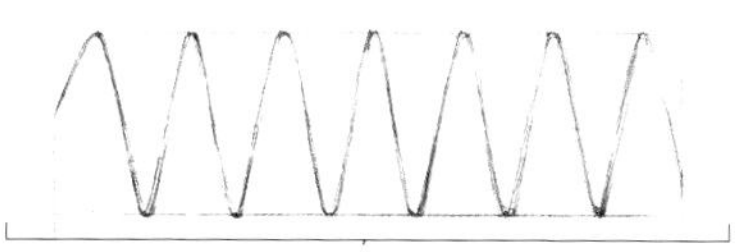
son^M aigu
high-pitched sound

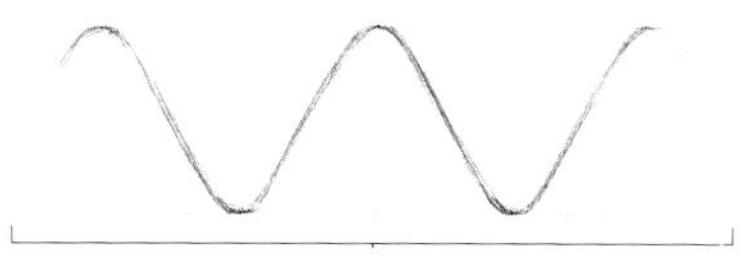
son^M grave
low-pitched sound

réflexion^F et réfraction^F de la lumière^F
light reflection and refraction

rayon^M incident
incident ray
surface^F réfléchissante
reflecting surface
rayon^M réfléchi
reflected ray

rayon^M incident
incident ray
dioptre^M ; surface^F de réfringence^F
refracting surface
rayon^M réfracté
refracted ray

appareils[M] optiques (réflexion[F])
optical devices (reflection)

miroir[M]
mirror

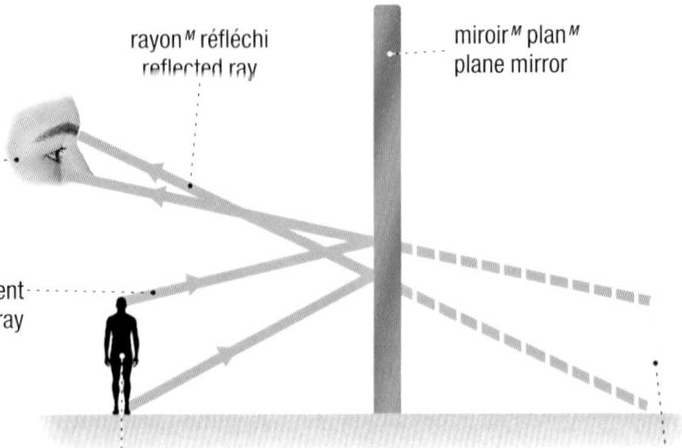
rayon[M] réfléchi
reflected ray
miroir[M] plan[M]
plane mirror
observateur[M]
observer
rayon[M] incident
incident ray
objet[M] réel
real object
image[F] virtuelle
virtual image

appareils[M] optiques (réfraction[F])
optical devices (refraction)

loupe[F]
magnifying glass

lunettes[F]
eyeglasses

jumelles[F]
binoculars

microscope[M]
microscope

appareils[M] optiques (laser[M])
optical devices (laser)

laser[M] à rubis[M] pulsé
pulsed ruby laser

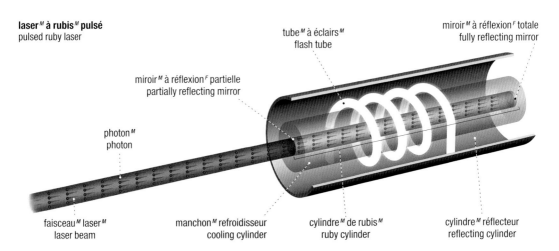

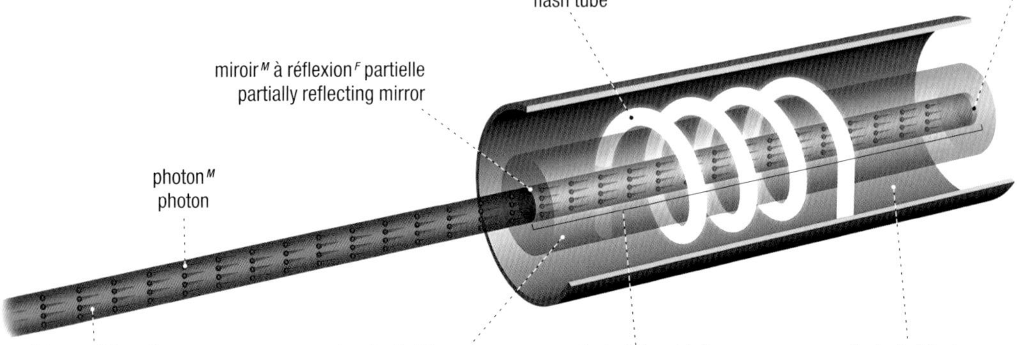
tube[M] à éclairs[M]
flash tube
miroir[M] à réflexion[F] totale
fully reflecting mirror
miroir[M] à réflexion[F] partielle
partially reflecting mirror
photon[M]
photon
faisceau[M] laser[M]
laser beam
manchon[M] refroidisseur
cooling cylinder
cylindre[M] de rubis[M]
ruby cylinder
cylindre[M] réflecteur
reflecting cylinder

physique[F] : électricité[F] et magnétisme[M]
physics: electricity and magnetism

aimant[M]
magnet

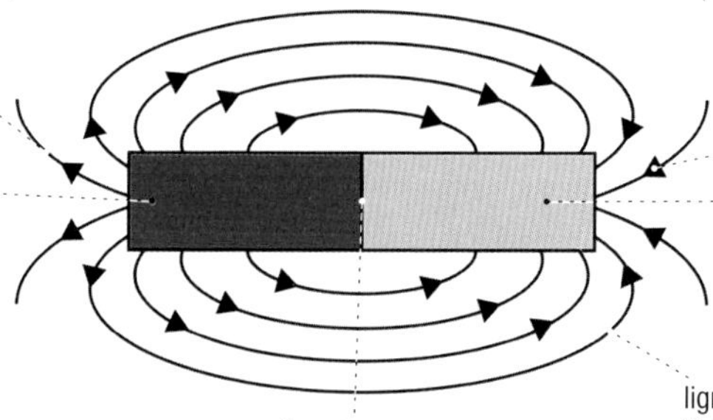
champ[M] magnétique
magnetic field
répulsion[F]
repulsion
pôle[M] Nord
North Pole
attraction[F]
attraction
pôle[M] Sud
South Pole
ligne[F] neutre
neutral line
ligne[F] de force[F]
field line

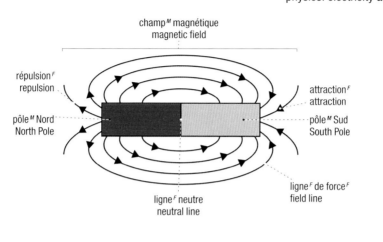

champ[M] magnétique terrestre
Earth's magnetic field

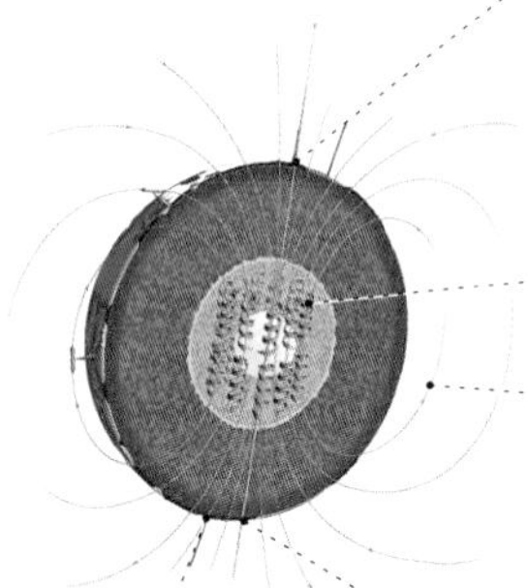
pôle[M] Nord magnétique
North Magnetic Pole
courants[M]
de convection[F]
convection current
ligne[F] de force[F]
field line
pôle[M] géographique
geographic pole
pôle[M] Sud magnétique
South Magnetic Pole

pile[F] sèche : manganèse[M]-zinc[M]
dry cell: manganese-zinc

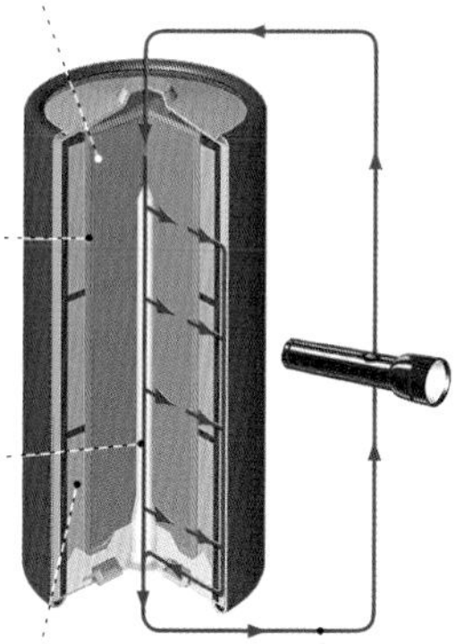
mélange[M] de zinc[M]
et d'électrolyte[M] (anode[F])
zinc-electrolyte mix (anode)
séparateur[M]
separator
collecteur[M]
d'électrons[M]
electron collector
mélange[M]
au manganèse[M] (cathode[F])
manganese mix (cathode)
sens[M] de déplacement[M]
des électrons[M]
direction of electron flow

circuit[M] électrique
electrical circuit

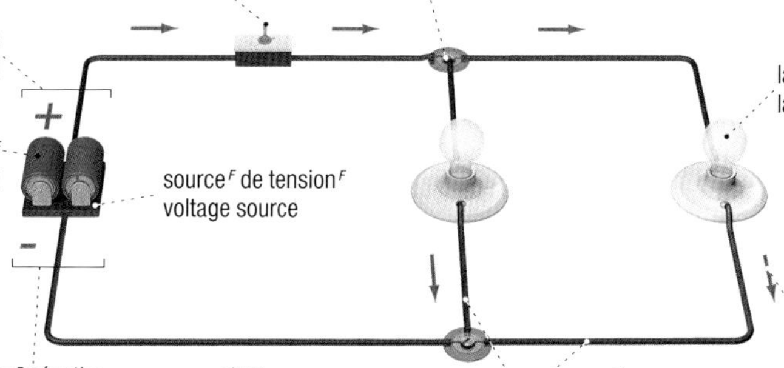
interrupteur[M]
switch
nœud[M]
node
borne[F] positive
positive terminal
+
pile[F]
cell
source[F] de tension[F]
voltage source
-
lampe[F]
lamp
borne[F] négative
negative terminal
branches[F]
branches
sens[M] conventionnel
du courant[M]
conventional current direction

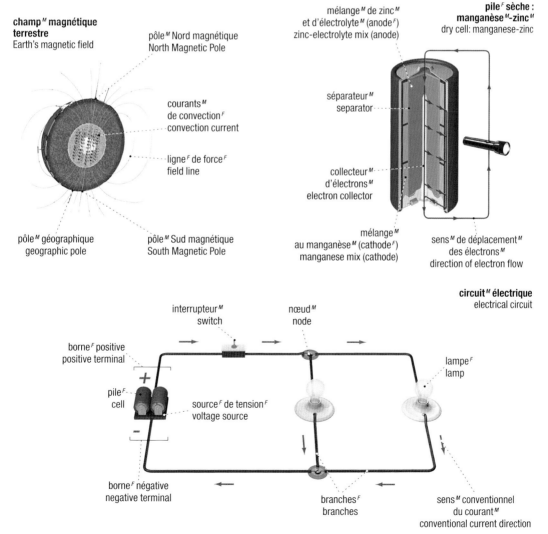

énergies^F renouvelables
renewable energies

hydroélectricité^F
hydroelectricity

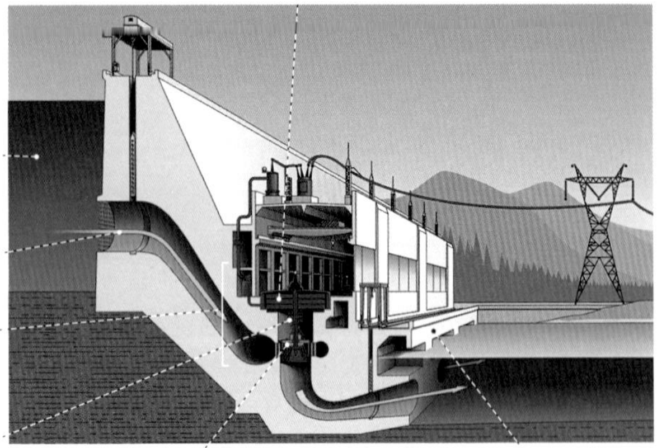
production^F d'électricité^F par l'alternateur^M
production of electricity by the generator
réservoir^M (provision^F d'eau^F)
reservoir (supply of water)
eau^F sous pression^F
water under pressure
conversion^F du travail^M mécanique en électricité^F
transformation of mechanical work into electricity
transmission^F du mouvement^M au rotor^M
transmission of the rotational movement to the rotor
mouvement^M rotatif de la turbine^F
rotation of the turbine
centrale^F hydroélectrique
hydroelectric power plant

énergie^F solaire
solar energy

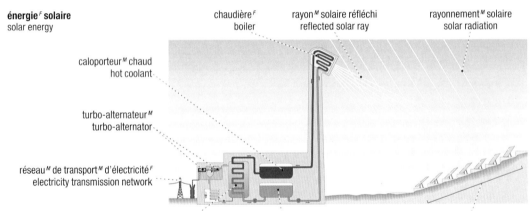

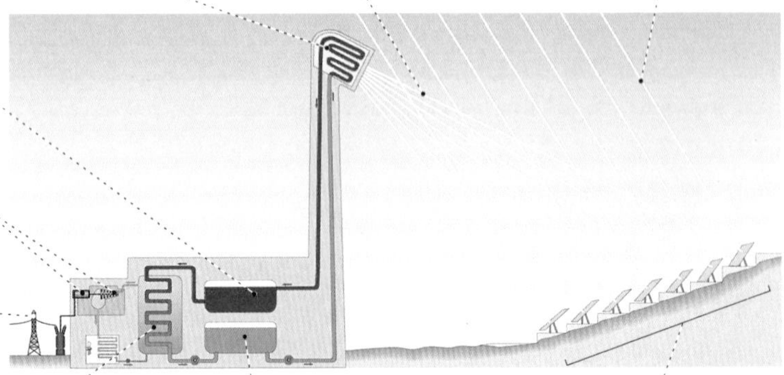
chaudière^F
boiler
rayon^M solaire réfléchi
reflected solar ray
rayonnement^M solaire
solar radiation
caloporteur^M chaud
hot coolant
turbo-alternateur^M
turbo-alternator
réseau^M de transport^M d'électricité^F
electricity transmission network
générateur^M de vapeur^F
steam generator
caloporteur^M refroidi
cold coolant
champ^M d'héliostats^M
bank of heliostats

géothermie^F
geothermal energy

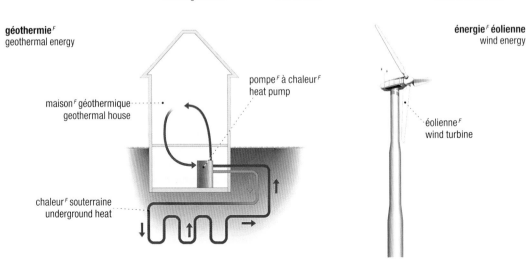

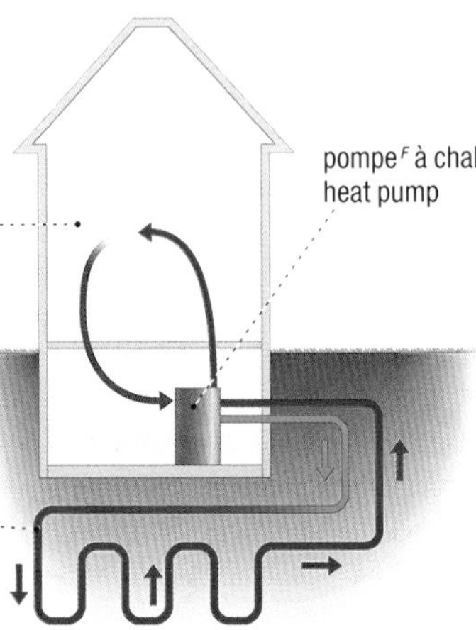
pompe^F à chaleur^F
heat pump
maison^F géothermique
geothermal house
chaleur^F souterraine
underground heat

énergie^F éolienne
wind energy

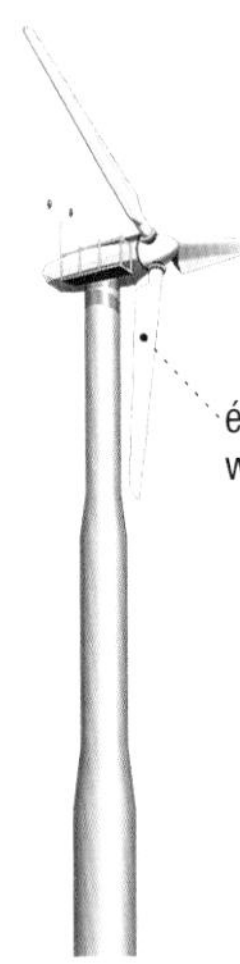
éolienne^F
wind turbine

L'école

énergies[F] non renouvelables
non-renewable energy

énergie[F] nucléaire
nuclear energy

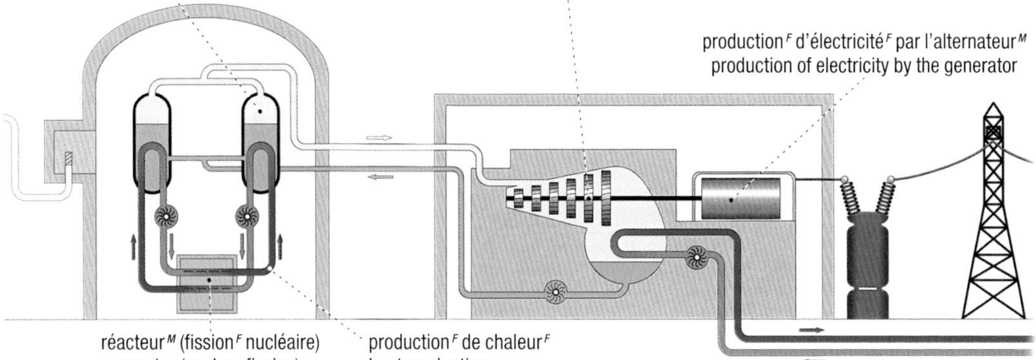
transformation[F] de l'eau[F] en vapeur[F]
transformation of water into steam
entraînement[M] de la turbine[F] par la vapeur[F]
turbine driven by steam pressure
production[F] d'électricité[F] par l'alternateur[M]
production of electricity by the generator
réacteur[M] (fission[F] nucléaire)
reactor (nuclear fission)
production[F] de chaleur[F]
heat production

fission[F] nucléaire
nuclear fission

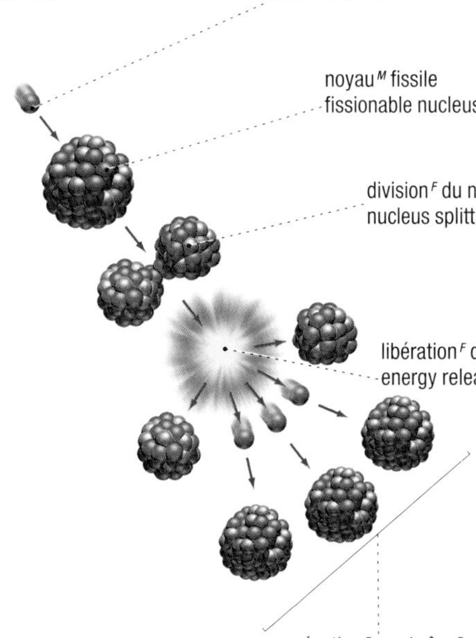
neutron[M] incident
incident neutron
noyau[M] fissile
fissionable nucleus
division[F] du noyau[M]
nucleus splitting
libération[F] d'énergie[F]
energy release
réaction[F] en chaîne[F]
chain reaction

énergie[F] fossile
fossil energy

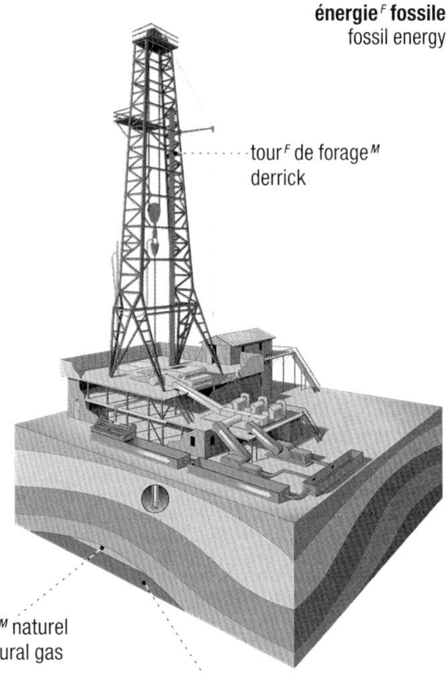
tour[F] de forage[M]
derrick
gaz[M] naturel
natural gas
pétrole[M]
oil

physicien[M]/physicienne[F]	physicist
gravité[F]	gravity
écho[M]	echo
résonance[F]	resonance
fréquence[F]	frequency
principe[M] d'Archimède	Archimedes' principle
électricité[F] statique	static electricity

électronique[F]	electronics
circuit[M] intégré	integrated circuit
circuit[M] imprimé	printed circuit
consommation[F] d'énergie[F]	energy consumption
charbon[M]	coal
biodiésel[M]	biodiesel
bioéthanol[M]	bioethanol

chronologie^{F} des découvertes^{F} et des inventions^{F}
chronology of discoveries and inventions

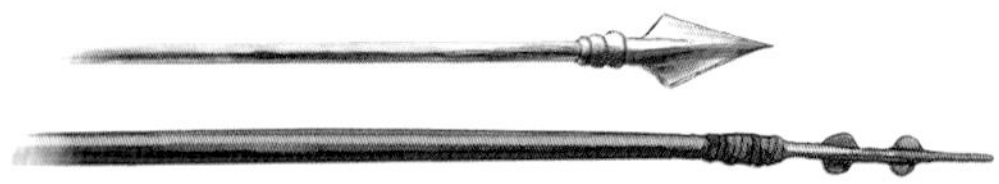

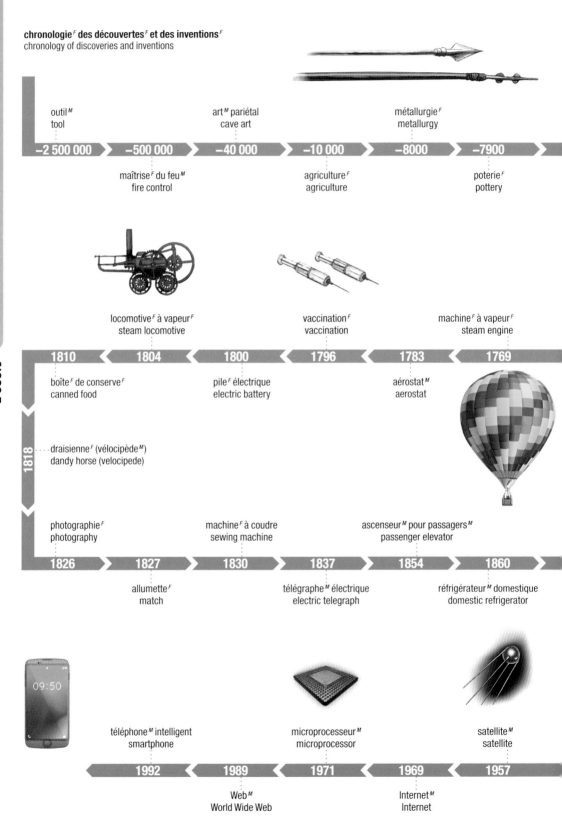

- **–2 500 000** — outil^{M} / tool
- **–500 000** — maîtrise^{F} du feu^{M} / fire control
- **–40 000** — art^{M} pariétal / cave art
- **–10 000** — agriculture^{F} / agriculture
- **–8000** — métallurgie^{F} / metallurgy
- **–7900** — poterie^{F} / pottery
- **1769** — machine^{F} à vapeur^{F} / steam engine
- **1783** — aérostat^{M} / aerostat

- **1796** — vaccination^{F} / vaccination

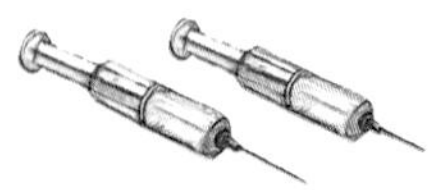

- **1800** — pile^{F} électrique / electric battery
- **1804** — locomotive^{F} à vapeur^{F} / steam locomotive

- **1810** — boîte^{F} de conserve^{F} / canned food
- **1818** — draisienne^{F} (vélocipède^{M}) / dandy horse (velocipede)
- **1826** — photographie^{F} / photography
- **1827** — allumette^{F} / match
- **1830** — machine^{F} à coudre / sewing machine
- **1837** — télégraphe^{M} électrique / electric telegraph
- **1854** — ascenseur^{M} pour passagers^{M} / passenger elevator
- **1860** — réfrigérateur^{M} domestique / domestic refrigerator
- **1957** — satellite^{M} / satellite

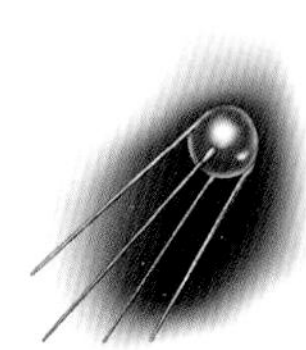

- **1969** — Internet^{M} / Internet
- **1971** — microprocesseur^{M} / microprocessor

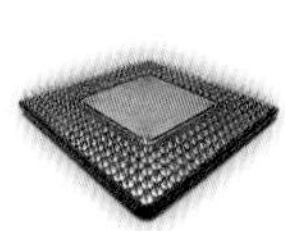

- **1989** — Web^{M} / World Wide Web
- **1992** — téléphone^{M} intelligent / smartphone

09:50

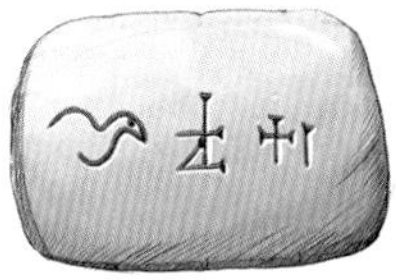

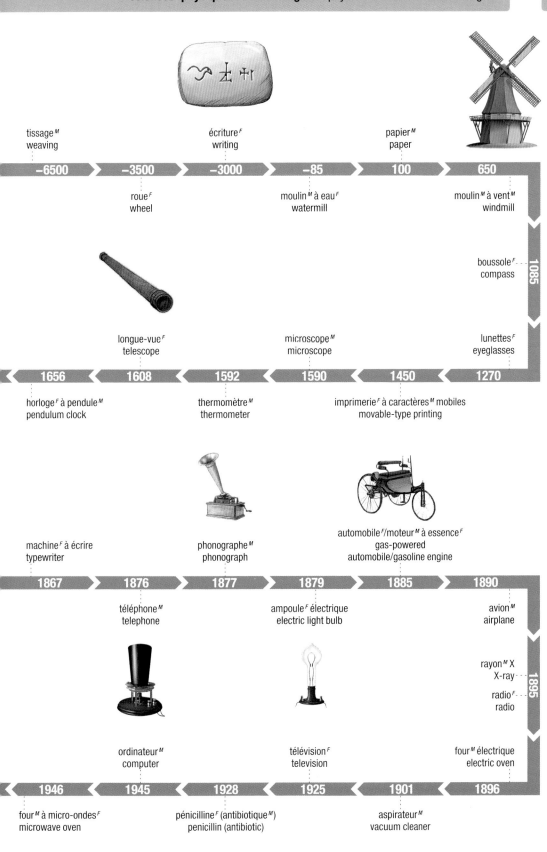

- **−6500** — tissage[M] / weaving
- **−3500** — roue[F] / wheel
- **−3000** — écriture[F] / writing
- **−85** — moulin[M] à eau[F] / watermill
- **100** — papier[M] / paper
- **650** — moulin[M] à vent[M] / windmill
- **1085** — boussole[F] / compass
- **1270** — lunettes[F] / eyeglasses
- **1450** — imprimerie[F] à caractères[M] mobiles / movable-type printing
- **1590** — microscope[M] / microscope
- **1592** — thermomètre[M] / thermometer
- **1608** — longue-vue[F] / telescope
- **1656** — horloge[F] à pendule[M] / pendulum clock

- **1867** — machine[F] à écrire / typewriter
- **1876** — téléphone[M] / telephone
- **1877** — phonographe[M] / phonograph
- **1879** — ampoule[F] électrique / electric light bulb
- **1885** — automobile[F]/moteur[M] à essence[F] / gas-powered automobile/gasoline engine
- **1890** — avion[M] / airplane
- **1895** — rayon[M] X / X-ray; radio[F] / radio
- **1896** — four[M] électrique / electric oven
- **1901** — aspirateur[M] / vacuum cleaner
- **1925** — télévision[F] / television
- **1928** — pénicilline[F] (antibiotique[M]) / penicillin (antibiotic)
- **1945** — ordinateur[M] / computer
- **1946** — four[M] à micro-ondes[F] / microwave oven

Les mathématiciens manient les nombres. Ils peuvent résoudre des problèmes et mettre en équation les théories qui dirigent l'Univers. Grâce aux mathématiques, on peut par exemple prévoir le temps qu'il fera demain ou calculer la trajectoire que suit une planète. Elles sont présentes dans tous les domaines scientifiques, mais elles sont aussi très utiles dans la vie quotidienne.

géométrie[F] : cercle[M] et angles[M]
geometry: circle and angles

cercle[M]
circle

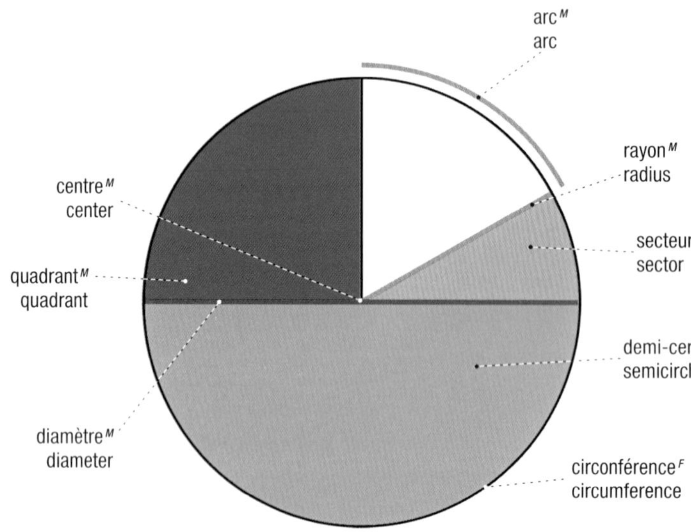
arc[M]
arc
rayon[M]
radius
centre[M]
center
secteur[M]
sector
quadrant[M]
quadrant
demi-cercle[M]
semicircle
diamètre[M]
diameter
circonférence[F]
circumference

angles[M]
angles

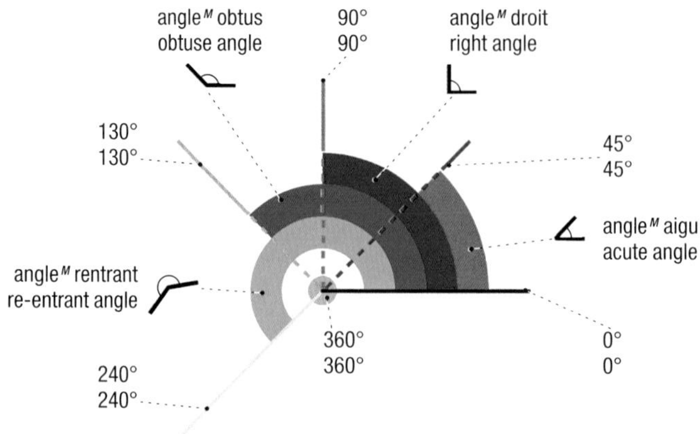
angle[M] obtus
obtuse angle
90°
90°
angle[M] droit
right angle
130°
130°
45°
45°
angle[M] aigu
acute angle
angle[M] rentrant
re-entrant angle
360°
360°
0°
0°
240°
240°

système[M] **international d'unités**[F] **(SI)**	International System of Units (SI)
système[M] **métrique**	metric system
longueur[F]	length
mètre[M] **(m)**	meter (m)
aire[F]	area
mètre[M] **carré (m^2)**	square meter (m^2)

volume[M]	volume
mètre[M] **cube (m^3)**	cubic meter (m^3)
masse[F]	mass
gramme[M] **(g)**	gram (g)
capacité[F]	capacity
litre[M] **(l)**	liter (L)

géométrie[F] : polygones[M]
geometry: polygons

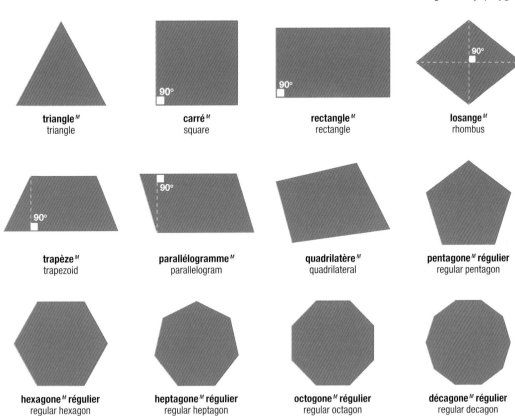

triangle[M]
triangle

90°

carré[M]
square

90°

rectangle[M]
rectangle

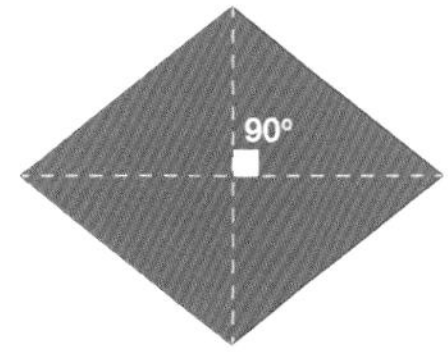
90°

losange[M]
rhombus

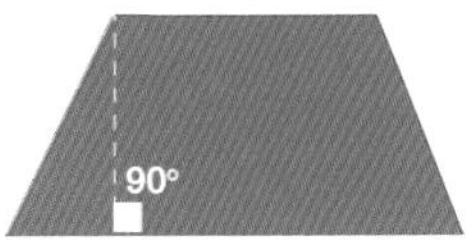
90°

trapèze[M]
trapezoid

90°

parallélogramme[M]
parallelogram

quadrilatère[M]
quadrilateral

pentagone[M] régulier
regular pentagon

hexagone[M] régulier
regular hexagon

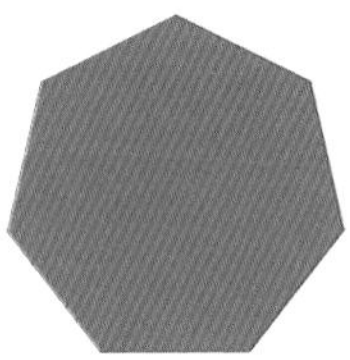

heptagone[M] régulier
regular heptagon

octogone[M] régulier
regular octagon

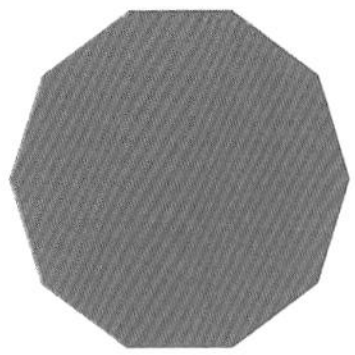

décagone[M] régulier
regular decagon

géométrie[F] : volumes[M]
geometry: solids

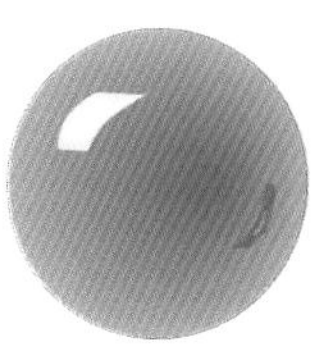

sphère[F]
sphere

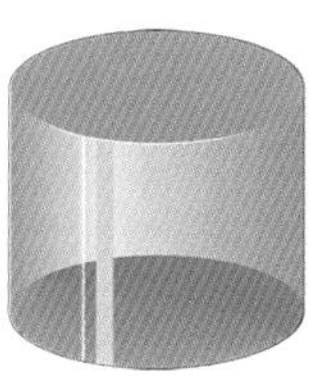

cylindre[M]
cylinder

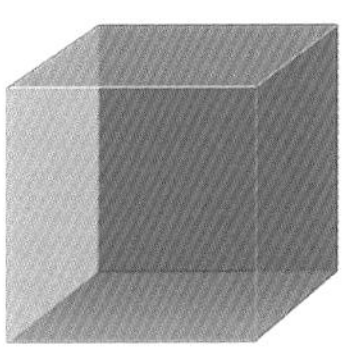

cube[M]
cube

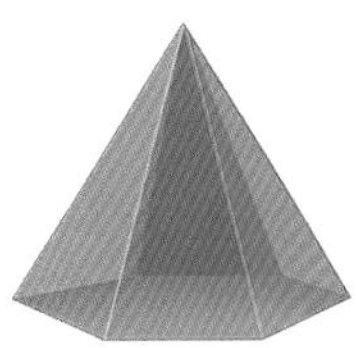

pyramide[F]
pyramid

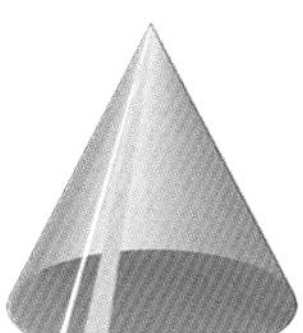

cône[M]
cone

prisme[M] à base[F] rectangulaire
rectangular prism

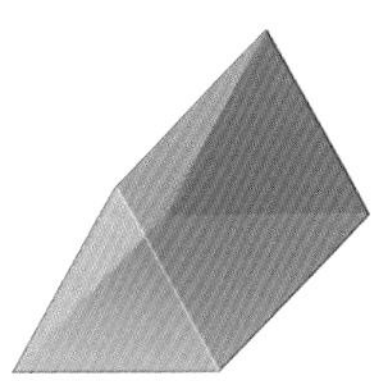

prisme[M] à base[F] triangulaire
triangular prism

statistiques [F]
statistics

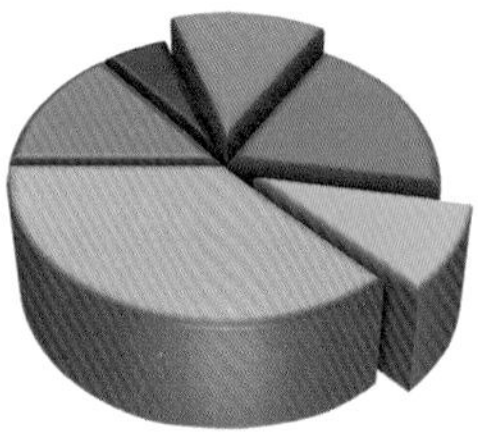

graphique [M] **circulaire**
circular chart

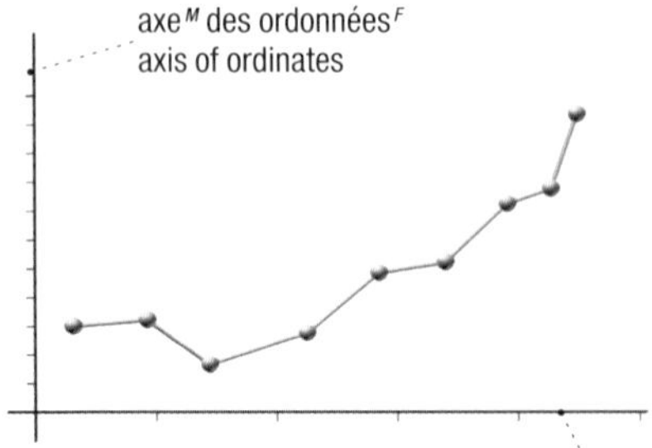
axe [M] des ordonnées [F]
axis of ordinates
axe [M] des abscisses [F]
axis of abscissas

graphique [M] **linéaire**
line chart

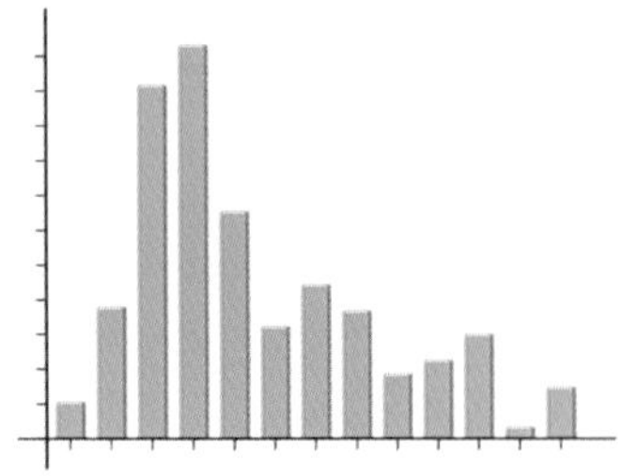

histogramme [M]
histogram

chiffres [M] **romains**
Roman numerals

I
un [M]
one

V
cinq [M]
five

X
dix [M]
ten

L
cinquante [M]
fifty

C
cent [M]
one hundred

D
cinq cents [M]
five hundred

M
mille [M]
one thousand

VII = 7
addition [F]
addition

IX = 9
soustraction [F]
subtraction

MCMXLVII = 1947
synthèse [F]
synthesis

symboles[M]
symbols

°	′	″	π
degré[M] degree	**minute**[F] minute	**seconde**[F] second	**pi**[M] pi
∥	⊥	=	≠
parallèle is parallel to	**perpendiculaire** is perpendicular to	**égale** equals	**n'égale pas** is not equal to
⩽	<	⩾	>
égal ou plus petit que is less than or equal to	**plus petit que** is less than	**égal ou plus grand que** is greater than or equal to	**plus grand que** is greater than
−	+	x	÷
soustraction[F] minus/negative	**addition**[F] plus/positive	**multiplication**[F] multiplied by	**division**[F] divided by
%	½	√	∞
pourcentage[M] percent	**fraction**[F] fraction	**racine**[F] **carrée de** square root of	**infini**[M] infinity

algèbre[M]	algebra
arithmétique[F]	arithmetic
symétrie[F]	symmetry
réflexion[F]	reflection
rotation[F]	rotation
translation[F]	translation
équation[F]	equation
formule[F]	formula
nombre[M] **entier**	integer
nombre[M] **premier**	prime number
décimale[F]	decimal place
logique[F]	logic
calculer	to calculate
mesurer	to measure
estimer	to estimate
résoudre	to solve

Depuis le début de l'humanité, l'humain exprime ses sentiments et traduit sa perception du monde par les arts comme la peinture et la sculpture. Les artistes ont à leur disposition une grande variété de matériaux et de techniques qu'ils emploient pour créer des œuvres au style bien personnel. L'artisanat regroupe des métiers d'art très anciens devenus aujourd'hui des passe-temps auxquels s'adonnent les doigts habiles.

cercle[M] des couleurs[F]
color wheel

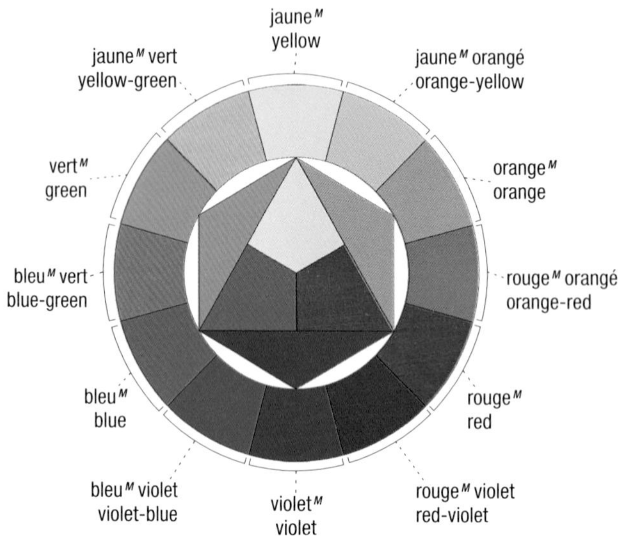
jaune[M]
yellow
jaune[M] orangé
orange-yellow
orange[M]
orange
rouge[M] orangé
orange-red
rouge[M]
red
rouge[M] violet
red-violet
violet[M]
violet
bleu[M] violet
violet-blue
bleu[M]
blue
bleu[M] vert
blue-green
vert[M]
green
jaune[M] vert
yellow-green

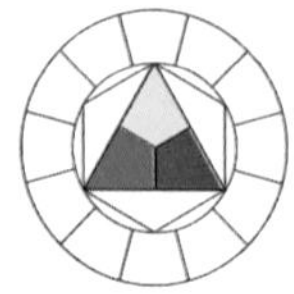

couleurs[F] primaires
primary colors

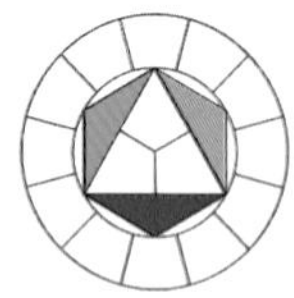

couleurs[F] secondaires
secondary colors

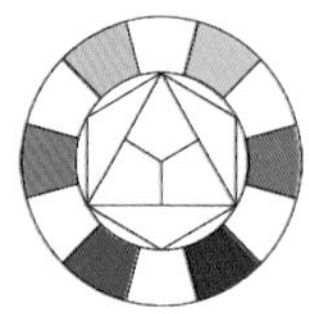

couleurs[F] tertiaires
tertiary colors

peinture[F] et dessin[M] : principales techniques[F]
painting and drawing: major techniques

crayon[M] de couleur[F]
colored pencil

gouache[F]
gouache

aquarelle[F]
watercolor

couleur[F] à l'huile[F]
oil paint

pastel[M] gras
oil pastel

pastel[M] sec
dry pastel

fusain[M]
charcoal

encre[F]
ink

peinture^{F} et dessin^{M} : matériel^{M}
painting and drawing: supplies

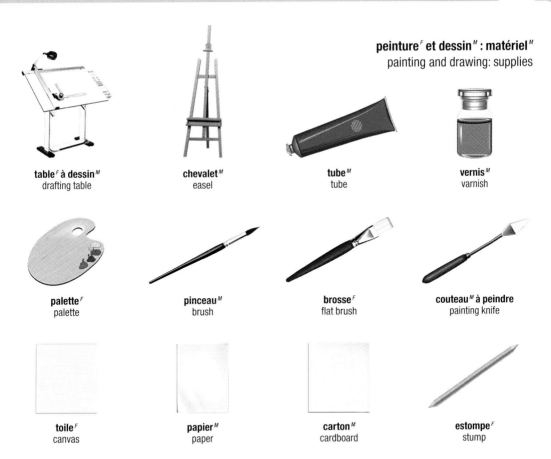

table^{F} à dessin^{M}
drafting table

chevalet^{M}
easel

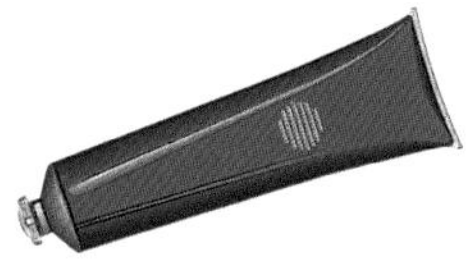

tube^{M}
tube

vernis^{M}
varnish

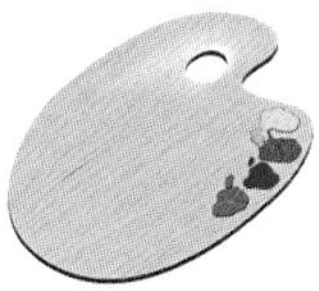

palette^{F}
palette

pinceau^{M}
brush

brosse^{F}
flat brush

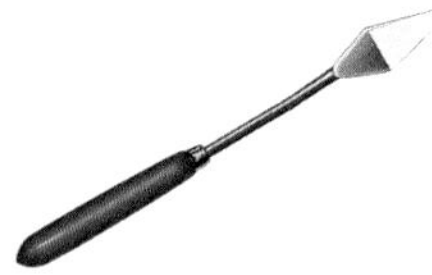

couteau^{M} à peindre
painting knife

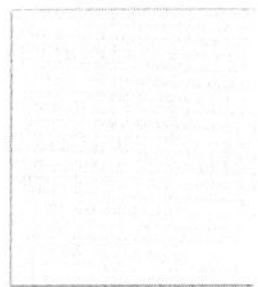

toile^{F}
canvas

papier^{M}
paper

carton^{M}
cardboard

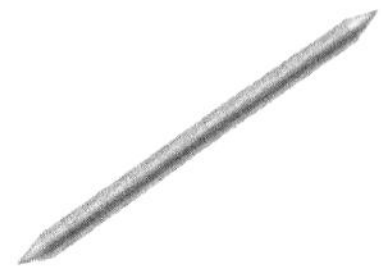

estompe^{F}
stump

peinture^{F} : exemples^{M} de styles^{M}
painting: examples of styles

baroque^{M}
baroque

classicisme^{M}
classicism

impressionnisme^{M}
impressionism

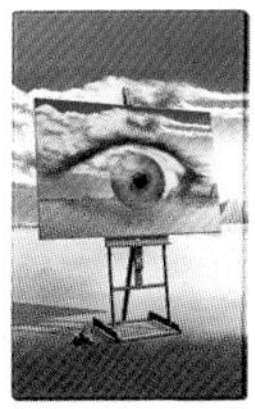

expressionnisme^{M}
expressionism

cubisme^{M}
cubism

art^{M} abstrait
abstract art

art^{M} naïf
naive art

réalisme^{M}
realism

sculpture^{F} sur bois^{M}
wood carving

traçage^{M}
drawing

dégrossissage^{M}
roughing out

sculpture^{F}
carving

finition^{F}
finishing

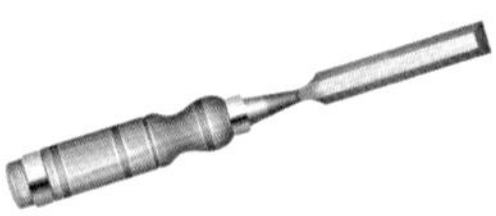

ciseau^{M}
chisel

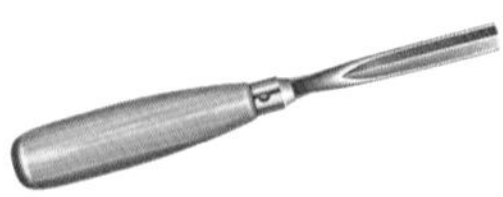

burin^{M}
block cutter

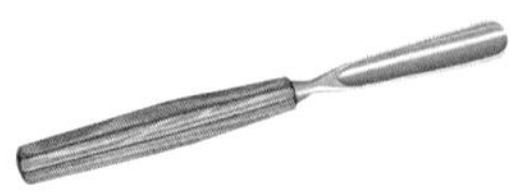

gouge^{F}
gouge

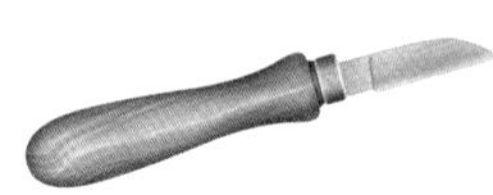

couteau^{M}
knife

arts^{M} graphiques
graphic arts

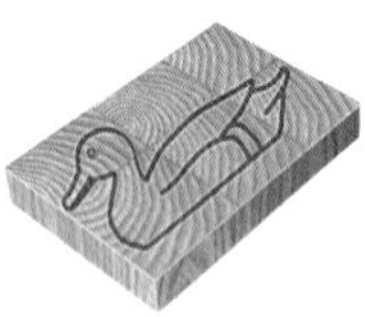

gravure^{F}
engraving

encre^{F}
ink

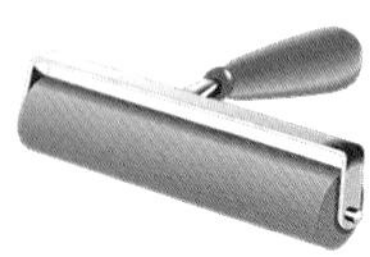

rouleau^{M} d'encrage^{M}
brayer

presse^{F} à épreuves^{F}
proof press

surface^{F} encrée
inked surface
image^{F} imprimée
printed image
papier^{M}
paper

impression^{F} en relief^{M}
relief printing

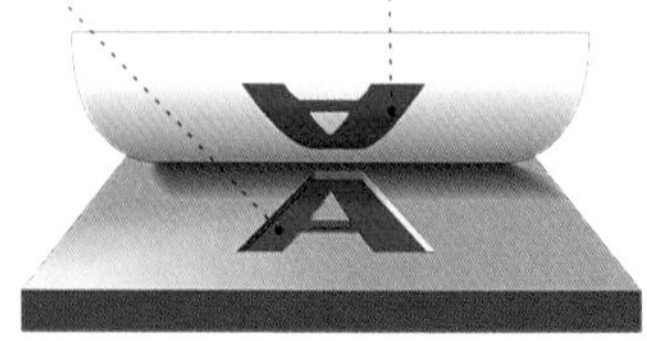
surface^{F} encrée
inked surface
image^{F} imprimée
printed image

impression^{F} en creux^{M}
intaglio printing

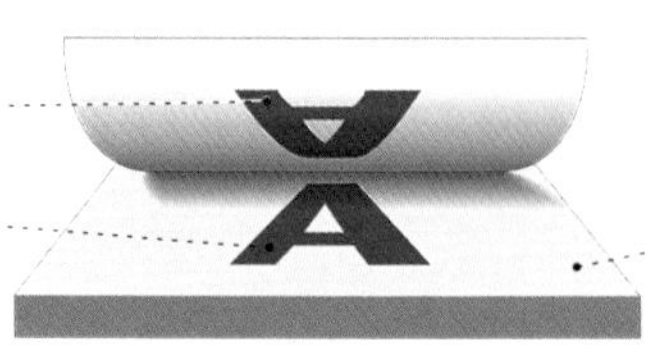
image^{F} imprimée
printed image
surface^{F} encrée
inked surface
surface^{F} mouillée
moist surface

impression^{F} à plat^{M}
lithographic printing

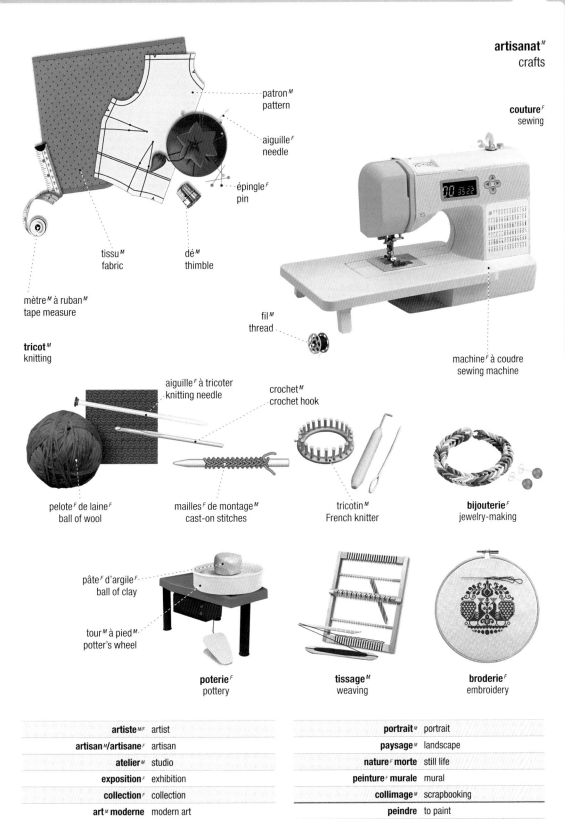

artisanat*M*
crafts

couture*F*
sewing

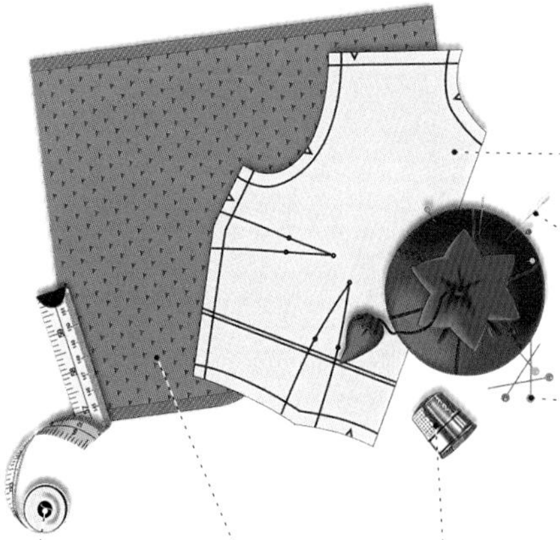

patron*M*
pattern

aiguille*F*
needle

épingle*F*
pin

tissu*M*
fabric

dé*M*
thimble

mètre*M* à ruban*M*
tape measure

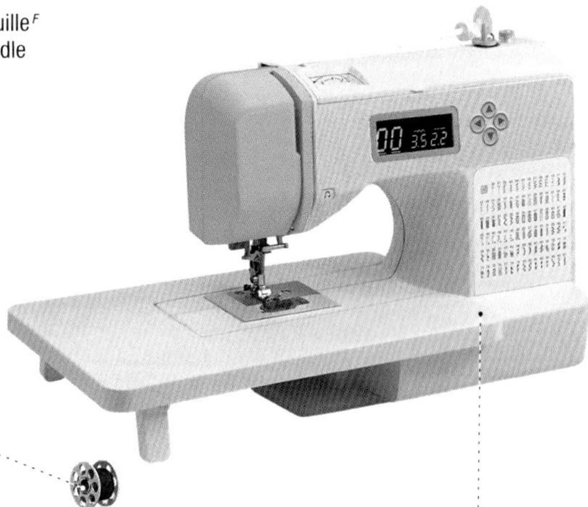

fil*M*
thread

machine*F* à coudre
sewing machine

tricot*M*
knitting

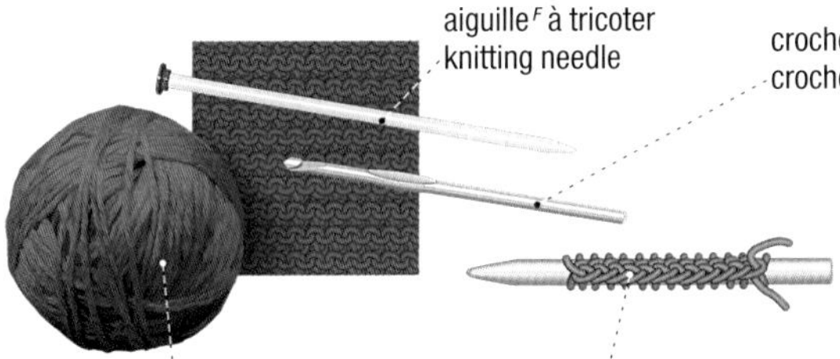

aiguille*F* à tricoter
knitting needle

crochet*M*
crochet hook

pelote*F* de laine*F*
ball of wool

mailles*F* de montage*M*
cast-on stitches

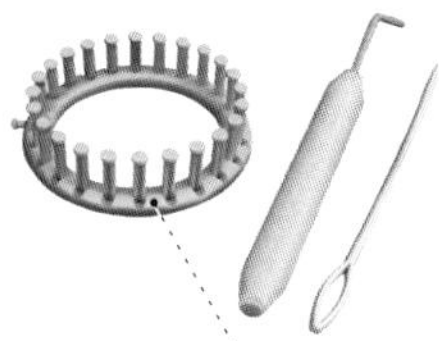

tricotin*M*
French knitter

bijouterie*F*
jewelry-making

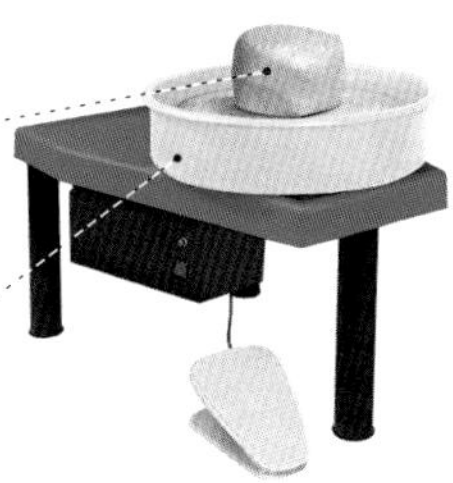

pâte*F* d'argile*F*
ball of clay

tour*M* à pied*M*
potter's wheel

poterie*F*
pottery

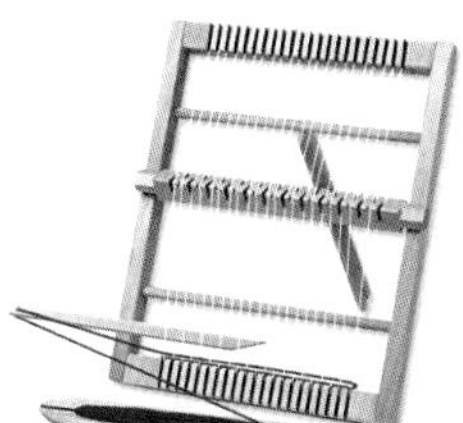

tissage*M*
weaving

broderie*F*
embroidery

artiste*M/F*	artist
artisan*M*/**artisane***F*	artisan
atelier*M*	studio
exposition*F*	exhibition
collection*F*	collection
art*M* **moderne**	modern art
art*M* **contemporain**	contemporary art

portrait*M*	portrait
paysage*M*	landscape
nature*F* **morte**	still life
peinture*F* **murale**	mural
collimage*M*	scrapbooking
peindre	to paint
créer	to create

School

Dans toutes les civilisations, les humains ont utilisé divers objets pour faire de la musique. Il existe aujourd'hui des milliers d'instruments, traditionnels ou électroniques, adaptés à tous les styles musicaux. La notation musicale permet de transcrire sur une portée les éléments nécessaires à l'interprétation d'une pièce. Son langage universel permet aux musiciens de toutes les langues d'avoir accès à un vaste répertoire musical.

notation^F musicale
musical notation

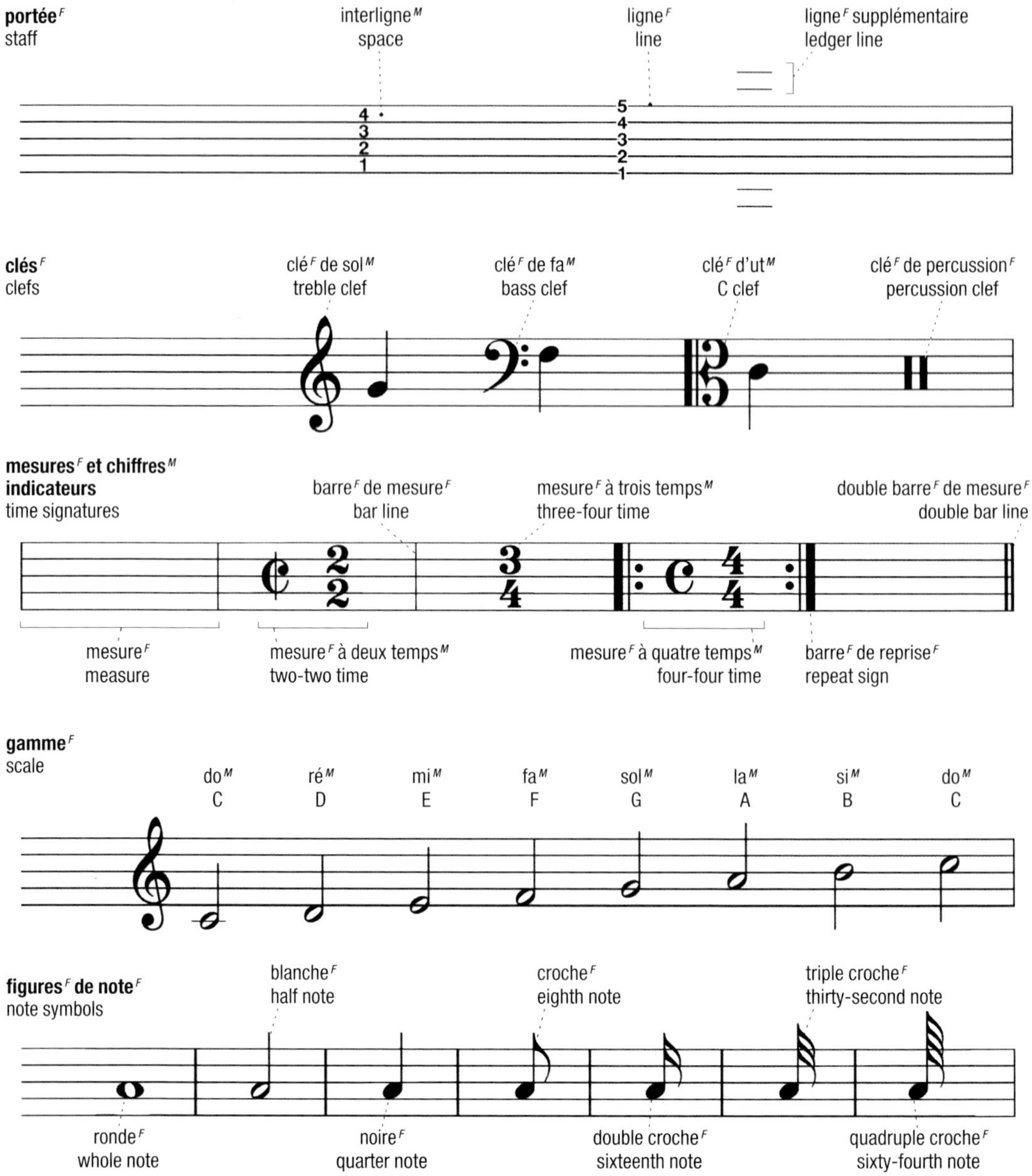
portée^F
staff
interligne^M
space
ligne^F
line
ligne^F supplémentaire
ledger line
4
3
2
1
5
4
3
2
1
clés^F
clefs
clé^F de sol^M
treble clef
clé^F de fa^M
bass clef
clé^F d'ut^M
C clef
clé^F de percussion^F
percussion clef
mesures^F et chiffres^M indicateurs
time signatures
barre^F de mesure^F
bar line
mesure^F à trois temps^M
three-four time
double barre^F de mesure^F
double bar line
2
2
3
4
4
4
mesure^F
measure
mesure^F à deux temps^M
two-two time
mesure^F à quatre temps^M
four-four time
barre^F de reprise^F
repeat sign
gamme^F
scale
do^M
C
ré^M
D
mi^M
E
fa^M
F
sol^M
G
la^M
A
si^M
B
do^M
C
figures^F de note^F
note symbols
blanche^F
half note
croche^F
eighth note
triple croche^F
thirty-second note
ronde^F
whole note
noire^F
quarter note
double croche^F
sixteenth note
quadruple croche^F
sixty-fourth note

notation^F **musicale**
musical notation

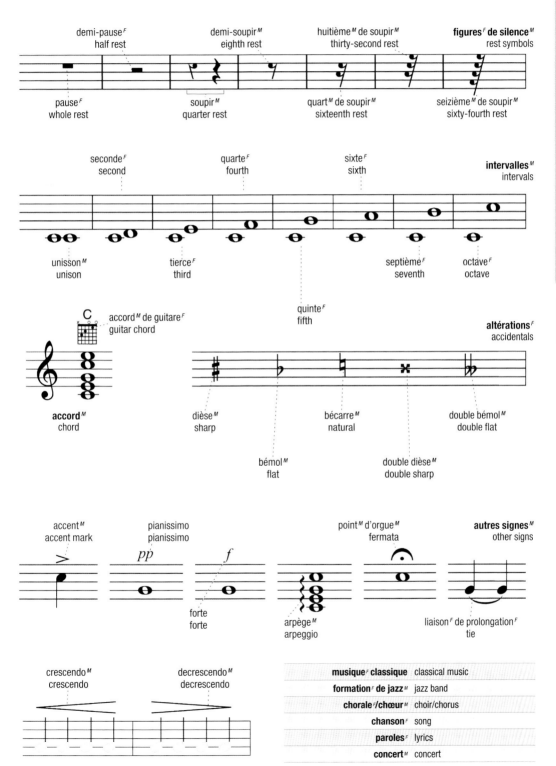

figures^F **de silence**^M
rest symbols

demi-pause^F
half rest
demi-soupir^M
eighth rest
huitième^M de soupir^M
thirty-second rest
pause^F
whole rest
soupir^M
quarter rest
quart^M de soupir^M
sixteenth rest
seizième^M de soupir^M
sixty-fourth rest

intervalles^M
intervals

seconde^F
second
quarte^F
fourth
sixte^F
sixth
unisson^M
unison
tierce^F
third
septième^F
seventh
octave^F
octave
quinte^F
fifth

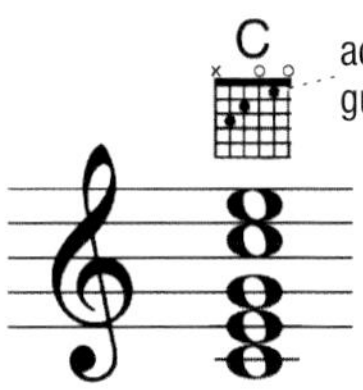
C
accord^M de guitare^F
guitar chord

accord^M
chord

altérations^F
accidentals

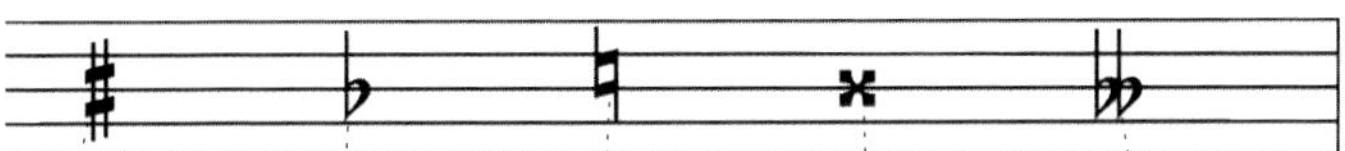
dièse^M
sharp
bémol^M
flat
bécarre^M
natural
double dièse^M
double sharp
double bémol^M
double flat

autres signes^M
other signs

accent^M
accent mark
pianissimo
pianissimo
pp
f
forte
forte
arpège^M
arpeggio
point^M d'orgue^M
fermata
liaison^F de prolongation^F
tie

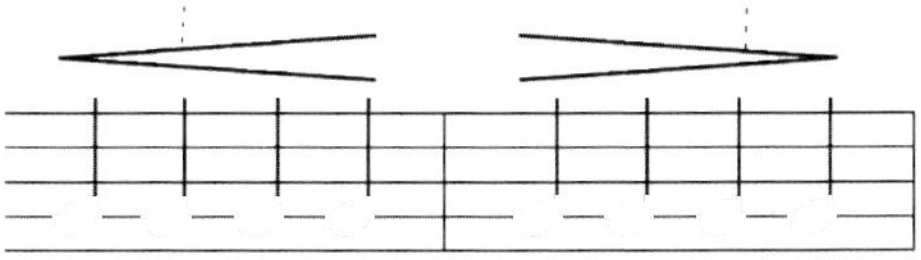
crescendo^M
crescendo
decrescendo^M
decrescendo

musique^F **classique**	classical music
formation^F **de jazz**^M	jazz band
chorale^F**/chœur**^M	choir/chorus
chanson^F	song
paroles^F	lyrics
concert^M	concert

instruments^M **à cordes**^F
stringed instruments

guitare^F **acoustique**
acoustic guitar

manche^M
neck
caisse^F de résonance^F
sound box
tête^F
head
cheville^F
peg
table^F d'harmonie^F
soundboard
chevalet^M
bridge

guitare^F **électrique**
electric guitar

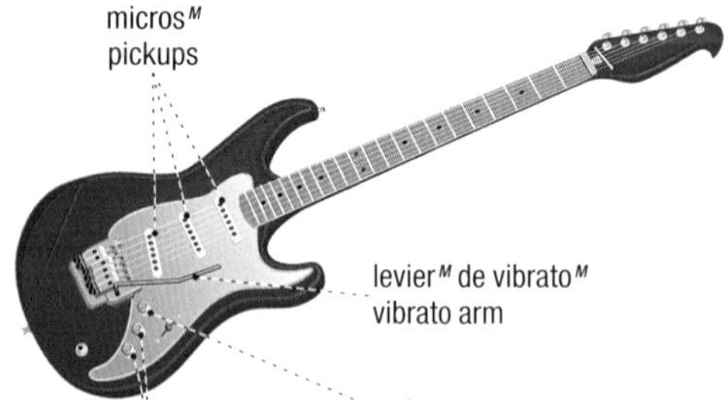
micros^M
pickups
levier^M de vibrato^M
vibrato arm
réglage^M du volume^M
volume control
réglage^M de la tonalité^F
tone control

guitare^F **basse**
bass guitar

banjo^M
banjo

cithare^F
zither

harpe^F
harp

kora^F
kora

balalaïka^F
balalaika

mandoline^F
mandolin

contrebasse^F
double bass

violoncelle^M
cello

alto^M
viola

archet^M
bow

violon^M
violin

violoniste^M/F
violinist

instruments^M à clavier^M
keyboard instruments

orgue^M
organ

piano^M **à queue**^F
grand piano

clavecin^M
harpsichord

synthétiseur^M
synthesizer

piano^M **droit**
upright piano

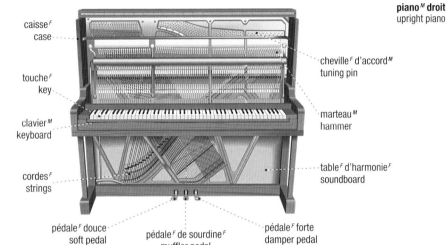

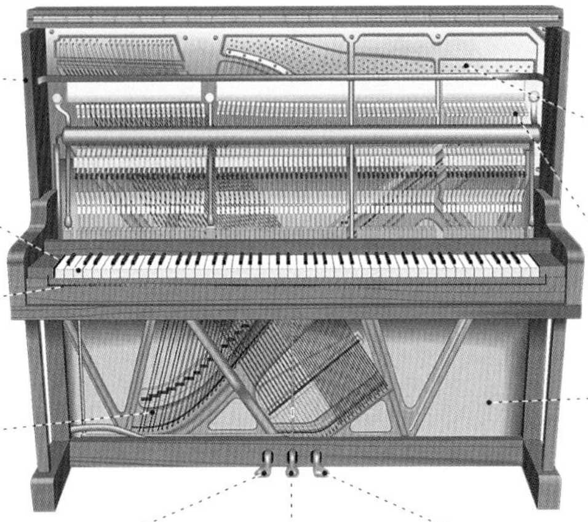
caisse^F
case
touche^F
key
clavier^M
keyboard
cordes^F
strings
cheville^F d'accord^M
tuning pin
marteau^M
hammer
table^F d'harmonie^F
soundboard
pédale^F douce
soft pedal
pédale^F de sourdine^F
muffler pedal
pédale^F forte
damper pedal

instruments^M à percussion^F
percussion instruments

mailloches^F
mallets

xylophone^M
xylophone

tambour^M **de basque**^M
tambourine

djembé^M
djembe

bongo^M
bongos

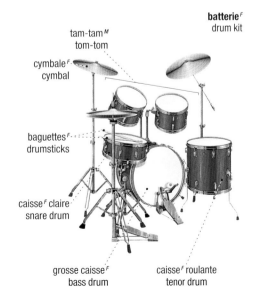

batterie^F
drum kit

tam-tam^M
tom-tom
cymbale^F
cymbal
baguettes^F
drumsticks
caisse^F claire
snare drum
grosse caisse^F
bass drum
caisse^F roulante
tenor drum

instrumentsM **à vent**M
wind instruments

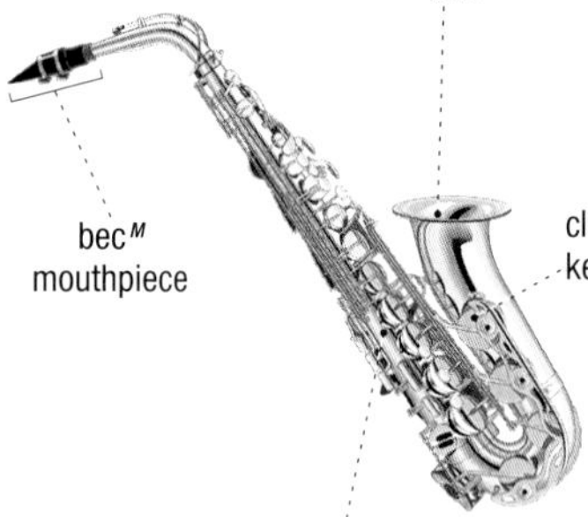
pavillonM
bell
becM
mouthpiece
cléF
key
corpsM
body

saxophoneM
saxophone

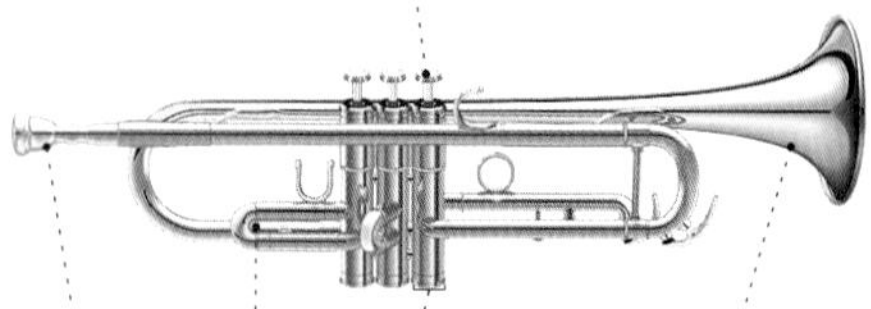
boutonM de pistonM
finger button
embouchureF
mouthpiece
pavillonM
bell
coulisseF
slide
pistonM
valve

trompetteF
trumpet

bassonM
bassoon

corM **anglais**
English horn

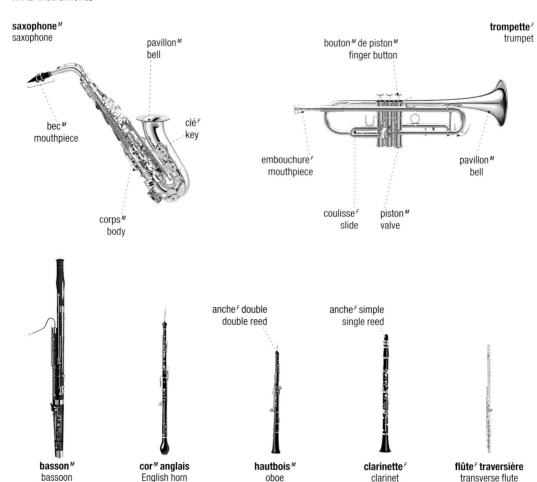

ancheF double
double reed

hautboisM
oboe

ancheF simple
single reed

clarinetteF
clarinet

flûteF **traversière**
transverse flute

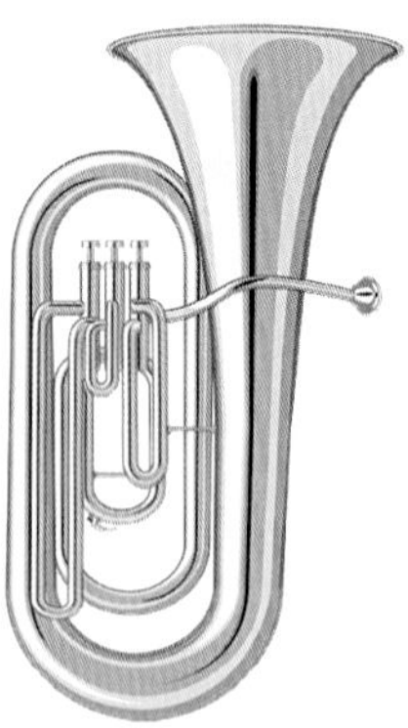

tubaM
tuba

tromboneM
trombone

flûteF **à bec**M
recorder

corM **d'harmonie**F
French horn

harmonicaM
harmonica

accordéonM
accordion

orchestre[M] **symphonique**
symphony orchestra

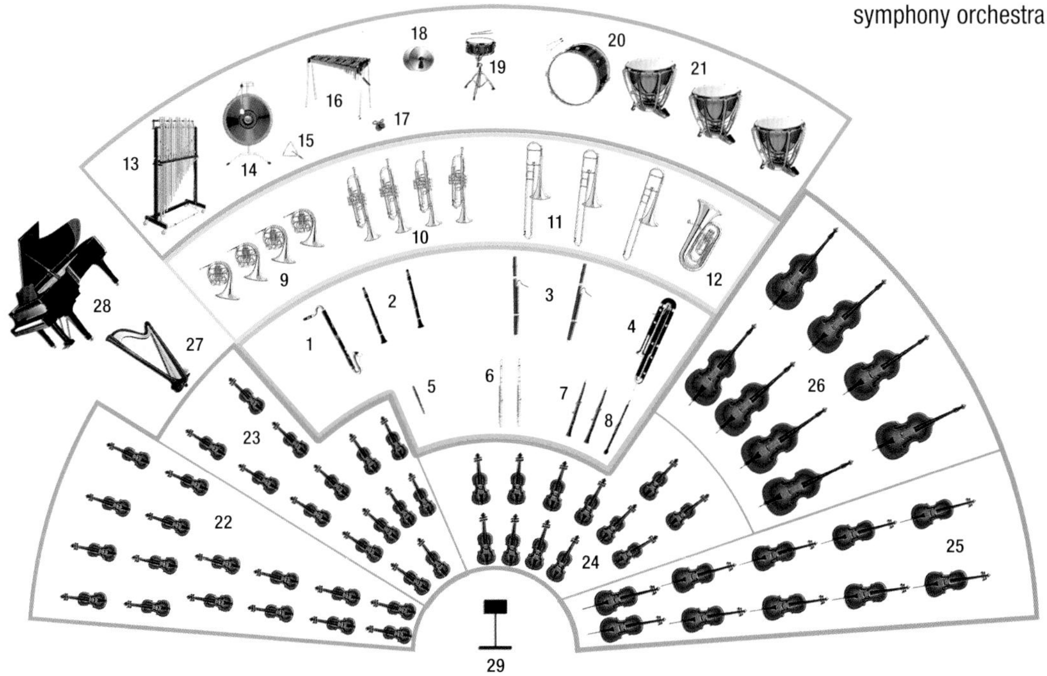
1
2
3
4
5
6
7
8
9
10
11
12
13
14
15
16
17
18
19
20
21
22
23
24
25
26
27
28
29

famille[F] **des bois**[M]
woodwind family

1 clarinette[F] basse
bass clarinet

2 clarinettes[F]
clarinets

3 bassons[M]
bassoons

4 contrebasson[M]
contrabassoon

5 piccolo[M]
piccolo

6 flûtes[F]
flutes

7 hautbois[M]
oboes

8 cor[M] anglais
English horn

famille[F] **des cuivres**[M]
brass family

9 cors[M] d'harmonie[F]
French horns

10 trompettes[F]
trumpets

11 trombones[M]
trombones

12 tuba[M]
tuba

famille[F] **du violon**[M]
violin family

22 premiers violons[M]
first violins

23 seconds violons[M]
second violins

24 altos[M]
violas

25 violoncelles[M]
cellos

26 contrebasses[F]
double basses

instruments[M] **à percussion**[F]
percussion instruments

13 carillon[M] tubulaire
tubular bells

14 gong[M]
gong

15 triangle[M]
triangle

16 xylophone[M]
xylophone

17 castagnettes[F]
castanets

18 cymbales[F]
cymbals

19 caisse[F] claire
snare drum

20 grosse caisse[F]
bass drum

21 timbales[F]
timpani

27 harpe[F]
harp

28 piano[M]
piano

29 pupitre[M] du chef[M] d'orchestre[M]
conductor's podium

Les différents styles d'architecture témoignent de l'histoire du monde et des civilisations passées. Bien des évènements ont façonné le monde et la société actuelle, que ce soit des catastrophes naturelles, des migrations importantes, des découvertes, des révolutions technologiques ou sociales, ou encore des guerres. Les rencontres entre les différents peuples ont aussi causé des chocs culturels qui ont donné naissance à de nouvelles civilisations.

architecture^{F} antique
ancient architecture

pyramide^{F} égyptienne
Egyptian pyramid

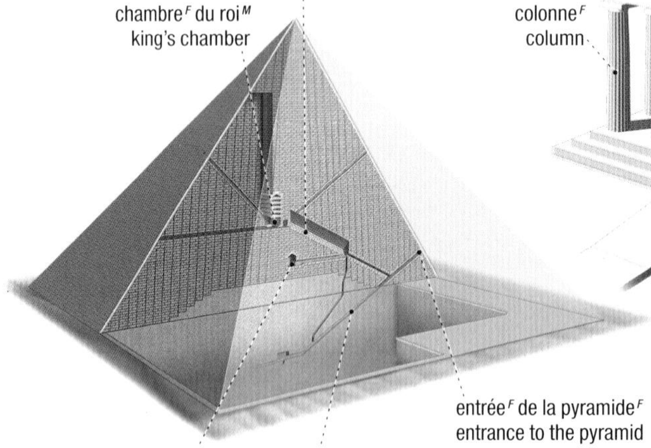
grande galerie^{F}
grand gallery
chambre^{F} du roi^{M}
king's chamber
entrée^{F} de la pyramide^{F}
entrance to the pyramid
couloir^{M}
passage
chambre^{F} de la reine^{F}
queen's chamber

temple^{M} grec
Greek temple

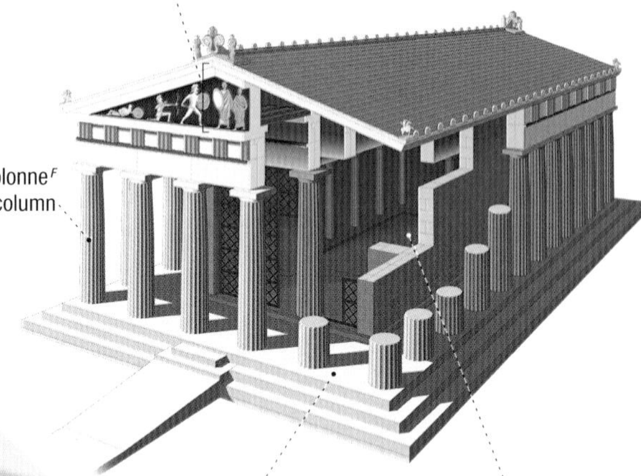
fronton^{M}
pediment
colonne^{F}
column
péristyle^{M}
peristyle
naos^{M}
naos

maison^{F} romaine
Roman house

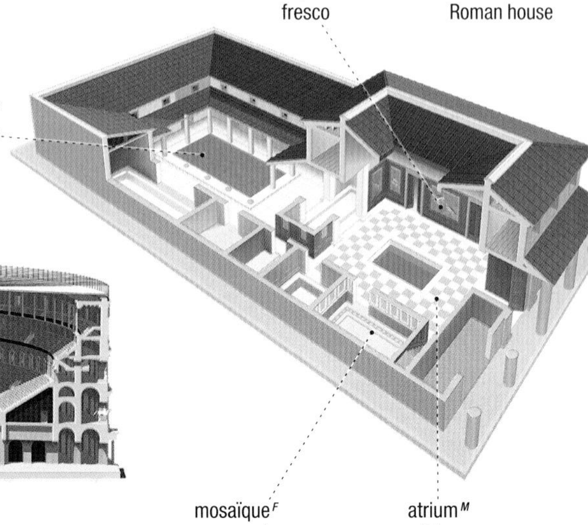
fresque^{F}
fresco
jardin^{M}
garden
mosaïque^{F}
mosaic
atrium^{M}
atrium

amphithéâtre^{M} romain
Roman amphitheater

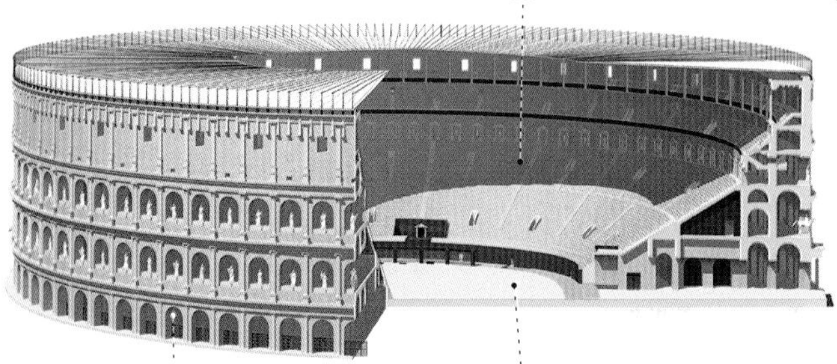
gradins^{M}
tier
arcade^{F}
arcade
arène^{F}
arena

architecture[F] médiévale
medieval architecture

château[M] fort
castle

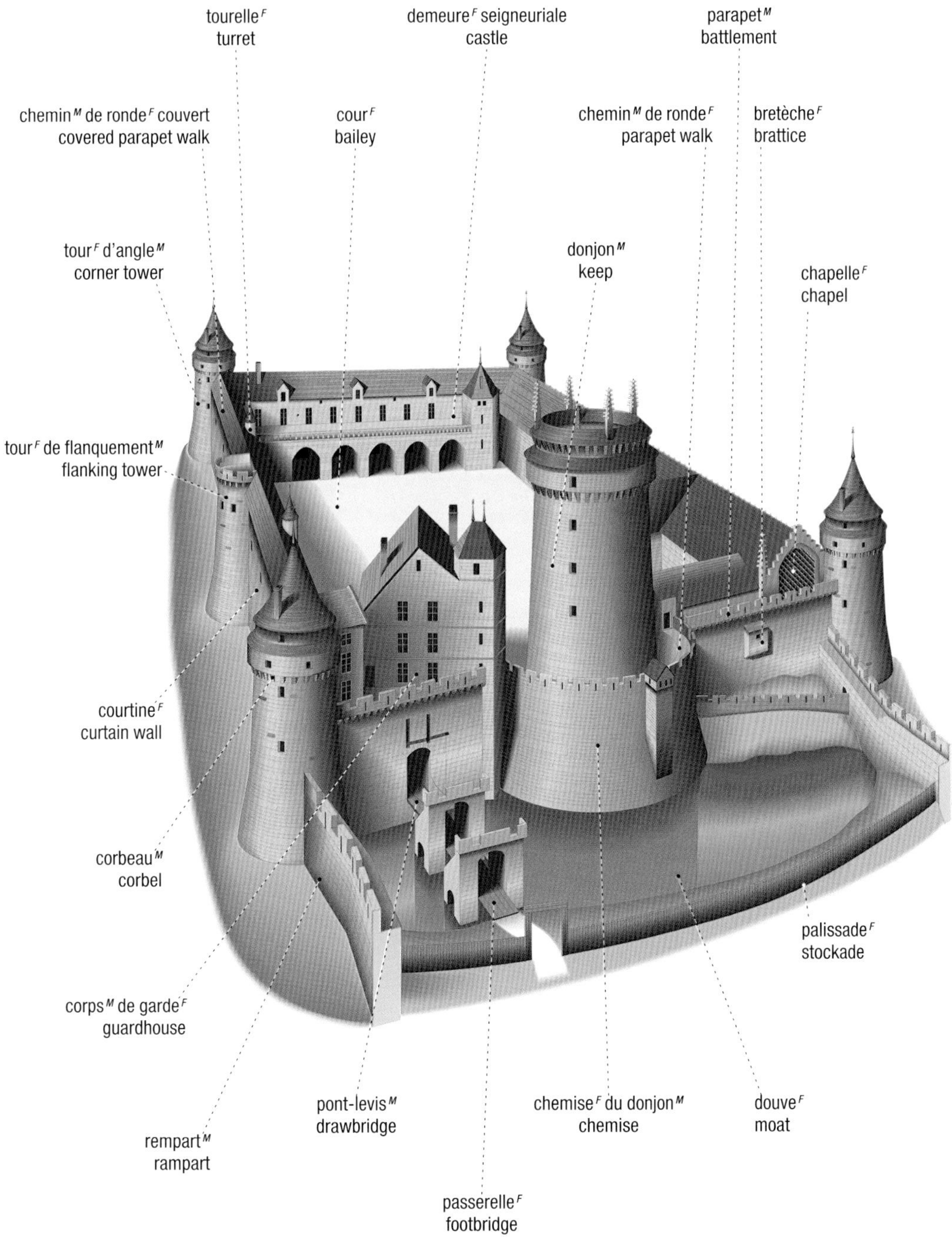
tourelle[F]
turret
demeure[F] seigneuriale
castle
parapet[M]
battlement
chemin[M] de ronde[F] couvert
covered parapet walk
cour[F]
bailey
chemin[M] de ronde[F]
parapet walk
bretèche[F]
brattice
tour[F] d'angle[M]
corner tower
donjon[M]
keep
chapelle[F]
chapel
tour[F] de flanquement[M]
flanking tower
courtine[F]
curtain wall
corbeau[M]
corbel
palissade[F]
stockade
corps[M] de garde[F]
guardhouse
pont-levis[M]
drawbridge
chemise[F] du donjon[M]
chemise
douve[F]
moat
rempart[M]
rampart
passerelle[F]
footbridge

architecture^F médiévale
medieval architecture

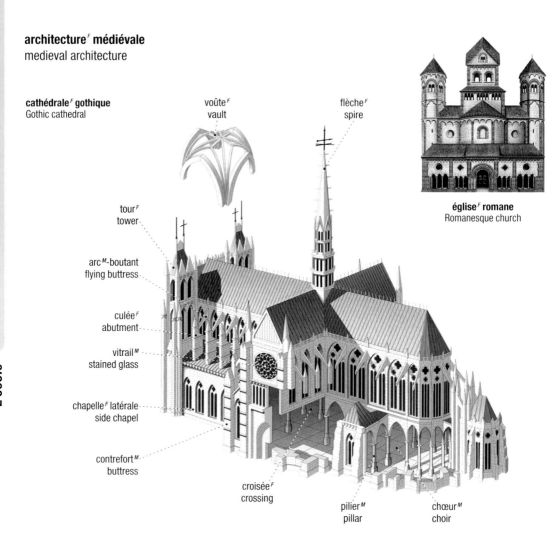

cathédrale^F gothique
Gothic cathedral

voûte^F
vault
flèche^F
spire
tour^F
tower
arc^M-boutant
flying buttress
culée^F
abutment
vitrail^M
stained glass
chapelle^F latérale
side chapel
contrefort^M
buttress
croisée^F
crossing
pilier^M
pillar
chœur^M
choir

église^F romane
Romanesque church

architecture^F asiatique et précolombienne
Asian and pre-Columbian architecture

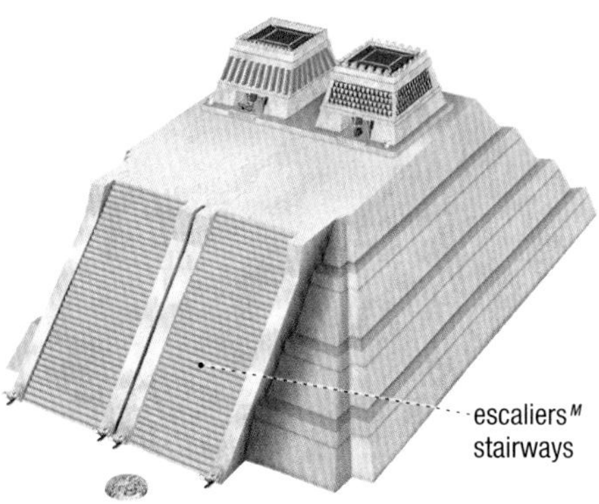
escaliers^M
stairways

temple^M aztèque
Aztec temple

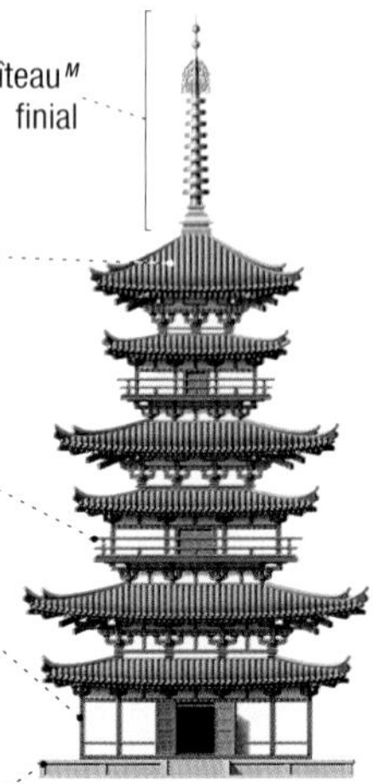
faîteau^M
finial
toit^M
roof
balustrade^F
balustrade
pilier^M
pillar
estrade^F
podium

pagode^F
pagoda

exemples[M] de styles[M] architecturaux
examples of architectural styles

style[M] classique/néoclassique
classical/neoclassical style

baroque[M]/rococo[M]
baroque/rococo

style[M] islamique
Islamic style

METROPOLITAIN

art[M] nouveau
art nouveau

art[M] déco
art deco

expressionnisme[M]
expressionism

style[M] international
international style

constructivisme[M]
constructivism

déconstructivisme[M]
deconstructivism

migration[F]	migration
sédentarisation[F]	settling process
civilisation[F]	civilization
citoyenneté[F]	citizenship
démocratie[F]	democracy
impérialisme[M]	imperialism
monarchie[F]	monarchy
dictature[F]	dictatorship
guerre[F]	war
invasion[F]	invasion
capitalisme[M]	capitalism
socialisme[M]	socialism
communisme[M]	communism
classe[F] sociale	social class

colonisation[F]	colonization
décolonisation[F]	decolonization
nationalisme[M]	nationalism
indépendance[F]	independence
révolution[F]	revolution
autochtone[M/F]	aboriginal
émigrant[M]/émigrante[F]	emigrant
immigrant[M]/immigrante[F]	immigrant
vestige[M]	remains
monument[M]	monument
tombeau[M]	tomb
archéologie[F]	archeology
anthropologie[F]	anthropology
historien[M]/historienne[F]	historian

ligne^{F} de temps^{M}
timeline

–300 000

émergence^{F} d'*Homo sapiens*^{M} en Afrique^{F}
emergence of *Homo sapiens* in Africa

–120 000

début^{M} des migrations^{F} vers l'Eurasie^{F}
first migrations towards Eurasia

–50 000

arrivée^{F} d'*Homo sapiens*^{M} en Australie^{F}
arrival of *Homo sapiens* in Australia

–1750

Code^{M} d'Hammourabi (Mésopotamie^{F})
Hammurabi's Code (Mesopotamia)

–1000

colonisation^{F} des îles^{F} du Pacifique^{M}
colonization of Pacific islands

–776

premiers Jeux^{M} olympiques (Grèce^{F})
first Olympic Games (Greece)

–507

première démocratie^{F} (Athènes, Grèce^{F})
first democracy (Athens, Greece)

–331

fondation^{F} d'Alexandrie (Égypte^{F})
founding of Alexandria (Egypt)

–322

début^{M} de l'Empire^{M} maurya (Inde^{F})
beginning of the Mauryan Empire (India)

622

début^{M} des conquêtes^{F} musulmanes (Asie^{F}, Afrique^{F})
first Islamic conquests (Asia, Africa)

762

fondation^{F} de Bagdad (Moyen-Orient^{M})
foundation of Baghdad (Middle East)

800

Charlemagne couronné empereur^{M} (Europe^{F})
Charlemagne crowned emperor (Europe)

868

premier livre^{M} imprimé connu (Chine^{F})
first known printed book (China)

962

début^{M} du Saint-Empire^{M} romain germanique
beginning of the Holy Roman Empire

1096

début^{M} des croisades^{F} (Europe^{F}, Proche-Orient^{M})
start of the Crusades (Europe, Middle East)

1455

invention^{F} et diffusion^{F} de la presse^{F} à imprimer
invention and spread of the printing press

1492

arrivée^{F} de Christophe Colomb en Amérique^{F}
Christopher Columbus' arrival in America

1494

partage^{M} du Nouveau Monde^{M} entre l'Espagne^{F} et le Portugal^{M}
division of the New World between Spain and Portugal

1521

premier tour^{M} du monde^{M} par un navire^{M} espagnol
first world tour by a Spanish vessel

1533

fin^{F} des civiliations^{F} précolombiennes (Amérique^{F})
end of pre-Columbian civilizations (Americas)

1543

théorie^{F} de l'héliocentrisme^{M} de Nicolas Copernic
Nicolaus Copernicus' heliocentric theory

préhistoire^{F}
prehistory

Antiquité^{F}
Antiquity

Moyen Âge^{M}
Middle Ages

époque^{F} moderne
modern era

–20 000

arrivée^{F} d'*Homo sapiens*^{M} en Amérique^{F}
arrival of *Homo sapiens* in America

–12 500

premiers villages^{M} d'agriculteurs^{M} (Moyen-Orient^{M})
first farming villages (Middle East)

–6000

début^{M} du travail^{M} des métaux^{M} (Moyen-Orient^{M})
beginning of metalworking (Middle East)

–3000

apparition^{F} de l'écriture^{F} (Mésopotamie^{F})
appearance of writing (Mesopotamia)

premières civilisations^{F} (Moyen-Orient^{M}, Amérique^{F} du Sud^{M})
first civilizations (Middle East, South America)

–2600

premières pyramides^{F} en Égypte^{F} pharaonique
first pyramids in pharaonic Egypt

–300

construction^{F} de Teotihuacan (Mexique^{M})
construction of Teotihuacan (Mexico)

–221

premier empereur^{M} de Chine^{F}
first emperor of China

–45

établissement^{M} du calendrier^{M} julien
establishment of the Julian calendar

–27

début^{M} de l'Empire^{M} romain
beginning of the Roman Empire

330

fondation^{F} de Constantinople (Proche-Orient^{M})
founding of Constantinople (Near East)

476

chute^{F} de l'Empire^{M} romain d'Occident^{M}
fall of the Western Roman Empire

1206

fondation^{F} de l'Empire^{M} mongol (Asie^{F})
founding of the Mongolian Empire (Asia)

1299

début^{M} de l'Empire^{M} ottoman
beginning of the Ottoman Empire

1300

début^{M} de la Renaissance^{F} (Italie^{F})
early Renaissance (Italy)

1346

épidémie^{F} de la peste^{F} bubonique
bubonic plague epidemic

1415

début^{M} des explorations^{F} européennes et de la traite^{F} esclavagiste en Afrique^{F}
start of the European explorations and slave trade in Africa

1453

prise^{F} de Constantinople^{F} par les Ottomans^{M}
fall of Constantinople to the Ottomans

1582

instauration^{F} du calendrier^{M} grégorien
establishment of the Gregorian calendar

1618

début^{M} de la guerre^{F} de Trente Ans^{M} (Europe^{F})
beginning of the Thirty Years' War (Europe)

1687

loi^{F} de la gravitation^{F} universelle (Isaac Newton)
law of universal gravitation (Isaac Newton)

ligne[F] de temps[M]
timeline

1751

Encyclopédie[F] de Diderot, siècle[M] des Lumières[F]
Encyclopedia of Diderot, Age of Enlightenment

1754

début[M] de la guerre[F] de la Conquête[F] (Amérique[F] du Nord[M])
start of the French and Indian War (North America)

1756

début[M] de la guerre[F] de Sept Ans[M] (Europe[F])
start of the Seven Years' War (Europe)

1837

début[M] du règne[M] de Victoria (Royaume-Uni[M])
beginning of Victoria's reign (United Kingdom)

1848

***Manifeste[M] du parti[M] communiste* de Karl Marx**
Karl Marx's *Communist Manifesto*

1851

première Exposition[F] universelle (Londres)
first Great Exhibition (London)

1859

théorie[F] de l'évolution[F] de Charles Darwin
Charles Darwin's theory of evolution

1868

début[M] du Japon[M] impérial
beginning of Imperial Japan

1914

début[M] de la Première Guerre[F] mondiale (1914-1918)
start of World War I (1914-1918)

1939

début[M] de la Seconde Guerre[F] mondiale (1939-1945)
start of World War II (1939-1945)

1941

premiers camps[M] d'extermination[F] (Shoah)
first concentration camps (Shoah)

1945

bombardements[M] atomiques au Japon[M]
atomic bombing of Japan

1945

création[F] des Nations[F] Unies
birth of the United Nations

début[M] de la décolonisation[F] (Asie[F], Afrique[F], Océanie[F])
start of decolonization (Asia, Africa, Oceania)

1947

début[M] de la guerre[F] froide entre les États-Unis[M] et l'URSS[F]
start of the Cold War between the United States and the USSR

1961

premier homme[M] dans l'espace[M]
first man in space

1969

premiers pas[M] sur la Lune[F]
first steps on the Moon

1986

catastrophe[F] nucléaire de Tchernobyl (URSS[F])
Chernobyl nuclear disaster (USSR)

1989

chute[F] du mur[M] de Berlin (Allemagne[F])
fall of the Berlin Wall (Germany)

1991

dissolution[F] de l'URSS[F], fin[F] de la guerre[F] froide
collapse of the USSR, end of the Cold War

1992

sommet[M] de la Terre[F] (Rio de Janeiro)
Earth summit (Rio de Janeiro)

époque[F] moderne
modern era

époque[F] contemporaine
contemporary era

1769

début[M] de la révolution[F] industrielle (Grande-Bretagne[F])
start of the Industrial Revolution (Great Britain)

1776

Déclaration[F] d'indépendance[F] des États-Unis[M]
United States Declaration of Independence

1789

Révolution[F] française
French Revolution

1804

début[M] de l'Empire[M] napoléonien (Europe[F])
start of the Napoleonic Empire (Europe)

1810

premiers mouvements[M] d'indépendance[F] en Amérique[F] latine
first independence movements in Latin America

1815

fin[F] des guerres[F] napoléoniennes (Europe[F])
end of the Napoleonic Wars (Europe)

1914

ouverture[F] du canal[M] de Panama[M]
opening of the Panama Canal

1915

théorie[F] de la relativité[F] générale d'Albert Einstein
Albert Einstein's Theory of General Relativity

1917

révolution[F] bolchévique (Russie[F])
Bolshevik Revolution (Russia)

1918

pandémie[F] mondiale de grippe[F]
global influenza pandemic

1922

naissance[F] de l'URSS[F]
birth of the USSR

1929

krach[M] boursier, début[M] de la Grande Dépression[F]
Wall Street Crash, start of the Great Depression

1947

fin[F] de l'Empire[M] britannique des Indes[F]
end of the British Empire of the Indies

1948

création[F] de l'État[M] d'Israël[M], début[M] du conflit[M] israélo-palestinien
birth of the State of Israel, start of the Israeli-Palestinian conflict

Déclaration[F] universelle des droits[M] de l'homme[M]
Universal Declaration of Human Rights

1949

début[M] de la Chine[F] communiste
start of communist China

1957

établissement[M] de la Communauté[F] économique européenne
establishment of the European Economic Community

1959

révolution[F] cubaine
Cuban Revolution

1994

abolition[F] de l'apartheid[M] (Afrique[F] du Sud[M])
end of apartheid (South Africa)

2001

attentats[M] du 11 septembre[M] (États-Unis[M])
September 11 attacks (United States)

2010

début[M] du Printemps[M] arabe
beginning of Arab Spring

chronologie^F des religions^F
chronology of religions

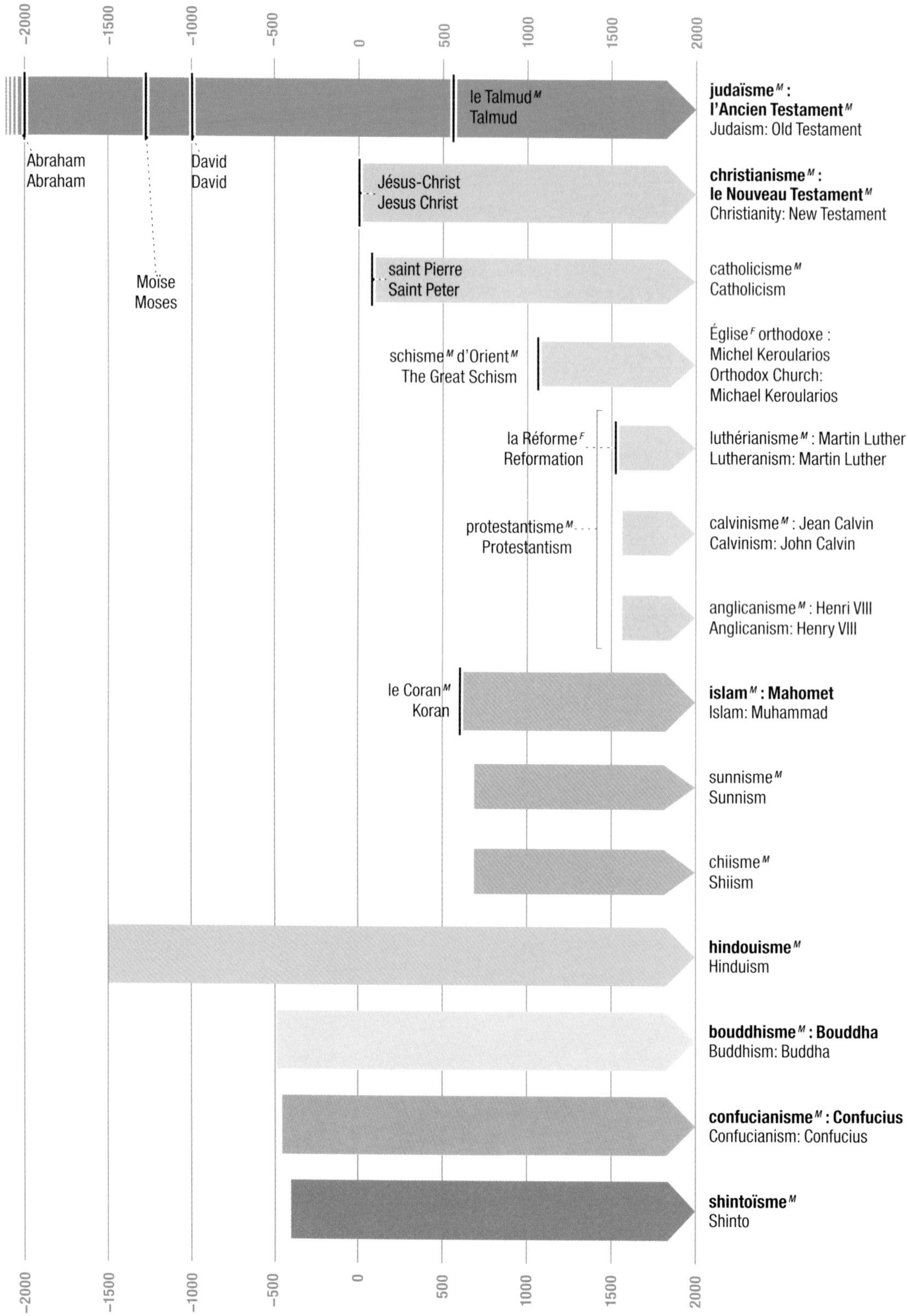
–2000
–1500
–1000
–500
0
500
1000
1500
2000
le Talmud^M
Talmud
judaïsme^M :
l'Ancien Testament^M
Judaism: Old Testament
Abraham
Abraham
David
David
Moïse
Moses
Jésus-Christ
Jesus Christ
christianisme^M :
le Nouveau Testament^M
Christianity: New Testament
saint Pierre
Saint Peter
catholicisme^M
Catholicism
schisme^M d'Orient^M
The Great Schism
Église^F orthodoxe :
Michel Keroularios
Orthodox Church:
Michael Keroularios
la Réforme^F
Reformation
luthérianisme^M : Martin Luther
Lutheranism: Martin Luther
protestantisme^M
Protestantism
calvinisme^M : Jean Calvin
Calvinism: John Calvin
anglicanisme^M : Henri VIII
Anglicanism: Henry VIII
le Coran^M
Koran
islam^M : Mahomet
Islam: Muhammad
sunnisme^M
Sunnism
chiisme^M
Shiism
hindouisme^M
Hinduism
bouddhisme^M : Bouddha
Buddhism: Buddha
confucianisme^M : Confucius
Confucianism: Confucius
shintoïsme^M
Shinto
–2000
–1500
–1000
–500
0
500
1000
1500
2000

L'école

exemples^M de lieux^M de culte^M
examples of places of worship

synagogue^F
synagogue

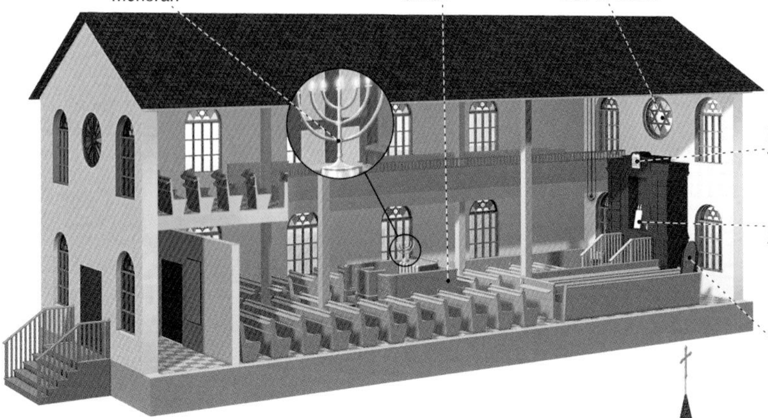
menora^F
menorah
bimah^F
bimah
étoile^F de David
Star of David
les dix commandements^M
Ten Commandments
rouleaux^M de la Torah^F
Torah scrolls
siège^M du rabbin^M
rabbi's seat

église^F
church

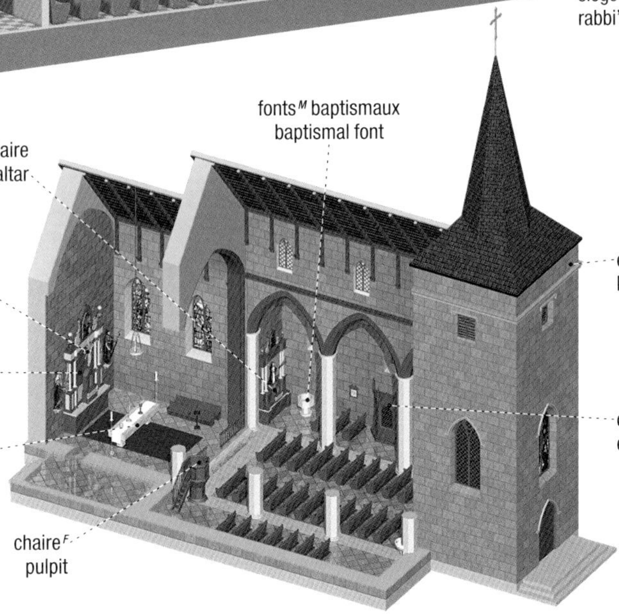
fonts^M baptismaux
baptismal font
autel^M secondaire
secondary altar
crucifix^M
crucifix
retable^M
altarpiece
maître-autel^M
high altar
chaire^F
pulpit
clocher^M
bell tower
confessionnal^M
confessionals

mosquée^F
mosque

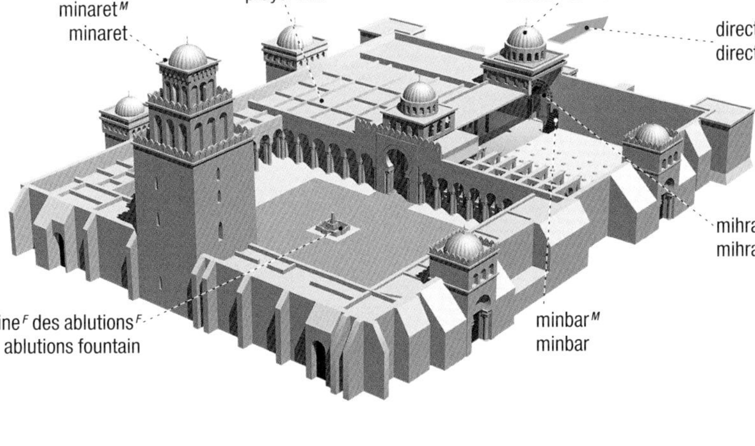
salle^F de prière^F
prayer hall
coupole^F du mihrab^M
mihrab dome
minaret^M
minaret
direction^F de La Mecque^F
direction of Mecca
mihrab^M
mihrab
fontaine^F des ablutions^F
ablutions fountain
minbar^M
minbar

Les cours que nous suivons à l'école permettent non seulement de développer notre culture générale, mais aussi de nous préparer à d'éventuelles études spécialisées et à un futur emploi. Certaines professions nécessitent des études universitaires, comme médecin ou avocat. D'autres occupations, comme électricien ou mécanicien, peuvent s'apprendre à l'école des métiers. Choisir une formation qui correspond à nos intérêts et à nos aptitudes nous permettra d'apprécier notre futur travail.

études[F] supérieures et spécialisation[F]
higher education and specialization

campus[M]
campus

université[F]
university

apprenti[M]/apprentie[F]
apprentice
maître[M/F]
master

école[F] de métiers[M]
trade school

professeur[M]/professeure[F]
professor
étudiant[M]/étudiante[F]
student

salle[F] de classe[F]
classroom

académie[F]
academy

stage[M]
training course

bourse[F] d'études[F]
scholarship

résidence[F] universitaire
dormitory

employeur[M]/employeuse[F]
employer
candidat[M]/candidate[F]
job applicant
curriculum vitæ[M] (CV)
résumé

entretien[M] d'embauche[F]; *entrevue*[F]
job interview

remise[F] des diplômes[M]
graduation ceremony

travail[M] saisonnier
seasonal work

travail[M] à temps[M] partiel
part-time work

travail[M] à temps[M] plein
full-time work

formation[F]	training
médecine[F]	medicine
droit[M]	law
sciences[F] politiques	political science
sciences[F] économiques	economics
lettres[F] et sciences[F] humaines	humanities
sciences[F] sociales	social science
génie[M]	engineering
maîtrise[F]	master's degree
doctorat[M]	doctorate (PhD)
habileté[F]/aptitude[F]	ability/aptitude
apprendre un métier	to learn a trade/skill
postuler à un emploi	to apply for a job

exemples[M] de métiers[M] et de professions[F]
examples of occupations

policier[M]/policière[F]
police officer

gardien[M]/gardienne[F]
security guard

militaire[M/F]
soldier

pompier[M]/pompière[F]
firefighter

agriculteur[M]/agricultrice[F]
farmer

mécanicien[M]/mécanicienne[F]
mechanic

pilote[M/F]
pilot

agent[M]/agente[F] de bord
flight attendant

conducteur[M]/conductrice[F]
driver

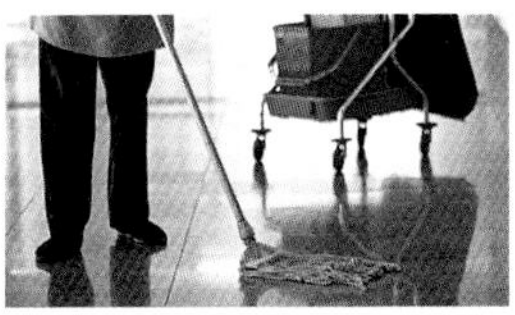

responsable[M/F] du ménage[M]
cleaner

vendeur[M]/vendeuse[F]
salesperson

commis[M/F]
store clerk

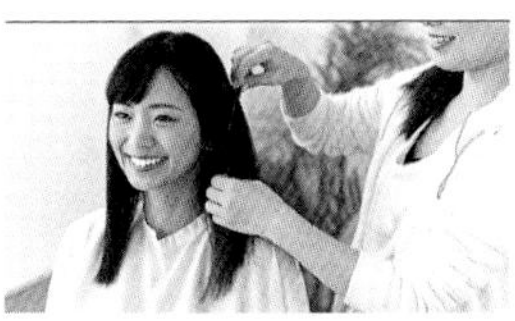

coiffeur[M]/coiffeuse[F]
hair stylist

serveur[M]/serveuse[F]
waiter/waitress

cuisinier[M]/cuisinière[F]
cook

ouvrier[M]/ouvrière[F] du bâtiment[M]
construction worker

plombier[M]/plombière[F]
plumber

électricien[M]/électricienne[F]
electrician

exemples[M] de métiers[M] et de professions[F]
examples of occupations

informaticien[M]/informaticienne[F]
computer specialist

comptable[M/F]
accountant

réceptionniste[M/F]
receptionist

graphiste[M/F]
graphic designer

architecte[M/F]
architect

ingénieur[M]/ingénieure[F]
engineer

médecin[M/F]
physician

infirmier[M]/infirmière[F]
nurse

psychologue[M/F]
psychologist

pharmacien[M]/pharmacienne[F]
pharmacist

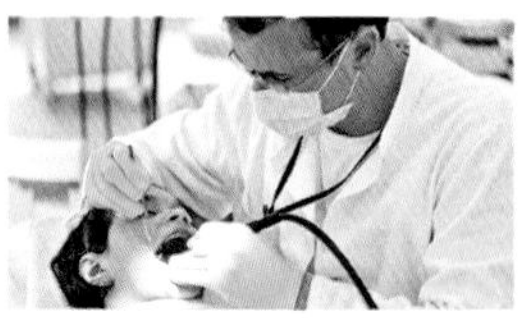

dentiste[M/F]
dentist

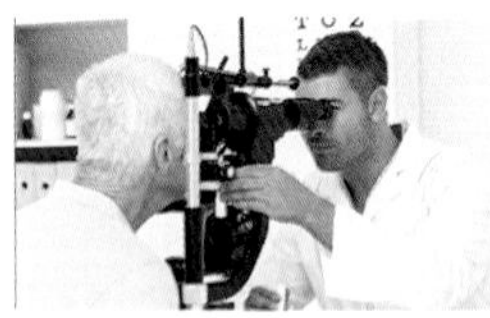

opticien[M]-optométriste[M]/ opticienne[F]-optométriste[F]
optician-optometrist

vétérinaire[M/F]
veterinarian

biologiste[M/F]
biologist

chimiste[M/F]
chemist

astronome[M/F]
astronomer

météorologue[M/F]
meteorologist

agronome[M/F]
agronomist

exemples^{M} de métiers^{M} et de professions^{F}
examples of occupations

archéologue$^{M/F}$
archeologist

géologue$^{M/F}$
geologist

géographe$^{M/F}$
geographer

enseignant^{M}**/enseignante**^{F}
teacher

avocat^{M}**/avocate**^{F}
lawyer

journaliste$^{M/F}$
journalist

rédacteur^{M}**/rédactrice**^{F}
writer

photographe$^{M/F}$
photographer

styliste$^{M/F}$
designer

musicien^{M}**/musicienne**^{F}
musician

chanteur^{M}**/chanteuse**^{F}
singer

acteur^{M}**/actrice**^{F}
actor/actress

travailleur^{M} **indépendant/ travailleuse**^{F} **indépendante**	freelancer
commis$^{M/F}$ **de bureau**^{M}	office clerk
secrétaire$^{M/F}$	secretary
assistant^{M} **social/ assistante**^{F} **sociale**	social worker
conseiller^{M}**/conseillère**^{F}	advisor
agent^{M}**/agente**^{F} **de voyages**^{M}	travel agent
agent^{M} **immobilier/ agente**^{F} **immobilière**	real estate agent
homme^{M}**/femme**^{F} **d'affaires**^{F}	businessman/businesswoman
politicien^{M}**/politicienne**^{F}	politician
fonctionnaire$^{M/F}$	civil servant
éditeur^{M}**/éditrice**^{F}	publisher

traducteur^{M}**/traductrice**^{F}	translator
webmestre$^{M/F}$	webmaster
bijoutier^{M}**/bijoutière**^{F}	jeweler
mannequin$^{M/F}$	fashion model
décorateur^{M}**/décoratrice**^{F}	decorator/set designer
menuisier^{M}**/menuisière**^{F}	carpenter
maçon^{M}**/maçonne**^{F}	bricklayer
ébéniste$^{M/F}$	cabinet maker
suivre un cours	to take a course
être en formation	to undergo training
être à son compte	to be self-employed
travailler	to work
Plus tard, j'aimerais devenir…	Later, I would like to become…

bureau^M
office

organisation^F d'un bureau^M
office organization

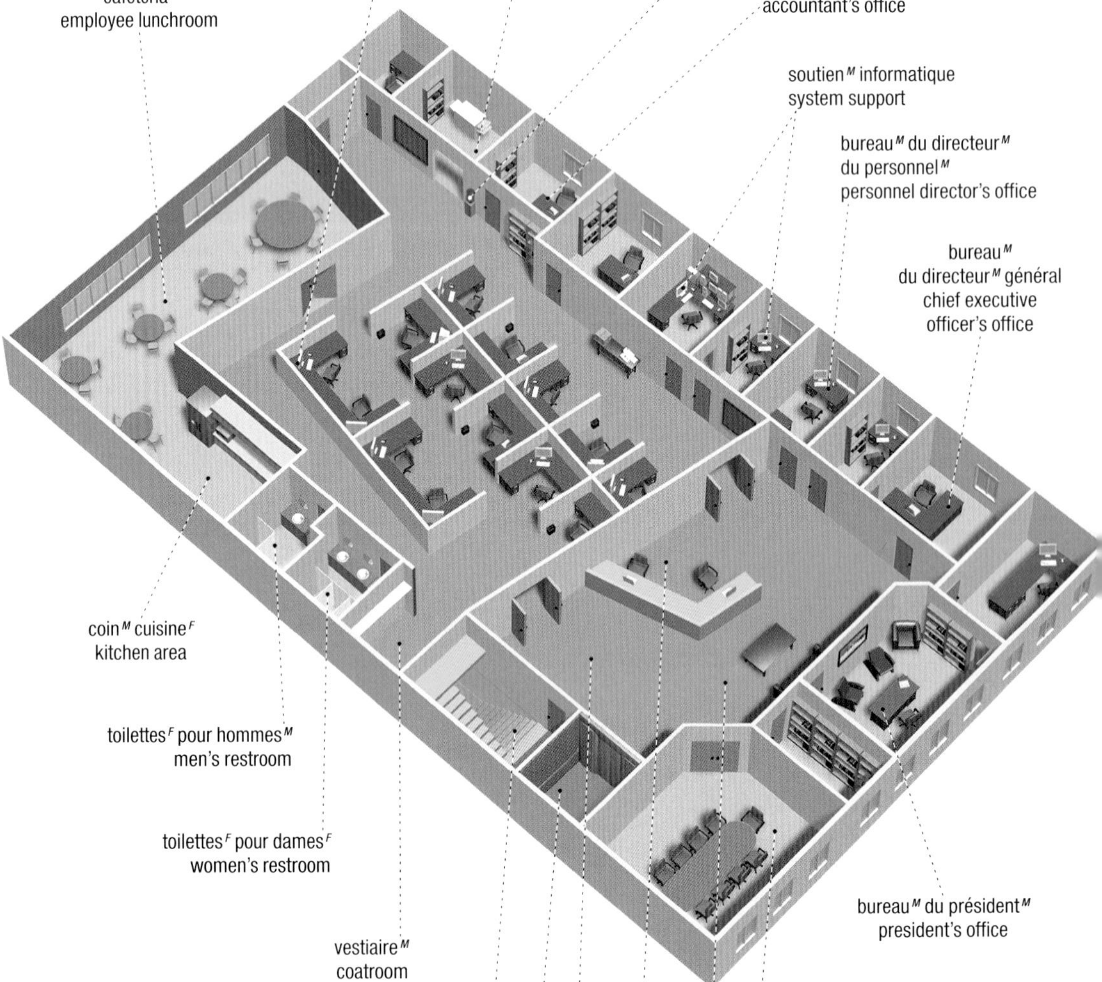

distributeur^M d'eau^F
water cooler
poste^M de travail^M
workstation
salle^F de reprographie^F
photocopy room
comptabilité^F
accountant's office
cafétéria^F
employee lunchroom
soutien^M informatique
system support
bureau^M du directeur^M du personnel^M
personnel director's office
bureau^M du directeur^M général
chief executive officer's office
coin^M cuisine^F
kitchen area
toilettes^F pour hommes^M
men's restroom
toilettes^F pour dames^F
women's restroom
vestiaire^M
coatroom
bureau^M du président^M
president's office
salle^F de conférences^F
conference room/boardroom
escalier^M
stairs
ascenseur^M
elevator
salle^F d'attente^F
waiting room
hall^M d'entrée^F
lobby
réception^F
reception

mobilier[M] et articles[M] de bureau[M]
office furniture and stationery

poste[M] de travail[M]
workstation

poste[M] téléphonique à mémoire[F]
memory telephone set
bureau[M]
desk
ordinateur[M]
computer
tiroir[M]
drawer
tablette[F] coulissante
pull-out keyboard shelf
clavier[M]
keyboard
repose-pieds[M]
footrest
chaise[F] dactylo[M]
typist's chair
corbeille[F] à papier[M]
wastebasket

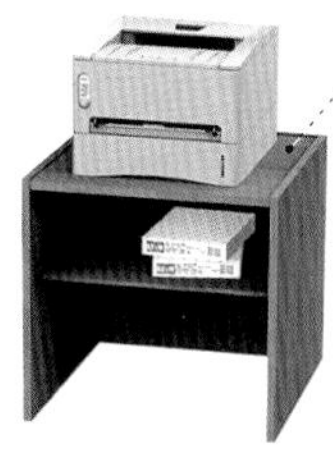
table[F] d'imprimante[F]
printer table

chemise[F]
folder

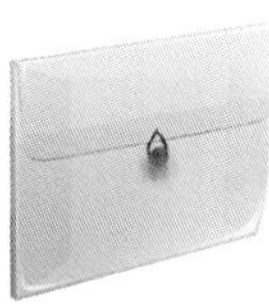

pochette[F] de transport[M]
carry folder

bloc[M]-notes[F]
memo pad

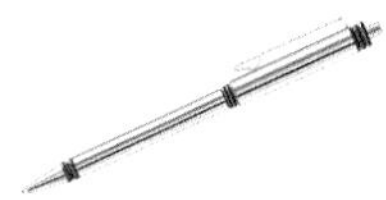

stylo[M]
pen

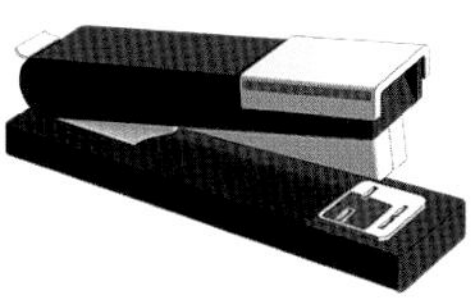

agrafeuse[F]
stapler

dégrafeuse[F]
staple remover

photocopieur[M]
photocopier

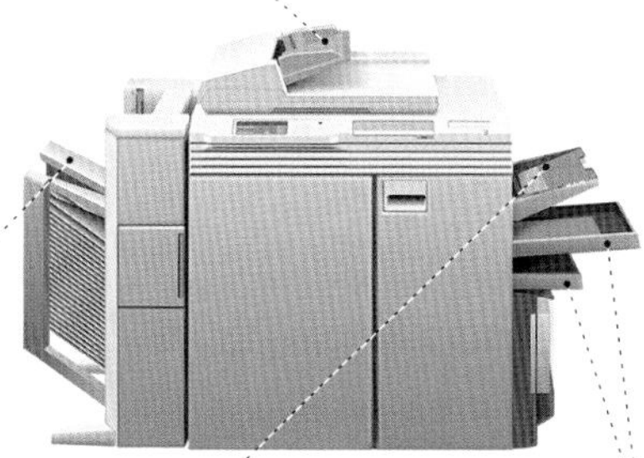
chargeur[M] manuel
document handler
plateau[M] récepteur
feeder output tray
chargeur[M] automatique
bypass feeder
magasins[M]
paper trays

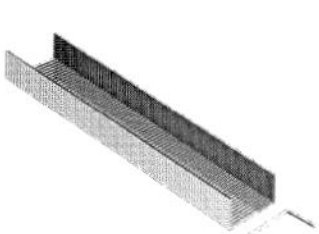

agrafes[F]
staples

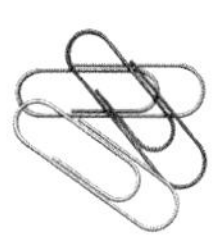

trombones[M]
paper clips

compagnie[F]	company
direction[F]	management
gérant[M]/gérante[F]	manager
personnel[M]	staff
client[M]/cliente[F]	customer/client
réunion[F]	meeting
syndicat[M]	union

congé[M]	leave
salaire[M]	pay/salary
retenue[F]/impôt[M]	deduction/tax
licenciement[M]	lay-off
chômage[M]	unemployment
avoir un rendez-vous	to have an appointment
servir un client	to serve a client

Le respect des règles de sécurité est essentiel à la prévention des accidents de travail. Certains emplois, notamment dans le secteur de la construction, s'opèrent dans un environnement à risque et nécessitent un équipement particulier pour protéger les différentes parties du corps. Il est important de connaître les pictogrammes signalant un danger ou l'obligation du port de matériel de sécurité.

symboles^{M} de danger^{M}
hazard symbols

matières^{F} corrosives
corrosive

haute tension^{F}
high voltage

matières^{F} explosives
explosive

matières^{F} inflammables
flammable

matières^{F} radioactives
radioactive

matières^{F} toxiques
poison

symboles^{M} de sécurité^{F}
safety symbols

protection^{F} obligatoire des yeux^{M}
eye protection

protection^{F} obligatoire de l'ouïe^{F}
ear protection

protection^{F} obligatoire de la tête^{F}
head protection

protection^{F} obligatoire des mains^{F}
hand protection

protection^{F} obligatoire des pieds^{M}
foot protection

protection^{F} obligatoire des voies^{F} respiratoires
respiratory system protection

équipement[M]
equipment

serre-tête[M] antibruit
safety earmuffs

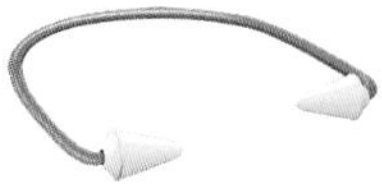
protège-tympans[M]
earplugs

lunettes[F] de sécurité[F]
safety glasses

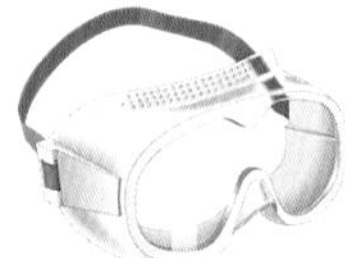
lunettes[F] de protection[F]
safety goggles

visière[F]
visor
casque[M] de sécurité[F]
helmet

embout[M] de protection[F]
toe cap
brodequin[M] de sécurité[F] ; *botte[F] de sécurité[F]*
safety boot

protège-orteils[M]
toe guard

gants[M] de travail[M]
work gloves

gant[M] en latex[M]
latex glove

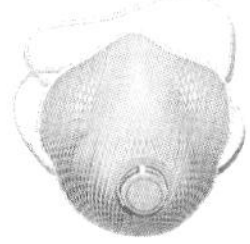
masque[M] bucco-nasal
half-mask respirator

masque[M] respiratoire
respirator

détecteur[M] de fumée[F]
smoke detector

extincteur[M]
fire extinguisher

trousse[F] de secours[M]
first aid kit

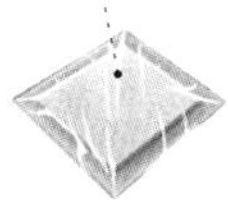
compresse[F] stérilisée
sterile pad

pansement[M] adhésif
adhesive bandage
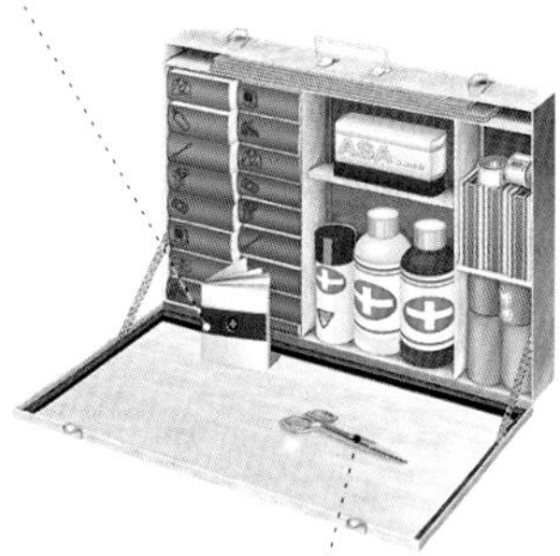
manuel[M] de premiers soins[M]
first aid manual
ciseaux[M]
scissors

hache[F]
ax

lampe[F] torche[F]
flashlight

danger[M]	danger
accident[M] du travail[M]	accident at work
numéro[M] d'urgence[F]	emergency number
secouriste[M/F]	first aid worker
milieu[M] sécuritaire	safe environment
milieu[M] à risque[M]	dangerous environment

protéger	to protect
être prudent	to be careful
Je suis blessé, aidez-moi !	I'm injured, help me!
Appelez les secours d'urgence !	Call emergency services!
Je peux donner les premiers soins.	I can give first aid.

Les vacances nous permettent d'échapper à notre quotidien et de partir à l'aventure. Les types d'hébergement accueillant les vacanciers varient du somptueux hôtel en milieu urbain au modeste gîte en pleine nature. Quelle que soit la région que nous visitons, l'office de tourisme veille à nous orienter vers les sites et les activités incontournables.

hôtel^M
hotel

niveau^M de la réception^F
reception level

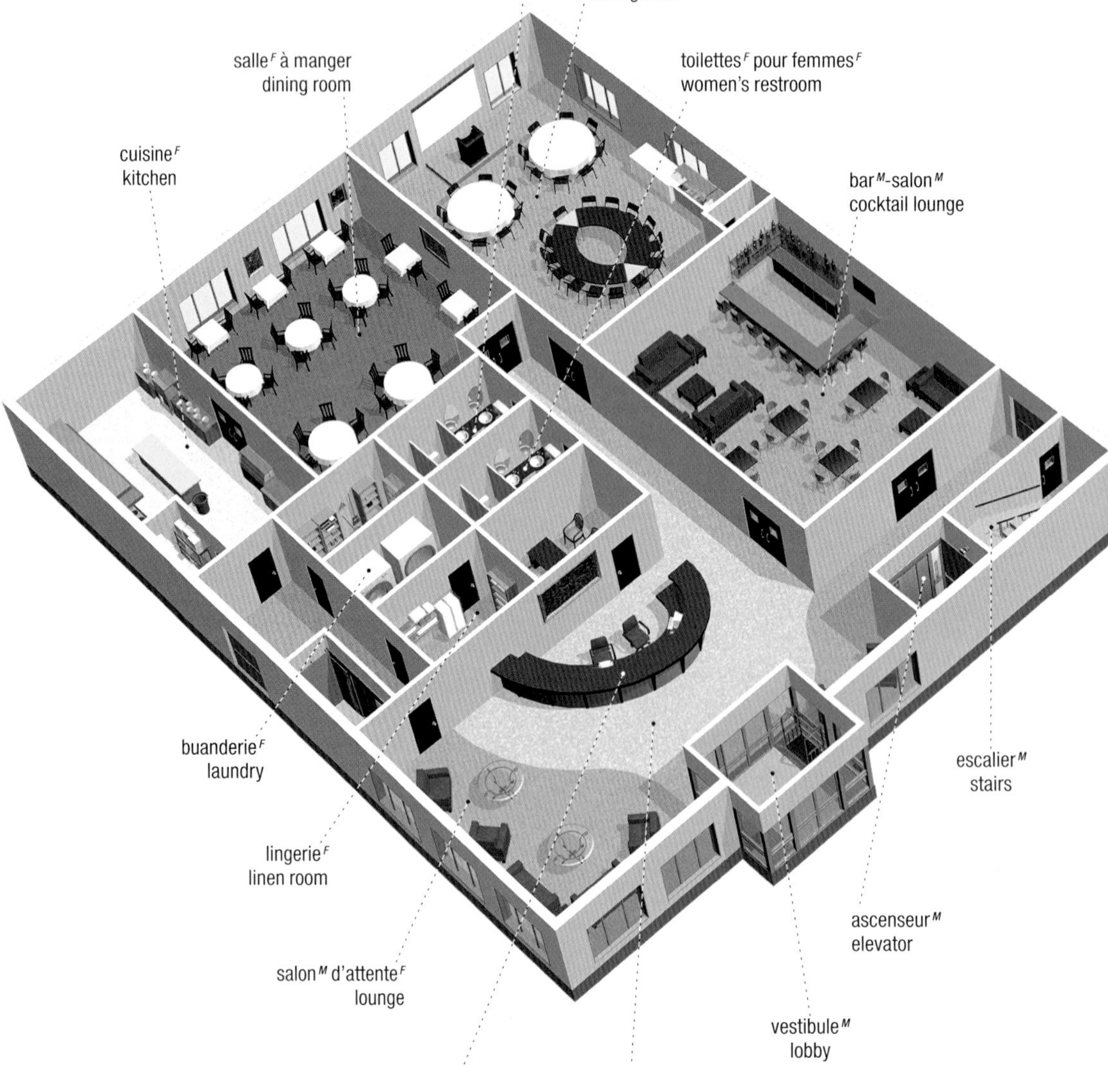

toilettes^F pour hommes^M
men's restroom
salle^F de réunion^F
meeting room
salle^F à manger
dining room
toilettes^F pour femmes^F
women's restroom
cuisine^F
kitchen
bar^M-salon^M
cocktail lounge
buanderie^F
laundry
escalier^M
stairs
lingerie^F
linen room
ascenseur^M
elevator
salon^M d'attente^F
lounge
vestibule^M
lobby
réception^F
front desk
hall^M d'entrée^F
hall

hôtel^M
hotel

chambres^F **d'hôtel**^M
hotel rooms

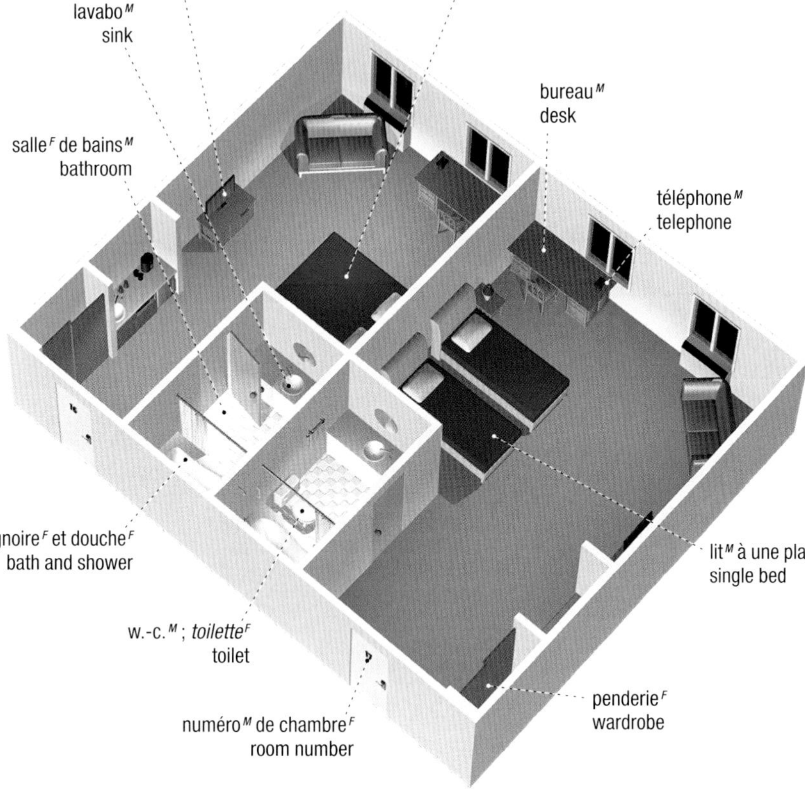
téléviseur^M
television set
lit^M à deux places^F
double bed
lavabo^M
sink
bureau^M
desk
salle^F de bains^M
bathroom
téléphone^M
telephone
baignoire^F et douche^F
bath and shower
lit^M à une place^F
single bed
w.-c.^M ; *toilette*^F
toilet
penderie^F
wardrobe
numéro^M de chambre^F
room number

auberge^F **de jeunesse**^F	youth hostel
chambre^F **d'hôtes**^M **;** ***gîte***^M ***touristique***	bed and breakfast
location^F **de vacances**^F	vacation rental
chambre^F **simple/double**	single/double room
chambre^F **avec vue**^F	room with a view
clé^F	key
petit déjeuner^M **compris**	breakfast included
haute/basse saison^F	high/off season
piscine^F	pool
brochure^F	brochure
attrait^M **touristique**	point of interest
heures^F **d'ouverture**^F	opening hours
tarif^M	rate
voyage^M **organisé**	package tour
Quand/Où commence la visite ?	When/Where does the tour start?
Comment aller à/au…	How to get to…

tourisme^M
tourism

office^M **de tourisme**^M
tourist office

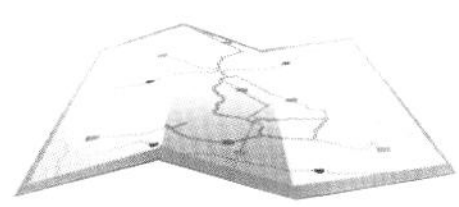

plan^M
map

guide^M **touristique**
guidebook

excursion^F**/visite**^F **guidée**
trip/guided tour

Depuis la nuit des temps, les êtres humains vivent en étroite relation avec la mer. En quête de trésors et de ressources de toutes sortes, ils se sont aventurés toujours plus loin sur l'eau et sous l'eau. Encore aujourd'hui, la mer est une destination de choix pour une multitude de vacanciers qui apprécient la beauté de ses plages. C'est aussi un milieu naturel riche et fragile, qu'il faut préserver.

vêtements^{M} et accessoires^{M}
clothing and accessories

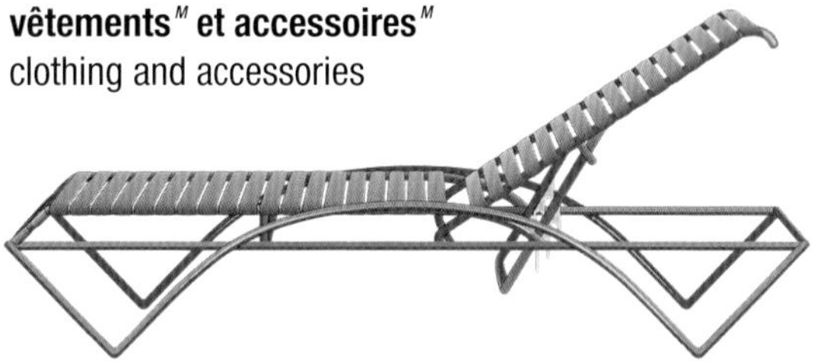

chaise^{F} longue
deck chair

maillot^{M} de bain^{M}
swimsuit

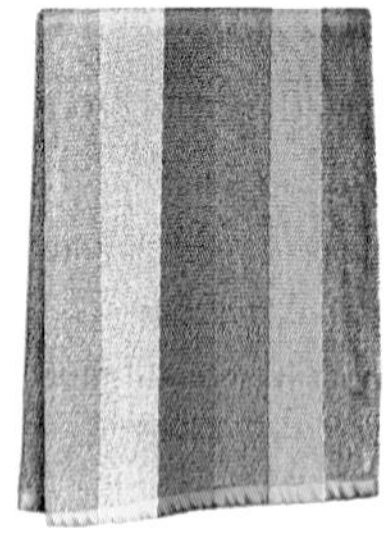

serviette^{F} de plage^{F}
beach towel

lunettes^{F} de soleil^{M}
sunglasses

chapeau^{M} de soleil^{M}
sun hat

tong^{M}
thong

écran^{M} solaire
sunscreen

activités^{F} de plage^{F}
beach activities

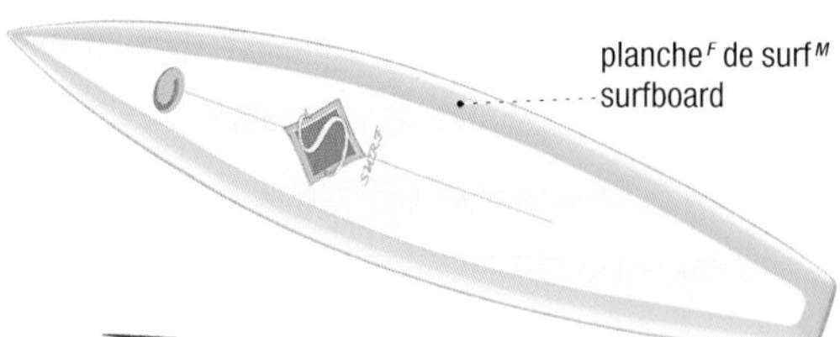
planche^{F} de surf^{M}
surfboard

surf^{M}
surf

ballon^{M}
ball

volleyball^{M} de plage^{F}
beach volleyball

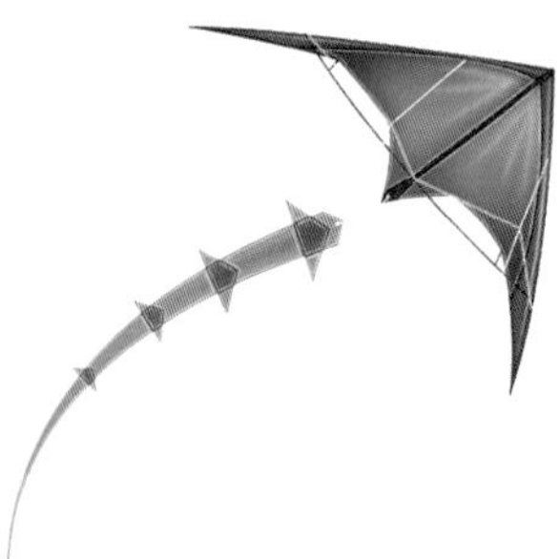

cerf-volant^{M}
kite

disque^{M} volant
flying disk

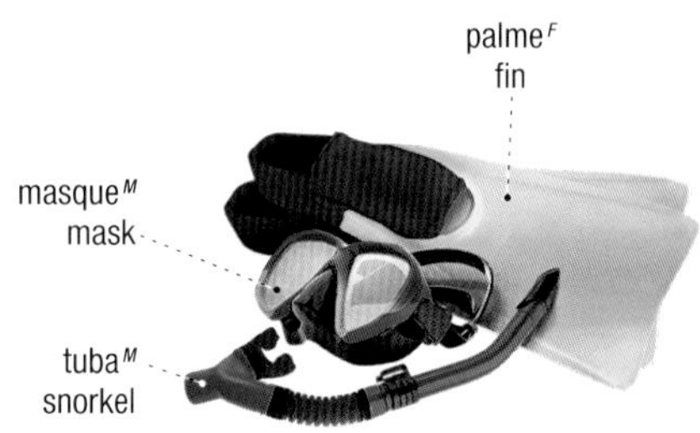
palme^{F}
fin
masque^{M}
mask
tuba^{M}
snorkel

plongée^{F} avec tuba^{M}
snorkeling

vie^{F} marine
marine life

récif^{M} de corail^{M}
coral reef

poisson^{M}
fish

coquillage^{M}
seashell

dauphin^{M}
dolphin

algue^{F}
seaweed

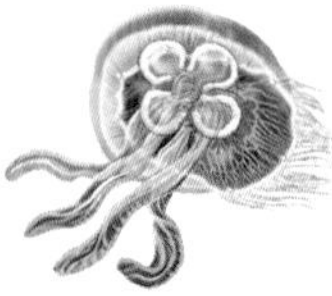

méduse^{F}
jellyfish

goéland^{M}
gull

crabe^{M}
crab

plage^{F}
beach

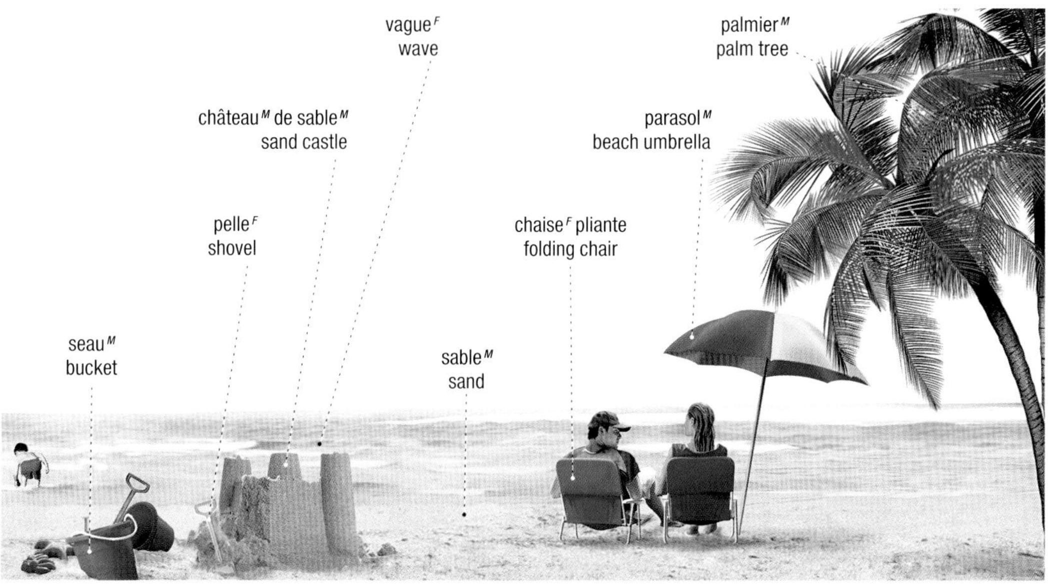
vague^{F}
wave
palmier^{M}
palm tree
château^{M} de sable^{M}
sand castle
parasol^{M}
beach umbrella
pelle^{F}
shovel
chaise^{F} pliante
folding chair
seau^{M}
bucket
sable^{M}
sand

maître^{M} nageur^{M}/ maître^{F} nageuse^{F}	lifeguard
bouée^{F} de sauvetage^{M}	life buoy
marée^{F} haute/basse	high/low tide
courant^{M}	current
mer^{F} calme/agitée	calm/rough sea
cabine^{F} de plage^{F}	beach hut
paravent^{M}	folding screen

glacière^{F}	cooler
crème^{F} après-soleil^{M}	after-sun cream
au soleil^{M}/à l'ombre^{F}	in the sun/shade
bronzer	to tan
attraper un coup de soleil	to get sunburned
appliquer un écran solaire	to put on sunscreen
Baignade interdite !	No swimming!

Autrefois essentielles aux longs déplacements, les étendues d'eau sont aujourd'hui fréquentées par les plaisanciers, qui manœuvrent la pagaie ou la voile par pur plaisir. La pêche est également devenue avec le temps une activité de loisir bien plus qu'un moyen de subsistance. Quelle que soit l'activité pratiquée, il est primordial de toujours respecter les règles de sécurité nautique.

embarcations^{F} de plaisance^{F} et sports^{M} nautiques
pleasure craft and water sports

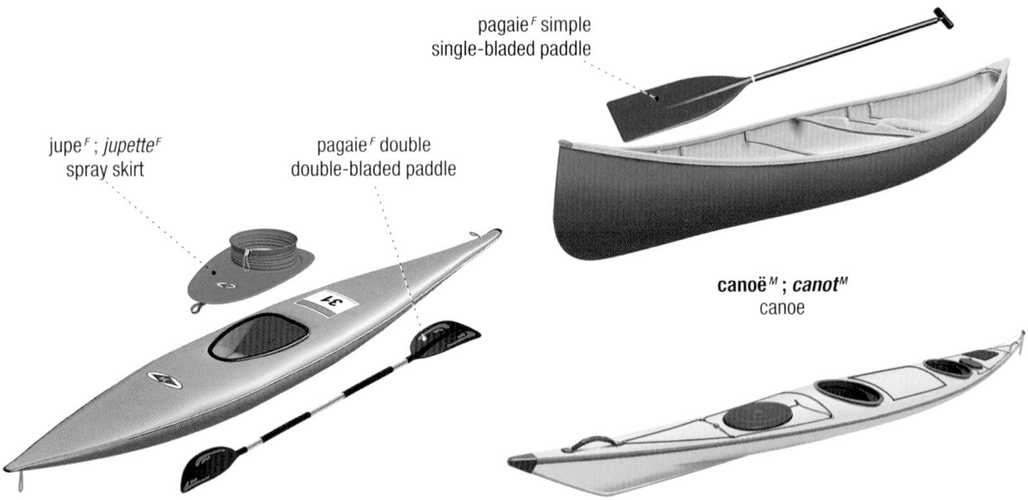

pagaie^{F} simple
single-bladed paddle
jupe^{F} ; *jupette^{F}*
spray skirt
pagaie^{F} double
double-bladed paddle
31
canoë^{M} ; *canot^{M}*
canoe
kayak^{M}
kayak
kayak^{M} de mer^{F} biplace
two-paddler sea kayak

sports^{M} nautiques
nautical sports

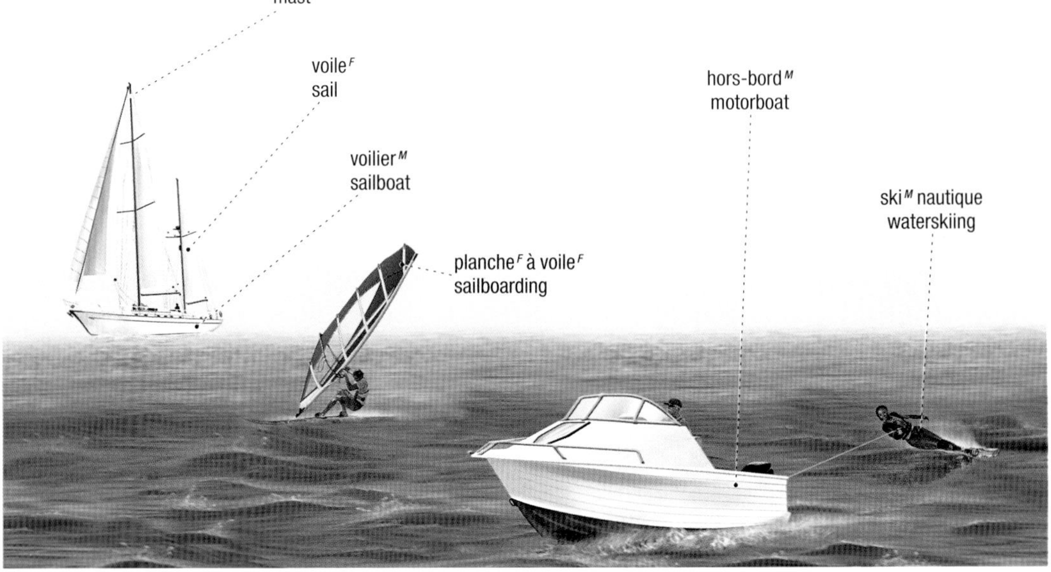

mât^{M}
mast
voile^{F}
sail
voilier^{M}
sailboat
planche^{F} à voile^{F}
sailboarding
hors-bord^{M}
motorboat
ski^{M} nautique
waterskiing

Les vacances

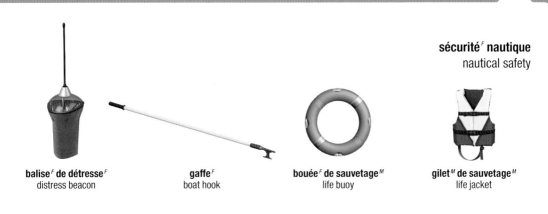

sécurité[F] nautique
nautical safety

balise[F] de détresse[F]
distress beacon

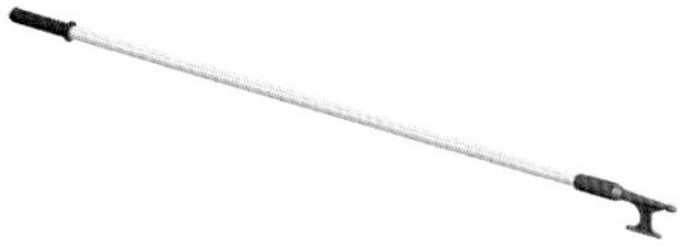

gaffe[F]
boat hook

bouée[F] de sauvetage[M]
life buoy

gilet[M] de sauvetage[M]
life jacket

pêche[F]
fishing

canne[F] à pêche[F]
fishing rod

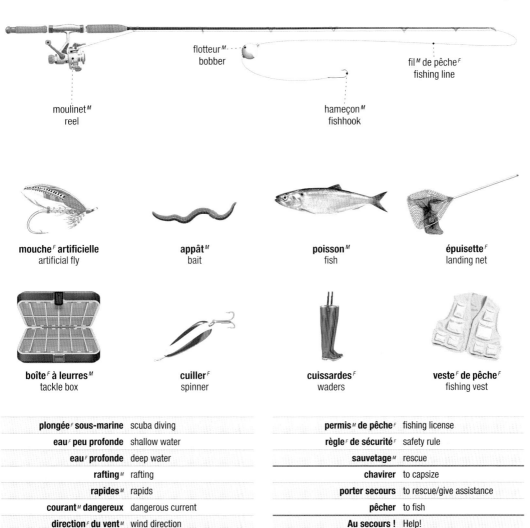

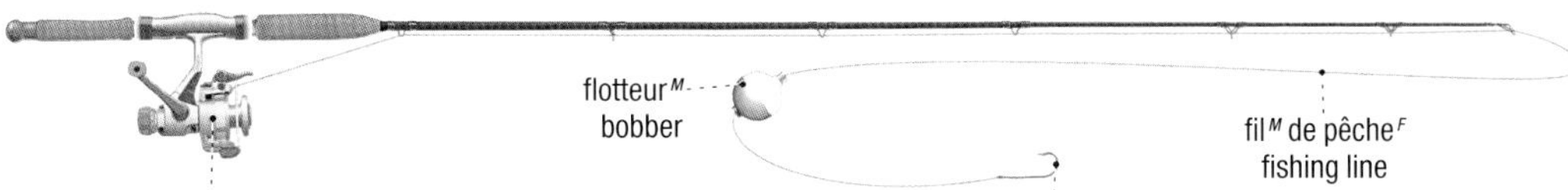
flotteur[M]
bobber
fil[M] de pêche[F]
fishing line
moulinet[M]
reel
hameçon[M]
fishhook

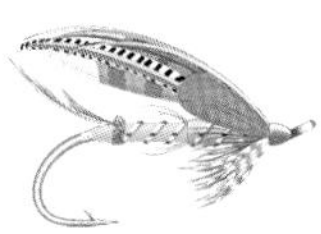

mouche[F] artificielle
artificial fly

appât[M]
bait

poisson[M]
fish

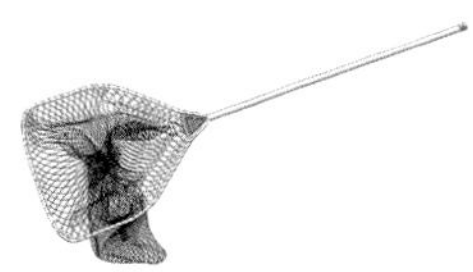

épuisette[F]
landing net

boîte[F] à leurres[M]
tackle box

cuiller[F]
spinner

cuissardes[F]
waders

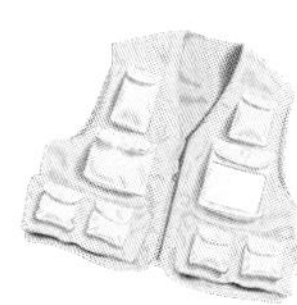

veste[F] de pêche[F]
fishing vest

plongée[F] sous-marine	scuba diving
eau[F] peu profonde	shallow water
eau[F] profonde	deep water
rafting[M]	rafting
rapides[M]	rapids
courant[M] dangereux	dangerous current
direction[F] du vent[M]	wind direction

permis[M] de pêche[F]	fishing license
règle[F] de sécurité[F]	safety rule
sauvetage[M]	rescue
chavirer	to capsize
porter secours	to rescue/give assistance
pêcher	to fish
Au secours !	Help!

Le camping est l'activité idéale pour voyager à peu de frais et profiter du plein air. Un sac de couchage et quelques ustensiles peuvent suffire, mais un équipement plus complet, comprenant une tente et un matelas, rendra l'activité plus confortable. La pratique du camping et de la randonnée pédestre permet d'explorer les beautés de la nature, qu'il faut veiller à préserver.

camping^{M}
camping

lampe^{F} frontale
headlamp

lanterne^{F}
lantern

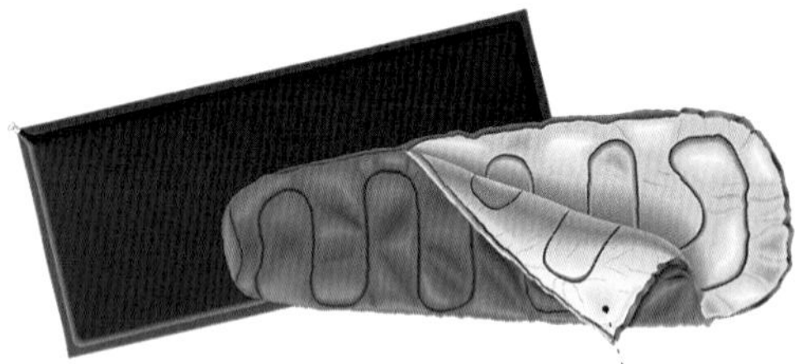

matelas^{M}
mattress

sac^{M} de couchage^{M}
sleeping bag

pile^{F}
battery

lampe^{F} de poche^{F}
flashlight

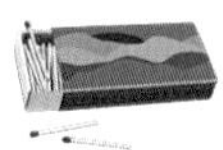

boîte^{F} d'allumettes^{F}
matchbox

réchaud^{M}
camp stove

gonfleur^{M}-dégonfleur^{M}
inflator-deflator

hachette^{F}
hatchet

cruche^{F}
water carrier

glacière^{F}
cooler

table^{F} de pique-nique^{M}
picnic table

terrain^{M} de camping^{M}
campsite

forêt^{F}
forest
tente^{F}
tent
feu^{M} de camp^{M}
campfire
autocaravane^{F}
motor home
tente^{F}-caravane^{F}
tent trailer
fauteuil^{M} pliant
folding armchair
bûche^{F}
log
lac^{M}
lake

randonnée[F]
hiking

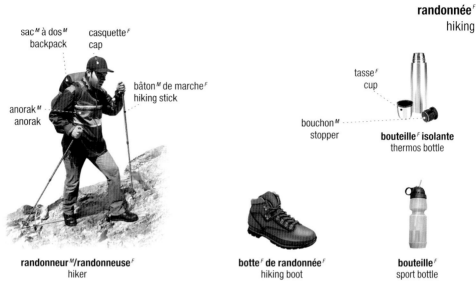

sac[M] à dos[M]
backpack
casquette[F]
cap
bâton[M] de marche[F]
hiking stick
anorak[M]
anorak

randonneur[M]/randonneuse[F]
hiker

tasse[F]
cup
bouchon[M]
stopper

bouteille[F] isolante
thermos bottle

botte[F] de randonnée[F]
hiking boot

bouteille[F]
sport bottle

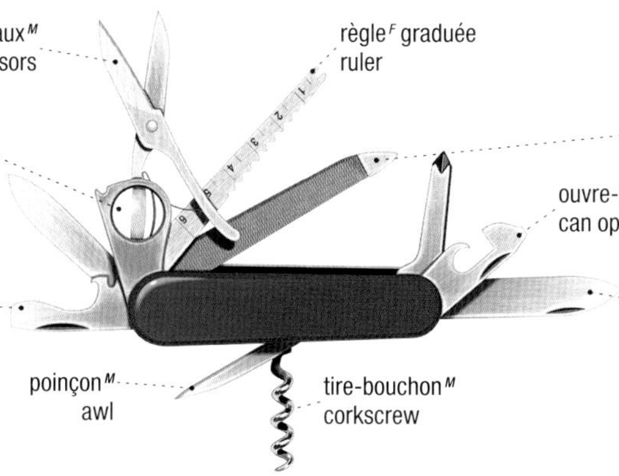
ciseaux[M]
scissors
règle[F] graduée
ruler
lime[F]
file
loupe[F]
magnifier
ouvre-boîtes[M]
can opener
tournevis[M]
screwdriver
lame[F]
blade
poinçon[M]
awl
tire-bouchon[M]
corkscrew

couteau[M] multifonction
multipurpose knife

randonnée[F] guidée	guided hike
allume-feu[M]	firelighter
toilettes[F]	restrooms
douches[F]	showers
eau[F] potable	drinking water
branchement[M] électrique	electrical connection
chaufferette[F]	heater
lit[M] de camp[M]	cot
gril[M]	grill
partir en randonnée	to go hiking
griller des guimauves	to toast marshmallows
Peut-on camper ici ?	Can we camp here?
C'est complet.	It's full.
Je suis perdu.	I'm lost.

insectifuge[M]
insect repellent

écran[M] solaire
sunscreen

boussole[F] magnétique
magnetic compass

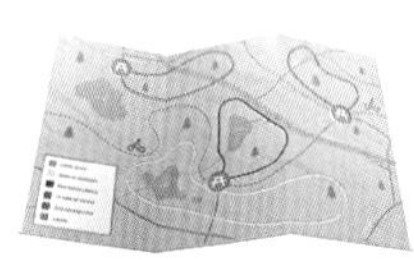

carte[F] des sentiers[M]
trail map

Un séjour à la campagne permet de changer d'air et d'échapper à l'agitation de la ville. Les grands espaces sont propices à l'établissement de fermes agricoles, d'où proviennent les aliments formant la base de notre alimentation. La campagne est également un lieu de prédilection pour les passionnés d'équitation.

fermeF
farmstead

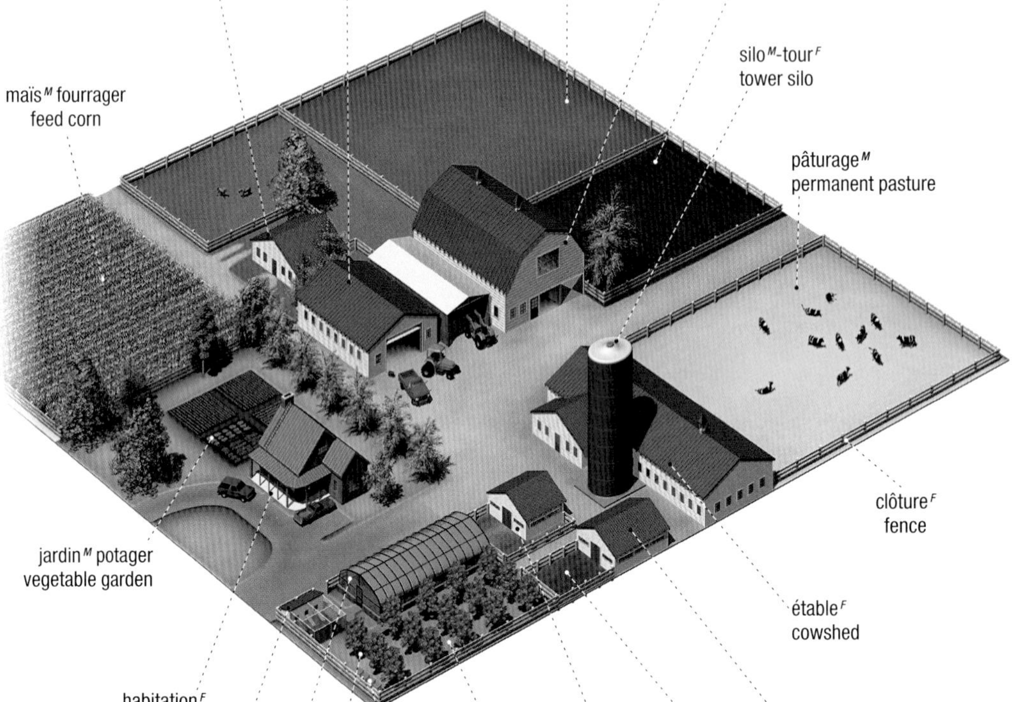
prairie F
meadow
grange F
barn
hangar M
machinery shed
écurie F
stable
jachère F
fallow
silo M-tour F
tower silo
maïs M fourrager
feed corn
pâturage M
permanent pasture
clôture F
fence
jardin M potager
vegetable garden
étable F
cowshed
habitation F
farmhouse
bergerie F
sheep shelter
poulailler M
henhouse
enclos M
enclosure
serre F
greenhouse
porcherie F
pigpen
arbre M fruitier
fruit tree
ruche F
hive
verger M
orchard

équitation F
riding

dressage M
dressage

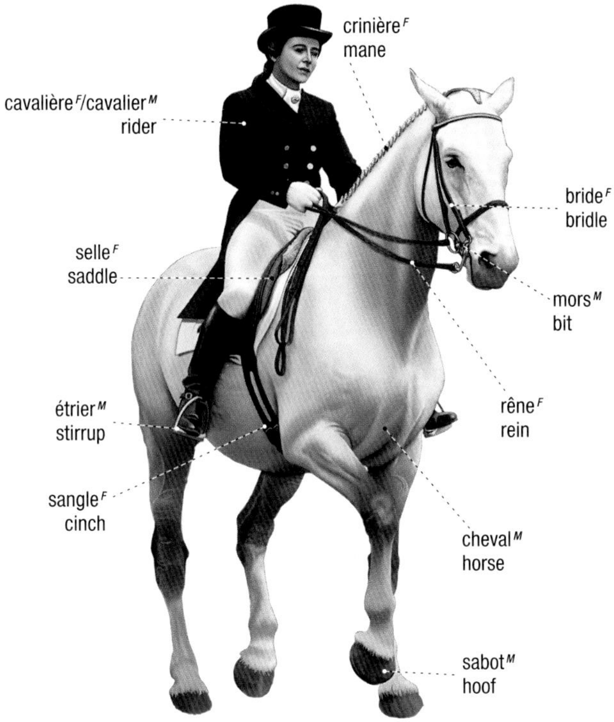
crinière F
mane
cavalière F/cavalier M
rider
bride F
bridle
selle F
saddle
mors M
bit
étrier M
stirrup
rêne F
rein
sangle F
cinch
cheval M
horse
sabot M
hoof

pas M
walk

trot M
trot

galop M
gallop

saut M **d'obstacle** M
show jumping

9

course F **montée**
thoroughbred racing

10

course F **attelée**
harness racing

fer M **à cheval** M	horseshoe
attelage M	harnessing
randonnée F **équestre**	horseback riding
fermier M**/fermière** F	farmer
tracteur M **agricole**	tractor
agriculture F **biologique**	organic farming
labour M	plowing

semis M	sowing
fertilisation F	fertilization
récolte F	harvest
monter à cheval	to ride
nourrir les animaux	to feed the animals
cultiver les champs	to farm the land
aller à la campagne	to go to the country

Depuis l'invention de l'appareil photo, les êtres humains sont en mesure d'immortaliser des parcelles de leur vie. Les premiers appareils étaient encombrants et la prise de vue nécessitait plusieurs heures pour qu'une seule plaque photographique soit impressionnée par la lumière. Aujourd'hui, des appareils numériques toujours plus sophistiqués permettent de sauvegarder des milliers de vues sur un même support, puis de retoucher ces images à volonté.

appareil[M] à visée[F] reflex numérique
digital reflex camera

vue[F] avant
front view

flash[M]
flash
sélecteur[M] de mode[M]
mode dial
boîtier[M]
camera body
déclencheur[M]
shutter release button
bague[F] de mise[F] au point[M]
focusing ring
objectif[M] zoom[M]
zoom lens

vue[F] arrière
back view

viseur[M]
viewfinder
touche[F] d'agrandissement[M]
enlarge button
interrupteur[M]
on-off switch
prises[F] vidéo et numérique
video and digital terminals
sélecteur[M]
selector
carte[F] mémoire[F]
memory card
écran[M]
display
touche[F] de visualisation[F] des images[F]
image review button
touche[F] d'effacement[M]
erase button

yeux[M] rouges	red-eye effect	**égoportrait[M]**	selfie
photo[F] floue	blurry photo	**paysage[M]**	landscape
papier[M] mat	matte paper	**mise[F] au point[M]**	focusing
papier[M] glacé	glossy paper	**agrandissement[M]**	enlargement
photo[F] en noir et blanc	black-and-white photo	**cadrer**	to center
studio[M]	studio	**prendre une photo**	to take a picture
portrait[M]	portrait	**filmer**	to film

accessoires[M] photographiques
photographic accessories

cassette[F] de pellicule[F]
cartridge film

appareil[M] à visée[F] reflex argentique
film reflex camera

bloc[M]-piles[F]
battery pack

diapositive[F]
transparency slide

Polaroid®[M]
Polaroid® camera

parasoleil[M]
lens hood

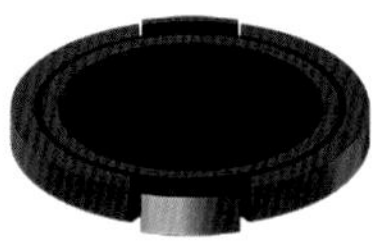

capuchon[M] d'objectif[M]
lens cap

filtre[M] de couleur[F]
color filter

trépied[M]
tripod

gestion[F] des photos[F] numériques
digital photo management

traitement[M] des photos[F]
digital image processing

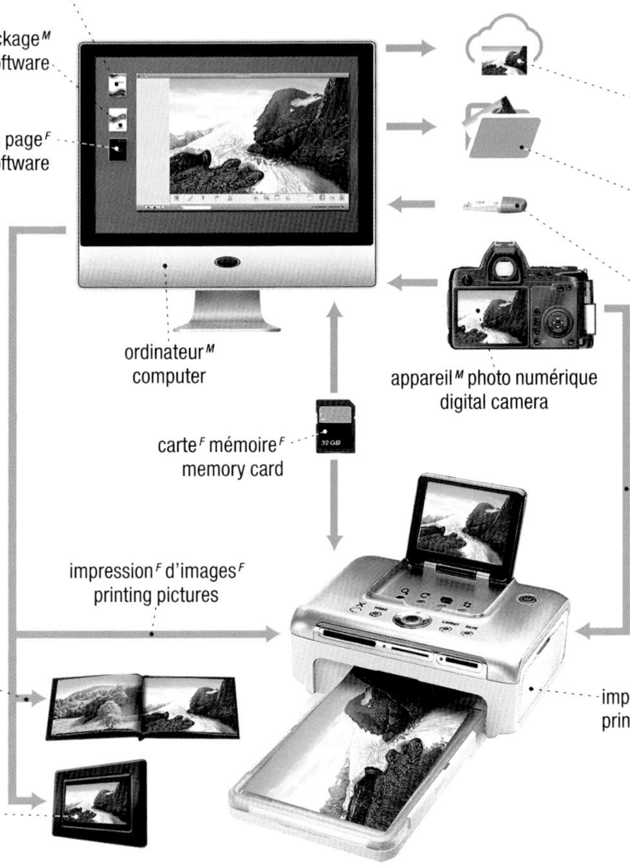
éditeur[M] d'images[F]
image editor
logiciel[M] de stockage[M]
storage software
logiciel[M] de mise[F] en page[F]
graphic design software
stockage[M] en nuage[M]
cloud storage
album[M] en ligne[F]
online album
clé[F] USB
USB key
ordinateur[M]
computer
appareil[M] photo numérique
digital camera
carte[F] mémoire[F]
memory card
câble[M] USB
USB cable
impression[F] d'images[F]
printing pictures
impression[F] d'un album[M]
photo album printing
imprimante[F]
printer
cadre[M] photo[F] numérique
digital photo frame

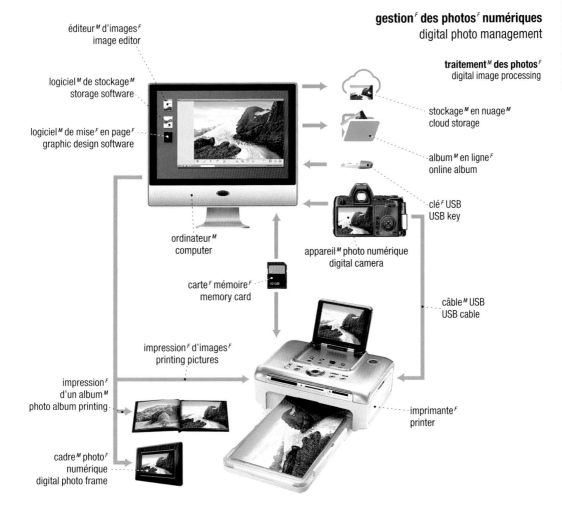

Pour s'entraîner, les athlètes disposent d'une grande variété d'installations et d'appareils. Certains sont simples, comme le tapis d'exercice ou la corde à sauter, d'autres sont plus sophistiqués et souvent rassemblés dans des gymnases ou des complexes sportifs. Qu'il soit pratiqué à l'intérieur ou à l'extérieur, chaque sport exige un terrain et un équipement particulier.

complexe^M sportif
sports complex

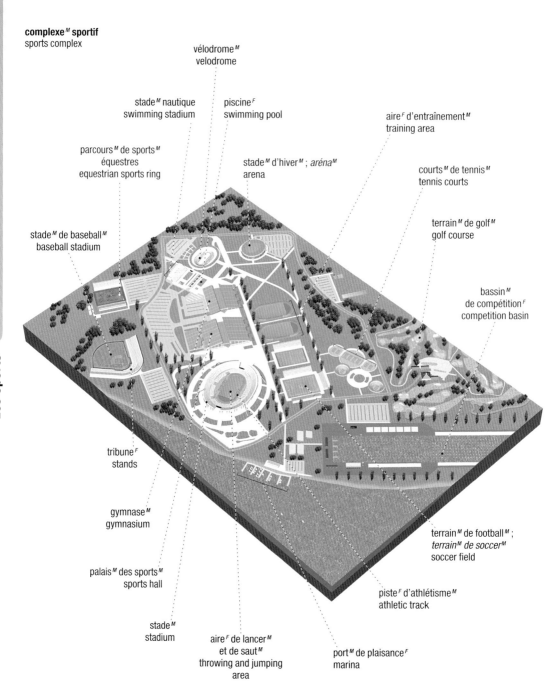

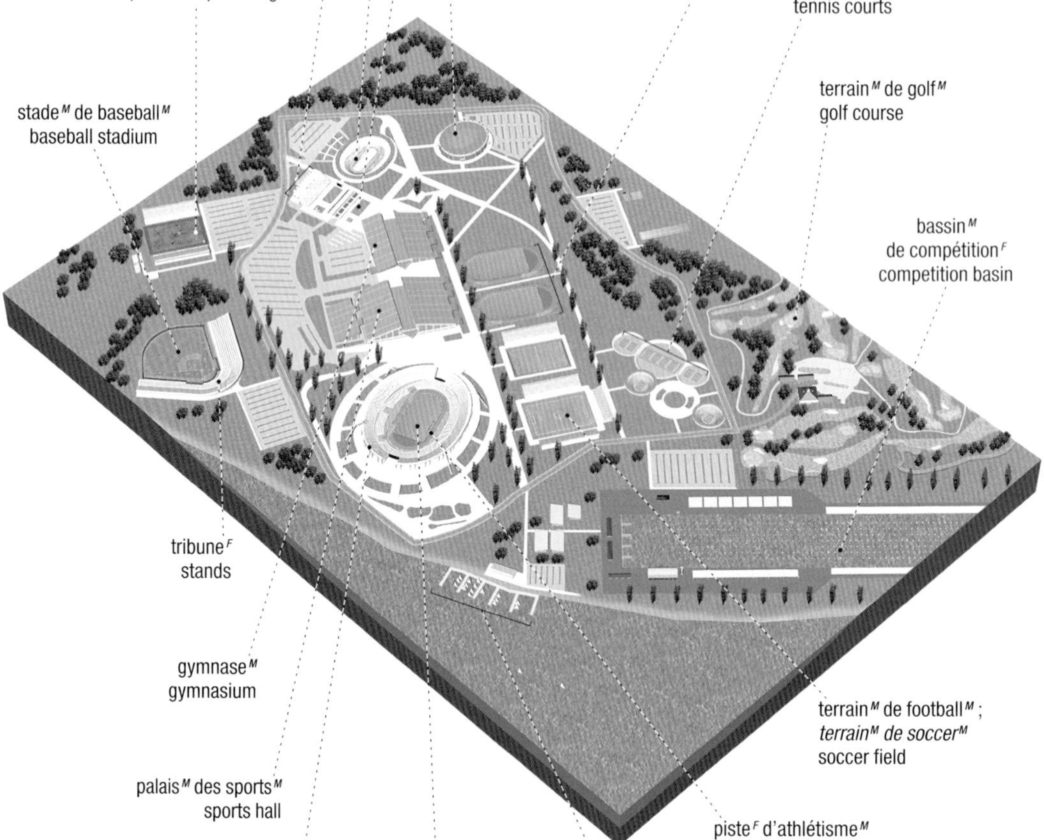
vélodrome^M
velodrome
stade^M nautique
swimming stadium
piscine^F
swimming pool
aire^F d'entraînement^M
training area
parcours^M de sports^M équestres
equestrian sports ring
stade^M d'hiver^M ; *aréna^M*
arena
courts^M de tennis^M
tennis courts
stade^M de baseball^M
baseball stadium
terrain^M de golf^M
golf course
bassin^M de compétition^F
competition basin
tribune^F
stands
gymnase^M
gymnasium
terrain^M de football^M ; *terrain^M de soccer^M*
soccer field
palais^M des sports^M
sports hall
piste^F d'athlétisme^M
athletic track
stade^M
stadium
aire^F de lancer^M et de saut^M
throwing and jumping area
port^M de plaisance^F
marina

appareils[M] d'entraînement[M] physique
fitness equipment

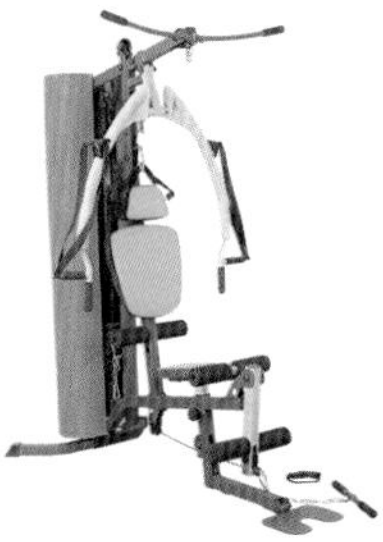

banc[M] de musculation[F]
home gym

vélo[M] d'exercice[M]
stationary bicycle

tapis[M] roulant
treadmill

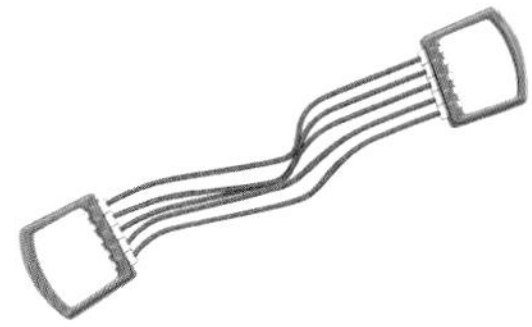

extenseur[M]
chest expander

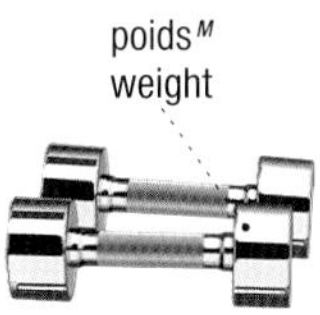
poids[M]
weight

haltère[M]
dumbbell

corde[F] à sauter
jump rope

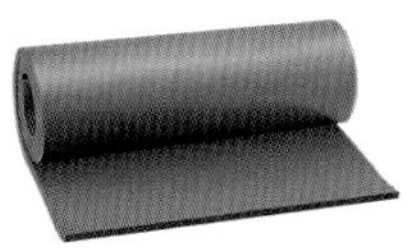

tapis[M] d'exercice[M]
exercise mat

ballon[M] d'exercice[M]
fitness ball

entraînement[M] physique
fitness

danse[F] aérobique
aerobics

pilates[M]
Pilates

jogging[M]
jogging

nage[F]
swimming

extension[F] des bras[M]
push-up

redressement[M] assis
sit-up

musculation[F]
weight training

étirement[M]
stretching

entraînement[M]	training
salle[F] **d'entraînement**[M]	training room
entraîneur[M]**/entraîneuse**[F]	trainer
échauffement[M]	warm-up
accroupissement[M]	squat
tonus[M]	muscle tone
courbature[F]	ache
claquage[M]	muscle strain

renforcement[M] **musculaire**	muscle strengthening
marche[F]	walking
course[F]	running
yoga[M]	yoga
relaxation[F]	relaxation
s'entraîner	to train
être en bonne/mauvaise condition physique	to be in good/poor shape

La gymnastique et l'athlétisme réunissent plusieurs disciplines, ou épreuves, lesquelles demandent à la fois agilité, force et souplesse. Certaines disciplines athlétiques sont très anciennes. C'est le cas de la course, du saut en longueur ainsi que du lancer du javelot et du disque. Ces épreuves faisaient partie des premiers Jeux olympiques, dans la Grèce antique.

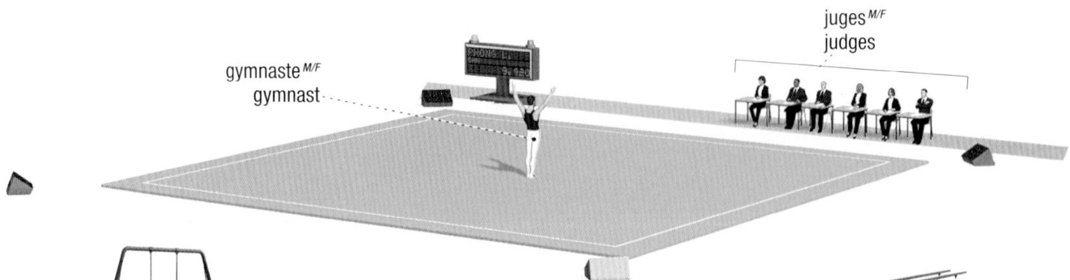
gymnaste$^{M/F}$
gymnast
juges$^{M/F}$
judges

praticable^{M} pour exercices^{M} au sol^{M}
floor exercise area

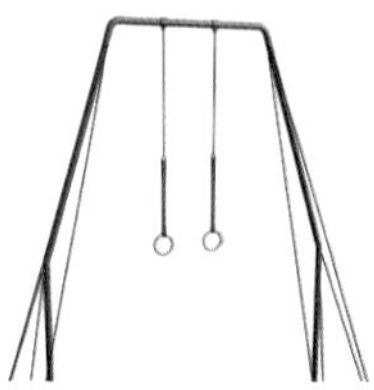

anneaux^{M}
rings

barres^{F} parallèles
parallel bars

barre^{F} fixe
horizontal bar

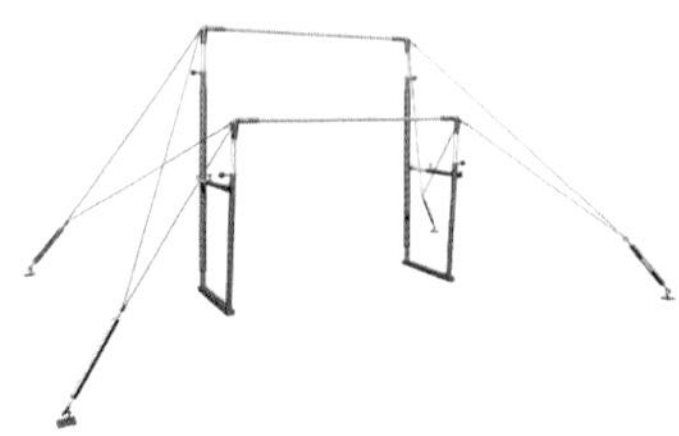

barres^{F} asymétriques
uneven parallel bars

table^{F} de saut^{M}
vault

cheval^{M} d'arçons^{M}
pommel horse

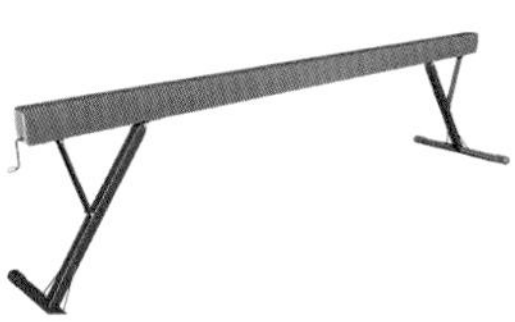

poutre^{F}
balance beam

trampoline^{M}
trampoline

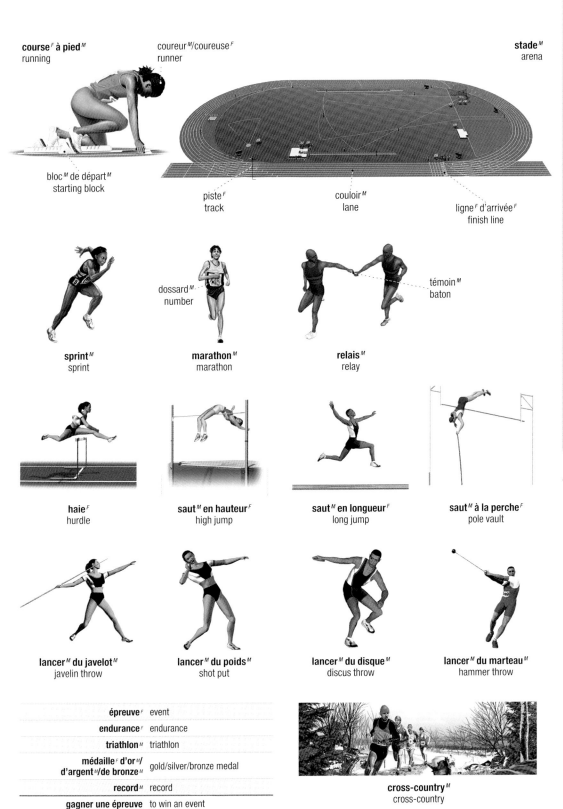

course^{F} **à pied**^{M}
running

coureur^{M}/coureuse^{F}
runner
bloc^{M} de départ^{M}
starting block

stade^{M}
arena

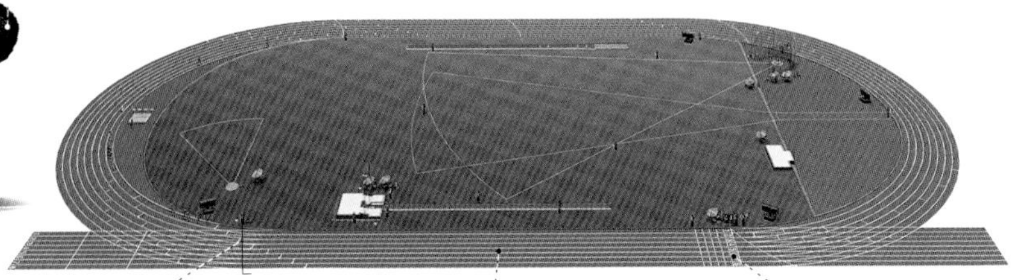
piste^{F}
track
couloir^{M}
lane
ligne^{F} d'arrivée^{F}
finish line

sprint^{M}
sprint

dossard^{M}
number

marathon^{M}
marathon

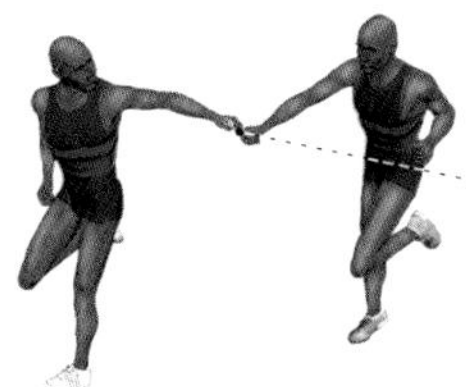
témoin^{M}
baton

relais^{M}
relay

haie^{F}
hurdle

saut^{M} **en hauteur**^{F}
high jump

saut^{M} **en longueur**^{F}
long jump

saut^{M} **à la perche**^{F}
pole vault

lancer^{M} **du javelot**^{M}
javelin throw

lancer^{M} **du poids**^{M}
shot put

lancer^{M} **du disque**^{M}
discus throw

lancer^{M} **du marteau**^{M}
hammer throw

épreuve^{F}	event
endurance^{F}	endurance
triathlon^{M}	triathlon
médaille^{F} **d'or**^{M}/ **d'argent**^{M}/**de bronze**^{M}	gold/silver/bronze medal
record^{M}	record
gagner une épreuve	to win an event

cross-country^{M}
cross-country

Sports

Les sports de balle et de ballon se jouent essentiellement en équipe. Que ce soit au baseball, au hockey sur gazon, au football, au basketball ou au volleyball, les joueurs doivent respecter les règlements tout en essayant de déjouer les tactiques et les stratégies des adversaires. Il s'agit généralement de faire pénétrer la balle ou le ballon dans un but, le plus souvent possible.

basketball^{M}
basketball

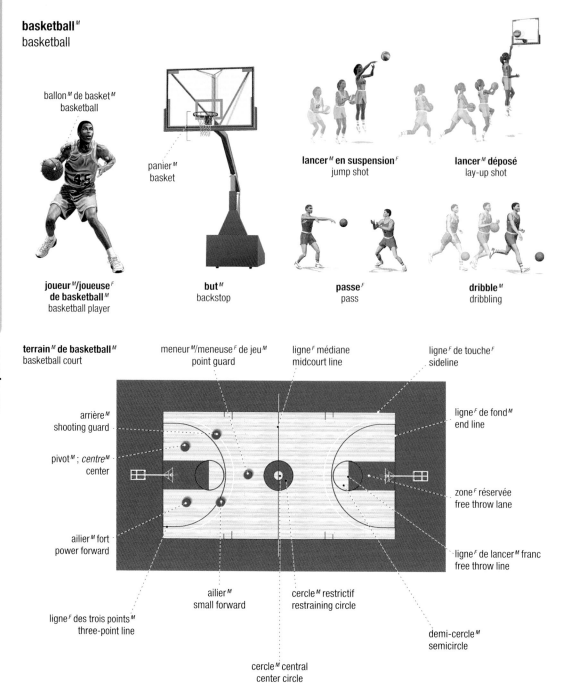

ballon^{M} de basket^{M}
basketball

joueur^{M}/joueuse^{F} de basketball^{M}
basketball player

panier^{M}
basket

but^{M}
backstop

lancer^{M} en suspension^{F}
jump shot

lancer^{M} déposé
lay-up shot

passe^{F}
pass

dribble^{M}
dribbling

terrain^{M} de basketball^{M}
basketball court

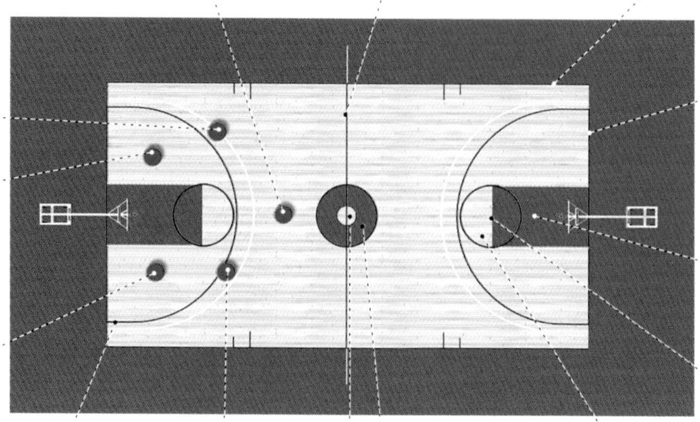
meneur^{M}/meneuse^{F} de jeu^{M}
point guard
ligne^{F} médiane
midcourt line
ligne^{F} de touche^{F}
sideline
arrière^{M}
shooting guard
ligne^{F} de fond^{M}
end line
pivot^{M} ; *centre*^{M}
center
zone^{F} réservée
free throw lane
ailier^{M} fort
power forward
ligne^{F} de lancer^{M} franc
free throw line
ailier^{M}
small forward
cercle^{M} restrictif
restraining circle
ligne^{F} des trois points^{M}
three-point line
demi-cercle^{M}
semicircle
cercle^{M} central
center circle

Les sports

football^{M} ; *soccer*^{M}
soccer

footballeur^{M}/footballeuse^{F} ;
joueur^{M}/joueuse^{F} de soccer^{M}
soccer player

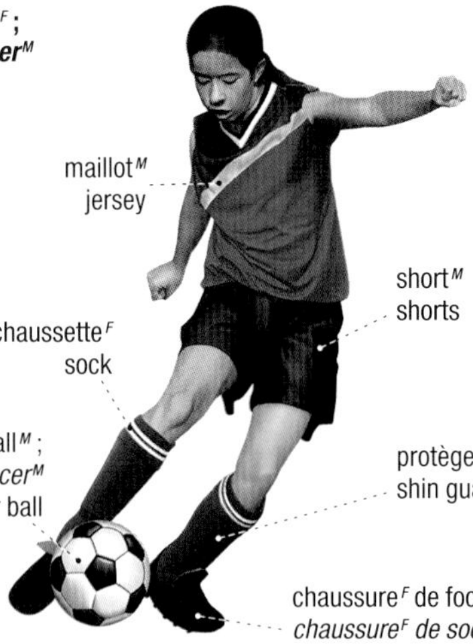
maillot^{M}
jersey
short^{M}
shorts
chaussette^{F}
sock
ballon^{M} de football^{M} ;
ballon^{M} de soccer^{M}
soccer ball
protège-tibia^{M}
shin guard
chaussure^{F} de football^{M} ;
chaussure^{F} de soccer^{M}
soccer shoe

coup^{M} franc
free kick

coup^{M} de pied^{M} de réparation^{F}
penalty kick

dribble^{M}
dribbling

tacle^{M} défensif
tackling

frappe^{F} de tête^{F}
heading

terrain^{M} de football^{M} ;
terrain^{M} de soccer^{M}
soccer field

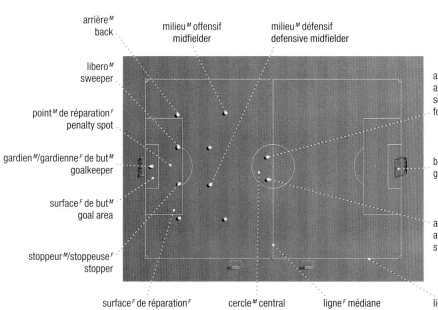

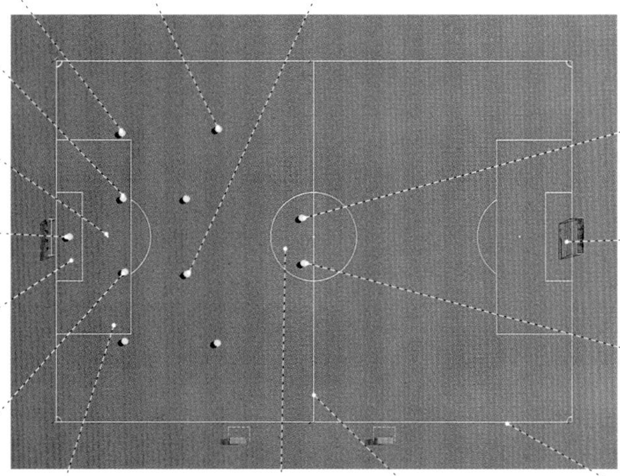
arrière^{M}
back
milieu^{M} offensif
midfielder
milieu^{M} défensif
defensive midfielder
libero^{M}
sweeper
attaquant^{M}/
attaquante^{F} de
soutien^{M}
forward
point^{M} de réparation^{F}
penalty spot
gardien^{M}/gardienne^{F} de but^{M}
goalkeeper
but^{M}
goal
surface^{F} de but^{M}
goal area
attaquant^{M}/
attaquante^{F} de pointe^{F}
striker
stoppeur^{M}/stoppeuse^{F}
stopper
surface^{F} de réparation^{F}
penalty area
cercle^{M} central
center circle
ligne^{F} médiane
halfway line
ligne^{F} de touche^{F}
touch line

volleyball^M
volleyball

terrain^M de volleyball^M
volleyball court
attaquant^M/attaquante^F
attacker
filet^M
net
ballon^M de volleyball^M
volleyball
arrière^M
back
ligne^F d'attaque^F
attack line
zone^F de défense^F
back zone
ligne^F de fond^M
end line
zone^F d'attaque^F
attack zone

service^M
serve

touche^F
set

manchette^F
bump

smash^M
spike

handball^M
handball

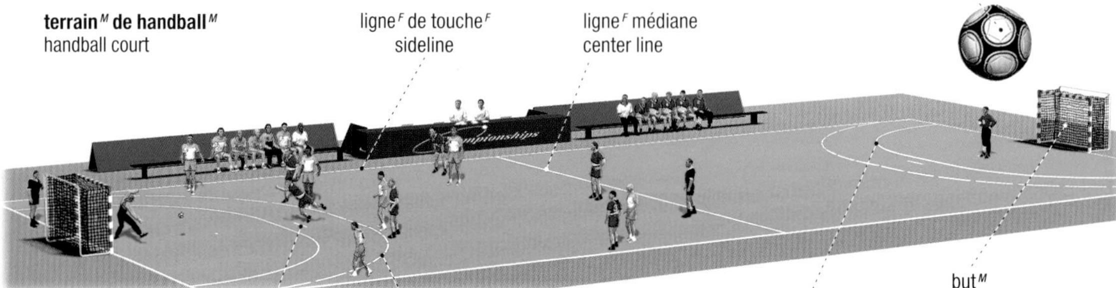
ballon^M de handball^M
handball
terrain^M de handball^M
handball court
ligne^F de touche^F
sideline
ligne^F médiane
center line
but^M
goal
ligne^F de surface^F de but^M
goal area line
marque^F des 7 m
penalty mark
ligne^F de jet^M franc
free throw line

baseballᴹ
baseball

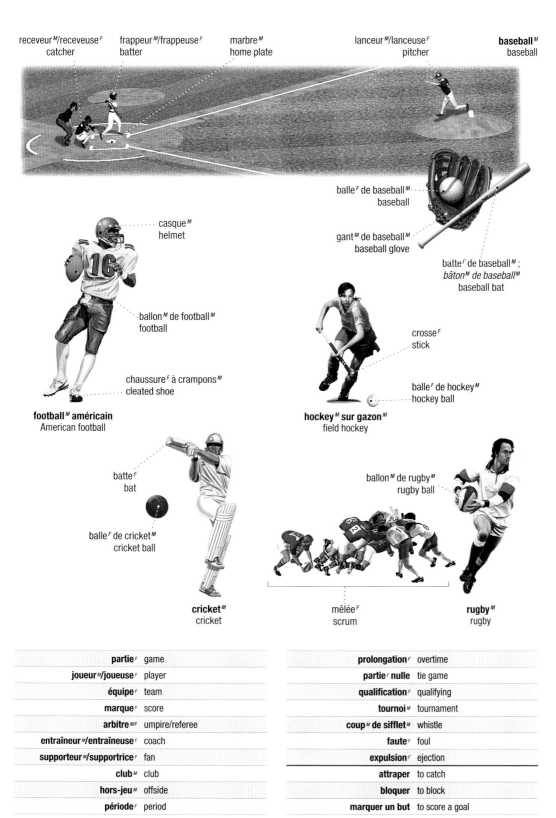

receveurᴹ/receveuseᶠ
catcher
frappeurᴹ/frappeuseᶠ
batter
marbreᴹ
home plate
lanceurᴹ/lanceuseᶠ
pitcher

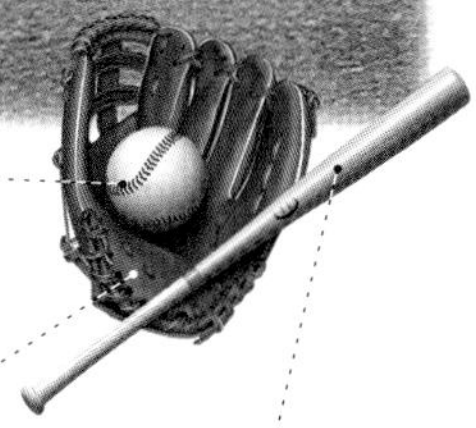
balleᶠ de baseballᴹ
baseball
gantᴹ de baseballᴹ
baseball glove
batteᶠ de baseballᴹ ; *bâtonᴹ de baseballᴹ*
baseball bat

casqueᴹ
helmet
ballonᴹ de footballᴹ
football
chaussureᶠ à crampons ᴹ
cleated shoe

footballᴹ **américain**
American football

crosseᶠ
stick
balleᶠ de hockeyᴹ
hockey ball

hockeyᴹ **sur gazon**ᴹ
field hockey

batteᶠ
bat
balleᶠ de cricketᴹ
cricket ball

cricketᴹ
cricket

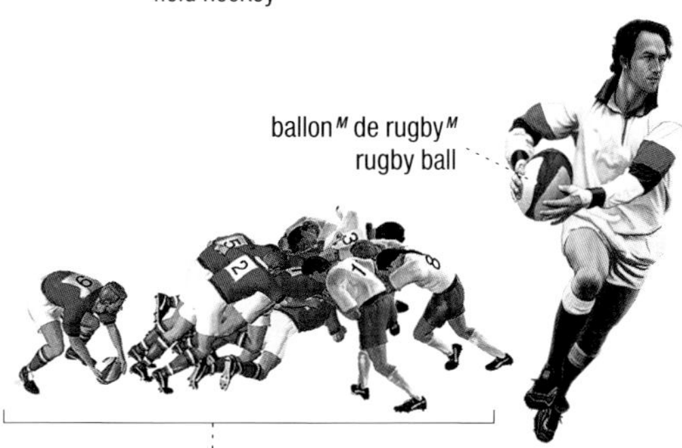
ballonᴹ de rugbyᴹ
rugby ball
mêléeᶠ
scrum

rugbyᴹ
rugby

partieᶠ	game
joueurᴹ**/joueuse**ᶠ	player
équipeᶠ	team
marqueᶠ	score
arbitreᴹ/ᶠ	umpire/referee
entraîneurᴹ**/entraîneuse**ᶠ	coach
supporteurᴹ**/supportrice**ᶠ	fan
clubᴹ	club
hors-jeuᴹ	offside
périodeᶠ	period

prolongationᶠ	overtime
partieᶠ **nulle**	tie game
qualificationᶠ	qualifying
tournoiᴹ	tournament
coupᴹ **de sifflet**ᴹ	whistle
fauteᶠ	foul
expulsionᶠ	ejection
attraper	to catch
bloquer	to block
marquer un but	to score a goal

Pratiqué dans la plupart des pays, le tennis est le plus populaire des sports de raquette. Il se joue à deux, ou en équipes de deux, sur un court en terre battue, en gazon ou en matière synthétique. Les joueurs de tennis s'échangent par-dessus un filet une balle qui peut atteindre plus de 200 km/h. Plusieurs grands tournois attirent chaque année de nombreux spectateurs, dont le célèbre et plus ancien tournoi de Wimbledon, en Angleterre.

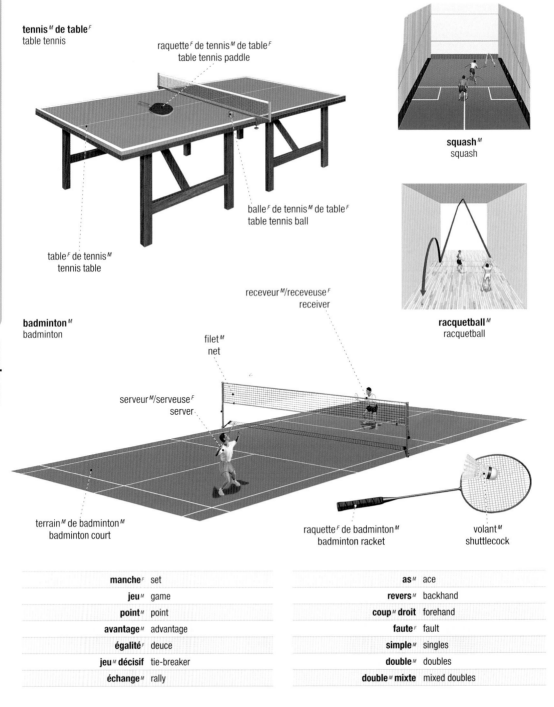

tennis^{M} de table^{F}
table tennis

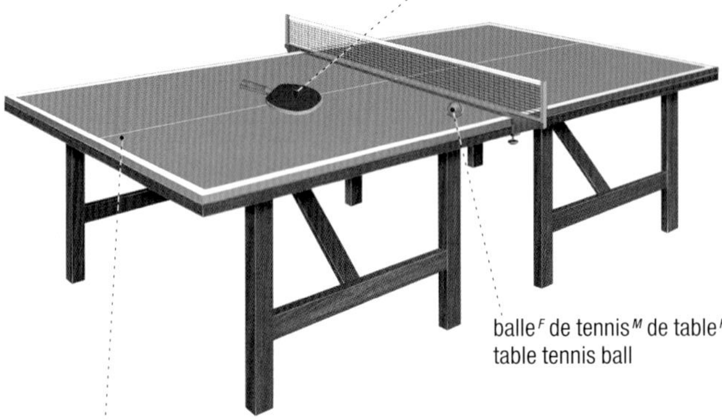
raquette^{F} de tennis^{M} de table^{F}
table tennis paddle
balle^{F} de tennis^{M} de table^{F}
table tennis ball
table^{F} de tennis^{M}
tennis table

squash^{M}
squash

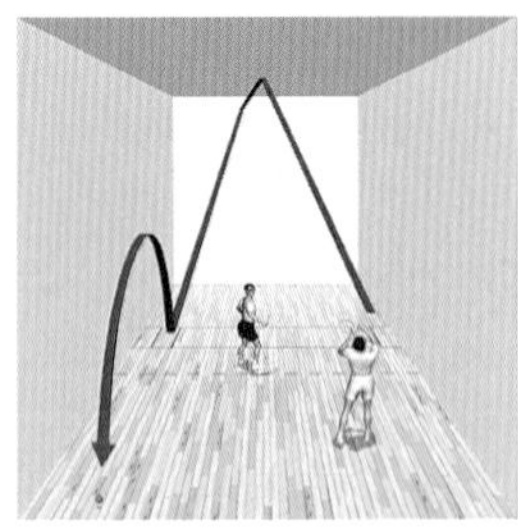

racquetball^{M}
racquetball

badminton^{M}
badminton

receveur^{M}/receveuse^{F}
receiver
filet^{M}
net
serveur^{M}/serveuse^{F}
server
terrain^{M} de badminton^{M}
badminton court
raquette^{F} de badminton^{M}
badminton racket
volant^{M}
shuttlecock

manche^{F}	set	**as^{M}**	ace
jeu^{M}	game	**revers^{M}**	backhand
point^{M}	point	**coup^{M} droit**	forehand
avantage^{M}	advantage	**faute^{F}**	fault
égalité^{F}	deuce	**simple^{M}**	singles
jeu^{M} décisif	tie-breaker	**double^{M}**	doubles
échange^{M}	rally	**double^{M} mixte**	mixed doubles

Les sports

tennisᴹ
tennis

courtᴹ **de tennis**ᴹ
tennis court

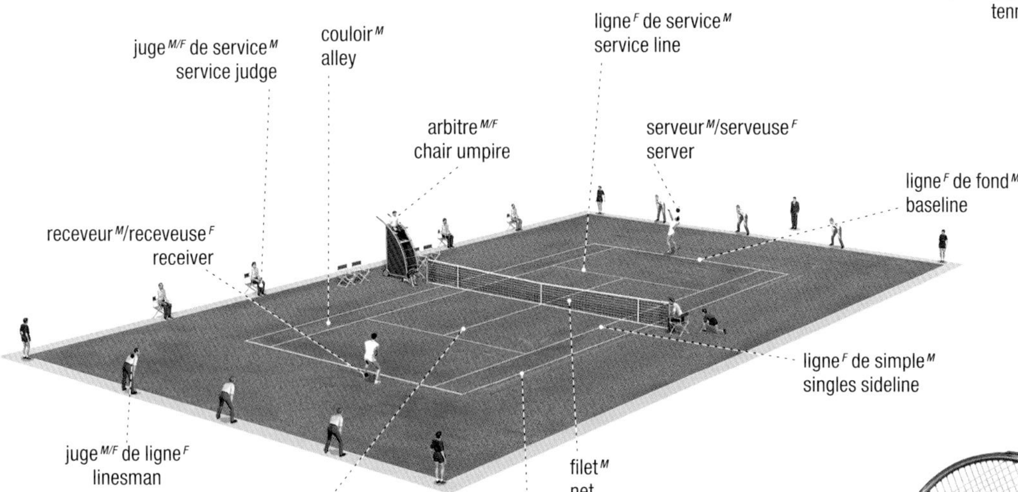
jugeᴹ/ᶠ de serviceᴹ
service judge
couloirᴹ
alley
ligneᶠ de serviceᴹ
service line
arbitreᴹ/ᶠ
chair umpire
serveurᴹ/serveuseᶠ
server
ligneᶠ de fondᴹ
baseline
receveurᴹ/receveuseᶠ
receiver
ligneᶠ de simpleᴹ
singles sideline
jugeᴹ/ᶠ de ligneᶠ
linesman
filetᴹ
net
ligneᶠ médiane de serviceᴹ
center service line
ligneᶠ de doubleᴹ
doubles sideline

balleᶠ **de tennis**ᴹ
tennis ball

raquetteᶠ **de tennis**ᴹ
tennis racket

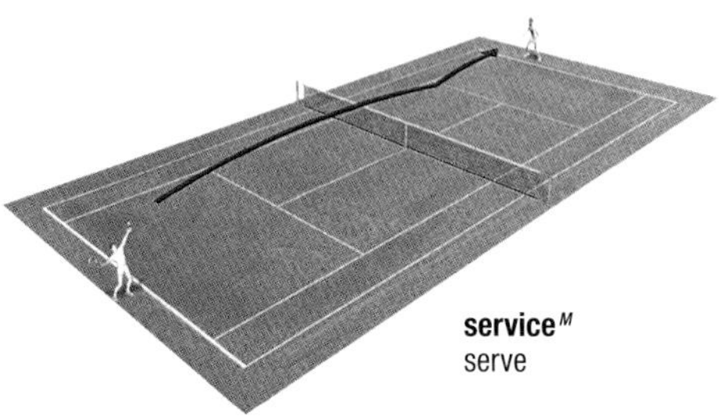

serviceᴹ
serve

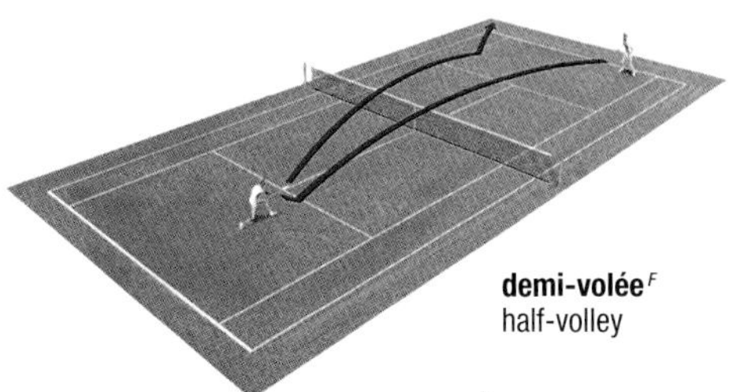

demi-voléeᶠ
half-volley

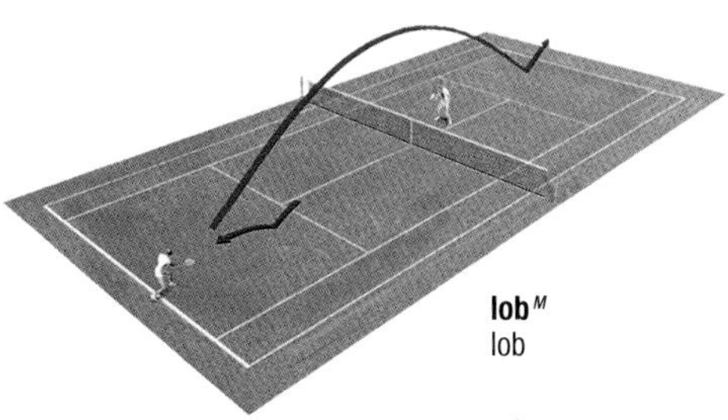

lobᴹ
lob

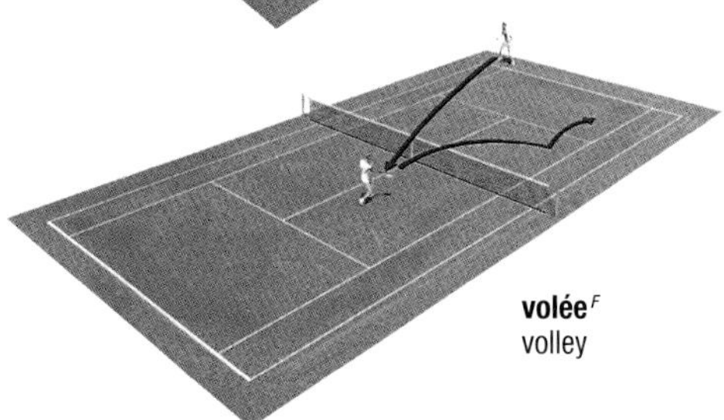

voléeᶠ
volley

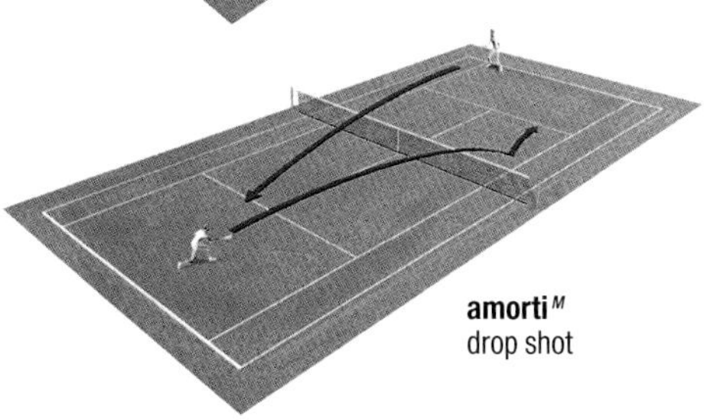

amortiᴹ
drop shot

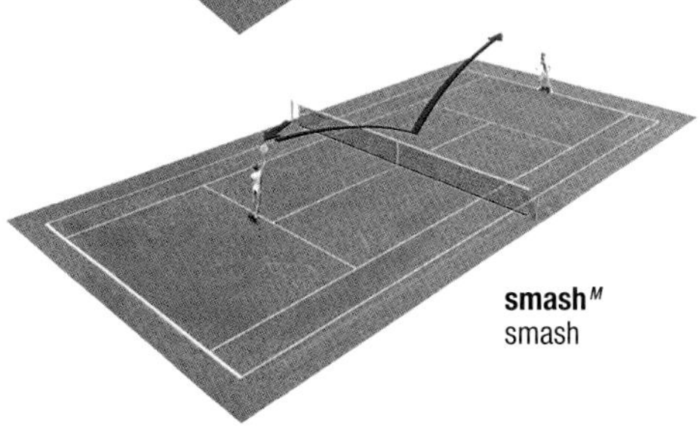

smashᴹ
smash

Le principal objectif du nageur est de se glisser dans l'eau le plus rapidement possible et avec un minimum d'effort. Il doit pour cela s'entraîner de façon intensive et constante pour perfectionner sa technique. L'athlète se spécialise habituellement dans un des quatre styles de nages reconnus, soit le crawl, la brasse, le papillon ou la nage sur le dos.

plongeon^M
diving

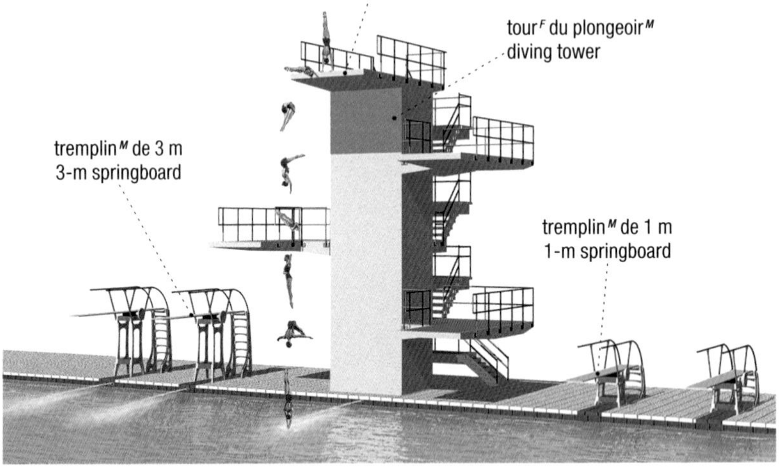
plateforme^F de 10 m
10-m platform
tour^F du plongeoir^M
diving tower
tremplin^M de 3 m
3-m springboard
tremplin^M de 1 m
1-m springboard

plongeon^M arrière
backward dive

plongeon^M avant
forward dive

position^F droite
straight position

position^F carpée
pike position

position^F groupée
tuck position

piscine^F	swimming pool
bouée^F de sauvetage^M	life buoy
maître^M nageur^M/ maître^F nageuse^F	lifeguard
saut^M périlleux	somersault
nage^F libre	freestyle swimming
profondeur^F de l'eau^F	water depth
eau^F peu profonde	shallow water
eau^F profonde	deep water
règle^F de sécurité^F	safety rule
nager	to swim
plonger	to dive
aller à la piscine	to go to the swimming pool
sortir de la piscine	to get out of the pool

bonnet^M
cap

water-polo^M
water polo

pince-nez^M
nose clip

nage^F synchronisée
synchronized swimming

planche^F de natation^F
kickboard

natation[F]
swimming

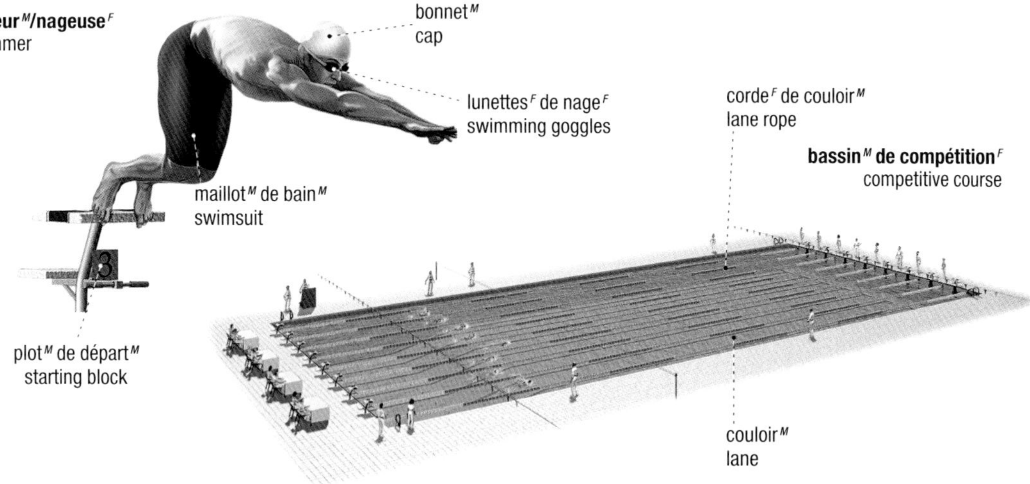
nageur[M]**/nageuse**[F]
swimmer
bonnet[M]
cap
lunettes[F] de nage[F]
swimming goggles
maillot[M] de bain[M]
swimsuit
plot[M] de départ[M]
starting block
corde[F] de couloir[M]
lane rope
bassin[M] **de compétition**[F]
competitive course
couloir[M]
lane

crawl[M]
front crawl stroke

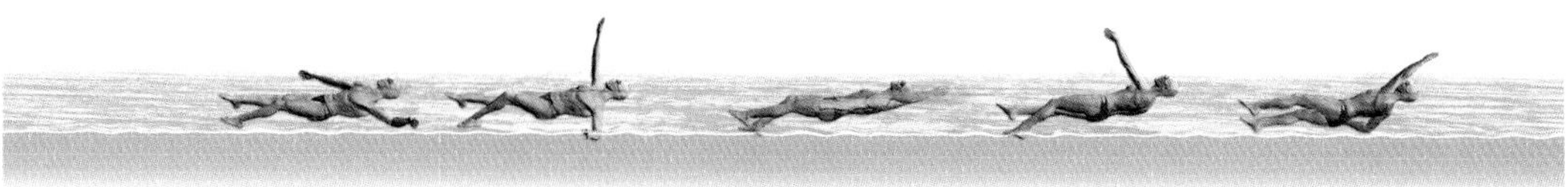

nage[F] **sur le dos**[M]
backstroke

brasse[F]
breaststroke

papillon[M]
butterfly stroke

Comme leur nom le suggère, les sports de précision nécessitent une parfaite maîtrise des mouvements et une très grande concentration. En effet, qu'il s'agisse de tirer une flèche, de faire glisser une pierre, de projeter une boule ou de frapper une petite balle, il faut procéder avec beaucoup d'exactitude, car chacun de ces objets doit atteindre une cible bien précise et souvent éloignée.

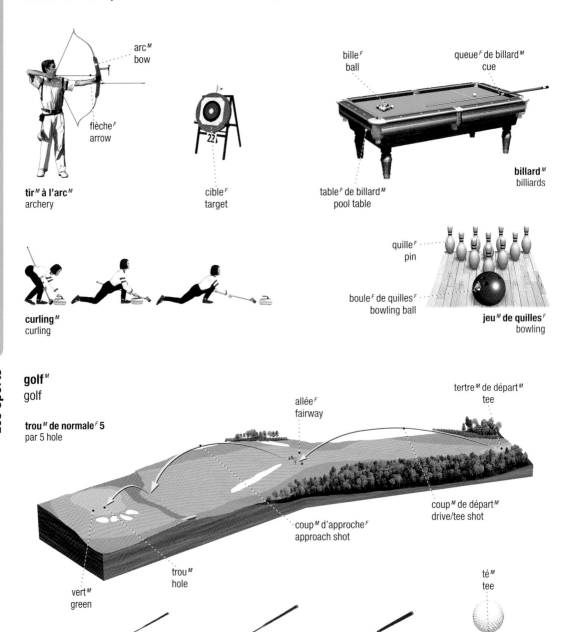

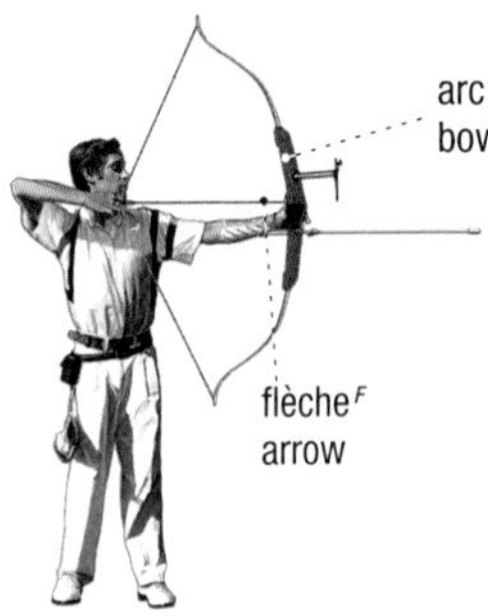
arc[M]
bow
flèche[F]
arrow

tir[M] à l'arc[M]
archery

cible[F]
target

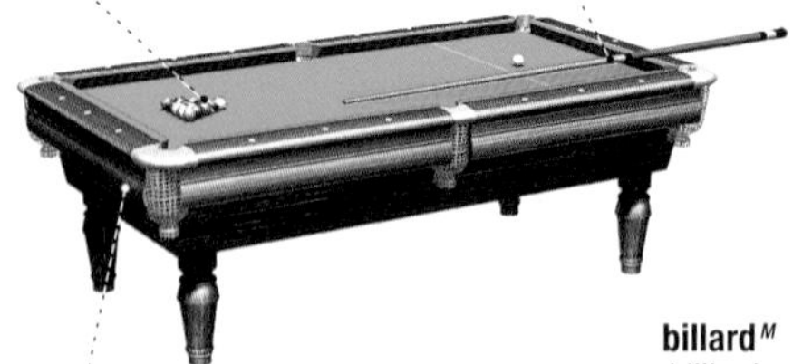
bille[F]
ball
queue[F] de billard[M]
cue
table[F] de billard[M]
pool table

billard[M]
billiards

curling[M]
curling

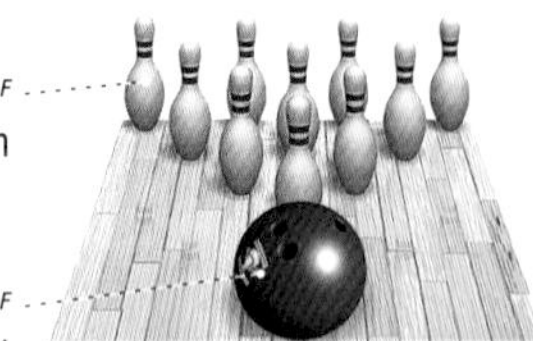
quille[F]
pin
boule[F] de quilles[F]
bowling ball

jeu[M] de quilles[F]
bowling

golf[M]
golf

trou[M] de normale[F] 5
par 5 hole

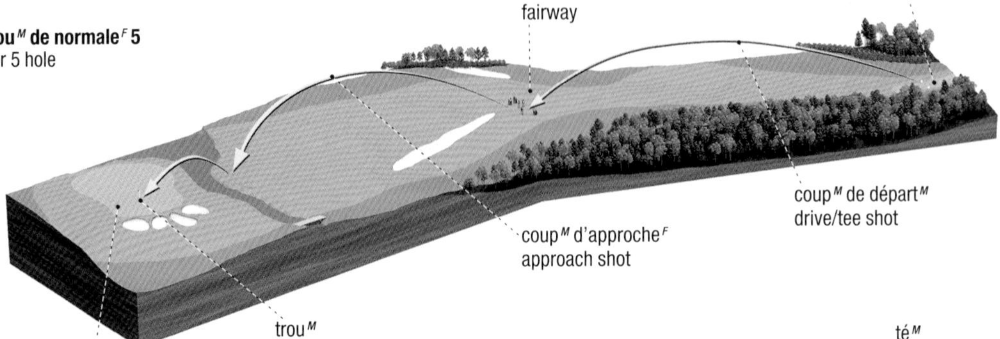
allée[F]
fairway
tertre[M] de départ[M]
tee
coup[M] de départ[M]
drive/tee shot
coup[M] d'approche[F]
approach shot
trou[M]
hole
vert[M]
green

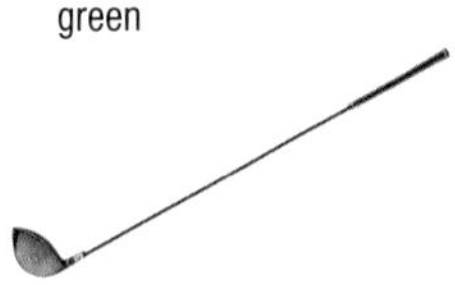

bois[M]
wood

fer[M]
iron

fer[M] droit
putter

té[M]
tee

balle[F] de golf[M]
golf ball

Le karaté, la boxe, la lutte et le judo sont des sports de combat où deux adversaires de poids équivalent s'affrontent. Un excellent entraînement physique et psychologique est essentiel, de même qu'une adresse et une résistance exceptionnelles. La pratique de ces sports nécessite également une grande maîtrise de sa force.

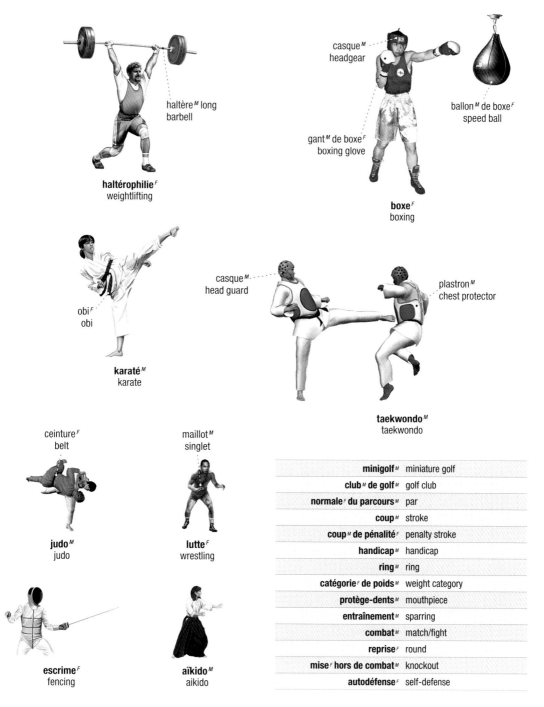

haltère[M] long
barbell

haltérophilie[F]
weightlifting

casque[M]
headgear
ballon[M] de boxe[F]
speed ball
gant[M] de boxe[F]
boxing glove

boxe[F]
boxing

obi[F]
obi

karaté[M]
karate

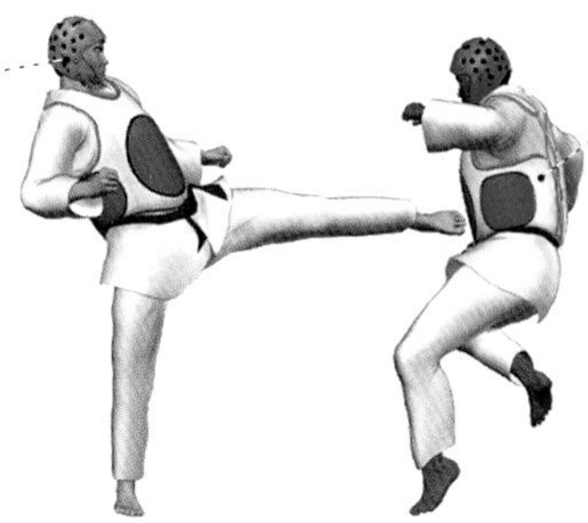
casque[M]
head guard
plastron[M]
chest protector

taekwondo[M]
taekwondo

ceinture[F]
belt

judo[M]
judo

maillot[M]
singlet

lutte[F]
wrestling

escrime[F]
fencing

aïkido[M]
aikido

minigolf[M]	miniature golf
club[M] **de golf**[M]	golf club
normale[F] **du parcours**[M]	par
coup[M]	stroke
coup[M] **de pénalité**[F]	penalty stroke
handicap[M]	handicap
ring[M]	ring
catégorie[F] **de poids**[M]	weight category
protège-dents[M]	mouthpiece
entraînement[M]	sparring
combat[M]	match/fight
reprise[F]	round
mise[F] **hors de combat**[M]	knockout
autodéfense[F]	self-defense

En terrain accidenté ou sur une piste, les cyclistes doivent avoir un bon équilibre, d'excellents réflexes et beaucoup d'endurance. Certains vélos sont employés pour la vitesse qu'ils permettent d'atteindre tandis que d'autres sont conçus pour franchir des obstacles sur des pistes difficiles. La planche à roulettes et le patin à roues alignées sont des sports qui demandent également un bon équilibre et une parfaite coordination, surtout lorsqu'il s'agit d'exécuter des figures acrobatiques.

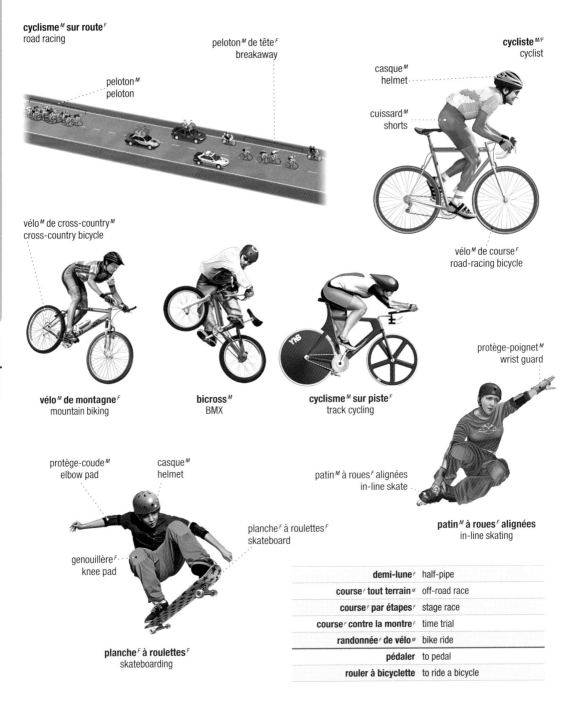

cyclisme^{M} sur route^{F}
road racing

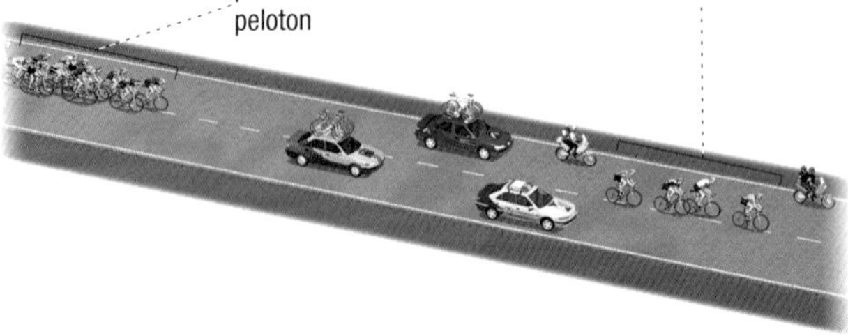
peloton^{M}
peloton
peloton^{M} de tête^{F}
breakaway

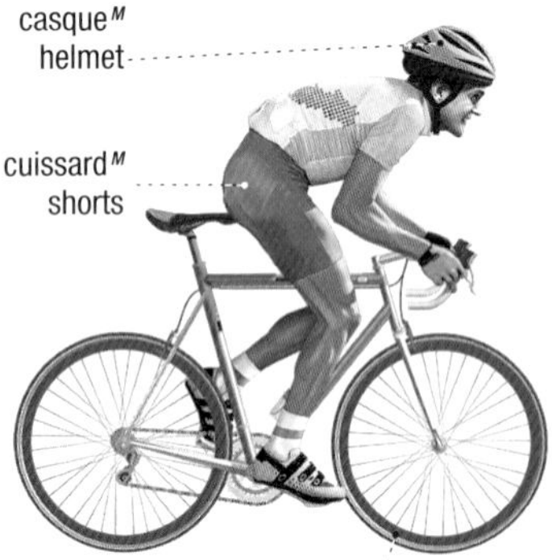
cycliste$^{M/F}$
cyclist
casque^{M}
helmet
cuissard^{M}
shorts
vélo^{M} de course^{F}
road-racing bicycle

vélo^{M} de cross-country^{M}
cross-country bicycle

vélo^{M} de montagne^{F}
mountain biking

bicross^{M}
BMX

cyclisme^{M} sur piste^{F}
track cycling

protège-poignet^{M}
wrist guard
patin^{M} à roues^{F} alignées
in-line skate

patin^{M} à roues^{F} alignées
in-line skating

protège-coude^{M}
elbow pad
casque^{M}
helmet
planche^{F} à roulettes^{F}
skateboard
genouillère^{F}
knee pad

planche^{F} à roulettes^{F}
skateboarding

demi-lune^{F}	half-pipe
course^{F} tout terrain^{M}	off-road race
course^{F} par étapes^{F}	stage race
course^{F} contre la montre^{F}	time trial
randonnée^{F} de vélo^{M}	bike ride
pédaler	to pedal
rouler à bicyclette	to ride a bicycle

L'alpinisme consiste à faire l'ascension d'une montagne ou à grimper le long d'une paroi naturelle ou artificielle. Il demande de nombreuses précautions et un équipement spécialisé afin d'assurer la sécurité du grimpeur. En raison des risques qu'ils comportent, les sports aériens et de montagne nécessitent une formation préalable.

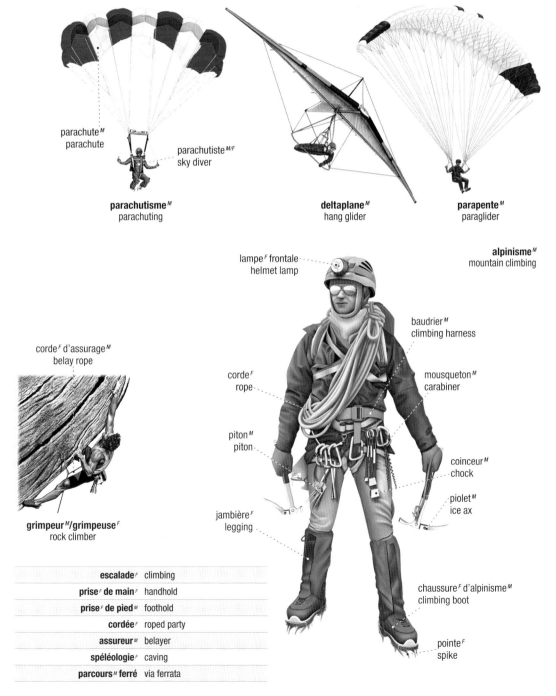

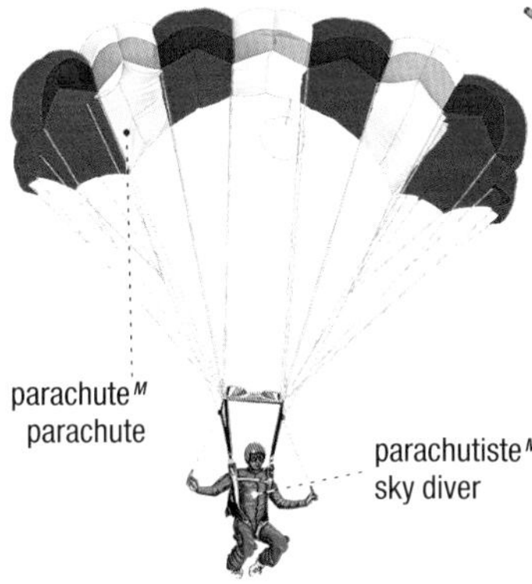
parachute[M]
parachute
parachutiste[M/F]
sky diver

parachutisme[M]
parachuting

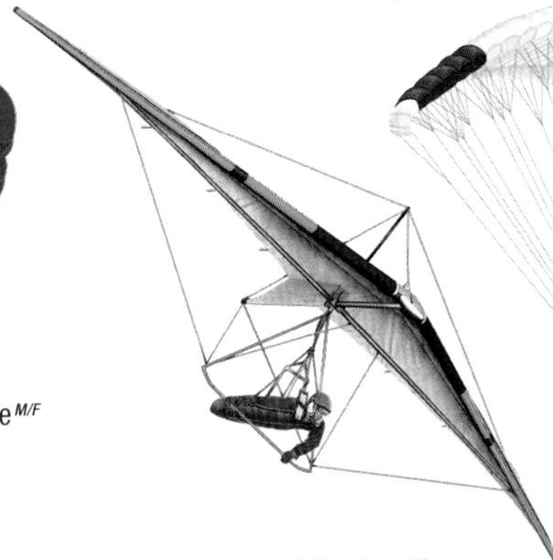

deltaplane[M]
hang glider

parapente[M]
paraglider

alpinisme[M]
mountain climbing

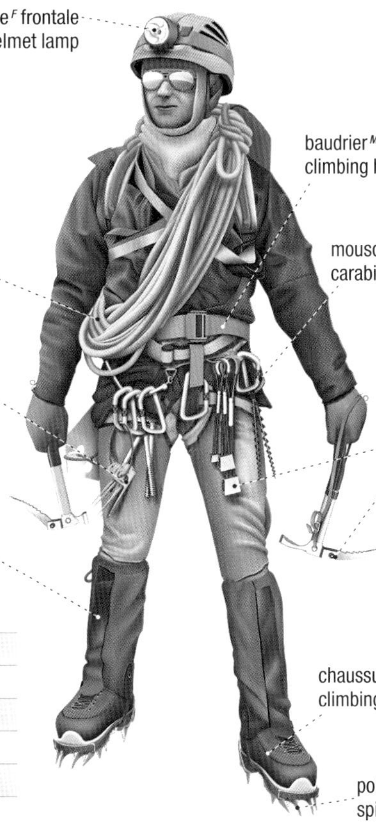
lampe[F] frontale
helmet lamp
baudrier[M]
climbing harness
corde[F]
rope
mousqueton[M]
carabiner
piton[M]
piton
coinceur[M]
chock
piolet[M]
ice ax
jambière[F]
legging
chaussure[F] d'alpinisme[M]
climbing boot
pointe[F]
spike

corde[F] d'assurage[M]
belay rope

grimpeur[M]/grimpeuse[F]
rock climber

escalade[F]	climbing
prise[F] de main[F]	handhold
prise[F] de pied[M]	foothold
cordée[F]	roped party
assureur[M]	belayer
spéléologie[F]	caving
parcours[M] ferré	via ferrata

Sur une patinoire, une piste glacée ou une pente enneigée, les sports d'hiver comptent parmi leurs rangs les sports non motorisés les plus rapides du monde. Pratiqués seul ou en équipe, comme loisir ou pour la compétition, ces sports requièrent souvent un équipement particulier, qu'il s'agisse de skis, de patins, de raquettes ou d'une luge.

station[F] de ski[M]
ski resort

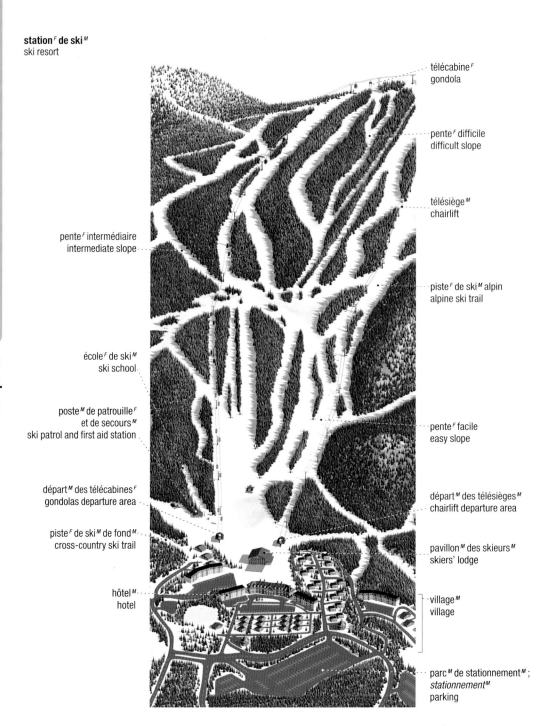

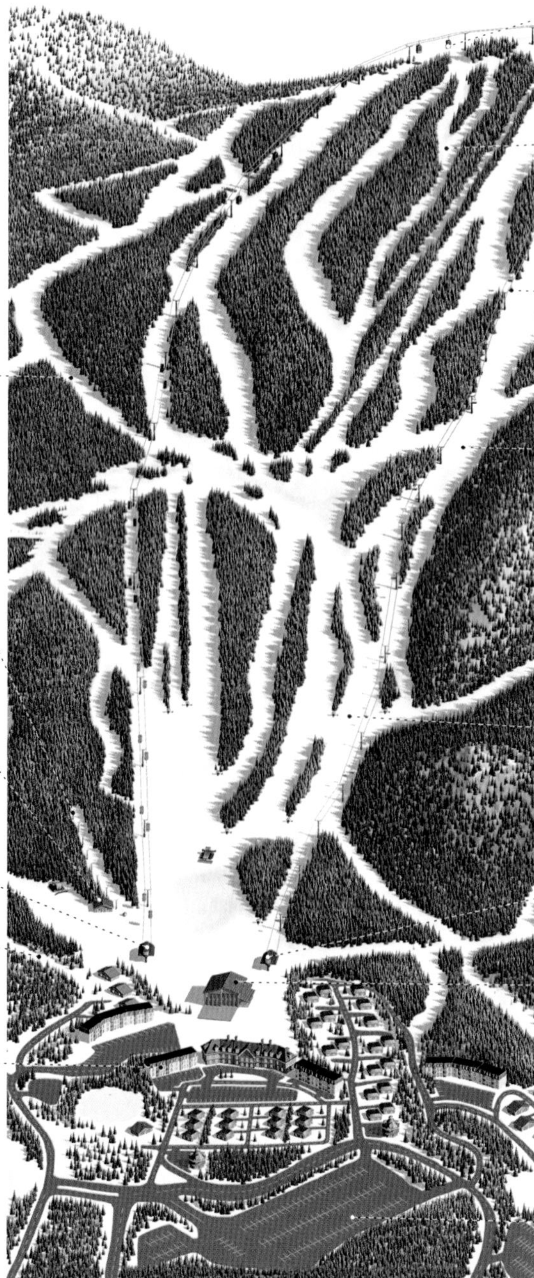
télécabine[F]
gondola
pente[F] difficile
difficult slope
télésiège[M]
chairlift
pente[F] intermédiaire
intermediate slope
piste[F] de ski[M] alpin
alpine ski trail
école[F] de ski[M]
ski school
poste[M] de patrouille[F] et de secours[M]
ski patrol and first aid station
pente[F] facile
easy slope
départ[M] des télécabines[F]
gondolas departure area
départ[M] des télésièges[M]
chairlift departure area
piste[F] de ski[M] de fond[M]
cross-country ski trail
pavillon[M] des skieurs[M]
skiers' lodge
hôtel[M]
hotel
village[M]
village
parc[M] de stationnement[M] ; *stationnement[M]*
parking

ski^{M} de fond^{M}
cross-country skiing

skieur^{M}/skieuse^{F}
skier
bâton^{M} de ski^{M}
ski pole
fixation^{F}
binding
ski^{M} de fond^{M}
cross-country ski

ski^{M} alpin
alpine skiing

casque^{M}
helmet
lunettes^{F} de ski^{M}
ski goggles
bâton^{M} de ski^{M}
ski pole
chaussure^{F} de ski^{M}
ski boot
ski^{M}
ski

ski^{M} acrobatique
freestyle skiing

saut^{M} à ski^{M}
ski jumping

surf^{M} des neiges^{F}
snowboarding

ski^{M} de vitesse^{F}
speed skiing

hockey^{M} sur glace^{F}
ice hockey

crosse^{F} ; *bâton*^{M}
stick
patin^{M}
skate
palet^{M} ; *rondelle*^{F}
puck

patineur^{M}
skater
patineuse^{F}
skater
patinage^{M} artistique
figure skating

forfait^{M} de ski^{M}	ski pass
leçon^{F} de ski^{M}	ski lesson
moniteur^{M}/monitrice^{F} de ski^{M}	ski instructor
vacances^{F} de neige^{F}	skiing vacation
classe^{F} de neige^{F}	school ski trip
téléphérique^{M}	cable car
niveau^{M} débutant	beginner level
niveau^{M} intermédiaire	intermediate level
niveau^{M} expert	expert level
avalanche^{F}	avalanche
traîneau^{M}	sled
piste^{F} de glisse^{F}	sliding track
bonhomme^{M} de neige^{F}	snowman
Je veux louer des skis.	I want to rent skis.

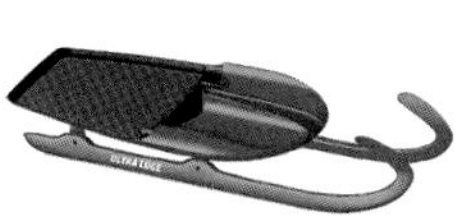
luge^{F}
luge

raquette^{F}
snowshoeing

Sports

Toutes sortes de symboles nous entourent. Les symboles d'usage courant sont constitués d'images simples qui nous livrent en un clin d'œil des renseignements divers. Faciles à comprendre, ils permettent même à une personne qui ne sait pas lire de découvrir, par exemple, où se trouve l'hôpital ou le centre d'information le plus près. Mais surtout, le message livré est universel et ne s'encombre pas de la barrière des langues.

renseignements[M]
information

toilettes[F] pour femmes[F]
women's restroom

toilettes[F] pour hommes[M]
men's restroom

accès[M] pour handicapés[M] physiques
wheelchair access

pique-nique[M]
picnic area

caravaning[M]
trailer camping

camping[M]
tent camping

camping[M] interdit
no camping

hébergement[M]
lodging

station[F]-service[M]
service station

casse-croûte[M]
snack bar

restaurant[M]
restaurant

téléphone[M]
telephone

escalier[M]
stairs

escalier[M] mécanique
escalator

ascenseur[M]
elevator

premiers soins[M]
first aid

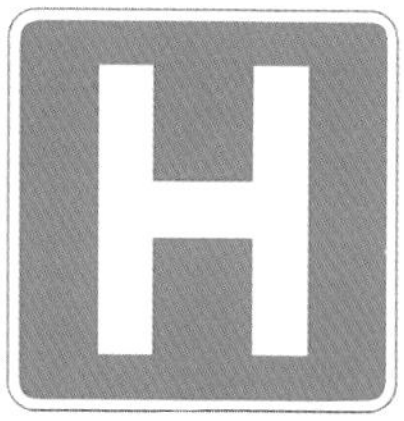

hôpital[M]
hospital

pharmacie[F]
pharmacy

POLICE

police[F]
police

défense[F] de fumer
no smoking

défense[F] de photographier/filmer
no photos or videos

interdit aux chiens[M]
no dogs

extincteur[M] d'incendie[M]
fire extinguisher

supermarché[M]
supermarket

ATM

guichet[M] automatique bancaire
automated teller machine (ATM)

change[M]
currency exchange

poste[F]
mail

autobus[M]
bus

gare[F]
station

port[M]
harbor

aéroport[M]
airport

matière[F] recyclable
recyclable

Internet[M] sans fil[M]
wireless Internet access

articles[M] perdus et retrouvés
lost and found

TAXI

transport[M] par taxi[M]
taxi transport

Index français

B

E

Index français

N

O

Q

R

T

U

V

W

X

Y

Z

English Index

English Index

C

D

English Index

U